21 世纪高职高专规划教材

财经管理系列

质量管理学

主　编　任嵘嵘

副主编　邢　钢　刘玉川　李丽霞

西南财经大学出版社

图书在版编目(CIP)数据

质量管理学/任嵘嵘主编.—成都:西南财经大学出版社,2009.9(2019.7 重印)
ISBN 978-7-81138-312-6

Ⅰ.质…　Ⅱ.任…　Ⅲ.质量管理学—高等学校—教材　Ⅳ.F273.2

中国版本图书馆 CIP 数据核字(2009)第 158303 号

质量管理学

主　编:任嵘嵘

责任编辑:潘　杰
装帧设计:蒋宏工作室
责任印制:封俊川

出版发行:	西南财经大学出版社(四川省成都市光华村街 55 号)
网　　址:	http://www.bookcj.com
电子邮件:	bookcj@foxmail.com
邮政编码:	610074
印　　刷:	大厂回族自治县祁各庄乡冯兰庄兴源印刷厂
成品尺寸:	185mm×260mm
印　　张:	18.25
字　　数:	444 千字
版　　次:	2019 年 7 月第 1 版第 7 次印刷
书　　号:	ISBN 978-7-81138-312-6
定　　价:	49.80 元

编审委员会

出版说明

高职高专教育作为我国高等教育的重要组成部分，承担着培养高素质技术、技能型人才的重任。近年来，在国家和社会的支持下，我国的高职高专教育取得了不小的成就，但随着我国经济的腾飞，高技能人才的缺乏越来越成为影响我国经济进一步快速健康发展的瓶颈。这一现状对于我国高职高专教育的改革和发展而言，既是挑战，更是机遇。

要加快高职高专教育改革和发展的步伐，就必须对课程体系和教学模式等问题进行探索。在这个过程中，教材的建设与改革无疑起着至关重要的基础性作用，高质量的教材是培养高素质人才的保证。高职高专教材作为体现高职高专教育特色的知识载体和教学的基本工具，直接关系到高职高专教育能否为社会培养并输送符合要求的高技能人才。

为促进高职高专教育的发展，加强教材建设，教育部在《关于全面提高高等职业教育教学质量的若干意见》中，提出了“重点建设好3 000种左右国家规划教材”的建议和要求，并对高职高专教材的修订提出了一定的标准。为了顺应当前我国高职高专教育的发展潮流，推动高职高专教材的建设，我们精心组织了一批具有丰富教学和科研经验的人员成立了编审委员会。

编审委员会依据教育部制定的《高职高专教育基础课程教学基本要求》和《高职高专教育专业人才培养目标及规格》，调研了百余所具有代表性的高等职业技术学院和高等专科学校，广泛而深入地了解了高职高专的专业和课程设置，系统地研究了课程的体系结构，同时充分汲取各院校在探索培养应用型人才方面取得的成功经验，并在教材出版的各个环节设置专业的审定人员进行严格审查，从而确保了整套教材“突出行业需求，突出职业的核心能力”的特色。

本套教材的编写遵循以下原则：

(1)成立教材编审委员会，由编审委员会进行教材的规划与评审。

(2)按照人才培养方案以及教学大纲的需要，严格遵循高职高专院校各学科的专业规范，同时最大程度地体现高职高专教育的特点及时代发展的要求。因此，本套教材非常注重培养学生的实践技能，力避传统教材“全而深”的教学模式，将“教、学、做”有机地融为一体，在教给学生知识的同时，强化了对学生实际操作能力的培养。

(3)教材的定位更加强调“以就业为导向”，因此也更为科学。教育部对我国的高职高专教育提出了“以应用为目的，以必需、够用为度”的原则。根据这一原则，本套教材在编写过程中，力求从实际应用的需要出发，尽量减少枯燥、实用性不强的理论灌输，充分体现出“以行业为向导，以能力为本，以学生为中心”的风格，从而使本套教材更具实用性和前瞻性，与就业市场结合也更为紧密。

(4)采用“以案例导入教学”的编写模式。本套教材力图突破陈旧的教育理念，在讲解的过程中，援引大量鲜明实用的案例进行分析，紧密结合实际，以达到编写实训教材的目标。这些精心设计的案例不但可以方便教师授课，同时又可以启发学生思考，加快对学生实践能力的培养，改革人才的培养模式。

本套教材涵盖了公共基础课系列、财经管理系列、物流管理系列、电子商务系列、计算机系列、电子信息系列、机械系列、汽车系列和化学化工系列的主要课程。

我们希望有更多经验丰富的教师加入到我们的行列当中，编写出更多符合高职高专教学需要的高质量教材，为我国的高职高专教育作出积极的贡献。

编审委员会

序

随着我国经济的持续快速健康发展,各行各业对高技能专业型人才的需求量迅速增加,对人才素质的要求也越来越高。高职高专教育作为我国高等教育的重要组成部分,在加快培养高技能专业型人才方面发挥着重要的作用。

与国外相比,我国高职高专教育起步时间较短,这种状况与我国经济发展对人才大量需求的现状是很不协调的。因此,必须加快高职高专教育的发展步伐,提高应用型人才的培养水平。

根据教育部关于加强高职高专人才培养工作的意见,"课程和教学体系的改革是高职高专教育教材建设规划的重点和难点,要切实做好高职高专教育教材的建设规划,加强文字教材、实物教材、电子网络教材的建设和发行工作"。

近年来,在各级教育主管部门、学校和有关出版社的共同努力下,各地已出版了一批高职高专教育教材。但从整体上看,具有高职高专教育特色的教材极其匮乏,教材建设仍落后于高职高专教育的发展需要。因此,加强对教材工作的建设力度,是当下高职高专教育教学工作的重点之一。

在此背景下,我们组织了一批具有丰富理论知识和实践经验的专家、一线教师,编写了本系列专门面向高职高专的财经类教材。

本系列教材力求以就业为导向,注重对学生能力的培养,使学生能够学以致用。在内容介绍上,本系列教材将理论知识与实践特点相结合,使学生能够边学习,边吸收,边掌握;在结构安排上,本系列教材特意设置了"学习目标"、"本章小结"、"思考练习"和"案例分析"等板块,以方便学生自主学习。另外,教材还配有教学资料光盘和专业网站,以方便教师教学。

本系列教材一定能够很好地适应现代高职高专教育教学的需求,为社会培养出更多优秀的财经专业人才。

中国人民大学商学院 伊志宏

前　言

美国著名质量管理专家朱兰认为:“生活处于质量堤坝后面”。质量具有双重特性,即在给人们带来利益和幸福的同时,一旦出现问题,同样也会给社会带来危害甚至灾难。因此,把好质量关,共同维护质量大堤的安全,是企业在进行管理工作时的重中之重。

质量水平的高低是一个国家经济、科技、教育和管理水平的综合反映。当今市场环境的特点是:首先,用户对产品质量的要求越来越高,在这种情况下,就更要求企业将提高产品质量作为重要的经营战略和生产运作战略之一。其次,价格已不再作为争取更多市场份额的关键因素,用户现在对高质量的产品更加青睐,并且宁愿花费更多的费用以获得更好的产品质量。再次,ISO 9000 在 2000 版实施了 8 年以后首次推出了更新的版本,新版带给企业的启示是:不仅要以顾客为关注焦点,更要关注影响组织绩效改进的相关方,包括股东、员工、社会、合作伙伴和供应商等;不仅要关注组织的内部管理,更要应对顾客需求的不断变化以及不确定的商业环境,并评估由此带来的风险,从而实现组织的绩效改进。

为了适应这种形势、环境以及规范的变化,我们组织编写了这部教材。在编写过程中,一方面考虑了学科的前沿性,另一方面又考虑了高职高专学生的接受能力。我们努力做到使内容既详略得当,又生动实用。

本书由任嵘嵘任主编,邢钢、刘玉川、李丽霞任副主编。具体分工如下:任嵘嵘编写第一章和第二章,李丽霞编写第三章和第五章,刘玉川编写第四章、第九章和第十章,邢钢编写第六章、第七章和第八章。

由于编者水平有限,再加上时间仓促,书中难免存在错误和不足之处,恳请各位读者多提宝贵意见,以使我们不断改进。

编　者

前言

目　录

第一章　质量管理概论

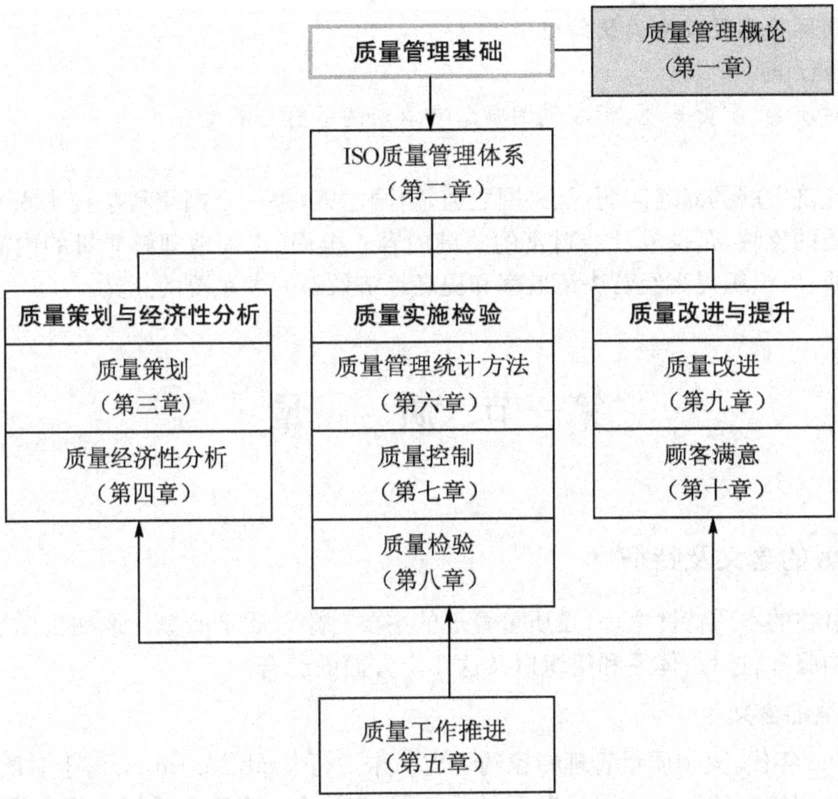

质量管理学结构模型

学习目标

（一）知识目标

- 掌握质量的含义及质量特性；
- 理解过程的含义；
- 了解质量管理的发展历程；
- 熟悉与质量管理有关的概念；
- 了解质量管理的基础工作；
- 熟悉我国的标准体系及标准的制定；
- 了解国际标准及其在我国的应用。

（二）技能目标

- 能够对质量、质量管理、标准化的概念有清晰的理解与界定。

质量是经济发展的战略问题，是兴国之道，治国之策，是一个国家科学技术水平的表征，一个民族素质的反映，是构成社会财富的关键内容。全面、正确地理解质量的内涵，掌握质量的概念实质，对组织提高经营决策效率和提高经济效益有着重要的意义。

第一节 质　　量

一、质量的含义及特征

质量是事物的本质特性之一，是质量管理的主要对象。质量的概念最初仅用于产品，之后逐渐扩展到服务、过程、体系和组织以及这几个方面的综合。

（一）质量的含义

20 世纪 60 年代，美国质量管理专家约瑟夫·朱兰(Joseph M. Juran)博士对质量提出了一个基本定义，即“质量就是适用性”，开始强调顾客利益。而日本质量管理专家田口玄一(Genichi Taguchi)则认为，质量是“产品出厂后，用户在使用过程中所造成的损失”，强调对缺陷的客观定量度量。这些定义从不同的方面描述了质量的本质，但都带有一定的局限性。国际标准 ISO 9000:2005《质量管理体系 基础和术语》中对质量的定义为：“一组固有特性满足要求的程度。”质量可使用形容词，如差、好和优秀来修饰。

1. 关于“特性”

“特性”是指可区分的特征，即各种类别的特性，包括物的特性(如机械性能等)、感官的特性(如气味、噪声、色彩等)、行为的特性(如礼貌等)、时间的特性(如准时性、可靠性等)、人体功效的特性(如生理的特性或有关人身安全的特性等)和功能的特性(如飞机的最高速度)等。

“特性”包括两个方面：一是固有特性，二是赋予特性。固有特性是指某事或某物本来就有的，尤其是那种永久的特性。赋予特性不是某事物本来就有的，而是完成产品后因不同的要求而对产品所增加的特性。固有特性与赋予特性是相对的，某些产品的赋予特性可能是另一些产品的固有特性。

从质量的定义中可以看出,“特性”是必然存在的,而质量的定义却没有对特性的载体进行说明,这意味着质量可存在于不同领域及事物之中。

2. 关于“要求”

“要求”是指明示的、通常隐含的或必须履行的需求或期望。“明示的”是指规定的要求,如在文件中阐明的要求或顾客明确提出的要求。“通常隐含的”是指组织、顾客或其他相关方的惯例或一般做法,所考虑的需求或期望是不言而喻的。“必须履行的”是指法律法规要求的或有强制性标准要求的。

“要求”可以由不同的相关方提出,不同的相关方对同一产品的要求可能不尽相同。组织在确定产品要求时,应兼顾所有顾客及相关方的要求。要求可以是多方面的,当需要特指时,可以将其定义为产品要求、质量管理要求、顾客要求等。

3. 关于“程度”

“程度”是特性满足的一种度量。同一品种的产品可能有不同的档次,不同档次产品的质量难以进行比较,因此,质量必须在同一等级上进行评价。等级是指对功能与用途相同但质量要求不同的产品、过程或体系所作的分类或分级。档次低与质量差并不是同一个概念。

(二)质量的特征

质量具有经济性、广义性、时效性和相对性四个特征。

(1) 质量的经济性。质量的经济性意味着以最少的投入获得最大效益的产品。虽然顾客和组织关注质量的角度是不同的,但对经济性的要求却是相同的。

(2) 质量的广义性。在质量管理体系所涉及的范围内,组织的相关方对组织的产品、过程或体系都可能提出要求。而产品、过程和体系又都具有固有特性,因此,质量不仅指产品质量,也可指过程质量和体系质量。

(3) 质量的时效性。由于组织的顾客和其他相关方对组织的产品、过程和体系的需求和期望在不断变化,所以组织应准确地识别顾客的质量要求,不断对现有的规范进行修订,对流程与方法进行改进,不断研发新产品,通过各种努力以满足顾客的需求和期望。

(4) 质量的相对性。组织的顾客和其他相关方可能对同一产品的不同功能提出相应的需求,甚至对同一产品的同一功能也提出不同的需求。需求不同,质量要求也不同,只有满足需求的产品才会被认为是质量好的产品。

二、质量特性

(一)质量特性的含义

质量是对顾客需求的反映,而顾客对需求的表述通常并不十分清晰,为了使顾客的需求得以更好地实现,必须通过相应的载体对其进行转换,用清晰、理性、技术或工程的语言表达顾客的需求,这就是质量特性。

国际标准 ISO 9000:2005《质量管理体系 基础和术语》中对质量特性的定义为:“产品、过程或体系与要求有关的固定特性。”

就产品而言,质量特性是指将顾客的需求转化为定量或定性的指标,为产品的实现过程提供依据。由于顾客的需求具有多样性,所反映出来的产品的特性也是多样的。与之相应的质量特性也呈现出多样性，它包括性能、适用性、可信性、安全性、环保性、经济性和美学性等。

（二）质量特性的表现形式

不同类别的产品，质量特性的具体表现形式也各不相同。质量特性的表现形式如表 1-1 所示。

表 1-1 质量特性的表现形式

序号	类别	类别描述	质量特性
1	硬件产品	加工、装配类的生产过程的结果	性能、寿命（自然寿命、技术寿命、经济寿命）、可行性、安全性、经济性
2	软件产品	一种信息产品，是一种逻辑的而不是物理的系统	功能性、可靠性、易用性、效率、可维护性、可移植性
3	流程性材料	经过各种转化制成的（最终或中间）产品，有固体、液体、气体或组合	物理性能、化学性能、力学性能、外观
4	服务质量特性	提供服务的组织或个人在与顾客的接触活动中，至少完成一项活动的结果，体现在多个方面	无形性、非储存性、同步性、异质性

（三）质量特性的分类

由于顾客的需求是多种多样的，所以反映质量的特性也应该是多种多样的。质量特性通常按照以下方式进行分类：

（1）按照评价方式不同，可将质量特性分为定量的质量特性与定性的质量特性。但在实际工作中，通常把定性的质量特性指标转换成可以定量的代用质量特性指标，以便对其进行评价与检测。

（2）按照表现形式不同，可将质量特性分为外在质量特性、内在质量特性、经济特性、商业特性和其他方面的质量特性。其中，外在质量特性包括外观、形状、色泽、气味、包装等；内在质量特性包括结构、性能、精度、化学成分等；经济特性包括成本、价格、使用费用、维修时间和费用等；商业特性包括交货期、保修期等；其他方面的质量特性包括安全、环保、美观等。

（3）按照对顾客满意的影响程度不同，可将质量特性分为关键质量特性、重要质量特性和次要质量特性。关键质量特性是指若超过规定的质量特性值要求，会直接影响产品安全性或导致产品整体功能丧失的质量特性。重要质量特性是指若超过规定的质量特性值要求，将造成产品部分功能丧失的质量特性。次要质量特性是指若超过规定的质量特性值要求，暂不影响产品功能，但可能会引起产品功能逐渐丧失的质量特性。

三、质量职能

（一）质量职能的含义

“质量职能”的概念是由朱兰博士提出的。他指出，质量职能是指组织为确保产品质量而进行的技术、生产和管理等全部活动的总称。所有质量活动都是围绕实现产品适用性的总目标而进行的，所以质量职能活动也都对产品质量有贡献或影响作用。因此，必须强调与明确各部门的质量职能，并通过诊断、审核等手段评价其有效性，以促进各部门的质量职能的发挥，保证企业质量目标的实现。

（二）质量职能的关键环节

朱兰博士提出的质量螺旋模型是质量职能理论的基础。朱兰质量螺旋是一条螺旋式上升的曲线，把各个质量职能按逻辑顺序串联起来，用以表征产品质量形成的整个过程及其规律。在朱兰质量螺旋中，产品质量形成的全过程包括 13 个环节（质量职能）：市场研究、产品计划、产品设计、制订产品规格、制订工艺、采购、仪器仪表配置、生产制造、工序控制、检验、测试、销售、售后服务。13 个环节构成一轮循环，每经过一轮循环，产品质量就有所提高。经过一轮又一轮循环，产品质量在原有基础上不断改进、不断突破。质量管理目标的实现，取决于每个环节的落实和各环节之间的协调。因此，必须对质量形成的整个过程进行计划、组织和控制，进而处理好系统内部之间质量职能的划分与归属。产品质量形成过程的每一个环节都要依靠人去完成，人的素质及对人的管理是过程质量及工作质量的基本保证。所以，人是产品质量形成全过程中最重要、最具能动性的因素。现代质量管理十分重视人的因素，强调以人为主体的管理，其理论根源就在于此。

在朱兰质量螺旋中，质量职能的各项活动对产品质量都有影响。但最主要的影响体现在以下几个关键的环节（质量职能）：

（1）市场研究质量职能。这部分职能位于质量螺旋的初始阶段，是一切质量活动的开始。这个阶段主要通过进行详细的市场调查，进一步了解用户需要；掌握竞争形势；熟悉市场环境，对市场进行科学的预测。

（2）产品设计质量职能。这个阶段需要在科学的市场研究基础上把顾客的需求转化为材料、产品和过程，通过详细设计、样品试制及小批试制等阶段，保证产品达到用户的要求。

（3）采购质量职能。生产制造用的各种原材料、外购件要满足产品质量要求，必须认真选择。对采购的产品应从经济性、交货期、交货质量以及供应单位保证质量的能力等方面进行综合考查，然后择优选购。这就为产品质量提供了一种“早期报警”的保证。

（4）生产制造质量职能。生产制造就是通过对生产过程中的操作者、机器设备、材料、方法、测量手段和环境等过程变量的控制，稳定而经济地生产出符合设计规定和质量标准的产品。生产制造过程中的质量职能通过加强工艺管理、实行工序质量控制、开展 QC 小组活动等方式来实现。

（5）检验质量职能。概括地说，检验质量职能就是严格把关，反馈信息，预防、监督和保证产品质量，促进产品质量的提高。具体而言，检验归结为三种职能，即对产品质量的保证，报告，以及监督与预防。

（6）销售、售后服务质量职能。服务用户是质量活动的外延，这种质量职能就是通过积极开展售前和售后服务，收集使用现场的质量信息等。

另外，质量职能也涉及组织外部的供应商、顾客进行的活动，所以也要考虑各种外部因素的影响。

（三）质量职能和质量职责

质量职能和质量职责有着密切的关系。质量职能是确定质量职责的依据，质量职责是落实质量职能的方式或手段。质量职能是质量活动的属性与功能，是过程控制的需要，具有科学性和相对稳定的特性；而质量职责则是为了实现质量职能，对部门、岗位与个人提出的具体质量工作，并对组织内部的责、权、利予以落实，因而具有人为的规定性。

质量职能分布在组织的各个主要职能部门。质量管理所要解决的基本问题就是要对分散在组织各部门的质量职能活动进行有效的计划、组织、协调、检查和监督，从而保证和提高产品质量。

四、过程

（一）过程的含义

国际标准 ISO 9000:2005《质量管理体系 基础和术语》中对过程的定义为："一组将输入转化为输出的相互关联或相互作用的活动。"对这个定义的理解需要注意三点：① 一个过程的输入通常是其他过程的输出；② 组织为了增值，通常对过程进行策划并使其在其他受控条件下运行；③ 对形成的产品是否合格不易或不能经济地进行验证的过程，通常称为特殊过程。

ISO/TC176（ISO 中第 176 个技术委员会）制定的所有国际质量标准都是建立在"所有工作是通过过程来完成的"这样一种认识的基础上的。一般说来，利用资源合理配置，并通过管理将输入转化为输出的相互关联或相互关系的活动都可以视为"过程"，如图 1-1 所示。

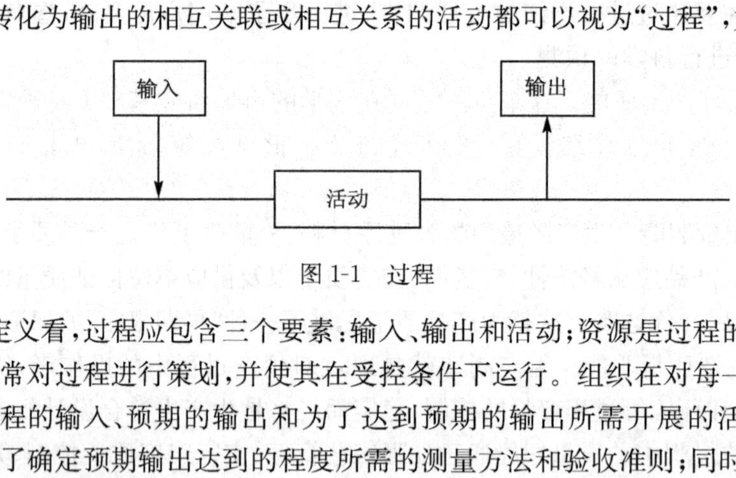

图 1-1 过程

从过程的定义看，过程应包含三个要素：输入、输出和活动；资源是过程的必要条件。组织为了增值，通常对过程进行策划，并使其在受控条件下运行。组织在对每一个过程进行策划时，要确定过程的输入、预期的输出和为了达到预期的输出所需开展的活动和相关的资源，也要明确为了确定预期输出达到的程度所需的测量方法和验收准则；同时，要根据PDCA循环，对过程实行控制和改进。

过程与过程之间存在一定的关系。一个过程的输出通常是其他过程的输入，这种关系往往不是一个简单的按顺序排列的结构，而是一个比较复杂的网络结构：一个过程的输出可能成为多个过程的输入，而几个过程的输出也可能成为一个过程的输入；或者也可以说，一个过程可能与多个部门的职能有关，一个部门的职能也可能与多个过程有关。因此，过程本身是增加价值的转换，在输入和输出的不同位置应设置测量点以便监视。

组织在建立质量管理体系时，必须确定增值所需的直接过程和支持过程，以及相互之间的关联关系(包括接口、职责和权限),这种关系通常可用流程图来表示;还应对所确定的过程进行策划和管理,通过对过程的控制和改进,确保质量管理体系的有效性。

组织内部的一系列过程组成的系统应用,连同这些过程的识别和相互作用及其管理,称为过程方法。在运用过程方法时,要对过程予以识别,研究过程之间的相互关系和相互影响,寻找内在规律并采用适当方法对其进行有效控制。组织应重点确定在过程鉴定、人员资格和设备及能力的鉴定、过程方法和程序、记录及再确认等方面的要求。

(二)实施过程方法的目的

1. 满足策划的需要

使用过程方法可以理顺过程内的全部资源,确定改进的优先顺序,对具体过程的输入、输出、相关资源和活动的要求加以理解。在此基础上,需要采用过程能力来满足这些过程的要求,顺利达到策划结果。

2. 提升过程的有效性

使用过程方法有利于保持质量管理体系的有效性并持续改进。为了实施质量管理,必须对活动和过程所需提供的资源加以确定和调配,这是为顾客提供满意产品的前提条件。通过过程方法的使用,可以准确、灵活而快速地把握改进机会,可以有效使用包括人员、工作设施和工作环境等在内的资源,最大限度地发挥资源潜力,降低产品设计和生产成本,缩短产品的周期。

3. 提供组织保证

通过过程方法,组织内的所有相关成员按照清晰统一的方式运作,可以保证组织的协调发展,增强透明度,减少不必要的沟通损失。顾客与相关方可以明晰过程与事物发展的规律,了解事物发展的现状与未来的趋势,明确自己所处的位置及所得到的结果。

4. 有利于持续改进

使用过程方法时,通常会采取一些必要的措施,包括利用业已形成的方法来确定为获得策划结果所必需的关键活动,为管理关键活动而规定明确的责、权、利关系,识别组织职能内部和职能之间的关键活动的接口,了解并测量关键活动的能力,对诸如资金、方法和材料等能改进组织关键活动的要素进行重点管理,对顾客、供方和其他相关方的反馈和影响以及有关风险进行评价等。采取上述措施,可以获得一致的、可以预测的结果。

(三)持续改进过程

由于质量要求涉及有效性、过程或体系运作的效率或原因、产品和可追溯性等各个方面,因此,质量改进的对象、途径、方法也不尽相同。由于活动或过程的结果并不是总能保证尽如人意,以及出于对产品和体系的更高要求,需要对过程进行不断改进和提高。只有这样,组织才能真正提高自身的实力,增强市场竞争优势。在提高对持续改进机会快速把握能力的同时,使组织的质量管理体系能适应内外部环境的不断变化,使持续改进成为组织长远发展的内在动力。

第二节 质量管理

一、质量管理的含义

国际标准 ISO 9000:2005《质量管理体系 基础和术语》中对质量管理的定义为:“在质量方面指挥和控制组织的协调的活动。”在质量方面的指挥和控制活动,通常包括制定质量方针和质量目标以及质量策划、质量控制、质量保证和质量改进。

质量管理的含义可以从以下几个方面来理解:

(1) 确定组织在一定时期内的质量方针与质量目标。质量管理需要建立质量方针和质量目标,并为实现规定的质量目标进行质量策划、实施质量控制、提供质量保证和持续进行质量改进。在这个过程中,通过方针、目标以及规划来指导组织内部各部门和岗位之间的工作,激发其实现预期的质量目标的愿望,并最终通过开展质量改进等活动予以逐步实现。

(2) 组织在整个生产和经营过程中要实施质量保证。组织的基本任务是向市场提供符合顾客和其他相关方要求的产品。因此,围绕产品质量形成的全过程实施质量管理,是组织的各项管理的主线。基于此,质量保证是为了让使用者确信组织能够满足质量要求所开展的并需要进行证实的有计划和有系统的活动。一方面,组织需要向用户证实自己有能力保证质量,并对其产品及服务质量负责;另一方面,组织需要对内部诸如质量、计划、劳资、人事、设备、财务和环境等各个方面进行有序的管理。

(3) 质量管理的有效实施关系到组织的兴衰。由于质量管理涉及组织的各个方面,组织的最高管理者应针对本组织的质量方针,在确立质量目标的基础上,运用管理的系统方法来建立质量管理体系,为实现质量方针和质量目标配备必要的人力和物质资源,并开展各项相关的质量活动,这同样也是各级管理者的职责。因此,组织应积极采取各类激励措施来激发全体员工积极参与,充分发挥他们的才干和工作热情,创造人人争作贡献的工作氛围,确保质量策划、质量控制、质量保证和质量改进活动的顺利进行。

二、质量管理的发展历程

20 世纪,人类跨入了以加工机械化、经营规模化、资本垄断化为特征的工业化时代。时至今日,质量管理已形成一门独立的学科。从其发展历史可以发现,各个不同时期,质量管理的理论、技术和方法都在不断发展与完善,并具备了其时代的特点。从一些发达国家来看,在整整一个世纪中,质量管理的发展大致经历了四个阶段。

(一) 产品质量检验阶段

20 世纪初期,人们对质量管理的理解还只是局限于质量检验。这时,质量检验所使用的手段是使用各种各样的检验设备和仪表,严格把关,进行百分之百的检验。

19 世纪末,美国出现了以弗雷德里克·泰勒(Frederick W. Taylor)为代表的科学管理运动。科学管理提出了在人员中进行科学分工的要求,并将计划职能与执行职能分开,中间再加一个检验环节,以便对计划、设计、产品标准等项目进行监督和检查。

在开始阶段，工长在保证质量方面的作用被广泛强调，质量管理的责任由操作者转移到工长，因而也称为“工长的质量管理”。由于企业的规模迅速扩大，这一职能又由工长转移到专职的检验人员，由专职检验部门实施质量检验，所以称为“检验员的质量管理”。可见，科学管理运动提出的要求，对于手工业生产方式来讲是一项重大的改革。从此，计划设计、生产操作、检验监督等各由专人负责，从而产生了一些专门负责质量检验的人员，形成了专职的检查部门，质量检验机构因此独立了出来。

作为一次巨大的进步，质量检验有利于提高生产率，有利于分工的发展。但是，从质量管理的角度来看，质量检验的效能较差，因为这一检验方式的特点就是按照标准的规定，对成品进行检验，即从成品中挑出不合格品，这种质量管理方法的任务只是“把关”，即严格控制不合格品出厂或流入下一工序。但是，这种事后检验把关，并不能在生产过程中起到预防作用，即无法预防废品的生产；且因其百分之百的检验，增加了检验费用，在大批量产品生产的情况下，其弊端就凸显出来了。

由于以事后检验把关为主的质量管理的弊端不断暴露，一些著名的统计学家和质量管理专家开始设法运用数理统计学的原理来解决这些问题。1924 年，美国贝尔电话研究所的统计学家沃特·休哈特(Walter A. Shewhart)博士提出了“预防缺陷”的概念。他认为质量管理除了检查以外，还应做好预防，而预防的办法是采用他提出的控制图。与此同时，同属贝尔研究所的道奇(H. F. Dodge)和罗米格(H. G. Romig)又共同提出在破坏性检验的场合所采用的抽样检验法，并提出了第一个抽样检验方案。但是，当时由于经济危机等原因，对产品质量的要求不可能太高，所以用数理统计方法进行质量管理并没能立即得到普遍的接受。

（二）统计质量控制阶段

休哈特将数理统计的原理运用到质量管理中来的思想以及他发明的控制图等方法得到了快速的发展和完善。休哈特认为质量管理不仅要搞事后检验，而且在发现有废品生产的先兆时就应进行分析改进，从而预防废品的产生。他发明的控制图就是运用数理统计原理进行预防的一种方法。控制图的出现，是质量管理从单纯事后检验阶段进入检验加预防阶段的标志，也是质量管理形成一门独立学科的开始。1931 年，第一本质量管理的科学专著——休哈特的《工业产品质量的经济控制》正式出版。

在这一阶段，数理统计方法与质量管理相结合。质量检验工作从专职检验人员转由专业质量控制工程师和技术人员承担，而关注的重点是利用数理统计原理，预防产生废品并检验产品质量。这标志着事后检验的观念转变为事先加以预防的观念，使质量管理工作前进了一大步。

在第二次世界大战开始以后，统计质量控制得到了广泛的应用。美国贝尔电话公司应用统计质量控制技术取得成效。在军用方面，美国军政部门组织一批专家和工程技术人员，于 1941 年到 1942 年间先后制定并公布了 Z1.1《质量管理指南》、Z1.2《数据分析用控制图法》和 Z1.3《生产过程质量管理控制图法》，并强制生产武器弹药的厂商推行，收到了显著的效果。这三个标准均以休哈特、道奇和罗米格的理论为基础。从此，统计质量控制的方法得到了很多厂商的应用，统计质量控制的效果也得到广泛的承认。自此，统计质量控制在欧美各国相继推行开来。

（三）全面质量管理阶段

20 世纪 50 年代以后，伴随着科学技术和工业生产的发展，对质量的要求越来越高。这时需要人们运用“系统工程”的概念，把质量问题作为一个有机整体加以综合分析研究，实施全员、全过程、全组织的管理。20 世纪 60 年代管理理论界出现了“行为科学”学派，该学派主张调动人的积极性，注重人在管理中的作用。随着市场竞争，尤其是国际市场竞争的加剧，各国及相关组织都很重视产品责任和质量保证问题，并关注加强内部质量管理，确保生产的产品安全可靠。

在这样的时代背景下，仅仅依靠质量检验和运用统计方法显然已经难以有效保证和提高产品质量，也无法满足社会的要求。

朱兰博士提出，质量策划、质量控制以及质量改进是实施质量管理的三个主要环节。这三个环节称为“质量三部曲”，也称“朱兰三部曲”。其 1951 年出版的《质量控制手册》直到现在还是质量管理领域里的经典之作。1961 年，美国通用电气公司质量经理阿曼德·费根鲍姆(Armand V. Feigenbaum)在其著作《全面质量管理》一书中首次提出了全面质量管理的概念。

事实上，日本早在 20 世纪 50 年代就启用了基于全面质量管理理念的质量管理方法，并因此促进了生产的发展。其中，最突出的就是他们强调从总经理、技术人员、管理人员到工作人员，全体人员都参与质量管理。组织对全体职工分层次地进行质量管理知识的教育培训，广泛地开展群众性的质量管理小组活动，并创造了一些通俗易懂、易于理解和参与的管理方法，包括由他们归纳、整理的质量管理的老七种工具（常用工种工具）和新七种工具（补充七种工具），为全面质量管理充实了大量新的内容，而质量管理的手段也不再局限于数理统计，而是全面地运用各种管理技术和方法。

发达国家的组织运用全面质量管理使产品和服务质量迅速提高，引起了世界各国的广泛关注。全面质量管理的观点逐渐在全球范围内获得广泛的传播，各国都结合自己的实践对其有所创造与发展。ISO 9000 族管理标准，美国波多里奇奖、欧洲质量奖、日本戴明奖等各种质量奖及卓越经营模式、六西格玛(6σ)管理模式等，都是以全面质量管理的理论和方法为基础的。

（四）标准化质量管理阶段

国际标准化组织(ISO)为适应国际间贸易发展的需要，在总结工业发达国家质量管理经验的基础上，为进一步提高质量管理标准化水平，于 1979 年成立了质量保证技术委员会（即 ISO/TC176），1987 年更名为质量管理和质量保证技术委员会。

经过几年的努力，该委员会于 1986 年颁布了 ISO 8402《质量——术语》标准，1987 年颁布了 ISO 9000 系列标准，经推广应用，总结提高，于 1994 年形成 ISO 9000 族标准，2000 年时又进一步修订。该标准在全世界得到了广泛的推广与应用。

ISO 9000 族标准既加强了组织内部质量管理，又加强了组织外部质量保证，尤其是利用质量鉴定方式进行第三方质量认证，并积极推进质量认证工作的双边和多边互认，进一步提高了国际范围内的质量管理水平。

综上所述，从质量检验发展到标准化质量管理，是一个不断发展和完善的过程，后一阶段都是在前一阶段的基础上丰富和发展的，即使是在现今的标准化质量管理阶段，过去的产品质量检验、统计质量控制和全面质量管理等思想和方法在实际质量管理中仍然起着重要的作用。质量管理发展历程如表 1-2 所示。

表 1-2　质量管理发展历程

对比内容		产品质量检验阶段	统计质量控制阶段	全面质量管理阶段	标准化质量管理阶段
		1900—1930 年	1930—1950 年	1950—1980 年	1980 年至今
1	管理范围	限于生产现场质量管理	限于生产现场质量管理	产品形成全过程质量管理	组织和供方质量管理
2	管理对象	限于产品质量	产品质量，并向工作质量发展	产品质量、工作质量	产品、过程、体系、形象等全方位质量
3	管理特点	事后把关为主	把关与部分预防相结合	预防与检验相结合，全面管理	内部质量管理与外部质量保证相结合
4	管理依据	产品质量符合质量规格，标准化程度差	由技术标准发展到质量控制标准	严格技术标准，管理标准化	严格技术标准，管理执行 ISO 9000 族标准
5	管理方法	主要是技术检验	技术检验、应用数理统计方法	运用多种管理方法手段，提高工作质量，保证产品质量	同外部质量保证和质量控制相结合
6	质量经济性	忽视质量经济性	比较注意质量经济性	关注质量经济性	关注质量经济性
7	参与管理人员	依靠检验部门和质检人员	依靠生产技术部门、质检人员和检验人员	依靠全体职工	依靠所有相关方及其人员

三、全面质量管理

（一）全面质量管理的含义

全面质量管理是以质量为中心，以全员参与为基础，旨在通过使顾客和所有相关方受益而达到长期成功的一种管理途径。全面质量管理通常用英文缩写 TQC 或 TQM 来表示，其中“M”为“management”的缩写，更加突出了管理的意义。全面质量管理已经不再局限于质量职能领域，而演变为一套以质量为中心的、全面的管理方式和管理理念。

（二）全面质量管理的特点

1. 以满足顾客需要为出发点

在产品设计、生产时，除了需要考虑技术标准或国家、行业标准外，更重要的是要考虑将顾客的需要作为产品和服务的质量标准。因顾客对产品与服务的质量要求是全方位的，所以全面质量管理已由单纯的符合标准转变为满足顾客的需要。除让顾客满意以外，应同时兼顾其他相关方的利益，如所有者、员工、供方、合作伙伴以及社会等的利益。

2. 全员的质量管理

全面质量管理是各部门、各环节全部工作的综合。在整个生产过程中,任何一个人的工作质量都会直接或间接地影响产品质量,因此,必须把组织内所有人员的积极性和创造性充分调动起来,不断提高从业人员的素质,使上至最高管理者,下至生产一线员工,人人都关心产品质量,人人做好本职工作,全身心地投入到质量管理活动之中。只有全体人员共同努力,才能生产出顾客满意的产品。

3. 全过程的质量管理

全过程的质量管理包括从市场调研、产品设计开发、生产、销售直到服务的全过程的质量管理活动。它把产品质量形成全过程的各个环节和有关因素控制起来,做到以预防为主,持续改进,为顾客提供满意的产品与服务。

4. 全组织的质量管理

全组织的质量管理要求组织内各个管理层次都有明确的质量方针、质量目标及应对措施。根据不同的特点,各层次质量活动的侧重点也有所不同。高层质量管理者位于战略层面,侧重质量策划,从战略的高度制定组织的质量方针、质量目标、质量政策和质量计划,确定组织机构,进行资源配置,统一协调组织内部各部门、各环节、各类人员的质量管理活动,保证实现组织经营的目标。中层管理者位于质量管理的执行层面,侧重贯彻落实最高管理层的质量决策,更好地完成各自的质量职能,并对基层质量活动进行具体监管。基层管理者位于组织的作业层,该层级内人员应该严格按照规定、制度、现行有效的质量文件开展操作活动。组织必须建立健全质量管理体系,把分散到组织各部门的质量职能充分发挥出来,从组织上和制度上保证组织长期稳定地生产符合规定且满足顾客需要的产品。

5. 多方法的质量管理

随着现代科学技术的发展,顾客对产品质量的要求越来越高。影响产品质量的因素包括组织内部、外部、技术、人员等因素,应区别不同的影响因素,广泛、灵活地运用多种方法来解决质量问题,其中特别注意将现代的管理方法、统计技术及科技成果应用到质量管理中,为质量管理服务。

四、质量管理的基础工作

根据国内外质量管理的实践经验,开展质量管理必须具备一些基本条件、基本手段和基本制度。

质量管理的基础工作通常包括五个方面:质量责任制、质量教育工作、计量管理工作、标准化工作和质量信息管理工作。其中,标准化工作及质量信息管理工作本书会在后面进行详细阐述,此处仅介绍质量责任制、质量教育工作及计量管理工作。

(一) 质量责任制

建立质量责任制是把与质量相关的责任与权力落到组织相关人员的身上,形成一个严密的质量管理工作系统。

只有实行严格的质量责任制,才能建立正常的生产技术工作程序,才能加强对设备、原材料和技术工艺的管理,才能从各个方面有力地保证产品质量的提高。实施严格的质量责任制，不仅提高了与产品质量直接联系的各项工作的质量，而且提高了组织各项专业管理工作的质量。同时，采用质量责任制可使相关人员对自己该做什么、怎么做、做好的标准是什么都心中有数。一旦发现产品质量问题，可以追究责任，有利于总结正反两方面的经验教训，更好地保证和提高产品质量。

组织质量责任通常以组织规章制度或组织标准的形式发布和实施。

（二）质量教育工作

人力资源是组织的重要资源。因此，开展质量管理活动必须从提高员工的素质抓起，把质量教育作为“第一道工序”。组织只有通过质量教育工作，不断地提高全体员工的质量意识，使员工掌握和运用质量管理的理论、方法和技术，自觉地提高业务管理水平和操作技术水平，使质量成为一种习惯时，才能不断地提高工作质量，从而生产出合格的产品，有效满足顾客的需要。

（三）计量管理工作

计量管理工作是工业生产的重要环节，是保证产品质量的重要手段和方法，是组织开展全面质量管理的一项重要基础工作。计量管理工作的重要任务是统一计量单位制度，组织量值传递，保证量值统一。没有计量单位制度和量值统一，制定和贯彻技术标准就成为一句空话，生产就不能正常运行，产品质量也就不能得到保证。

对计量管理工作的基本要求包括：① 建立计量组织机构，配备计量人员；② 建立健全计量管理制度；③ 正确、合理地使用计量器具及仪器；④ 定期进行计量器具的检测；⑤ 及时修理和报废计量器具和仪器；⑥ 改进计量工具和计量方法，实现检测手段现代化。

五、质量信息管理

信息是指有意义的数据，而数据是指有意义、有价值的消息。信息是通过形象的符号、语言文字、指令代码、数据资料等不同形式和不同媒体对客观事物所进行的描述和反映。通过对数据的整理分析或计算机的信息处理系统，可以将不可利用或难以利用的原始数据加工成可利用的有效信息。质量信息不但可以帮助人们发现问题，寻找解决问题的途径，还是质量管理的基础和依据。

（一）质量信息

产品的形成中存在着两种运动过程：物流和信息流。物流是由原材料等资源的输入转化为产品输出而发生形态和性质变化的过程，而信息流则是伴随物流而产生。信息流反映了物流的状态，组织通过它控制、调节、改进物流。一个组织的质量管理，从某种意义上说，就是管理好这两个方面的过程。信息流的示意图如图 1-2 所示。

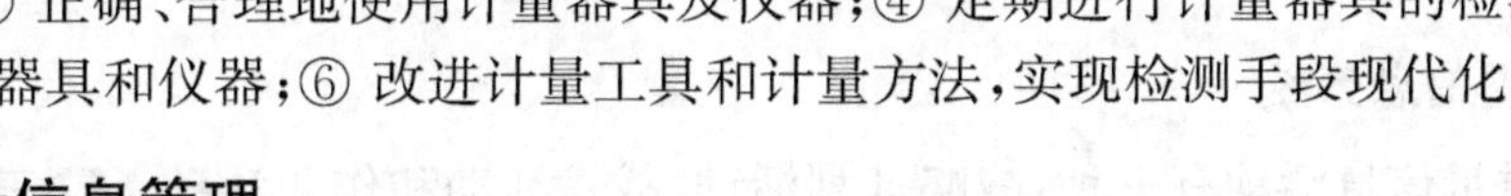

图 1-2　信息流

1. 信息源

信息源是指信号或消息的产生者。在质量信息管理中，信息源是指质量信息的发出者。

信息源可分为内部信息源和外部信息源两类。内部信息源产生于组织内部产品实现过程和体系运行过程。外部信息源产生于组织外部，包括相关方、社会和外部环境等方面的信息。因此，组织应通过需求分析收集对过程控制和体系有效运行起作用的数据，主要包括以下几个方面的信息：① 顾客对满意度的评价；② 产品的符合性要求；③ 过程能力和产品质量现状及其发展趋势；④ 纠正、预防措施和持续改进等。

2. 信息传递

信息传递是指在信息系统中将质量信息按照规定的方式和途径，经过信息载体从一处传到另一处的过程。信息传递要求完整、准确、及时。从质量管理角度来看，一般通过"质量记录"这种文件的载体来记载质量信息及质量管理活动。

3. 信息处理

信息处理是指将原始数据(信息)通过一定的手段和方法，加工成有意义的信息的过程。这里，原始数据是质量信息处理的输入，通过整理、分析、计算等一系列的操作活动，从而产生可用于控制、改进和决策的有用信息。

4. 信息反馈

信息反馈是双向的，即将处理后的信息作为二次信息源，反馈给需要信息的人员和部门。质量信息不仅需要及时传递，而且要及时反馈，只有这样才能使信息的利用和共享成为可能。

(二) 质量信息系统

组织的质量信息活动有三种：战略计划活动、战术活动和作业活动。这三种活动的负责人、活动内容及特点如表 1-3 所示。

表 1-3 组织质量信息活动的负责人、活动内容及特点比较

活动	负责人	活动内容	特点
战略计划活动	高层管理人员	利用管理评审等活动获得质量战略信息，并确立组织的中期和长期质量目标	随机性、异常性、预测性、概要性、数据外部化、形式非结构化及主观性
战术活动	中层管理人员	主要是监督和控制业务活动、有效进行资源管理和测量分析等质量信息活动	汇总性、不可预见性、可比性、概要性、内部及外部信息源
作业活动	一般员工	主要关注点是收集、验证并记录质量数据和信息	重复性、可预见性、历史性、详细性、形式结构化及高精确度

据此，可形成组织的质量信息系统框架，如图 1-3 所示。

为了确保质量管理的有效运行，进行质量信息转换是十分必要的，应将质量信息(数据)作为一种基础性资源。同时，这对于以事实为依据作出决策，激励人员进行质量创新，也是

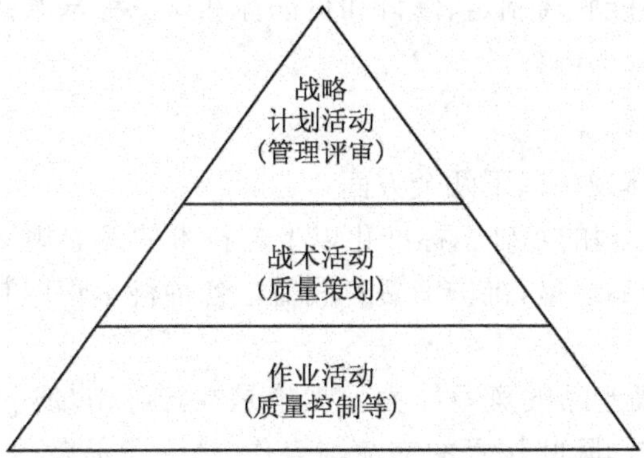

图 1-3　组织的质量信息系统框架

必不可少的。

为了对质量信息进行管理，组织应实现以下主要信息功能：① 识别信息需求；② 识别并获得内部和外部的信息来源；③ 将信息转换为对组织有用的知识；④ 利用数据、信息和知识来确定并实现组织的战略和目标；⑤ 确保适宜的安全性和保密性；⑥ 评估因使用信息所获得的收益，以便对信息和知识管理进行改进。

第三节　标准与标准化

标准化与质量管理虽属两个不同的学科，但两者有着非常密切的关系。标准化是进行质量管理的依据和基础，标准化的活动贯穿于质量管理的始终，标准与质量在循环往复的过程中互相推动，互相促进，共同提升。

一、标准化的含义及作用

（一）标准化的含义

1. 标准

标准是对一定范围内的重复性事物和概念所作的统一规定。它以科学、技术和实践经验的综合成果为基础，以获得最佳秩序、促进最佳社会效益为目的，经有关方面协商一致，由主管机构批准，以特定形式发布，作为共同遵守的准则和依据。某些标准又以基准为基础，例如，1 米是光在真空中 1/299 792 458 秒行进的距离，这一自然量就是 1 米的基准。

2. 标准化

标准化是为在一定的范围内获得最佳秩序，对实际的或潜在的问题制定共同的和重复使用的规则的活动，主要包括制定、发布及实施标准的过程。标准化的重要意义在于改进产品、过程和服务的适用性，减少和消除贸易技术壁垒，并促进技术合作。

标准是标准化活动的产物。标准化的目的和作用是通过制定和贯彻具体的标准来体现的。因此,标准化活动不能脱离制定、修订和贯彻标准这三种基本活动来展开,制定、修订和贯彻标准是标准化最主要的内容。

(二) 标准化的作用

标准化的主要作用体现在以下几个方面:

(1) 标准化是科学管理的基础。标准化以生产技术的发展规律和客观经济规律为依托对组织进行管理,保证产品质量,维护消费者利益。各种科学管理制度的形成都以标准化为基础。

(2) 标准化可以提高产品的竞争能力。无论是在国际市场还是在国内市场,通过使用共同的标准,都可以促进国际间技术的交流与合作,消除贸易障碍,对贸易发展有极大的促进作用。

(3) 标准化可以提高组织的经济效益。在社会化大分工及生产分工的基础上,通过制定和使用标准,可使最新的科研成果得到快速推广和应用,而新的技术和新科研成果的推广应用,可进一步促进技术进步。通过标准化可以避免在研究上的重复劳动,实现知识共享,保证不同组织之间或组织内各部门之间的活动协调统一,以使生产顺利进行,提高组织的经济效益。

(4) 标准化可以明确责任。标准化的推进可以更简单地确定质量问题的责任。国内外大量的环保标准、卫生标准和安全标准制定发布后,用法律形式强制执行,极大地保障了人民的身体健康和生命财产安全。

二、我国的标准体系

我国的标准体系主要包括标准的分级和标准的分类两方面的内容。

(一) 标准的分级

标准的分级就是根据标准适用范围的差异,将其划分为若干不同的层次。对标准进行分级可以使标准得到更好的贯彻实施,也有利于加强对标准的管理和维护。由于世界各国的具体情况不同,其标准分级方法也不尽相同。按《中华人民共和国标准化法》规定,我国标准分为四级,即国家标准、行业标准、地方标准和组织标准(企业标准)。

1. 国家标准

国家标准是指由国家的官方标准化机构或中央政府授权的有关机构批准、发布,在全国范围内统一适用的标准。我国的国家标准是指对全国经济技术发展有重大意义,必须在全国范围内统一的标准。我国规定,对要在全国范围内统一的技术要求,应当制定国家标准。我国的国家标准由国务院标准化行政主管部门负责编制计划和组织草拟,并统一审批、编号后予以发布。

我国的国家标准代号,用“国标”两个字汉语拼音的第一个字母的组合“GB”表示。我国的国家标准分为两类,一类是强制性标准,一类是推荐性标准。强制性国家标准的代号为“GB”;推荐性国家标准的代号为“GB/T”。国家标准编号由国家标准的代号、国家标准发布的顺序号和国家标准发布的年号三部分构成。

小贴士

国家强制性标准与推荐性标准编号示例

以编号为 GB 2760—2007 的《食品添加剂使用卫生标准》为例。从标准编号可以看出，《食品添加剂使用卫生标准》属于强制性国家标准，其标准发布的顺序号为 2760，现行有效的版本为 2007 年版。

再以编号为 GB/T 22782—2008 的《烟花爆竹用氧化铜关键指标的测定》为例。从标准编号可以看出，《烟花爆竹用氧化铜关键指标的测定》属于推荐性国家标准，其标准发布的顺序号为 22782，现行有效的版本为 2008 年版。

2. 行业标准

我国的行业标准是指全国性的、在各行业范围内统一的标准。《中华人民共和国标准化法》规定："对没有国家标准而又需要在全国某个行业范围内统一的技术要求，可以制定行业标准。"行业标准由国务院有关行政主管部门编制计划，组织草拟，统一审批、编号、发布，并报国务院标准化行政主管部门备案。行业标准是对国家标准的补充，在相应的国家标准实施后，自行废止。

行业标准代号由国务院标准化行政主管部门规定。我国的行业标准同样也分为强制性标准和推荐性标准两类，其表示方法与国家标准类似。行业标准的编号由行业标准代号、标准顺序号及年号组成。

小贴士

行业推荐性标准编号示例

以编号为 JB/T 10694—2007 的《进口二手挖掘机验收规范》为例。从标准编号可看出，《进口二手挖掘机验收规范》属于推荐性行业标准。其中，JB 为机械行业的代号，其标准发布的顺序号为 10694，现行有效版本为 2007 年版。

3. 地方标准

我国的地方标准是在某个省、自治区、直辖市范围内统一的标准。对没有国家标准和行业标准而又需要在省、自治区、直辖市范围内统一的工业产品的安全和卫生要求，可以制定地方标准。制定地方标准的项目，由省、自治区、直辖市人民政府标准化行政主管部门确定。地方标准由省、自治区、直辖市人民政府标准化行政主管部门编制计划，组织草拟，统一审批、编号、发布，并报国务院标准化行政主管部门和国务院有关行政主管部门备案。地方标准不得与国家标准、行业标准相抵触，在相应的国家标准或行业标准实施后，地方标准自行废止。

地方标准同样也分为强制性标准和推荐性标准两类，其表示方法与国家标准类似。地方标准的编号，由汉语拼音字母"DB"加省、自治区、直辖市行政区划代码的前两位数，再加斜线、顺序号和年号组成。

小贴士

地方强制性标准示例

以北京市编号为DB11/139—2007的《锅炉大气污染物排放标准》为例。从标准编号可以看出,《锅炉大气污染物排放标准》属于强制性地方标准。其中,11为北京的行政区划代码前两位,标准发布的顺序号为139,现行有效版本为2007年版。

4. 组织标准

组织标准(企业标准)是指对组织范围内需要协调、统一的技术要求、管理要求和工作要求所制定的标准。组织在其生产的产品没有相应的国家标准、行业标准和地方标准时,应当制定组织标准作为组织生产的依据。在有相应的国家标准、行业标准和地方标准时,国家鼓励组织在不违反相应强制性标准的前提下,制定充分反映市场和消费者要求的,严于国家标准、行业标准和地方标准的组织标准,在组织内部适用。

组织标准由组织制定,由组织法人代表或法人代表授权的主管领导批准、发布,由组织法人代表授权的部门统一管理。组织的产品标准应在发布后的30日内办理备案,一般按组织隶属关系报当地标准化行政主管部门和有关行政主管部门备案。

小贴士

补充标准

为了适应高新技术标准发展快和变化快等特点,国家标准化行政主管部门于1998年通过了《国家标准化指导性技术文件管理规定》,出台了标准化体制改革的一项新的举措,即在四级标准之外,又增设了一种"国家标准化指导性技术文件",作为四级标准的补充。

(二) 标准的分类

按标准的性质区分,标准可分为强制性标准和推荐性标准。《中华人民共和国标准化法》规定,国家标准、行业标准分为强制性标准和推荐性标准。保障人体健康和人身、财产安全的标准和法律、行政法规规定强制执行的标准是强制性标准,其他标准是推荐性标准。《中华人民共和国标准化法》同时还规定,省、自治区、直辖市标准化行政主管部门制定的工业产品的安全、卫生要求的地方标准,在本行政区域内是强制性标准。

1. 强制性标准

强制性标准是指具有法律属性,在一定范围内通过法律、行政法规等强制手段加以实施的标准。

《中华人民共和国标准化法》规定:"强制性标准,必须执行。不符合强制性标准的产品,禁止生产、销售和进口。"由此可见,违反强制性标准是违反法律的,要受到法律的制裁。强制性标准的强制作用和法律地位是由国家有关法律赋予的。

2. 推荐性标准

强制性标准以外的标准是推荐性标准,也就是说,推荐性标准是非强制执行的标准,国家鼓励组织自愿采用推荐性标准。

推荐性标准是指在生产、交换、使用等方面，通过经济手段调节而自愿采用的一类标准，又称为自愿性标准。这类标准任何单位都有权决定是否采用，违反这类标准，不承担经济或法律方面的责任。但是，这类标准一经接受采用，各方面商定同意将其纳入商品、经济合同之中，就成为各方共同遵守的技术依据，具有法律上的约束力，必须严格遵照执行。

除了按性质区分之外，标准还可以按在标准系统中的地位和作用分为基础标准和一般标准。基础标准是指在一定范围内作为其他标准的基础并普遍使用的标准，具有广泛的指导意义。基础标准按性质和作用不同，一般分为以下几种：① 概念和符号标准；② 精度和要素标准；③ 实现系列化和保证配套关系的标准；④ 结构要素标准；⑤ 产品质量保证和环境条件标准；⑥ 安全、卫生和环境保护标准；⑦ 管理标准；⑧ 量和单位。例如，GB 2900《电工名词术语》、GB 3100～GB 3102《量和单位》为基础标准。相对于基础标准的其他标准，称为一般标准。

三、标准的制定

标准的制定是标准化的关键。标准制定得越合理、越先进，实施标准后获得的社会效益和经济效益就越大。反之，标准化的效果就会大打折扣。因此，标准的制定一定要按照科学的原则、方法和程序，认真、慎重地进行，以保证标准的高水平和高质量。

（一）标准制定的原则

制定标准应遵循的原则有以下四点：

(1) 以国际标准和国外先进标准为原则。在标准制定时应按照标准的层级从国际最新、最先进的标准着手，同时以国际通用的标准为准绳，这样做有利于促进对外经济技术合作和发展对外贸易，也有利于我国标准化与国际接轨。

(2) 以国家有关法律法规为准绳。标准的制定要以维护国家、社会和人民的利益为根据，凡属国家颁布的有关法律法规和相应的政策都必须作为标准制定的依据与准则，标准中的所有规定，均不得与现行法律法规相违背。

(3) 以提高综合效益为根本。在制定标准时要充分考虑标准运用的环境条件要求，在考虑使用要求的同时，应兼顾全社会的利益。标准要有利于保障社会安全和人民身体健康，有利于保护消费者利益，保护环境；应尽可能照顾其他社会因素，减少对其影响的程度，使综合性的全局效益最佳。

(4) 以协调配套为最佳。制定标准要有利于标准体系的建立和完善。一定要保证相关标准协调配套，使组织开发、生产、流通、使用等各个环节之间协调一致，这样才能保证生产的正常进行和标准的有效实施。

（二）标准制定的程序

我国在参考国际标准化组织（ISO）和国际电工委员会（IEC）《ISO/IEC 导则第 1 部分：技术工作程序》（1995 年版）的基础上，结合我国实际情况颁布了国家标准 GB/T 16733—1997《国家标准制定程序的阶段划分及代码》。该标准将国家标准的制定程序划分为以下九个阶段：

(1) 预备阶段。在预备阶段，在充分研究和论证的基础上，任何单位和个人均有权提出国家标准制(修)订的计划项目提案。相关行业主管部门或技术委员会（TC）对提案的可行性进行认真研究，针对提案提出国家标准新工作项目的建议。

(2) 立项阶段。在立项阶段，国家标准化管理委员会(SAC)需要对新工作项目建议进行汇总、审查和协调，在对新工作项目建议的必要性和可行性进行充分论证和审查的基础上，确定国家标准新工作项目。项目工作周期一般在3个月之内。

(3) 起草阶段。标准起草阶段是制定标准的关键阶段。该阶段的主要工作内容是：由国务院有关行政主管部门或技术委员会落实标准的负责起草单位，负责起草的单位指定项目，组建标准起草工作组。工作组由具有一定技术水平和实践经验、比较了解全面情况的标准化人员，按编写标准的基本规定(GB/T 1.1—2000)编制标准草案征求意见稿、编写编制说明和有关附件。

(4) 征求意见阶段。在征求意见阶段，标准起草工作组向有关单位发送标准草案征求意见稿，尽量通过各种方式广泛征求意见。被征求意见的专家对标准征求意见稿进行审查，审查后将意见反馈给标准起草工作组。标准起草工作组根据回收的意见，对标准草案征求意见稿进行相应的修改，并在此基础上编制标准草案送审稿，将回函意见进行分类汇总，注明取舍情况，这些部分需要作为附件内容之一一并送审。

(5) 审查阶段。审查阶段的主要工作包括：以会议审查或函件审查的形式对标准草案送审稿进行审查。无论是会议审查还是函件审查，标准审查组织单位都要将审查的意见及时反馈给标准起草工作组。标准起草工作组根据收集到的各种意见对标准草案送审稿进行修改，在此基础上形成标准草案报批稿。对于难度较大和争议较多的标准草案送审稿，一般采用会议审查的方式，其余可以采用函件审查的方式。

(6) 批准阶段。在批准阶段，技术归口单位或技术委员会要对标准草案报批稿的技术内容和编写质量进行全面审查，并上报主管部门。主管部门对标准草案报批稿进行程序、技术审查，时间周期在4个月之内。部门审核后，国家标准技术审查部门对标准报批稿进行技术审查，时间周期不超过3个月，在批准后下达批准文件和编号，并提供标准的出版稿。

(7) 出版阶段。在出版阶段，中国标准出版社发行正式国家标准(GB、GB/T、GB/Z)，提供标准出版物，时间周期在3个月之内。

(8) 复审阶段。在复审阶段，技术委员会或标准化技术归口单位负责对国家标准进行复审，复审周期一般在5年之内。国家标准复审后，对不需要修改的国家标准可确认其继续有效；对需作修改的国家标准可作为修订项目申报，列入国家标准修订计划。对已无存在必要的国家标准，由技术委员会或主管部门对该国家标准提议废止。

(9) 废止阶段。在废止阶段，国家标准化管理委员会根据复审结果，通过一定形式宣布某项标准废止。其他等级标准的制定，大多参照国家标准制定程序予以办理。

四、国际标准

(一) 国际标准和国外先进标准的含义

1. 国际标准的含义

国际标准是指国际标准化组织(ISO)、国际电工委员会(IEC)和国际电信联盟(ITU)制定的标准，以及国际标准化组织确认并公布的其他国际组织制定的标准。国际标准在世界范围内统一使用。

ISO 公布的其他国际标准化组织的名单可在 ISO 世界标准服务网上进行实时查询。目前，该名单中除 ISO、IEC、ITU 三大国际标准化组织以外，还有国际计量局(BIPM)、食品法典委员会(CAC)、联合国教科文组织(UNESCO)等 48 个国际组织。

2. 国外先进标准的含义

国外先进标准是指未经国际标准化组织确认并公布的其他国际组织的标准、发达国家的国家标准、区域性组织的标准、国际上有权威的团体标准和组织标准(企业标准)中的先进标准。

国外先进标准的具体界定只能依靠技术专家从实际中去判断，很难事先断定哪些组织或机构的标准就一定是国外先进标准。不过，一些在国际上较权威的组织或机构的标准代表着国际的先进技术水平，如国际半导体设备与材料组织(SEMI)、欧洲标准化委员会(CEN)、德国标准协会(DIN)和美国试验与材料学会(ASTM)等的标准。

(二) 采用国际标准的原则

在采用国际标准制定我国的标准时，一般应遵循以下几方面的原则：

(1) 法律法规原则。采用国际标准时，应当符合我国有关法律法规，遵循国际惯例，做到技术先进、经济合理、安全可靠。

(2) 适用性原则。制定我国标准时，应当以相应的国际标准为基础，除非这些国际标准由于基本气候、地理因素或者基本的技术问题等原因而对我国无效或者不适用。

(3) 通用性原则。对于国际标准中通用的基础性标准、试验方法标准，应当优先采用。

(4) 目的性原则。采用国际标准中的安全标准、卫生标准、环保标准制定我国标准时，应当以保障国家安全、防止欺骗、保护人体健康和人身财产安全、保护动植物的生命和健康、保护环境为目标。

(5) 时效性原则。采用国际标准制定我国标准时，应当尽可能与相应国际标准的制定同步，并可以采用标准制定的快速程序。

(6) 配套性原则。采用国际标准制定我国标准时，应当同我国的技术引进、组织的技术改造、新产品开发、老产品改进相结合。

(三) 我国标准采用国际标准的程度及表示方法

我国标准采用国际标准的程度分为两种，即等同采用和修改采用。

1. 等同采用

等同采用是指我国标准与国际标准在技术内容和文本结构上相同，或者与国际标准在技术内容上相同，只存在少量编辑性修改。

技术内容相同是指我国标准对国际标准的技术内容不加改动地保留下来。我国标准可以用引言、注、资料性附录等形式酌情增加对于技术内容补充说明的资料性内容，但这些增加的资料性内容不应变更、增加或删除国际标准的技术内容。文本结构相同是指我国标准的章、条、段、表、图和附录的排列顺序及编号与国际标准相同。

2. 修改采用

修改采用是指我国标准与国际标准之间存在技术性差异，并清楚地标明这些差异以及解释其产生的原因，允许包含编辑性修改。修改采用不包括只保留国际标准中少量或者不重要的条款的情况。文本结构的调整需要慎重，如果不调整结构能解决问题，则尽量不调整结构，因为结构的调整最容易造成国家标准与相应国际标准比对的困难。

我国标准采用国际标准程度的表示方法如表 1-4 所示：

表 1-4　我国标准采用国际标准程度的表示方法

采用程度	符　号	程度代号
等同采用	≡	idt(identical)
修改采用	=	mod(modified)

采用国际标准的程度在我国国家标准封面上和首页上表示方法如下：

GB ××××—××××(idt ISO ××××—××××)

GB ××××—××××(mod ISO ××××—××××)

本章小结

本章从质量、质量管理、标准与标准化三个方面展开。在"质量"一节中对质量的含义、质量特性和质量职能及其产生、形成及实现的全过程进行了介绍。在"质量管理"一节中介绍了质量管理的含义、质量管理的发展历程，并阐述了全面质量管理与质量管理的基础性工作。最后，在"标准与标准化"一节中简要介绍了标准与标准化的相关内容，具体包括我国的标准体系、标准制定的原则与程序、国际标准等。

思考练习

1. 简述质量和质量特性的含义。
2. 什么是质量职能？质量职能包括哪些方面？
3. 什么是质量管理？质量管理的各个发展阶段有什么特点？
4. 什么是全面质量管理？全面质量管理的特点有哪些？
5. 质量管理的基础工作包括哪五个方面？
6. 我国的标准体系是如何分类的？
7. 标准制定的原则是什么？

第二章 ISO 质量管理体系

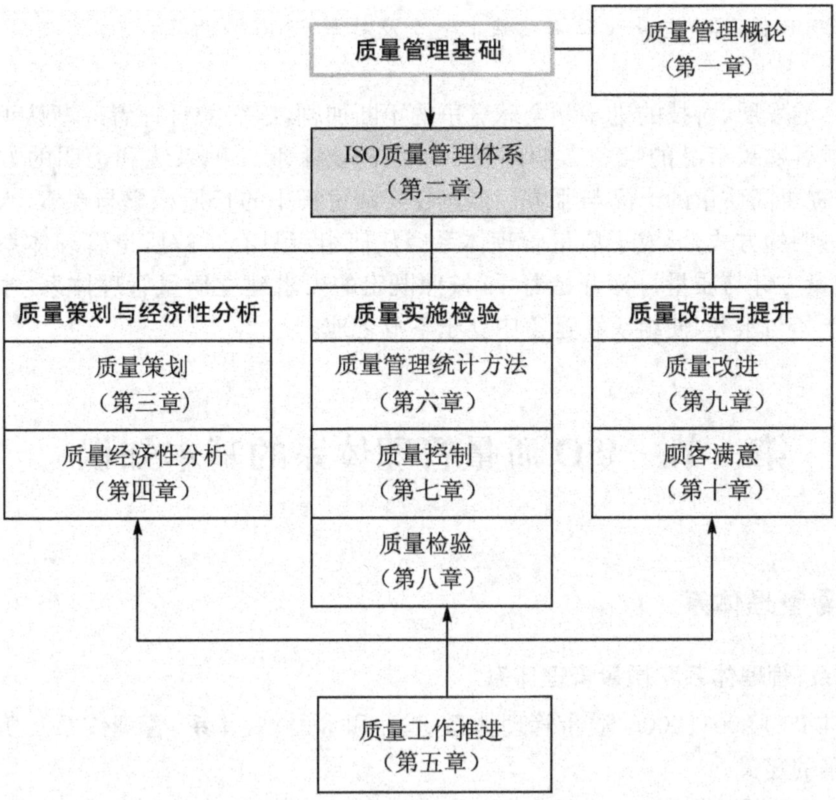

质量管理学结构模型

学习目标

（一）知识目标

• 了解 ISO 质量管理体系及质量认证的基本知识；
• 认识质量管理体系的基本内容；
• 理解质量管理体系建立的方法；
• 掌握质量管理体系内部审核与外部审核。

（二）技能目标

• 熟练掌握质量管理体系建立的方法与流程；
• 掌握 2008 版 ISO 质量管理体系基本要求及其与 2000 版的区别。

随着社会的发展、科技的进步和全球竞争的不断加剧，组织的管理者逐渐认识到低廉的价格不再是顾客购买产品的唯一影响因素。组织需要采取一种系统和透明的方式进行管理，来向顾客提供高质量的产品与服务。经过在实践过程中的长期积累与探索，人们发展了这种系统和透明的方式，形成了质量管理体系。任何组织只有了解质量管理体系的基本要求，从确定质量方针与质量目标开始着手，按照既定的要求建立质量管理体系，才能够对外提供优质的产品与服务，使组织在竞争中立于不败之地。

第一节　ISO 质量管理体系的基本知识

一、质量管理体系

（一）体系、管理体系和质量管理体系

国际标准 ISO 9000：2005《质量管理体系 基础和术语》对体系、管理体系及质量管理体系进行了明确的定义。

（1）体系。体系是指“相互关联或相互作用的一组要素”。

（2）管理体系。管理体系是指“建立方针和目标并实现这些目标的体系”。根据 ISO 9000族标准规定的术语可替换性原则，管理体系的定义可替换为“建立方针和目标并实现这些目标的‘相互关联或相互作用的一组要素’”。

（3）质量管理体系。质量管理体系是指“在质量方面指挥和控制组织的管理体系”。同样，质量管理体系中的“管理体系”也可用管理体系的定义替代，即质量管理体系是“在质量方面指挥和控制组织的‘建立方针和目标并实现这些目标的相互关联或相互作用的一组要素’”。

质量管理体系和管理体系都具有术语“体系”的所有属性，其实质是强调“相互关联或相互作用的一组要素”，同样，质量管理体系还具有管理体系的属性。体系、管理体系和质量管理体系之间具有逐级深入、层层包含的关系。

质量管理体系标准的作用是“帮助各种类型和规模的组织实施并运行有效的质量管理体系”，即用系统的、科学的有关理论来研究质量管理体系。

（二）质量管理体系的特征

1. 整体性

尽管组成体系的不同要素在体系中都具有自己特定的功能或职能，但就体系整体而言，系统的功能必须通过系统整体才能予以实现。系统的总体功能可以大于组织体系各要素功能之和或形成新的功能。

2. 相关性

组成体系的各个要素本身是独立的，但它们之间又存在一定的相关性，而且各要素和系统之间也同样存在这种“相互关联或相互作用”的关系。组织应对要素之间的相关性加以识别与控制，使其协调配合，以实现组织的目标。

3. 程序性

程序性就是将实现体系目标的全过程按照严格的逻辑关系程序化，使组织内部不同层级、部门的人员在执行体系目标时达成共识，从而使他们的行为井然有序。这种程序性受到组织提供产品的类别、过程复杂性以及人员素质的影响。

4. 动态性

动态性是指体系的状态和体系的结构总体上是不断变化的。体系的结构在一定时间内是固定的、适宜的，随着市场和顾客的需求的不断变化，要求组织不仅应当理解顾客当前和未来的需求，而且应当争取超越顾客的期望。市场中，唯一不变的就是变化。

二、质量管理八项原则

（一）质量管理八项原则的内容

随着全球竞争的不断加剧，质量管理越来越成为所有组织管理工作的重点。为此，ISO/TC176/SC2/WG15结合 ISO 9000 标准 2000 年版制定工作的需要，吸纳了当前国际上最受推崇的一批质量管理专家的思想，整理出了质量管理八项原则。如戴明博士的“质量 14 条”、“PDCA 循环”，朱兰博士的“质量三部曲”及费根鲍姆的“全面质量控制”和石川馨（Kaoru Ishikawa）的“全面质量管理思想”，都是构成质量管理八项原则的基础。这八项原则是：① 以顾客为关注焦点；② 领导作用；③ 全员参与；④ 过程方法；⑤ 管理的系统方法；⑥ 持续改进；⑦ 基于事实的决策方法；⑧ 与供方互利的关系。质量管理八项原则之间的关系如图 2-1 所示。

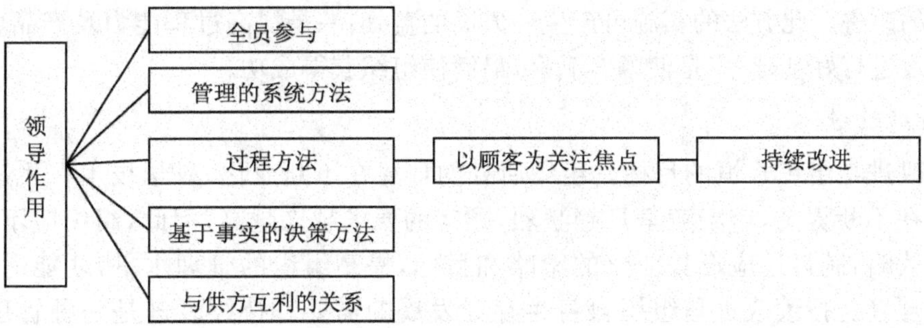

图 2-1　质量管理八项原则之间的关系

（二）质量管理八项原则的具体含义

为了成功地实施质量管理、达到预期效果，组织必须对质量管理八项原则的实质和内涵进行深入的理解，将其作为业绩的指南，并采取有效的行动措施，才能获得相应的效果。

1. 以顾客为关注焦点

组织依存于顾客，因此，组织应当理解顾客当前和未来的需求，满足顾客要求并争取超越顾客期望。顾客是每一个组织存在的基础，组织应调查和研究顾客的需求和期望，并把其转化为质量要求，采取有效措施使其实现。

2. 领导作用

领导必须将本组织的宗旨、方向和内部环境统一起来，并创造使员工能够充分参与实现组织目标的环境。领导具有决策和领导组织的关键作用。为了营造一个良好的环境，最高管理者应建立质量方针和质量目标，确保关注顾客需要，确保建立和实施一个有效的质量管理体系，确保应有的资源，并随时将组织运行的结果与目标比较，采取有效措施。在领导作风上还要做到透明、务实和以身作则。

3. 全员参与

各级人员是组织之本，只有充分参与，才能使他们的才干为组织带来最大的收益。组织的质量管理不仅需要最高管理者的正确领导，还有赖于全体成员的参与。所以要对其进行质量意识、职业道德、以顾客为中心的意识和敬业精神的教育，还要激发他们的积极性和责任感。

4. 过程方法

将相关的资源和活动作为过程进行管理，可以更高效地得到期望的结果。过程方法的原则不仅适用于某些简单的过程，也适用于由许多过程构成的过程网络。此模式把管理职责，资源管理，产品实现和测量、分析、改进作为体系的四大主要过程，描述其相互关系，并以顾客要求为输入，提供给顾客的产品为输出，通过信息反馈来测定顾客满意度，评价质量管理体系的业绩。

5. 管理的系统方法

针对设定的目标，识别、理解并管理一个由相互关联的过程所组成的体系，有助于提高组织的有效性和效率。这种建立和实施质量管理体系的方法，既可用于新建体系，也可用于现有体系的改进。此方法的实施可产生三方面的益处：一是提高过程能力及产品可靠性；二是为持续改进打好基础；三是使顾客满意，最终使组织获得成功。

6. 持续改进

持续改进是组织永恒的目标。组织所处的环境在不断变化，科学技术在飞速发展，生产力水平在不断提高，市场竞争日趋激烈，顾客的要求越来越高，因此，组织应不断调整自己的经营战略，制订适应形势变化的策略和目标，提高组织的管理水平，才能适应这种竞争的生存环境。持续改进是组织自身生存和发展的需要。持续改进是一种管理理念，是组织的价值观和行为准则，是持续满足顾客要求、增加效益、追求持续提高过程有效性和效率的活动。

7. 基于事实的决策方法

有效性建立在数据和信息分析的基础之上，组织的管理者所作的有效决策，必须以事实为依据，以防止决策失误。首先，要广泛地收集信息，确保获得充分的数据和信息；其次，依据准确的数据和信息、借助其他辅助手段进行科学的分析，统计技术是最重要的工具之一。这种分析或依据信息作出判断的方法是一种良好的决策方法。

8. 与供方互利的关系

通过发展与供方互利的关系，增强组织及其供方创造价值的能力。供方提供的产品将对组织向顾客提供满意的产品产生重要影响，因此，能否处理好与供方的关系，影响到组织能否持续稳定地提供使顾客满意的产品。对供方不能只讲控制不讲合作互利，特别是对关键供方，更要建立互利关系，实现共赢。

三、ISO 9000 族质量管理体系标准

（一）质量管理体系标准的产生与发展

1. 产生阶段

发达国家早在 1930 年就形成了“产品责任”的概念，要求组织对因其产品质量问题所造成的人身伤亡、财产损失等后果承担责任。1936 年，在美国纽约成立的“消费者联盟”是世界上最早的消费者组织。1960 年，世界各国保护消费者权益的团体纷纷成立，这时已不再满足于供方的一般性责任担保、事后赔偿，而是希望得到可靠的产品。在这种情况下，要求对产品的过程进行监督、对产品进行认证的呼声越来越高。

2. 发展阶段

在第二次世界大战期间，军事工业迅猛发展，各国政府在采购军品时，不但提出产品特性要求，还对供应厂商提出了质量保证的要求。20 世纪 50 年代末，美国发布了 MIL-Q-9858《质量大纲要求》标准，成为世界上最早的有关质量保证方面的标准。而后，美国国防部制定和发布了一系列的生产武器和承包商评定的质量保证标准。20 世纪 70 年代初，借鉴了军品质量保证标准的成功经验，美国机械工程师协会（ASME）发布和实施了 ASME-Ⅲ-NA4000《锅炉与压力容器质量保证》标准。《锅炉与压力容器质量保证》标准的实施，使锅炉和压力容器的事故率大幅度下降，取得了显著的成效。

美国军品生产方面的质量保证活动的成功经验，在世界范围内产生了很大的影响，并逐渐扩展到了民用领域。1971 年，美国国家标准学会（ANSI）借鉴军品质量保证标准，制定和发布了国家标准 ANSI N45.2《核电站质量保证大纲要求》，后演变为 ANSI/ASME NQA-1-1983。1978 年，国际原子能机构吸取美国的经验，颁布了 IAEA50-C-QA《核电站安全质量保证法规》标准，并得到世界先进工业国家的承认，其内容包括 13 项条款，通常称之为“十三条”。

3. 固化阶段

1979 年，国际标准化组织第 176 个技术委员会（ISO/TC176）成立。该组织负责制定质量管理和质量保证标准，旨在“让全世界都接受和使用 ISO 9000 族标准，为提高组织的运作能力提供有效的方法；增进国际贸易，促进全球的繁荣和发展；使任何机构和个人，可以从世

界各地得到任何期望的产品，以及将自己的产品顺利地销到世界各地”。

该委员会1986年发布了ISO 8402《质量——术语》标准，1987年发布了ISO 9000《质量管理和质量保证标准——选择和使用指南》、ISO 9001《质量体系——设计开发、生产、安装和服务的质量保证模式》、ISO 9002《质量体系——生产和安装的质量保证模式》、ISO 9003《质量体系——最终检验和试验的质量保证模式》、ISO 9004《质量管理和质量体系要素——指南》等6项标准，通称为ISO 9000族系列标准。

ISO 9000族系列标准的颁布使标准被固化下来，并被全世界150多个国家和地区等同采用为国家标准，并广泛用于工业、经济和政府的管理领域，有50多个国家建立了质量管理体系认证制度，世界各国质量管理体系审核员注册的互认和质量管理体系认证的互认制度也得以建立和实施。

4. 提升阶段

ISO/TC176于1990年决定对1987年版的ISO 9000标准进行修订，提出了《90年代国际质量标准的实施策略》(国际上通称为《2000年展望》)。

按《2000年展望》提出的目标，标准分两阶段进行修改。第一阶段修改称为“有限修改”，即修改为1994年版本的ISO 9000族标准；第二阶段修改是全新修改，其主要任务是：“识别并理解质量保证及质量管理领域中顾客的需求，制定有效反映顾客期望的标准；支持这些标准的实施，并促进对实施效果的评价”。

2000年12月15日，ISO/TC176正式发布了2000年版本的ISO 9000族标准。该标准的修订充分考虑了1987年和1994年版标准，以及现有其他质量管理体系标准的使用经验，因此，它是质量管理体系的再次提升，它的修改更加适合组织的需要，更适应组织开展其商业活动的需要。

自ISO 9001:1987标准发布以来，ISO/TC176对核心标准平均每7年进行一次修订。核心标准修订顺序及最新版本标志如图2-2所示。

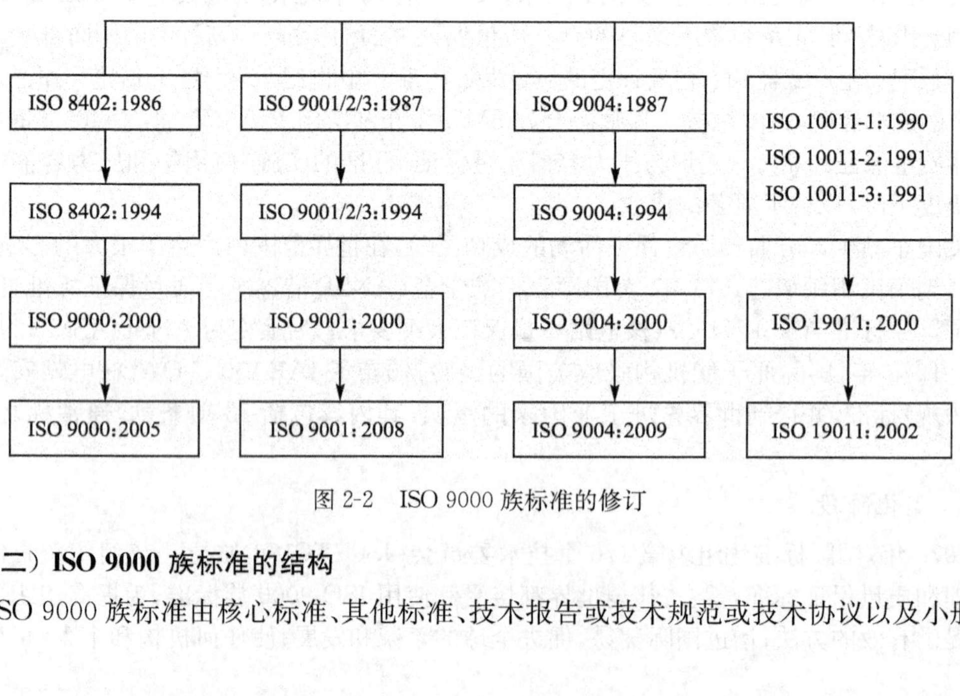

图2-2 ISO 9000族标准的修订

(二) ISO 9000族标准的结构

ISO 9000族标准由核心标准、其他标准、技术报告或技术规范或技术协议以及小册子四个层次组成，如表 2-1 所示。

表 2-1　ISO 9000 族标准的结构

类　别	内　容
第一部分： 核心标准	ISO 9000:2005 质量管理体系——基础和术语 ISO 9001:2008 质量管理体系——要求 ISO 9004:2009 质量管理体系——业绩改进指南 ISO 19011:2002 质量和(或)环境管理体系审核指南
第二部分： 其他标准	ISO 10012:2003 测量管理体系 ISO 10019:2005 质量管理体系咨询师选择和使用指南
第三部分： 技术报告或技术规范或技术协议	ISO/TS 10005 质量计划指南 ISO/TS 10006 项目质量管理指南 ISO/TS 10007 技术状态管理指南 ISO/TR 10014 质量经济性管理指南 ISO/TR 10013 质量管理体系文件 ISO/TR 10017 ISO 9001:2000 中统计技术指南 ISO/TR 10018 顾客投诉 技术协议(1) 2002 医疗机构应用 ISO 9000 指南 技术协议(2) 教育机构应用 ISO 9000 指南
第四部分： 小册子	ISO/TC176 根据实施 ISO 9000 族标准的实际需要，将陆续编写一些宣传小册子形式的出版物作为指导性文件，包括《质量管理原则》、《选择和使用指南》、《小型组织实施指南》等，《小型组织实施指南》已于 2002 年正式发布

（三）ISO 9000 族质量管理体系标准简介

1. ISO 9000:2005《质量管理体系 基础和术语》

ISO 9000:2005《质量管理体系 基础和术语》阐明了 ISO 9000 族标准中质量管理体系的基础，并确定了相关术语，对各类质量管理体系标准使用的关键词语提供了唯一的、明确的含义。2005 年 9 月 15 日，国际标准化组织在对 2000 版标准进行了修订与完善的基础上，将 2005 版的《质量管理体系 基础和术语》予以发布。2005 版标准补充了新的定义，对说明性的注释进行了扩充，使一些术语的文字描述更加简洁合理，逻辑关系更加明晰。改版后分为 10 个部分，84 个术语。

2. ISO 9001:2008《质量管理体系 要求》

自 2008 年 8 月 7 日开始，各成员国以投票表决的方式通过了在 2008 年 10 月发布 2008 版《质量管理体系 要求》。该要求是根据世界上 170 个国家和地区的 100 多万个组织 8 年来的实践经验，以更清晰、更明确的方式描述管理体系的相关要求。ISO 9001:2008相对于 2000 版的标准在内容方面改动量较小，其改动主要体现在两个方面：一是基于编辑方面，二是使新版标准中的术语与 ISO 14001 中的术语相统一。新版文件的改进更多的是强调与 ISO 14001:2004 的兼容性，新标准还特别强调管理体系在实施过程中的有效性。

标准提供了质量管理体系的要求，供组织在需要证实其具有稳定地提供满足顾客要求和适用法律法规要求的产品的能力时使用。标准采用过程方法，通过满足顾客要求来增加顾客满意。为适应不同类型组织的需要，在规定删减范围与内容的前提下允许有条件的删减。

3. ISO 9004:2009《质量管理体系 业绩改进指南》

相对于ISO 9001的修改而言，ISO 9004:2009标准则是全部重新编写，基本看不到2000版的影子。该标准从组织所有者的视角出发，从经济角度剖析如何保持组织业务的可持续性。这意味着组织需要通过构建管理体系以保证组织在财务、社会、法规、人员及经济方面予以合理的控制以确保组织永续经营，并且为所有者创造利润。

4. ISO 19011:2002《质量和(或)环境管理体系审核指南》

ISO 19011:2002《质量和(或)环境管理体系审核指南》是ISO/TC176与ISO/TC207(环境管理技术委员会)共同制定的，其管理思想体现为"不同管理体系可以有共同的管理和审核要求"。它适用于运行质量管理和(或)环境管理体系的组织，以指导其内审和外审的管理工作。标准中对审核的原则、审核大纲的管理、环境和质量管理体系审核的实施以及评审员的资格要求等予以规定。标准还提供了一些实际的帮助以及围绕各问题的案例、解释，但是有些可能不适用于第三方审核。

第二节　2008版ISO质量管理体系的基本要求

一、范围和术语

(一) 范围

质量管理体系中的规定是一种通用要求，适用于各种类型、规模及提供不同产品的组织。由于组织或产品的特点差异，标准中规定的内容并不完全适用，此时，组织可以在不影响其提供满足顾客和适用法律法规要求的产品的前提下进行适当删减，使标准更加符合组织的生产运作。组织通过构建质量管理体系证实其有能力稳定地提供满足顾客和适用法律法规要求的"产品"。这里所指的"产品"应理解为预期提供给顾客或顾客所要求的产品，包括采购的产品和实现过程的中间产品。"法律法规"理解为法定要求。

(二) 术语

2005版ISO 9000列出了84个与质量管理有关的术语(见表2-2)，较2000版增加了四个术语。增加的四个术语分别是：有关质量的术语中的胜任力(competence)；有关组织的术语中的合同(contract)；有关审核的术语中的审核计划(audit plan)和审核范围(audit scope)。

表 2-2 术语分类表

类 别	数 量	术 语
有关质量的术语	6	质量、要求、等级、顾客满意、能力、胜任力
有关管理的术语	15	体系、管理体系、质量管理体系、质量方针、质量目标、管理、最高管理者、质量管理、质量策划、质量控制、质量保证、质量改进、持续改进、有效性、效率
有关组织的术语	8	组织、组织结构、基础设施、工作环境、顾客、供方、受益者、合同
有关过程和产品的术语	5	过程、产品、服务、设计和开发、程序
有关特性的术语	4	特性、质量特性、可信性、可追溯性
有关合格的术语	13	合格、不合格、缺陷、预防措施、纠正措施、纠正、返工、降级、返修、报废、让步、偏离许可、放行
有关文件的术语	6	信息、文件、规范、质量手册、质量计划、记录
有关检查的术语	7	客观证据、检查、试验、验证、确认、鉴定过程、评审
有关审核的术语	14	审核、审核方案、审核准则、审核证据、审核发现、审核结论、受审核方、审核委托方、审核员、审核组、技术专家、审核计划、审核范围、能力
有关测量过程质量保证的术语	6	测量管理体系、测量过程、计量确认、测量设备、计量特性、计量职能

二、质量管理体系

(一) 质量管理体系总要求

质量管理体系总要求包括以下四个方面的内容:

(1) 质量管理体系的建立。在理清过程的顺序和相互作用的基础上,组织应重点确定组织质量管理体系所需的过程,并应用这些过程。

(2) 形成相应的文件。组织的质量管理体系应以标准为基础,按照标准提供的框架通过文件的形式予以表达。

(3) 质量管理体系的实施和控制。组织在构建质量管理体系文件时,还需要建立与之配套的准则和方法以支持这些过程的运行和对这些过程的监视,通过各种手段加以保持。

(4) 质量管理体系的改进。组织需要监视、测量和分析这些过程,持续改进其有效性,实施必要的措施,以实现这些过程策划的结果和对这些过程的持续改进。

小贴士

关于"确定质量管理体系所需的过程"及"外包过程"

2000 版的质量管理体系在建立方面更多的是以识别与发现为主,经过 8 年的组织探索与改进,对于核心与关键的业务流程已形成规范、优化的模式。因此,2008 版的质量管理体系将重点放在确定方面,使其固化下来。2008 版的质量管理体系同时增加了外包过程的控制，认为并不能因为产品或部分内容外包出去而减少组织需承担的责任。

（二）文件要求

质量管理体系文件的建立应与认证的范围相匹配，可以覆盖组织的全部活动，也可以仅包括组织的部分活动。组织在编制文件时还需要考虑自身的规模、行业性质、产品性质以及人员素质等情况，其目的是要使组织通过制定最少的、必要的文件，来证明组织的各项活动得到有效的策划、运行和控制，证实其质量管理体系得到了有效实施和持续改进。质量管理体系文件的要求和内容应能与组织所采用的质量目标相适应。

2008 版的质量管理体系文件打破了原来"一个要求必须制定一个程序"的僵化模式。通过灵活的方法，由组织自行制定文件，保证组织的运行在可控范围内。

质量管理体系文件包括不同的层次，其内容应包括：① 形成文件的质量方针和质量目标；② 质量手册；③ 标准所要求的形成文件的程序和记录；④ 组织为确保其过程有效策划、运行和控制所确定的必要文件和记录；⑤ 标准所要求的质量记录。质量管理体系文件的层次如图 2-3 所示。

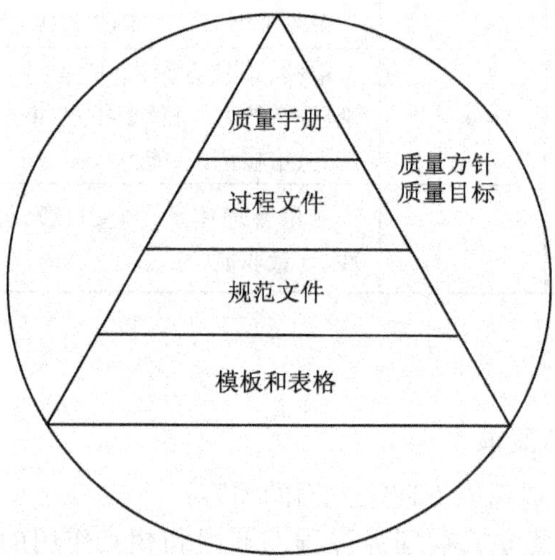

图 2-3　质量管理体系文件的层次

1. 质量手册

组织应编制并保持质量手册，并使其受控。质量手册是质量管理体系文件之首，对于组织的各项文件内容，均可以从质量手册中找到总体的纲要。对某一组织而言，质量管理体系是唯一的，质量手册也是唯一的。质量方针与质量目标一般在质量手册中予以规定与确定。

质量手册的内容包括但不限于以下几点：质量管理体系的范围，包括质量体系文件的删减情况以及对删减情况的说明；为质量管理体系编制的形成文件的过程及对这些过程的引用；质量管理体系过程及其相互作用的描述。

2. 文件控制

文件是指信息及其承载媒体。文件可以通过纸张、光盘或其他电子媒体、照片或样品，或它们的组合来承载。无论文件以何种形式的媒体承载，组织都需通过规定相关的过程以对文件进行控制。

文件控制过程应对以下方面作出规定：① 文件发布前得到批准，以确保文件是充分的与适宜的；② 必要时对文件进行评审与更新，并再次批准；③ 确保文件的更改和现行修订状态得到识别；④ 确保在使用处可获得适用文件的有效版本；⑤ 确保文件保持清晰、易于识别；⑥ 确保策划和运作质量管理体系所必需的外来文件得到识别，并控制其分发；⑦ 防止作废文件的非预期使用，若因任何原因而保留作废文件时，对这些文件进行适当的标识。

2008版的质量管理体系文件中对外来文件增加了一个定语——“策划和运作质量管理体系所必需的”，使外来文件的管控范围大大缩小，要求更加明确。

文件控制的主要目的是控制文件的有效性。在控制过程中，文件的版本号、文件的代码均是唯一的。

3. 记录控制

记录属于文件，是一种特殊形式的文件。记录用以提供符合要求和质量管理体系有效运行的证据，所以组织应建立和保持记录，并对记录进行控制。一般来讲，质量管理体系的最低层文件为模板与表格，在空白表格中填写了相关内容之后即成为记录。记录是在质量管理体系实施过程中形成的，而不是在质量管理体系策划之初规定的。

对记录控制作出的规定，包括记录的标识、贮存、保护、检索、保存期限和记录的处置。记录控制的主要目的是保证记录的“可追溯性”，以便在保存期限内检索到所需要的记录以提供证据。因此，记录应保持清晰，易于识别和检索，记录的版本通常不需要控制。

三、管理职责

（一）管理承诺

管理承诺是最高管理者应尽的责任与义务。最高管理者的承诺从建立、实施质量管理体系及持续改进其有效性三方面着手，并通过以下活动对其所作出的承诺提供证据：① 向组织传达满足顾客和法律法规要求的重要性；② 制定质量方针；③ 确保质量目标的制定；④ 进行管理评审；⑤ 确保资源的获得。

最高管理者的管理承诺不能仅停留在口头上，而要形成价值观，使质量意识与文化在组织内得以传播。

（二）以顾客为关注焦点

以顾客为关注焦点是质量管理八项原则之一，是组织中包括最高管理者在内的每一名员工都应该共同遵循的准则。顾客是产品的最终接受者，组织的生存和发展依赖于顾客，任何组织的成长、发展都和顾客息息相关。作为组织的最高管理者，应当调查、识别、理解顾客现在的、将来的需求、期望，根据这些需求、期望制定目标，通过满足顾客要求，尽可能地为顾客提供便利，确保顾客的要求得到确定并予以满足，最终达到增强顾客满意的目的。

（三）质量方针

质量方针是指由组织的最高管理者正式发布的该组织总的质量宗旨和方向。质量方针应具有长期性、适宜性、简洁性、全面性与抽象性的特点。质量方针必须由最高管理者正式发布。质量方针不是文件，但组织必须按照文件控制要求对质量方针进行控制。质量方针一般在质量手册中予以说明。

最高管理者应确保质量方针满足以下要求：① 与组织的宗旨相适应；② 包括对满足要求和持续改进质量管理体系有效性的承诺；③ 提供制定和评审质量目标的框架；④ 在组织内得到沟通和理解；⑤ 在持续适宜性方面得到评审。

（四）质量目标

质量目标是组织在质量方面所追求的目标。质量目标的制定通常依据质量方针，在质量方针所提供的框架内制定包括满足产品要求所需内容的质量目标，同时，质量目标必须可以测量。最高管理者应按照“横向到边，纵向到底”的原则，确保在组织的相关职能和层次上将质量目标进行分解。质量目标不是文件，但组织必须按文件控制要求对质量目标进行控制。质量目标一般在质量手册中予以说明。

（五）质量管理体系策划

ISO 9000:2005《质量管理体系 基础和术语》中对质量策划的定义为：“质量管理的一部分，致力于设定质量目标并规定必要的运行过程和相关资源，以实现质量目标。”组织在进行质量管理体系策划时应以其质量目标为依据，通过相应的策划，以更好地满足质量目标的要求。在进行质量管理体系更改的策划和实施时，最高管理者需要站在宏观的角度，确保质量管理体系的完整性不受影响。

（六）职责和权限

组织中所有从事影响产品质量工作的人员都应被赋予相应的职责和权限，尽量做到责权相符，以使他们都能够为实现质量目标作出贡献。最高管理者应确保组织的职责和权限得以规定，还应确保这种职责和权限能在组织内得到沟通。这种沟通可以以书面、口头、电子等沟通方式来完成，但以达成共识为基准。

（七）指定管理者代表

最高管理者是指在组织的最高层指挥和控制组织的一个人或一组人。当然，最高管理者有许多职责，不能用全部时间与精力处理质量方面的问题，所以最高管理者会在组织内部管理层中指定一名管理者，代表其对质量管理体系进行管理、监视、评价和协调，从而使质量管理体系得到有效运行和改进。

无论其在其他方面的职责如何，其均被赋予以下方面的职责与权限：① 确保质量管理体系所需的过程得到建立、实施和保持；② 向最高管理者报告质量管理体系的业绩和任何改进的需求；③ 确保在整个组织内提高满足顾客要求的意识。管理者代表的职责还可以包括与质量管理体系有关的外部联络。

2008 版的质量管理体系文件明确了管理者代表不得临时外聘，必须是组织内部担任一定行政职务的管理者。通过保证管理者的稳定性来保证质量管理的稳定性，更加体现了组织对质量管理的重视程度。

（八）内部沟通

最高管理者应确保在组织内建立一个适当的、有效的内部沟通过程，并确保这种沟通必须包括质量管理体系有效性的沟通，以便沟通质量方针、目标、要求及完成情况等信息。这些信息的沟通有助于质量管理体系的有效运行和持续改进。沟通的方式是灵活多样的，可根据沟通的内容进行调整。

（九）管理评审

最高管理者应按照策划的时间间隔进行管理评审，以确保质量管理体系持续的适宜性、充分性和有效性。时间间隔应是均匀的，除非有特殊情况临时增加的管理评审内容。管理评审包括评价质量管理体系改进的机会和变更的需要，也包括对质量方针和质量目标的评价。

管理评审过程的输入应包括以下信息：① 审核结果；② 顾客反馈；③ 过程的业绩和产品的符合性；④ 预防和纠正措施的状况；⑤ 以往管理评审的跟踪措施；⑥ 可能影响质量管理体系的变更；⑦ 改进的建议。

管理评审过程的输出应包括与以下方面有关的决策和措施：① 质量管理体系及其过程的有效性的改进；② 与顾客要求有关的产品的改进；③ 资源需求，包括由于改进所引发的资源需求。

组织应根据管理评审的结果，采取相应的措施，积极改进。

四、资源管理

基于质量管理体系的基本要求，组织从人员、基础设施和工作环境三个方面来考虑组织的资源情况。在确定了组织质量管理体系之间的相互关系后，为了保证组织提供产品的质量，应确定并提供所需要的资源。资源不能满足组织要求时，各级人员应通过沟通与协调使组织所需的资源得到满足，保证组织正常活动的开展。只有资源得以保证，即组织产品的输入有了保证，组织才能够提供满足需要的产品。

（一）资源提供

资源是指为实施现有的质量管理体系的过程和为改进这些过程所需的资源以及为满足顾客和适用的法律法规要求，增进顾客满意所需的资源。管理的任务之一就是整合组织的各项资源，以更有效地实现组织的目标。资源的提供贯穿于全部质量管理体系之中。因此，最高管理者应确保识别并获得实施组织战略和实现组织目标所必需的资源，以确保质量管理体系的有效运行。

（二）人力资源

人力资源是第一资源，质量管理体系要求所有从事影响产品要求符合性的人员应有胜任其所在岗位的能力。组织应确定从事影响产品要求符合性的人员所在岗位应具备的能力，掌握影响从事影响产品要求符合性人员的能力的原因，通过多种手段找到能力差距。根据差距，提供培训或采取其他措施，使其达成必需的能力。组织应确保达成必需的能力，确保员工意识到所从事活动的相关性和重要性，以及如何为实现质量目标作出贡献。对培训的相关结果，组织应予以记录及保留。

（三）基础设施

组织应确定、提供基础设施并对其加以维护。基础设施是指组织运行所必需的设施、设备和服务的体系。这里所说的基础设施，是指为达到产品要求符合性所需的基础设施，包括：建筑物、工作场所和相关的设施；过程设备（硬件和软件）；支持性服务（如运输、通信或信息系统）。

2008 版的质量管理体系文件在支持性服务中增加了信息系统。随着时代的发展，对许多组织而言，信息系统(如 ERP)已成为影响组织管理体系运作和满足顾客要求的重要因素，标准要求对其进行策划、提供与维护等，所以在这里认定为支持性服务。

(四) 工作环境

工作环境是指达成产品要求符合性必需的条件，如洁净室、防静电措施及卫生控制等。这是指为达到产品要求符合性所需要的工作环境。营造适宜的工作环境，不仅对产品要求符合性，还会对人员的能力和业绩产生积极的影响。工作环境包括心理的、社会的、物理的以及组织文化四个方面。2008 版的质量管理体系文件对工作环境的界定更为明晰，解决了组织中的工作环境界定不明的问题。

五、产品实现

产品实现是指产品从策划、生产直到交付的全部过程。产品实现所需的过程包括产品实现的策划、与顾客有关的过程、设计和开发、采购、生产和服务提供以及监视和测量装置的控制六大过程，这些过程又包括相应的一系列子过程。

(一) 产品实现的策划

组织应策划和开发产品实现所需的全部过程。在策划的过程中要以产品实现为目标，策划之后便形成文件。根据组织的特点和需要，可采用各种形式输出，可以是文件的形式，也可以是非文件的形式。质量策划的结果是质量计划。在对产品实现进行策划时，应考虑和确定以下内容：① 产品的质量目标和要求；② 针对产品确定过程、文件和资源的需求；③ 产品所要求的验证、确认、监视、测量、检验和试验活动以及产品接收准则；④ 为实现过程及其产品满足要求提供证据所需的记录。

(二) 与顾客有关的过程

与顾客有关的过程包括与产品有关的要求的确定、与产品有关的要求的评审和顾客沟通三个子过程。

1. 与产品有关的要求的确定

与产品有关的要求包括对产品本身的要求以及非产品本身但与产品相关的要求。组织应通过各种方式识别并明确顾客的所有要求，包括在合同或协议中规定的与产品有关的要求、口头约定的与产品有关的要求。具体地说，组织至少应确定下列与产品有关的要求：① 顾客规定的要求，包括对交付及交付后活动的要求；② 顾客虽没有明示，但规定的用途或已知和预期用途所必需的要求；③ 产品适用的法律法规要求；④ 组织确定的任何附加要求。

2. 与产品有关的要求的评审

组织在向顾客提供产品的承诺之前，应对上述与产品有关的要求进行评审。评审的人员应包括但不限于提供产品与服务的相关部门人员。评审可以采用会议评审、会签、授权评审等形式。评审形式的采用可根据评审的内容与对象进行确定，可以采用一种方法，也可以多种方法并行使用，以简洁、受控为原则。评审应确保：① 产品的要求得到规定；② 与以前表述不一致的合同或订单的要求已予解决；③ 组织有能力满足规定的要求。

3. 顾客沟通

若顾客提供的要求没有形成文件，组织应在接受顾客要求前对顾客的要求进行确认。

若顾客的要求发生变更，组织应确保相应文件得到修改，并确保相关人员知道已变更的要求。组织应对以下有关方面确定并实施与顾客沟通的有效安排：① 产品的信息；② 问询、合同或订单的处理，包括对其的修改；③ 顾客反馈，包括顾客抱怨。

（三）设计和开发

设计和开发是指将要求转换为产品、过程或体系的规定的特性或规范的一组过程。设计和开发包括产品的设计和开发、过程的设计和开发、体系的设计和开发。标准对设计和开发的要求主要是针对产品的设计和开发等内容。

1. 设计和开发策划

对设计和开发进行策划和控制是为了实现设计和开发的输出能满足输入的要求，将顾客需求转化为组织的要求，最终确保设计和开发的结果能满足产品的要求。在策划过程中应明确：

(1) 设计和开发的阶段。对每个阶段予以清晰、合理的界定，在界定时需要考虑顾客的要求、产品本身的特点、复杂程度和以往的设计经验等。

(2) 设立各阶段的里程碑。根据不同的阶段设置相应的评审、验证和确认活动，其内容及方法可根据阶段的特点来设定。因设计和开发的评审、验证和确认的目的有区别，可以视产品的特点和组织的方式分别或结合实施和记录。

(3) 设计和开发的职责和权限。设计和开发过程中设计小组之间的接口需要进行管理，明确小组的职责分工，使小组之间沟通顺畅有效。

策划输出可以采用文件方式，如设计和开发计划书、时间安排表等，策划的输出应根据设计和开发的进展情况予以更新。

2. 设计和开发输入

设计和开发输入是设计和开发过程的基础，是设计结果制订的依据准则。将产品要求转化为具体输入的要求包括：① 产品的功能和性能要求，包括符合性、可信性、可用性、寿命等。② 适用的法律法规的要求，如安全、健康、环境等要求，包括国家、行业要求等。③ 适用时，以前类似设计提供的信息。这类设计过程所能提供的有关经验及应注意的问题有利于组织进行积累。④ 设计和开发所必需的其他要求。满足产品安全性以及维护、保养、处置等要求在输入时也应予以考虑。

设计和开发输入要形成记录并保持记录，如设计说明书、设计输入记录等。组织应对设计和开发输入进行评审，以确保：输入的要求反映产品的所有要求（充分性）；各项要求是组织能够实现、适宜于组织的现状及未来的要求（适宜性）；各项要求明确、描述清楚，相互之间的关系不矛盾（完整性）。

3. 设计和开发输出

生产和服务提供相应的信息（如规范、图纸、样品），同时为测量提供相应的标准。设计和开发输出应与设计和开发输入的要求相对应，并在设计的各阶段以文件（如规范、清单、图纸等）或实物（如样板、产品）等确定。设计和开发输出应以能够针对设计和开发输入进行验证的方式提出，并应在放行前获得批准。

设计和开发输出应符合以下条件：① 满足设计和开发输入的要求；② 给出采购、生产和服务提供的适当信息；③ 包含和引用产品接收准则；④ 规定对产品的安全和正常使用所必需的产品特性。

2008 版的质量管理体系文件对生产和服务提供所包括的内容予以了更清晰的界定，指出在生产和服务的提供中不应只考虑到产品本身，而应更多地把产品作为一个整体交至顾客手中，其中要包括产品防护的内容。

4. 设计和开发评审

在适宜的阶段，组织应根据策划的要求对设计和开发进行系统的评审工作，以便达到以下目标：① 识别设计和开发的结果满足要求的能力；② 识别任何问题并提出必要的措施。

设计和开发评审的内容可以包括相关的输入是否足以完成设计和开发任务，产品实现过程的实现能力如何，资源的保证情况，测量能力，设计的进展，满足验证和确认的目标，使用中可能出现的危害，可能出现或已出现的问题等。

评审的参加人员应包括有关职能的代表，以保证评审的有效性。在评审过程中识别的问题应采取必要的纠正、预防或改进措施。对评审的结果以及所采取的措施应进行记录并予以保持。

5. 设计和开发验证

设计和开发验证的目的是确保设计和开发输出满足输入的要求。验证的时点应根据产品的特点及设计和开发策划的要求而定。当验证结果显示不能满足要求时，应采取相应的纠正与预防措施，同时，对验证的结果及采取的措施进行记录。

6. 设计和开发确认

设计和开发确认的目的是确保产品能够满足顾客、组织、法律法规等规定的要求以及已知预期使用或应用的要求。对设计和开发进行确认的时机应按策划的要求确定，通常应在产品交付或实施前完成。确认时发现的任何结果以及针对结果采取的措施都需要进行记录，并按照文件管理的要求予以保存。

7. 设计和开发更改

组织应根据顾客或自身的要求识别设计和开发中更改的需求，对于更改需要予以认真记录。根据更改的性质与内容，在适当的时候对设计和开发的更改进行评审、验证和确认，并充分考虑更改可能引起的质量体系、资源、产品实现过程或检验测量和分析过程的更改，如文件更改、操作指导的更改、工艺更改等。设计和开发更改在实施前应经过授权人员批准。更改的评审应包括评价更改部分对产品其他组成部分和已交付产品的影响。对更改的评审结果以及针对结果采取的措施都需要进行记录，并按照文件管理的要求予以保存。

（四）采购

1. 采购过程

组织应确保采购的产品符合规定的采购要求。组织应对采购产品和提供采购产品的供方进行控制的程度，取决于采购产品对随后的产品实现或最终产品的影响。控制的类型、方法和程度则取决于影响的程度。

组织应加强对供方的控制，制定选择、评价和重新评价供方的准则，根据供方提供产品的能力，包括管理能力、过程支持，评价和选择供方。评价结果及评价所引发的任何必要措施均应进行记录并予以保持。

2. 采购信息

采购信息一般体现在采购文件中。为了确保采购的产品符合规定的要求，组织应对拟采购的产品予以清晰的表述，并规定采购的相关要求。组织在与供方沟通前，应确保所规定的要求是充分的与适宜的。采购信息包括：① 产品、程序、过程和设备的批准要求；② 人员资格的要求；③ 质量管理体系要求。

3. 采购产品的验证

组织应在采购前对实施采购所需要的检验和其他必要的活动予以明确，以确保采购产品符合规定的采购要求。采购产品的验证可采用进货检验、测量、试验、验证或到供方处验证等一种或多种手段。当组织或其顾客拟在供方的现场实施验证时，组织应在采购信息中对拟验证的安排和产品放行的方法作出明确的规定。

（五）生产和服务提供

1. 生产和服务提供的控制

组织应对生产和服务提供的控制进行策划，以使生产和服务提供在受控条件下进行。这些受控条件包括：① 获得表述产品特性的信息；② 获得作业指导书；③ 使用适当的设备；④ 获得和使用监视和测量设备；⑤ 实施监视和测量；⑥ 放行、交付和交付后活动的实施。

2. 生产和服务提供过程的确认

当生产和服务提供过程的输出不能由后续的监视和测量加以验证时，组织需要对任何这样的过程实施确认，这包括仅在产品使用或服务已交付之后问题才显现的过程。组织应对这样的过程进行确认，目的是要证实这些过程实现所策划结果的能力。例如，焊接、消毒、培训、热处理、呼救中心服务或紧急响应过程可能需要确认。组织需要对这些过程进行适宜的安排，包括：① 为过程的评审和批准所规定的准则；② 设备的认可和人员资格的鉴定；③ 使用特定的方法和程序；④ 记录的要求；⑤ 再确认。

对许多服务组织，所提供服务不能在服务交付前便利验证，此过程应在策划阶段予以考虑。服务的特点是与顾客直接接触，服务直接交付顾客。一个餐厅服务员不可能在接待顾客时先由自己或他人验证服务规范是否得以满足，若有不良反映也肯定在向顾客提供服务之后。其质量保证手段只能是确认服务规范本身是否满足顾客要求，确认人员是否掌握服务规范，以保证提供的服务始终满足要求。

3. 标志和可追溯性

为防止在产品实现的全过程中对产品的误用或混淆，组织应采用适宜的方法，对需要区别的产品或没有标志难以识别的产品进行标志处理。组织应在整个产品实现的过程中，针对不同的监视和测量要求，采用适宜的方法识别产品状态。当产品有可追溯性的要求时，产品要有唯一性的标志，组织应对产品的唯一性标志予以控制，并保持记录。

4. 顾客财产

组织应爱护在组织控制下或组织使用的顾客财产。这里的顾客财产是指所有权归属顾客，但使用权由组织控制的财产。组织应识别、验证、保护供其使用或构成产品一部分的顾客财产。若顾客财产发生丢失、损坏或出现不适用的情况，组织应对相关情况进行记录并及时报告顾客。

需要注意的是,2008 版的质量管理体系文件中,顾客财产的范围更加扩大化与明晰化。文件明确指出知识产权和个人资料均属于顾客财产(如保险公司、银行所拥有的私人信息)的范围,组织有义务保管好顾客的财产,不得有意或在无意识的状态下使顾客财产受损。

5. *产品防护*

产品在组织内部处理和交付到预定的地点期间,应针对产品的符合性提供适宜的防护,防止产品的损坏、变质和误用。这里的产品包括最终产品,也包括产品的组成部分。防护应包括标志、搬运、包装、贮存和保护等内容。

(六) 监视和测量装置的控制

组织应确定在产品实现过程中所需实施的监视和测量,以及监视和测量所需的装置,为产品满足所确定的要求提供证据。监视和测量装置包括测量设备(无论其用于监视还是测量)及用于监视要求符合性的除测量设备外的其他装置。组织应建立过程,以确保监视和测量活动可行并以与监视和测量的要求相一致的方式实施。组织也可以考虑采取其他一些简便且有效的措施来控制测量,只要保证测量结果有效即可。为保证结果有效,必要时,测量设备应:① 对照能溯源到国际或国家标准的测量标准,按照规定的时间间隔或在使用前进行校准或验证。当不存在上述标准时,应记录校准或验证的依据。② 必要时进行调整或再调整。③ 得到识别,以确定其校准的状态。④ 防止可能使测量结果失效的调整。⑤ 在搬运、维护和贮存期间防止损坏或失效。

当发现测量设备不符合要求时,需要对以往测量结果的有效性进行评价和记录。组织应对该设备和任何受影响的产品采取适当的措施,校准和验证结果的记录应予以保持。当计算机软件用于规定要求的监视和测量时,应在初次使用前确认其满足预定用途的能力,必要时可以进行再确认。计算机软件满足预定用途的能力的确认典型活动包括对软件的验证和配置管理,以保持其适用性。配置管理是标志、组织和控制修改软件的技术,使软件在软件生命周期中的完整性、一致性和可追溯性得到保证。测试软件工具在使用前便应置于配置管理之下。

六、测量、分析和改进

为了确保过程在受控状态下进行,组织需要规定过程的输入、转换活动及输出的监视和测量方针。这些方法包括检验、验证、数据分析、内部审核和采用统计技术等。通过这些方法对过程进行有效的度量,组织可以及时发现问题,采取纠正或预防措施。

(一) 总则

组织应策划并实施以下方面所需的监视、测量、分析和改进过程:① 证实产品的符合性,包括产品测量(如产品进货检验、过程检验及成品检验)、顾客满意测量;② 确保质量管理体系的符合性,通过顾客满意、内部审核、过程监视和测量予以确定;③ 持续改进质量管理体系的有效性,包括对监视和测量结果的数据分析以及其他数据来源带来体系有效性改进的过程。

这应包括统计技术在内的使用方法及其应用程度的确定。

(二) 监视和测量

整体的质量管理体系以防止为主。不仅要及时纠正不合格,还要寻找不合格产生的原因,确定并采取相应的措施,防止已发现的不合格再发生以及潜在的不合格发生。这些措施通常是指纠正措施和预防措施。这种纠正措施和预防措施的来源是过程运行中出现的、内审与管理评审过程中发现的问题。

1. 顾客满意

顾客满意是指顾客对其要求已被满足的程度的感受。顾客满意是一个相对的概念,不同的顾客、不同的时间、不同的要求,相同的产品和服务顾客感受到的满足程度也不同。作为质量管理体系业绩的一种表现,顾客满意的重要性是显而易见的。

顾客满意方面的管理包括顾客信息的获得及顾客信息的分析两部分。组织应确定获取信息的方法,采用各种方法、多种渠道,尽可能多地获取有关顾客感觉的各种信息,并监视这些信息的变化。组织还应确定利用这些信息的方法,采用适当的技术(如统计技术)对获取的信息进行分析和处理,作为对质量管理体系业绩的一种评价,并促进质量管理体系的改进。

2. 内部审核

内部审核和管理评审都是组织建立自我评价、促进自我改进机制的手段。组织应按策划的时间间隔实施内部审核。内部审核程序应形成文件,在文件中对审核的策划、审核员的选择、审核的实施、审核结果的报告以及审核记录的保持予以规定。审核员的选择和审核的实施应确保审核过程的客观性和公正性,审核员不得审核自己的工作。

组织应建立文件化程序以规定策划和实施审核、建立质量记录以及报告结果的职责和要求。发现问题的区域要及时消除不合格及不合格的原因,同时对改进的结果进行跟踪验证。组织对审核及其结果应予以记录。

3. 过程的监视和测量

组织应采用适宜的方法监视质量管理体系过程,质量管理体系过程包括与资源管理、产品实现和测量有关的过程。对过程的测量可以通过统计技术、内部审核以及过程的检查来完成。过程测量的结果可以用作监视的手段,证实过程实现所策划的结果的能力,即过程的输出结果能否满足策划的要求。监视和测量后发现其未能达到策划的预期结果时,应采取纠正措施,消除不合格的原因,以实现产品的符合性。

在确定适当方法时,组织应根据其过程对产品要求符合性和质量管理体系有效性的影响,考虑对其每一个过程进行监视和测量的适当类型和程度。

4. 产品的监视和测量

对产品的监视和测量应根据产品的特性,验证产品要求是否已得到满足。这种监视和测量应依据策划的安排,在产品实现过程的适当阶段进行。组织应当保持符合接收准则的证据,记录应指明有权放行产品的人员。符合接收准则的证据可以是一份记录,或其他在策划安排中规定的方式(如样品)。一般情况下,除非得到有关授权人员的批准,适当时得到顾客的批准,否则在策划的安排均已圆满完成之前,不得向顾客放行产品和交付服务。

(三) 不合格品的控制

组织应确保识别在产品实现过程的各阶段可能产生的不合格品并加以控制,以防止非预期的使用和交付。不合格品控制以及不合格品处置的有关职责和权限应在形成文件的程序中作出规定。组织应对发现的不合格品进行评审，在评审的基础上通过下列一种或几种途径进行处置：① 采取措施，消除已发现的不合格；② 经有关授权人员批准，适当时经顾客批准，让步使用、放行或接收不合格品；③ 采取措施，防止原预期的使用或应用。

在不合格品得到纠正之后应再次进行验证，以证实其符合要求。需要特别注意的是，为了降低顾客不满意的程度，组织对交付或开始使用后所发现的不合格品采取必要的手段或措施一定要与不合格品的影响或潜在影响的程度相适应。组织应对不合格品的状态以及随后采取的任何措施予以记录，包括组织对其采取的让步的记录。

（四）数据分析

组织应确定、收集和分析适当的数据，以证实质量管理体系的适宜性和有效性，并评价在何处可以持续改进质量管理体系的有效性。这应包括来自监视和测量的结果，以及其他有关来源的数据。

数据分析提供的信息至少应包括以下几个方面：① 顾客满意，通过顾客满意监视和测量获得顾客满意度的有关信息；② 与产品要求的符合性，通过产品的监视和测量获得是否能够满足产品的要求以及持续稳定性；③ 过程和产品的特性及趋势，包括采取预防措施的机会；④ 供方。

（五）改进

质量管理体系改进的目的在于增加顾客和其他相关方满意的机会，而这种改进是一种永续的活动。持续改进既是质量管理体系过程的终点，也是新的质量管理体系过程的起点。以过程为基础的质量管理体系模式就是建立在“以顾客为关注焦点”和“质量管理体系持续改进”基础上的。

1. 持续改进

组织应利用质量方针、质量目标、审核结果、数据分析、纠正和预防措施以及管理评审等手段，持续改进质量管理体系的有效性。持续改进的内容可以针对产品、过程或体系，改进的结果可导致产品、过程或体系的更改，改进的范围可以从渐进的、日常的改进项目转向战略突破性的改进项目。持续改进质量管理体系的有效性是组织的最高管理者在质量方针中所作出的承诺。

2. 纠正措施

纠正措施是指为消除已发现的不合格或其他不期望情况的原因所采取的措施。纠正是为消除已发现的不合格所采取的措施。纠正可连同纠正措施一起实施，但纠正与纠正措施是有区别的，主要区别在于对象不同：纠正的对象是不合格，纠正措施的对象是不合格的原因。组织应采取措施，以消除不合格的原因，防止不合格的再次发生。

纠正措施的程序应形成文件，该程序应规定以下要求：① 评审不合格（包括顾客投诉）；② 确定不合格的原因；③ 评价确保不合格不再发生的措施的需求；④ 确定和实施所需的措施；⑤ 记录所采取措施的结果；⑥ 评审所采取的纠正措施的有效性。

评价和确定措施时，应根据不合格对组织影响的严重程度，考虑风险、成本和利益的关系来确定合适的纠正措施。

3. 预防措施

预防措施是指为消除潜在不合格或其他潜在不期望情况的原因所采取的措施。组织应采取措施,以消除潜在不合格的原因,防止不合格的发生。预防可连同预防措施一起实施,但预防与预防措施是有区别的,主要区别在于对象不同:预防的对象是潜在不合格,预防措施的对象是潜在不合格产生的原因。

预防措施的程序应形成文件,该程序应规定以下要求:① 确定潜在不合格及其原因;② 评价防止不合格发生的措施的需求;③ 确定和实施所需的措施;④ 记录所采取措施的结果;⑤ 评审所采取的预防措施的有效性。

评价和确定措施时,应根据潜在不合格对组织影响的严重程度,考虑风险、成本和利益的关系来确定合适的预防措施。

第三节　ISO 质量管理体系的建立

质量管理体系的建立与实施,主要是指拟通过质量管理体系认证的组织,按照质量管理体系的要求,建立、实施、保持和改进质量管理体系。

一、ISO 质量管理体系的基本原则

(一) 建立之初以产品类别和组织为出发点

ISO 9001:2008《质量管理体系 要求》是通用性的要求,适用于各种类型、不同规模和提供不同产品的组织。因此,不同的组织在建立质量管理体系时一定要考虑组织自身的特点、产品的类别、组织所处的发展阶段等情况,必须将产品类别与组织的特点紧紧联系起来,把重点放在如何结合实际、如何注重实施上来。

在建立质量管理体系时,不可不切实际地照抄他人的模式,否则,在执行时就会出现体系文件与实际执行"两层皮"的情况。尤其是在编制质量管理体系文件时,一定要依据质量策划的结果确定本组织对文件的需求,使文件符合组织的现状与特点,即"量体裁衣"。

(二) 实施之时要进行风险、成本和利益的比较

组织应对流程进行整合优化和重新设计并加以规范化,以完成整个业务流和工作流的构建,形成稳定的运行秩序,使管理效率提升。流程的优化与再设计必须对现有的过程进行分析,识别关键点,同时进行风险、成本和利益的比较;明确需要改进的核心过程,建立过程评价指标和过程实现目标,为流程的优化与再设计提供依据。流程优化的重点放在不增值活动的删除和对增值活动的简化上。在整个体系运行之后应做到更为灵活,更能抓住本质,更能识别风险,有更好的应对能力。

(三) 保证体系能满足组织和顾客的需要

顾客需求是推动组织生存与发展的基础。然而,大部分组织对顾客满意的理解较为肤浅,没有深入领会其内涵。另外,由于自身能力与工具的制约,也无法明确判断顾客长期或短期的要求。因此,组织应通过建立顾客满意度调查系统,通过各种有效途径(如调查表法、问卷调查法、抽样调查法、产品结构法等)来识别顾客明确的和潜在的需求,以保证质量管理体系能够满足组织和顾客的需要。

（四）改进工作要持续进行

顾客的需求和期望在不断变化，市场竞争不断加剧，科技不断向前发展，这些都促使组织对质量管理体系进行持续改进，以提高顾客和其他组织相关方满意的程度。组织应通过各种途径促进质量管理体系的持续改进。在认证通过之后，组织要持续改进总体业绩及效率，不断提高顾客和其他相关方满意的程度，进而建立和实施一个有效且高效的质量管理体系。

二、质量管理体系建立的方法

建立、完善质量管理体系一般要经历质量管理体系的策划与设计，质量管理体系文件的编写，质量管理体系的实施和运行，质量管理体系的调整、保持和完善四个阶段，每个阶段又可分为若干具体步骤。

（一）质量管理体系的策划与设计

1. 领导决策

组织的领导在质量意识提升之后，意识到按照“要求”的规定在组织内建立质量管理体系的必要性，经过领导层协商一致后开始在组织内部建立质量管理体系。在初始阶段，高层领导除需要对是否构建体系予以决策外，还需要对组织是凭借自身的能力去构建还是由外部咨询机构来完成予以决策。

2. 组织落实

组织如果决定凭借自身的能力构建质量管理体系，应确定负责质量管理工作的部门和人员。组织落实可以通过三种方法来实现：① 由组织内原有的部门负责，如企管部、办公室等，只是扩充了其质量的职能；② 由新建部门来完成，如质量管理部、质量综合部等，专门负责质量管理体系的构建工作；③ 成立临时的工作机构来完成，即成立质量管理筹建组，在质量认证通过后予以撤销。

组织应同时以正式文件的形式在高层管理者中确定一名管理者代表。在管理者代表的领导下，质量管理的部门及人员共同开展工作。在开展工作之前组织应对从事该工作所需的资源和物质条件进行确认。

3. 制订计划

好的计划是成功的一半。为了能够制订出合理的计划，需要把质量管理体系建立过程中所涉及的内容尽量都考虑进去，再进行整理和细分。计划需要由所有有关的部门与负责人员共同讨论制订，包括时间的合理性等问题。在协商一致的情况下，使整体质量管理工作按照计划有条不紊地开展。在计划中，要在不同的时点设立相应的检查机制，保证各项工作按照计划来完成。

4. 进行培训

为了与整体进度相配合，保证相关人员在工作能力与思想意识上与组织的质量管理工作保持高度一致，需要对组织内从事质量管理体系文件编写的人员以及有关部门的领导进行培训。培训的顺序应由外到内，即挑选骨干人员参加专业机构的内审员或外审员的培训，使其取得相关的资质，再由这些取得资质的人员在组织内部培训，起到以点带面、层层深入的效果。培训的内容包括基础知识与导入培训、八项原则与标准条款的培训、质量管理体系文件编写方法培训以及内审培训等。

5. 确立质量方针与质量目标

最高管理者需要对质量方针与质量目标予以确定。质量方针是组织未来发展总的宗旨与方向，质量目标在质量方针的框架下予以分解与展开。质量方针与质量目标是各项文件之首，所以应在质量管理体系文件着手编制之前予以确定，作为质量管理体系文件编写的方向与指导。

6. 确定适用及裁剪的范围

通过对组织全面的诊断以及现状调查和分析，选择质量管理体系的相关要素，界定质量管理体系适用的范围，并根据组织提供的产品与服务的特点对标准进行适当、合理的裁剪。

7. 确定组织结构及管理职责

随着现代组织的发展，部门之间的交叉协作在逐渐增加，部门之间的关系也趋于复杂。所以在建立质量管理体系文件之前，需要理清组织内部的各个过程之间的关系，确定组织的结构，明确每个人的管理职责以及在不同过程之间应负有的责任。

8. 配置资源

为保证组织质量管理体系的有效建立，高层管理者需要提供相应的设计和研制设备，制造设备，检验、试验和检查设备以及仪器、仪表和计算机软件，保证组织功能的顺利实现。

（二）质量管理体系文件的编写

1. 编写

质量管理体系文件的层级按照图 2-3 所示的层次与顺序逐级编写。从质量手册开始入手，按照过程文件、规范文件、模板和表格的顺次编写。在编写过程中，质量管理体系文件的数量和详细程度取决于组织的规模和类型、过程的复杂程度和相互关系、员工的能力等。

当组织的要求高于 ISO 9001：2008《质量管理体系 要求》中规定的要求时，以组织的要求为准；当组织的要求不能达到 ISO 9001：2008《质量管理体系 要求》中规定的要求时，必须以 ISO 9001：2008《质量管理体系 要求》为准。

2. 评审

质量管理体系文件在编写完成后要在一定范围内进行评审，保证文件涉及的相关部门的人员都予以认同，同时保证质量管理体系文件的内容没有冲突与交叉。

3. 领导审批

质量管理体系文件编写完成之后，需要通过领导的审批。审批标志着质量管理体系文件编写阶段的结束，生效日期标志着质量管理体系文件运行阶段的开始。

（三）质量管理体系的实施和运行

1. 全员培训

质量管理体系文件在生效后需要对全体员工进行培训，让所有员工都了解质量管理体系的情况。除了首次的导入培训外，每次变更都需要进行教育与培训。培训可以采取多种形式与手段，达到对组织质量管理体系文件了解的目的即可，不必拘泥于传统的坐在一起上课的方式。例如，采用课件、电子邮件、知识竞赛等形式都是可以的。

2. 贯标大会

贯标大会也称为宣贯大会，是组织经常采用的一种方式，即通过正式会议的形式来宣告组织开始按照新版质量管理体系文件的要求运行。原有的流程与操作方法以及与现有质量管理体系文件规定不符的情况将不再被组织执行与认同。贯标大会与全员培训的次序依组织签发的质量管理体系文件的生效期来进行调整。

3. 监督控制

为了保证质量管理体系按照质量策划的要求来执行，需要对质量管理体系的实施进行监督。组织应通过内审、管理评审等方法及时发现组织中存在的问题与潜在的问题，并对原因进行分析。对于发现的经验或问题，可以建立信息管理系统，实现质量管理体系内的知识管理。

（四）质量管理体系的调整、保持和完善

在实施质量管理体系时，管理者应能保证持续的质量改进。实现顾客满意和持续的质量改进是组织各级管理部门所追求的永恒目标。组织应将每次审核中发现的问题作为改进的起点，采取纠正措施，以提高产品质量和体系的有效性。同时，组织需要审核文件的有效性，对于文件的不符合性需要及时修正。在质量管理体系刚开始建立时，质量管理体系文件调整的频率较高，周期较短，一般 3～5 个月即需要调整一次。一般来说，对质量管理体系文件的调整因运行周期的变长而放缓。

第四节　ISO 质量管理体系审核

一、有关审核的术语

ISO 9000:2005《质量管理体系 基础和术语》提出了有关审核的 14 个术语及其定义，分别是审核、审核方案、审核准则、审核证据、审核发现、审核结论、受审核方、审核委托方、审核员、审核组、技术专家、审核计划、审核范围和能力。其中，审核计划与审核范围是 2005 版新增加的术语。

(1) 审核。审核是指为获得审核证据并对其进行客观评价，以确定满足审核准则的程序所进行的系统的、独立的并形成文件的过程。

(2) 审核准则。审核准则是指用作依据的一组方针、程序或要求。

(3) 审核证据。审核证据是指与审核准则有关的并且能够证实的记录、事实陈述或其他信息。

(4) 审核委托方。审核委托方是指要求审核的组织或人员。

(5) 审核发现。审核发现是指将收集到的审核证据对照审核准则进行评价的结果。

(6) 审核结论。审核结论是指审核组考虑了审核目的和所有审核发现后得出的审核结果。

(7) 受审核方。受审核方是指被审核的组织。

(8) 审核员。审核员是指有能力实施审核的人员。

(9) 审核组。审核组是指实施审核的一名或多名审核员，需要时，由技术专家提供支持。指定审核组中的一名审核员为审核组长。审核组可包括实习审核员。

(10) 技术专家。技术专家是指向审核组提供特定知识或技术的人员。特定知识或技术是指与受审核的组织、过程或活动，或与语言、文化有关的知识或技术。在审核组中，技术专家不作为审核员。

(11) 审核方案。审核方案是指针对特定时间段所策划，并具有特定目的的一组(一次或多次)审核。审核方案包括策划、组织和实施审核的所有必要的活动。

(12) 审核计划。审核计划是指对一次审核活动和安排的描述。

(13) 审核范围。审核范围是指审核的内容和界限。审核范围通常包括对实际位置、组织单元、活动和过程以及所覆盖的时期的描述。

(14) 能力。能力是指经证实的个人素质以及经证实的应用知识和技能的本领。

二、内部审核

质量管理体系内部审核属于第一方审核，是组织在建立和运行质量管理体系过程中必须进行的一项管理活动。从事内部审核的审核员通常是本组织内部经过专业培训的内审员，必要时也可请外部人员参加。

通过内部审核活动，可以了解组织自身质量管理体系的运行状态，评价质量活动及其结果的有效性，对审核中所发现的不符合项采取必要的纠正和改进措施，使组织按照策划的内容进行活动，符合顾客的要求，实现组织最终的目标。即保证组织质量管理体系的符合性和有效性。

(一) 内部审核的原则

在内部审核的组织、策划和实施过程中，应遵守和执行的相应的审核原则有以下几个方面：

(1) 客观性原则。组织在进行内部审核时应以审核准则和客观证据为基础来评判组织的质量管理体系总体运行状况。在审核过程中不应带有任何偏见，不能凭内审员个人猜想、联想或推想的结果作为内部审核过程中的审核证据。

(2) 独立性原则。内审员来自组织的不同部门，内审小组是为承担内审任务而临时组织的小组。在内部审核活动中，内审员应独立于自己工作的部门及其活动，并与受审核部门及其工作没有利益上的关系或冲突。

(3) 系统性原则。组织的内审活动必须有计划、有组织、有步骤、规范地进行。质量管理体系是具有系统性的体系，对其审核活动也应具有系统性。

(4) 抽样原则。由于受审核时间、审核人员等资源的限制，内部审核通常以分层抽样方式进行。在进行审核时，抽样应具有代表性，尽量通过科学的抽样方法来降低相应的风险。

(5) 保密原则。内审员在内部审核过程中所获得的任何信息都应予以保密，除非这些信息已公开发布过。如果由于内审员的泄密行为造成受审核方受到伤害，内审员必须承担相应的责任。

（二）内部审核的策划与准备

内部审核是组织在建立健全质量管理体系时不可或缺的组成部分。做好质量管理体系内部审核的准备工作，是使内部审核工作能够按照计划进行的必要保障。

1. 内部审核的策划

组织在对质量管理体系内部审核进行策划、安排和组织管理时，应注意以下问题：

(1) 最高管理者的支持。实施质量管理体系内部审核对于组织的质量改进和提高具有重要作用。要做好内部审核，关键在于最高管理者的重视和推动，提供相应的资源，保证内部审核活动的顺利实施。

(2) 管理者代表主持内部审核。管理者代表的职责是确保组织质量管理体系得以有效实施和持续改进。因此，管理者代表必须主持组织的内部审核活动，具体包括：① 主持内部审核策划，确定审核范围、审核时间、审核地点等；② 组建内部审核小组，并组织审核小组实施内审活动；③ 负责内部审核的沟通与协调；④ 汇报内部审核结果，将内审活动的结果及时向最高管理者汇报，以使其全面掌握组织质量管理体系的业绩和存在的改进机会。

(3) 确定内部审核的责任部门。组织的质量管理体系内部审核是组织的一项常规工作，这项工作应由责任部门负责，包括进行内部审核的策划、实施以及后续的纠正、跟踪验证活动等。大中型组织由专门的质量管理部从事这项活动，而对于小型组织，可以由负责这项活动的部门或由管理者代表等指定相应部门负责完成这项工作。

2. 内部审核的准备

内部审核的准备是在内部审核策划之后，在实施内部审核活动之前应开展的必备的活动。准备工作包括组建审核小组、编制审核计划和准备审核资料等。

(1) 组建审核小组。内部审核的审核小组主要包括审核组长和内审员两类人员，必要时也可聘请具备专业知识的专家、见习审核员和观察员等共同进行内部审核活动。组建审核小组的过程为：由管理者代表或者相关部门首先指派审核组长，审核组长必须具备组织、协调、判断和决策能力；由审核组长根据整体审核的策划确定审核人员，形成审核小组。审核人员的选择要考虑其资格和知识背景，审核人员的数量根据审核范围与审核时间来确定。

(2) 编制审核计划。编制审核计划是审核组长的主要工作，审核组长需要将整个审核活动予以精心的安排，审核计划经管理者代表批准后实施。审核计划中对本次内部审核的目的、范围、准则、审核部门和分工、日期、地点、受审核部门及主要的审核内容予以规定。审核计划要传达给每一位审核人员及所有相关部门。

(3) 准备审核资料。每个内审员都要根据自己的职责认真编制审核检查表。审核检查表的主要内容包括受审核部门、地点、审核时间、审核准则、检查项目、检查方式方法。审核资料是内审员进行审核时所准备的自行使用的材料，可根据内审员的审核习惯自行确定。审核组内成员之间可以不尽相同，同时，审核检查表也不必提交给受审核部门。

（三）内部审核的现场审核

审核人员按照审批通过的内部审核计划，经过认真准备之后便开始现场审核活动。规范的现场质量审核工作一般分为六个阶段，但根据组织规模的大小可适当删减或合并。

1. 首次会议

首次会议由审核组长负责主持，需要邀请最高管理者、管理者代表、审核小组的全部成员、受审核部门的负责人参加。在首次会议中，管理者代表介绍本次内部审核的情况以及审核组长；向受审核方负责人介绍审核小组成员；进一步确认审核目的、范围和计划；简要介绍本次审核所采用的程序和方法；建立相互间的联系渠道，确定不同部门审核过程中的陪同人员；确认审核过程中各次会议的时间和参加人员；进行必要的澄清和声明。首次会议时间以半小时左右为宜。

2. 现场审核

现场审核过程中每一个审核点位由相应的内审员负责。在审核过程中，需要安排受审核部门的人员对内审员进行引导与介绍。在这个阶段，内审员在现场通过观察、提问、测量等方式取得质量管理体系运行的有关证据，以证实受审核方质量管理体系与审核依据之间的符合性、有效性和适宜性。客观证据来源于审核现场的客观事实、文件、记录、各类作业文件等。在质量管理体系建立初期，质量记录较少，应以提问、观察为主。

3. 确定和报告不符合项

这个阶段的负责人和参加人与现场审核阶段相同。在这个阶段，内审员在确定不符合项时必须以客观事实为基础，以审核准则为判定标准。不符合项报告需要得到受审核方的确定。内审员在发现问题时不能仅以发现问题为根本，应在时间允许的情况下进一步对受审核方提供指导与帮助。

4. 审核小组内部会议

审核小组内部会议由审核组长主持，要求全体内审员参加。审核小组内部会议可以灵活安排，可以在每天审核结束时进行，也可以在全部审核结束时进行。会议的时间由审核组长根据审核的范围等情况确定。审核小组内部会议主要是内审员之间交流现场审核情况；汇总审核发现和客观证据，讨论确定不符合项，分析不符合项的影响；研究审核结论，包括从文件、体系运行情况、体系运行结果、体系持续改进能力等方面对组织质量管理体系的评价以及审核后质量管理体系纠正与改进的重点。

5. 末次会议

末次会议的负责人和参加人与首次会议相同。末次会议是现场质量审核的最后一次会议，由审核组长重申本次内部审核目的、范围和审核准则；向受审核方报告审核发现和客观证据，宣布不符合项和审核结论，提出后续纠正措施和跟踪验证的要求并再次保证遵守保密原则。受审核部门的负责人应在末次会议上作出落实纠正措施、不断改进质量的承诺。

6. 内部审核报告

这一阶段的负责人和参加人与审核小组内部会议相同。质量管理体系内部审核报告在现场质量审核结束后编写，由审核组长在现场审核结束后的规定期限内以正式书面文件的形式提交组织的最高管理者和管理者代表。内部审核报告经批准后在规定的范围内发放，至此，内部审核活动宣告结束。内部审核报告的内容包括：审核的目的和范围；审核小组人员名单、受审核方的主要参加人员名单；审核日期、审核计划；审核准则；审核概述；对受审核方质量管理体系的合格评价和审核结论；不符合项及统计；对纠正措施完成的要求与建议；审核报告发放范围、审核组长签字、管理者代表审核、最高管理者批准。

（四）纠正措施和跟踪验证

对内部审核中发现的不符合项和组织质量管理体系中的薄弱环节，审核小组、受审核方要共同分析原因，研究、提出并实施纠正措施。纠正措施包括针对不符合项采取的直接消除不合格的措施和消除不合格原因的措施。同时，还要明确采取纠正措施的责任部门或责任人以及完成纠正措施的时限。

受审核方必须很好地理解审核小组指出的不符合项，要认真分析原因，制定并实施纠正措施。无论是纠正措施还是预防措施，在2008版的质量管理体系文件中更多的是关注其有效性。所以，内审员需要对纠正措施的效果进行跟踪验证，在规定的时限内进行检查，看不符合项的关闭情况。如果仍不能关闭，再次与受审核方确定审核时间。内审员在新的时点上再进行检查，直至不符合项关闭为止。跟踪人员以原内审员为宜。

三、外部审核

典型的外部审核与内部审核基本相似，但外部审核由组织外部具有审核资格的人员来完成。这里主要对外部审核与内部审核不同的活动进行详细描述。外部审核与内部审核的主要区别如表2-3所示。

表2-3　外部审核与内部审核的区别

区别角度	外部审核	内部审核
目的	第二方：取得顾客信任 第三方：导致认证、注册	审核质量体系的符合性、有效性，采取纠正措施，使体系正常运行
审核方	第二方、第三方	第一方
依据	第二方：合同、组织质量管理手册 第三方：ISO 9001标准、组织质量管理手册	组织质量管理手册、程序文件、适用的法律法规
审核方案	集中式审核	集中/滚动式审核
审核员	第二方：自己或外聘审核员 第三方：国家注册审核员	有资格的内审员，也可聘外部审核员
文件评审	必须进行	根据需要安排
审核报告	只需提交不合格报告	提交不合格报告和采取纠正措施建议
纠正措施	对纠正不能作咨询，对纠正措施计划的实施要跟踪验证	对纠正措施可提出方向性意见供参考；对纠正措施完成情况不仅要跟踪验证，还要分析研究其有效性
监督检查	认证或认可后，每年至少进行一次监督检查	无此内容

小贴士

第一方、第二方与第三方

第一方是指组织，第一方审核则是指组织自身进行的审核活动，如内审等。第二方是指顾客，第二方审核通常用于买卖的甲乙方之间的审核工作。第三方是指独立的认证机构，第三方审核是独立的认证机构对委托方进行的审核。

其中，文件评审一般在接受委托方的委托之后以及现场审核之前评审受审核方的文件，以确定文件所述的质量管理体系与审核准则的符合性。文件可包括质量管理体系的相关文件和记录以及以前的审核报告。评审时应考虑组织的规模、性质和复杂程度以及审核的目的和范围。在有些情况下，如果不影响审核实施的有效性，文件评审可以推迟至现场审核开始。在另外一些情况下，为获得对总体信息的适当了解，可以进行现场初访。如果发现文件不充分，审核组长应通知受审核方以及有关各方，并决定审核是否继续进行或暂停，直至有关文件的问题得到解决。

第五节 质量认证

一、质量认证的含义

认证是指第三方依据程序对产品、过程或服务符合规定的要求给予书面保证（合格证书），是当今各国用于评价产品质量和组织质量管理水平的通行做法。质量认证由产品质量认证和质量管理体系认证两个部分组成。产品质量认证是指根据产品标准和相应技术要求，经认证机构确认并通过颁发认证证书和认证标志来证明某一产品符合相应标准和相应技术要求的活动。质量管理体系认证是针对企业的质量保证能力所进行的认证。

（一）质量管理体系审核与质量管理体系认证

质量管理体系审核与质量管理体系认证这两个词在组织中经常被提及，然而组织中的大多数人对它们的区别与联系并不十分了解，在使用时经常出现混淆。质量管理体系审核与质量管理体系认证的主要区别与联系表现在以下四个方面：

（1）质量管理体系认证以质量管理体系审核作为基础和核心，包括了质量管理体系审核的全部活动。

（2）质量管理体系审核仅需要提交审核报告，当审核报告发出后，审核即宣告结束；而质量管理体系认证需要颁发认证证书，颁发认证证书后，认证活动并未终止。

（3）纠正措施的验证通常不视为质量管理体系审核的一部分，而对于认证来说，却是一项必不可少的活动。

（4）质量管理体系审核不只有第三方审核，而质量管理体系认证仅有第三方认证。

（二）质量管理体系认证的流程及主要内容

1. 认证申请与受理

申请单位与认证机构通过信函、电话、传真、相互访问等各种形式进行接触，相互了解。达成审核意向后，申请单位正式填写申请表。认证机构收到申请表后签订提供认证服务的合同，并指定项目负责人，负责申请单位的认证工作。自此，组织的认证活动开始启动。

2. 文件的评审

申请单位将正式发布的质量手册及相关质量体系文件，以纸质或电子等形式送交认证机构。由审核组长对质量体系文件进行文件评审，并将评审结果以书面的形式通知客户。在文件中如有不符合质量管理体系要求的内容，申请单位需要对文件进行修改后再送交认证机构，直到符合标准要求为止。

3. 现场审核的准备

文件评审结束后，组织在修改之后的文件下运行了一段时间，审核组长开始为现场审核做进一步的准备工作。审核组长与申请单位沟通，进一步了解客户管理基本情况，确定是否可以进行现场审核，共同协商现场审核计划。必要时，可抽取一些要素作预审，以加深了解。

4. 现场审核的实施

认证机构派出审核组按计划进行现场审核，审核要求覆盖申请单位的全部范围。在现场审核时，通常采用分层抽样的方式进行。审核组在现场审核时对发现的不合格项开出不合格报告，并要求组织实施纠正。

5. 审核报告的编制、批准和分发

现场审核结束后，审核组将以书面的形式给出审核报告。现场审核结束会上将口头报告审核结果，对是否推荐认证通过予以明确的说明，然后将全面审核报告送交受审核方及认证机构的项目主管。

6. 纠正措施的验证

申请单位需要对审核中提出的不合格项实施纠正措施。对推荐通过的客户，审核组可以不到现场跟踪纠正措施的实施情况，也可以在实施后到现场跟踪查核一次。结果为推荐未通过的单位，要求整改完成后进行复查。根据问题涉及面的大小，复查可能针对几个要素，也可能针对全部要素进行。复查工作按实际工作另行收费。

7. 颁布认证证书

认证机构项目主管对审核组长送交的审核报告进行审查，经认证机构主任批准后视为认证通过。认证机构项目管理部门负责发放由审核组长及认证机构主任签署的认证证书，证书有效期为三年。

8. 监督审核与复评

在认证证书有效期内，每年检查一次，三年期满换证，需要再进行复检。获证单位的法人代表、组织结构、生产方式或覆盖产品范围等如有变化，应及时通知认证机构，必要时认证机构将派员复查或增加检查次数。

9. 持证要求

获得认证通过的单位可以在证书有效期内通过各种形式介绍所获的证书及对其进行审核的认证机构与标志，但不得将这些内容直接用于产品，也不得以任何可能误导产品合格的方式使用。如经检查，发现认证通过单位达不到原定标准、不能按要求实施纠正措施、不能按规定交纳费用或者违反其认证合同规定要求，原认证机构在经核实后有权暂停直至撤销认证证书。获得认证通过的单位在有效期到达前未提出重新申请或在有效期内提出注销意愿的，可以对认证证书进行注销。凡暂停、撤销或注销证书，由认证机构在原公告范围内重新公告，并收回其有效证书。

二、合格评定

（一）合格评定的含义及其发展

合格评定是指直接或间接确定相关要求是否被满足的一切有关的活动。

为了促进世界贸易的发展，20 世纪 70 年代，关贸总协定（GATT）拟定了“贸易技术壁垒协议（TBT 协议）”，旨在消除国际间贸易技术壁垒，增加成员国之间的贸易往来与交流。

在这种思想的指导下，GATT 于 1970 年正式成立了标准和认证工作组，起草“贸易技术壁垒协议”。经过各国的艰苦谈判，该协议终于在 1979 年 4 月正式签署，于 1980 年 1 月 1 日生效。协议对技术法规、标准和认证制度予以了明确的规定。

根据 GATT 的要求，为了使各国认证制度逐步走向以国际标准为依据的国际认证制度，国际标准化组织于 1970 年成立了认证委员会。随着认证制度逐渐向合格评定制度发展，1985 年，该委员会更名为合格评定委员会（简称 ISO/CASCO）。随着国际标准化组织的改革，1994 年，该委员会又更名为合格评定发展委员会（简称仍是 ISO/CASCO）。

随着应用范围的扩大以及贸易的快速发展，GATT 及“贸易技术壁垒协议”在不断修改与完善，GATT 也改组成为世界贸易组织（WTO）。其中，1994 年时改动最为明显，在 TBT 协议中将“认证制度”一词更改为“合格评定制度”，明确了其定义，在定义中其内涵有了进一步扩展，同时对“合格评定程序”予以了明确的规定，更改后其定义为“任何用于直接或间接确定满足技术法规或标准要求的程序”，其内涵延伸为“证明符合技术法规和标准而进行的第一方自我声明、第二方验收、第三方认证以及认可活动”。近年来，随着质量认证工作不断向深度和广度发展，在合格评定领域逐渐形成了产品认证、质量管理体系认证、实验室认可、检查机构认可和审核员注册等诸多体系。

（二）合格评定的分类

典型的合格评定活动有抽样、试验和检验、评价、验证和合格保证（供方的声明、认证）、注册、认可和批准以及这些活动的结合。国际标准化组织所述的合格评定主要包括认证和认可两类，如表 2-4 所示。

表 2-4 合格评定的分类

合格评定	认证/认可	对象	主要活动	实施机构
认证	产品质量认证	产品(包括过程、服务)	对产品进行抽样、试验和检验,审核和评定组织的质量体系	认证/检验机构
	质量体系认证	组织或服务单位的质量体系	审核和评定组织或服务单位的质量体系	认证/审核机构
认可	检验机构认可	检验机构	检查和评定检验机构的质量体系	认可机构
	审核机构认可	审核机构	审核和评定审核机构的质量体系	认可机构
	认证机构认可	认证机构	审核和评定认证机构的质量体系	认可机构
	审核员/评审员资格认可	审核员/评审员	评价审核员/评审员的能力	认可机构

小贴士

认证与合格评定

认证与合格评定均属评价活动。合格评定源于认证,是认证概念的发展与扩大,合格评定通常称为认证。认证是第三方的行为,合格评定以第三方的认证活动为基础,辅以第一方的自我声明和对认证、检验、审核机构的认可活动。

三、国外的质量认证制度

随着市场经济的成熟以及标准化水平的提高,现代认证已经发展成为市场经济体制的一个有机组成部分,认证本身已经形成一个新的产业。最早开展质量认证的国家是英国。1903年,英国工程标准委员会用“风筝标志”表示符合尺寸标准的铁道钢轨,并于1922年按《英国商标法》注册成为受法律保护的认证标志,至今在国际上仍享有较高的信誉。从那以后,这种标志开始具有“认证”的含义。受英国的影响,世界各发达工业化国家也对认证给予了极大的关注。

第二次世界大战以前,一些发达工业化国家针对本国市场内流通的本国产品建立并实施了认证制度。随着经贸往来的增多,到20世纪70年代,国与国之间认证制度的双边和多边互认也随之发展起来。认证的范围与标准在不断扩大,打破了国家的界限,发展到以区域标准和法规为依据的区域认证制度。

20世纪80年代到90年代初,各国之间的贸易范围在逐渐扩大,贸易的种类在不断增加。英国率先制定了评价供方质量体系的国家标准。为协调各国的重复评审,国际标准化组织于1979年成立了质量保证技术委员会ISO/TC176,该委员会在总结英国实施标准的基础上,经过几年的艰苦努力,于1987年正式发布了第一部质量管理标准——ISO质量管理和质量保证系列标准。它的出现极大地促进了各国质量认证的发展。

20世纪末期,为了更进一步减少贸易中的技术壁垒,认证由承认认证结果转向为国际互认制度。目前,国际标准化组织的成员国中几乎所有工业发达国家均等同采用ISO 9000族标准作为本国国家标准。各国企业也纷纷依据这种标准,获得认证资格,以提高产品在国内外市场上的竞争力。

四、我国的质量认证制度

我国的质量体系认证工作正式起步于 1978 年 9 月，在我国加入国际标准化组织（ISO）后，质量认证这个概念才被引入中国。

1988 年，《中华人民共和国标准化法》颁布之后，我国的质量认证工作开始进入法制化轨道。随着我国改革开放的不断深入及国际贸易的日益发展，质量认证工作也有了较快的发展。

为按照国际准则对我国质量体系认证机构进行规范的管理，并推动我国 ISO 9000 质量体系认证以及与国际间的互认工作，1994 年 4 月 23 日，国务院授权国家质量技术监督局（后与国家出入境检验检疫局合并成为国家质量监督检验检疫总局）作为我国统一管理标准化、计量、质量和质量认证工作的政府主管部门。

1996 年 9 月，中国质量体系认证机构国家认可委员会（CNACR）正式向国际认可论坛（IAF）提出申请，要求加入国际互认制度。在有关方面的共同努力和支持下，CNACR 于 1997 年 4 月顺利通过了 IAF 国际同行评审，并首批签署了国际认可论坛多边承认协议，实现了我国质量认证工作的历史性突破。

1999 年，在我国原有各种认可机构的基础上，经国务院授权，国家质量技术监督局成立了中国合格评定国家认可中心，全面负责各种认证、认可及人员的管理和监督工作。

2001 年 12 月，我国正式成为 WTO 的成员，我国的认证认可工作在与国际规则的接轨上又迈出了重大的步伐，进入了一个崭新的发展阶段。

本章小结

本章首先介绍了质量管理体系的基本知识，包括体系、管理体系、质量管理体系的定义以及质量管理体系具有的整体性、相关性、程序性及动态性四个特征；接着重点介绍了 2008 版 ISO 质量管理体系的基本要求，并以要求为基础阐述了质量管理体系建立的原则与方法；其后对质量管理体系审核的术语进行了介绍，并讲述了内部审核从策划、准备到实施、验证的全过程，对外部审核与内部审核进行了对比与分析；最后介绍了质量认证、合格评定的相关内容，并对国内外质量认证制度的发展进行了梳理。

思考练习

1. 质量管理体系的主要特征有哪些？请举例说明。
2. 质量管理的八项原则是什么？
3. 简述 2008 版 ISO 质量管理体系的基本要求。
4. 试述质量管理体系建立的方法。
5. 试述内部审核的程序。
6. 内部审核与外部审核有什么区别？

案例分析

某公司的质量管理体系内部审核

某公司新产品研制均由产品设计工艺负责人负责，从研制到投产所有的技术问题也均由他一个人负责解决。审核员想了解有关产品工艺的规定，开发部经理说："这些东西都在产品设计工艺负责人的脑子里，为了保密，只是在个人的笔记本里有记录，没有形成文件。"

审核员要求看一下笔记本，经理拿来一个项目的笔记本，审核员看到上面密密麻麻地写了很多内容，多是平时做试验的记录，没有统一的格式。

审核员问开发部经理："你看得明白吗？"

经理说："都是当事人自己记的，我一般不看他们的记录，一切由产品设计工艺负责人自己负责。"

审核员看到该公司多数的研究人员都是原来从研究所出来的，平均年龄大概在50岁以上。审核员问："这些笔记本以后上交吗？"

经理说："不知道，好多年来都是这么规定的，没有考虑以后的事。"

分析

该公司这样的做法是不对的，为了保密可以将文件根据实际情况按密级分类保管。保管在个人手里，实际上很难确保对这些资料进行控制。

该公司违反了国际标准ISO 9001:2008《质量管理体系 要求》"4.2.3 文件控制"中的"质量管理体系所要求的文件应予以控制"和"7.3 设计和开发"中的有关规定。

问题

请按照上面分析的结果填写下面的不符合项报告（见表2-5）。

表 2-5　不符合项报告

表格编号:QF——　　　　审核计划编号:

<table>
<tr><td>审核部门</td><td></td><td>审核员/日期</td><td></td></tr>
<tr><td colspan="4">不符合项类型:(在选定项的"□"内划"√")</td></tr>
<tr><td colspan="2">A. 严重不符合 □</td><td colspan="2">B. 一般不符合 □</td></tr>
<tr><td colspan="4">审核依据</td></tr>
<tr><td colspan="2">文件名称:</td><td>文件编号:</td><td>版次:</td></tr>
<tr><td colspan="4">违反文件的章节编号与内容:</td></tr>
<tr><td colspan="2">对应标准编号:</td><td>版次:</td><td>条款:</td></tr>
<tr><td colspan="4">不符合项描述:</td></tr>
<tr><td colspan="3" rowspan="2">原因分析:</td><td>管理者代表意见:</td></tr>
<tr><td>日期:</td></tr>
<tr><td colspan="3" rowspan="9">纠正措施:</td><td>实施期限:</td></tr>
<tr><td>四工作周 □</td></tr>
<tr><td>三工作周 □</td></tr>
<tr><td>二工作周 □</td></tr>
<tr><td>一工作周 □</td></tr>
<tr><td>受审核方负责人/日期:</td></tr>
<tr><td>审核员/日期:</td></tr>
<tr><td>备注:</td></tr>
<tr><td></td></tr>
<tr><td colspan="3">纠正措施/预防措施的验证:</td><td>审核员/日期:</td></tr>
<tr><td colspan="3">跟踪验证:</td><td>审核组组长/日期:</td></tr>
</table>

第三章　质 量 策 划

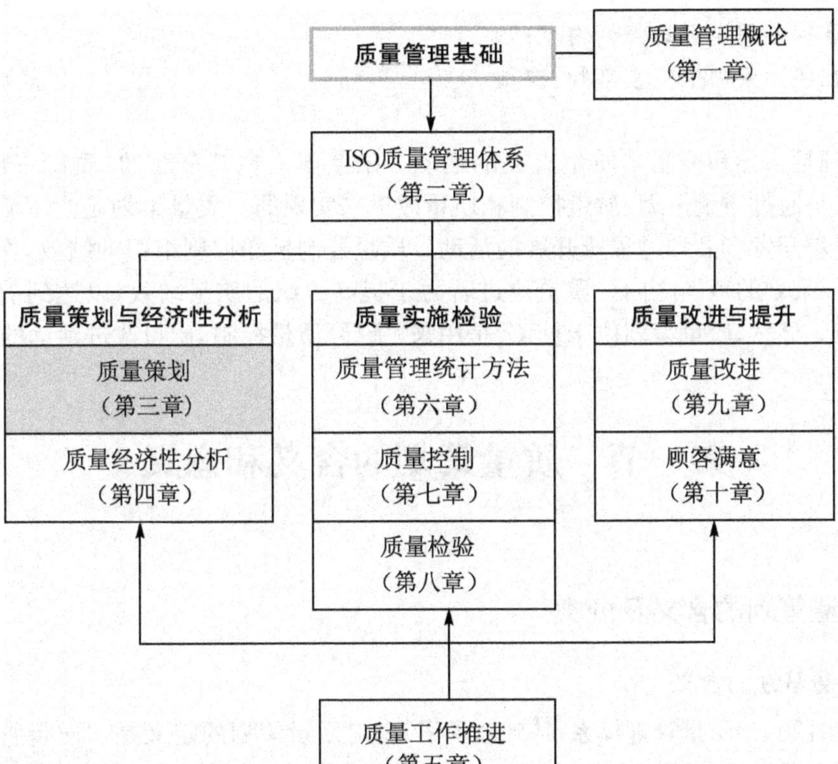

质量管理学结构模型

学习目标

（一）知识目标

- 了解质量策划的含义和意义；
- 熟悉质量策划的分类；
- 理解质量管理体系策划、质量目标策划、质量过程策划及质量改进策划的内容；
- 把握质量管理体系策划、质量目标策划、质量过程策划及质量改进策划的步骤及技巧。

（二）技能目标

- 熟练掌握不同类别的策划内容；
- 掌握在实际策划中的策略和技巧。

质量管理是指导和控制与质量有关的活动。朱兰博士在其著名的“质量三部曲”中提出，质量管理是通过质量策划、质量控制和质量改进来实现的。质量策划是为了满足顾客的需要，为进一步开发产品和过程所开展的活动。质量控制旨在控制组织的绩效，保证质量实施活动控制在策划的范围之内。质量改进着力于提高组织的质量绩效，以达到前所未有的水平，即突破。显然，质量策划位于首位，是用来“指导”质量控制、质量改进活动的。

第一节　质量策划的含义和意义

一、质量策划的含义及分类

（一）质量策划的含义

ISO 9000：2005《质量管理体系 基础和术语》中对质量策划的定义是：“质量管理的一部分，致力于制定质量目标并规定必要的运行过程和相关资源以实现质量目标。”

质量策划是根据组织内外部环境的情况以及组织的战略目标，围绕组织质量管理体系或产品质量所进行的总体决策活动。针对质量策划的定义而提出质量策划的过程为：首先制定质量方针，根据质量方针设定质量目标，根据质量目标确定工作内容（措施）、职责和权限，然后确定程序和要求，最后付诸实施。

美国三大汽车公司（通用、福特和克莱斯勒）结合汽车行业特点，编写的 QS 9000 标准配套手册之一的《产品质量先期策划和控制计划》（APQP）中对质量策划的输出有明确的规定，包括：① 设计目标；② 设计要求；③ 初始材料清单；④ 初始过程流程图；⑤ 初始特殊性明细表；⑥ 进行各项试验的要求：试验项目（要考虑顾客要求及产品标准）及接收准则。

理解质量策划的含义，需要把握以下几点：

（1）质量策划位于质量管理活动前列。通过质量策划的过程，可以看出质量策划是设定质量目标的前提。只有经过质量策划，质量控制、质量改进才可能有明确的对象和目标，才有可行的措施和方法。因此，质量策划是质量管理诸多活动中不可或缺的中间环节，是连接质量方针(可能是“虚”的或“软”的质量管理活动)和具体的质量管理活动(常被看做是“实”的或“硬”的工作)之间的桥梁和纽带。

(2) 质量策划着力使质量目标明确化。质量方针是指导组织前进的方向,而质量目标必须是可以测量的指标。质量策划就是要根据质量方针的规定,并结合具体情况来设定这种测量指标。虽然因质量策划的层次、内容及对象不同而导致质量目标不尽相同,但质量策划的结果就是将组织的质量目标明确化。

(3) 质量策划规定必要的作业过程和相关资源。质量策划除了需要对质量目标进行设定外,还需要对实现质量目标的作业过程和相关资源予以规定,包括人、机、料、法、环、测等内容,才能使经过策划的质量控制和质量改进得以有效实施。

(4) 质量策划的结果形成质量计划。质量策划与质量计划容易混淆。事实上,将质量策划设定的质量目标及其规定的作业过程和相关资源等内容用书面形式表示出来,就是质量计划。因此,编制质量计划的过程,实际上就是质量策划过程的一部分。

(二) 质量策划的分类

在组织中,质量策划的分类方法是相当多的,如表 3-1 所示。

表 3-1　质量策划的分类

分类标准	具体内容
按质量策划的对象进行分类	质量管理体系策划
	过程策划
	产品(项目)质量策划
	改进策划
按质量策划的层次进行分类	组织的质量策划
	部门的质量策划
	班组(个人)的质量策划
按质量策划的内容进行分类	综合性质量策划
	项目性质量策划
按质量策划涉及的时间进行分类	中长期质量策划
	年度质量策划
	临时性质量策划

二、质量策划的意义

在资源相同的情况下,经过质量策划的过程执行效果会比较好,而未经过质量策划的过程执行效果会比较差。因此,进行质量策划对质量控制来说非常必要,通过良好的质量策划可达到事半功倍的效果。

(一) 可识别初期风险,以采取预防措施

组织的质量管理应是一种能够受控、有序的活动。在活动与活动之间、过程与过程的接口处,任何缺乏事前安排的规定,都可以使其失去有效性。这就需要通过质量策划来统一组织与合理安排。质量策划是系统性的工作,包括质量管理体系、质量目标、质量过程、质量改进四个层级的策划。在每一个层级的策划中还包括从输入到输出的全部内容的安排、布置、控制和协调等活动。这样,策划就形成了一个立体的网络。只有在这样的策划下,组织中的人员才可以在明确自己应做的工作时也明确应达到的目标。当实际工作中发现了与策划不一致的内容时,可以在第一时间内识别组织中存在的质量问题与风险,以便及时采取有效的预防措施,防患于未然。

(二) 可提高工作效率,以降低产品成本

通过质量策划,可以确定完成某一质量目标需要哪些过程,这些过程需要哪些资源,包括生产过程的关键工序和非关键工序的确定、产品质量控制的侧重点等。质量策划的重点正是在过程之间的接口处。经过策划,组织按统一的部署开展工作,活动与活动之间因策划而连接。过程与过程之间接口良好,可以提高工作效率,包括减少连接或接口的时间浪费,也包括减少待料、待工的时间浪费。这样,可以减少许多不必要的过程和工作,把主要精力放在重点工作上。按质量策划的结果提供资源,可以使资源更充分地发挥效用、减少浪费,从而使质量损失大大降低。

(三) 使策划过程具有可重复性,防止不合格重复出现

详细的策划活动所显示的过程能力并不总能保证顾客满意。如果说有关过程的策划一旦确定,这些过程就可以按策划规定重复进行,那么,质量改进策划就可以是经常进行的,而且是分层次(组织及组织内的部门、班组或个人)进行的。质量改进策划越多,说明组织越充满生机和活力。组织经过多次的循环往复可以不断地提升自身的运营水平,防止不合格重复出现。

第二节 质量策划的步骤及内容

任何一项质量管理活动,不论其涉及的范围大小、内容多少,都需要进行质量策划。但是,ISO 9001:2008《质量管理体系 要求》中的质量策划并不是包罗万象的,而是针对那些影响组织业绩的项目进行的。一般来说,质量策划包括质量管理体系策划、质量目标策划、质量过程策划和质量改进策划。

一、质量管理体系策划

(一) 质量管理体系策划的含义

质量管理体系策划是在 ISO 9001:2008《质量管理体系 要求》中的“质量管理体系策划”部分提出的。质量管理体系策划是一种宏观的质量策划,由组织的最高管理者负责进行,根据质量方针设定质量目标,确定质量管理体系的构成要素,分配其质量职能等。质量管理体系策划是为了保持质量管理体系的有效性。质量管理体系策划应以实现质量目标为目的,通常在组织明确质量目标后着手进行质量管理体系策划。质量管理体系策划包括但不限于以下内容:

(1) 基于质量统计的结果，建立满足组织需要的适宜的质量目标。

(2) 理清质量管理体系所需的各项过程，并按过程方法对质量管理体系进行管理。组织的质量管理体系应包括 ISO 9001 规定的所有过程，但可以根据组织的规模、特点、所在行业等对质量管理体系的内容进行适当的剪裁。

(3) 确定所需要的资源及相关文件。资源包括人员、资金、设施、设备、技术、方法、工作环境、信息等。

(4) 确定所需的测量、监控、分析活动。

(5) 质量管理体系的持续改进。

（二）质量管理体系策划的时机

质量管理体系策划一般在下列情况下进行，但也可以根据组织的需要选择时机：

(1) 在组织尚未建立质量管理体系而需要建立时进行质量策划。

(2) 虽已建立却需改进或更新现有的质量管理体系时，也需要进行这种质量策划。一般包括以下几种情况：① 质量管理体系标准进行修订时；② 组织的质量方针进行修订时；③ 为了提高质量管理体系的有效性和顾客的满意程度时。

(3) 为满足新的要求，对现存的质量管理体系进行完善时。一般包括以下几种情况：① 研发新产品、新项目或针对原合同提出的新要求；② 新技术、新工艺和新设备应用于生产过程之中；③ 国际、国内、行业、组织等法规标准进行修订后提出新要求；④ 组织结构的调整。

(4) 进行管理体系一体化时。为了与组织的其他管理体系，如环境管理体系相融合时，需要对质量管理体系进行调整。

（三）质量管理体系策划的步骤

1. 质量管理体系策划的输入

质量管理体系策划应根据组织的现状和未来的发展趋势来进行，既要符合组织现有情况，又要满足组织未来发展的要求。质量管理体系策划的输入主要包括修改性与提升性两个方面。修改性主要是针对现有情况，包括已经取得的业绩和存在的问题；提升性主要是提出更高的要求，包括内部的要求和外部的要求。组织在策划时，应当把修改性和提升性相结合。另外，质量管理体系对于组织和顾客来说都有利益、成本和风险的问题。在质量管理体系策划输入中还应包括对风险的评估。

(1) 修改性。修改性是组织现实存在的各种主客观条件，需要进行分析和确定。修改时需要考虑以下内容：① 组织的规模、性质及在市场上所处的地位；② 组织质量管理体系的现状和已取得的业绩；③ 产品结构、发展方向和市场占有率；④ 组织的结构、人员的结构和文化背景；⑤ 过去的经验教训，特别要注意对成功经验的分析，而不能盲目照搬；⑥ 组织所处的地理位置以及由此带来的外部客观环境，包括政策环境；⑦ 组织的财务状况和预计投入的经费；⑧ 组织存在的重大缺陷和问题，包括质量管理体系存在的缺陷和问题；⑨ 组织的需要和利益目标。

(2) 提升性。在进行质量管理体系策划时，必须首先明确要求，最好能够形成书面的要求，以供策划时进行认真考虑。具体说来，这些要求可能是：① 合同中规定的内容；② 市场调查研究后的结果；③ 对顾客需求和期望及市场变化的预测内容；④ 相关法律法规的要求；

⑤ 政府或上级主管部门(母公司)的规定;⑥ 质量审核(包括内部审核和外部审核)的结果报告;⑦ 管理评审的决定;⑧ 最高管理者的指令;⑨ 经最高管理者批准了的有关建议或报告;⑩ 有关的质量计划等。

(3) 评估风险。评估风险可以和明确要求、确定情况结合起来进行。首先,在明确了顾客要求之后就应评估达不到这种要求可能产生的风险;其次,情况确定后,也应评估改变这种情况可能产生的风险;再次,把两种风险进行比较,以确定组织可以接受的风险范围。作为质量管理策划必不可少的一种输入,评估风险是一项重要的策划活动,最好能形成正式的书面文件,以供正式策划时加以考虑。它可以依附于书面的要求和情况分析确定报告之后,必要时也可单独成文。

2. *质量管理体系策划的组织*

质量管理体系策划是一项十分复杂的工作,不仅需要有专门的机构和人员来进行,而且需要组织所有的部门和全体员工予以配合。

(1) 最高管理者必须亲自主持。一般来说,最高管理者在质量管理体系策划中的职责如下:① 决定和启动质量管理体系策划;② 担任领导小组的组长,主持召开相应的会议;③ 向领导小组传达要求,确定能够接受的风险范围或界限;④ 为质量管理体系策划提供必要的资源,包括人员和专家顾问等;⑤ 制定质量方针和质量目标;⑥ 对策划中遇到的难以解决的利益、成本和风险矛盾予以解决,决定最佳方案;⑦ 对策划中遇到的组织机构调整、人员调动、质量职能分配等问题作出最终决定;⑧ 组织对策划形成的方案和计划进行评审,并进行最后的审定和批准。

(2) 管理者代表必须自始至终参与策划。管理者代表是最高管理者指定的,专门负责质量管理的人员。在质量管理体系策划中,他代表最高管理者实施组织权。整个策划过程都由管理者代表来负责组织,直接由管理者代表负责策划。管理者代表在策划中的具体职责是:① 向最高管理者提出建立或改进质量管理体系的建议,建议启动质量管理体系策划;② 担任质量管理体系策划领导小组的副组长,在相应的会议上作主要报告(发言);③ 确定和明确要求,并对这些要求以及能够接受的风险范围或界限进行必要的阐述;④ 组织质量管理体系策划小组,研究和制订质量管理体系的方案;⑤ 提出质量方针和质量目标预案,供最高管理者决策,决策后予以阐述和解释;⑥ 在职权范围内解决策划中遇到的利益、成本和风险之间的矛盾;⑦ 在职权范围内解决组织机构调整、人员调动、质量职能分配等问题;⑧ 负责编制策划方案和计划,并提交最高管理者评审。

(3) 质量管理体系策划领导小组对策划形成的方案和计划进行评审。领导小组参与策划,重点在于对策划的输入以及对策划形成的方案和计划进行评审。对策划形成的方案和计划进行评审时,领导小组必须参与,一方面可以充分利用团队的知识和经验,另一方面对可能涉及的机构、职责、资源等所产生的矛盾可以共同协商解决。

事实上,策划方案和计划的评审往往是一个解释及争论的过程。评审的次数视组织的规模而定,大型的组织部门多,评审的次数也多;小型组织则相反。方案和计划可能是分阶段提出的,如初始阶段(方案较粗)、设计阶段(方案细化)、征求意见阶段(方案形成)、提交评审或审定阶段(方案成熟)等。每个阶段都要召开必要的评审会,提出意见和建议。如果遇到意见分歧较大,不能最后决定时,可提请最高管理者决定。

(4) 质量管理体系策划人员负责具体的策划工作,负责编制方案和计划。参与具体策划的人员组成一个小组，由管理者代表任组长，其成员是组织内有较高专业知识与质量意识的管理人员，必要时还可以聘请组织外部有关专家指导或参与策划。参与策划的人员首先应当学习相应的标准，接受专业的培训，在获得必要的资格后才能提出有建设性的意见和建议。

策划人员提供的方案和计划由最高管理者进行选择。为了让最高管理者有选择的余地，策划人员在提供方案时，应多设计几个相互独立的备选方案，并配有方案的说明，方案应清晰明确，以顺利通过质量管理体系策划领导小组的评审，满足最高管理者的要求。

(5) 吸引员工参与质量管理体系策划，使策划过程形成一个开放系统。质量管理体系的建立和保持，都需要全体员工参与，其策划过程当然也需要吸引他们参与，他们可以将在第一线中得到的宝贵经验提供给策划人员。员工参与质量管理体系策划，主要包括以下几个方面：① 组织应采用必要的形式，向员工宣传建立和保持质量管理体系的意义，对员工(特别是负有管理职责的员工)进行培训，为策划和今后的实施奠定基础；② 策划人员深入调查，广泛听取员工的意见，将其中合理的部分吸收到方案之中，必要时还可以将质量方针、质量目标和有关质量管理体系的要素、程序等方案公开向员工征求意见；③ 策划人员广泛收集员工中存在的一些符合实际的质量控制方法，加以总结，予以推广，吸收到策划方案中来；④ 当策划的方案需要进行试验验证时，要动员员工予以配合，以验证方案的可行性。

3. 质量管理体系策划的设计

质量管理体系策划的重点是提出质量管理体系的方案，也就是对质量管理体系进行设计。设计质量的高低在很大程度上决定了质量管理体系的运行结果。

(1) 质量管理体系设计的原则。① 必须满足"要求"中规定的内容；② 必须符合组织的实际情况，以精简为原则；③ 要充分考虑利益、成本和风险；④ 最大化地利用现有的资源；⑤ 要使质量管理体系有广泛的适应性；⑥ 要使设计过程成为一个增值的过程。

(2) 质量管理体系设计的基本程序。① 全面深刻理解质量管理体系策划的输入。参与设计的人员特别是外聘的专家顾问，应通过学习、讨论、调查、研究质量管理体系策划的重点，提出质量管理体系策划的方案，也就是对质量管理体系进行设计。② 选择标准。组织在进行质量管理体系策划时应根据行业或产品的性质选择相应的标准作为策划的依据。③ 决定必要的删减。ISO 9001:2008规定：当标准的任何要求因组织及其产品的特点而不适用时，可以考虑对其进行删减。标准规定，删减只限于产品实现这一板块要素中的要素或子要素。在设计时，对删减一定要慎重。④ 提出质量方针和质量目标。质量方针是由最高管理者制定的。策划人员可为最高管理者提供质量方针草案，以供其选择或参考。质量方针要根据组织的总方针、要求和情况等来制定。在策划中，质量方针应由最高管理者召开专门会议，对组织的发展战略和现状进行分析和反思，有针对性地提出来。质量目标也是由最高管理者制定的。策划人员可根据质量方针草案提供质量目标方案，以供最高管理者选择或参考。质量目标与质量方针应保持一致。⑤ 确定质量职能，进行质量职能分配。根据选择的标准(经过允许的删减)和组织的实际情况，确定质量职能，提出质量职能的清单。这是质量管理体系策划中最重要又最困难的工作。质量职能分配不下去，就无法进一步建立或改进质量管理体系。而要合理分配质量职能又相当困难，很可能涉及组织机构和人员调配等多种问题。为使质量职能分配真正落到实处，必要时可以调整组织的组织机构和相关人员。

⑥ 确定质量手册的框架结构。质量手册是规定组织质量管理体系的文件。质量管理体系策划至少要确定质量手册的框架结构,也就是说,要确定其所包含的全部内容,包括质量管理体系的范围(要素和子要素)。⑦ 确定所需的程序文件目录。策划时,应根据组织的实际情况,确定所需的程序文件。凡那些对产品、过程、体系有重大影响的过程或质量管理活动,都应当建立程序文件。⑧ 编制相应的质量计划。质量计划应当规定建立或改进质量管理体系所应开展的各项工作、各项工作的负责部门或人员以及完成时间。质量计划可以和策划方案一起编制,也可以单独编制。⑨ 对方案和计划进行评审和修改。方案和计划都应提交给质量管理体系策划领导小组进行评审,最高管理者要亲自主持评审会议。对评审中提出的意见和建议,合理的应当接纳,并对方案和计划进行修改;不合理的则应作好解释工作;争执不下的,则由最高管理者裁决。需要注意的是,为了避免最高管理者作出不合理的裁决,策划人员应事先估计可能遇到的挑战,并事前向最高管理者说明。

4. 质量管理体系策划的输出

质量管理体系策划都应形成质量计划文件。将上述质量管理体系策划的内容用文字表述出来,就成为质量计划。一般来说,质量管理体系策划输出应包括以下内容:① 进行质量管理体系策划及制订该项质量计划(将质量策划的输入进行简单表述)的意义,分析组织现状(问题点)与质量方针或上一级质量目标要求,以及顾客和相关方的需求和期望之间的差距。② 通过质量管理体系策划实现对质量目标的确定。③ 确定的各项具体工作或措施(即各种过程)以及负责部门或人员(也即职责和权限)。④ 确定下来的资源、方法和工具。⑤ 确定下来的其他内容(其中,质量目标和各项措施的完成时间是必不可少的)。

如果质量计划是预先准备好的草案,应根据质量管理体系策划会议的决定对其进行必要的修改。如果未预先准备好草案,则应委托或指令相关人员根据会议的决定起草。质量计划应经负责该项质量管理体系策划的管理者(组织一级综合性的或重大的质量计划应是最高管理者)批准后下发实施。

小贴士

常见的关于质量管理体系策划的错误理解

关于质量管理体系策划,有一些常见的错误理解需要注意,如表 3-2 所示。

表 3-2　常见的关于质量管理体系策划的错误理解

常见的错误理解	错误的原因
质量管理体系策划就是指对产品实现过程的质量进行策划	质量管理体系策划是对体系的策划,产品实现过程是体系要求的一部分
质量管理体系策划的结果通过质量计划来表示	质量计划编制可以是质量策划的一部分,策划的结果不一定都需要形成质量计划
当质量目标有变化时需重新进行质量管理体系策划	当现有质量管理体系仍能满足质量目标要求时可不必进行策划

二、质量目标策划

组织在建立质量管理体系之后，虽然不需要进行重大改变，但却需要对某一时间段（如中长期、年度、临时性）的业绩，或者某一特殊的、重大的项目，产品，合同和临时的、阶段性的任务进行控制时，需要进行质量目标的策划，以便调动各部门和员工的积极性，确保策划的质量目标得以实现。例如，每年进行的综合性质量策划（策划结果是形成年度质量计划）就属于质量目标的策划。这种质量策划的重点在于确定具体的质量目标和强化质量管理体系的某些功能，而不是对质量管理体系本身进行改造。

（一）质量目标策划的原则

最高管理者应确保在组织的相关职能和层次上建立质量目标，质量目标包括满足产品要求所需的内容。质量目标应是可测量的，并与质量方针保持一致。这既是组织有效实施质量管理体系，促进组织持续改进、向一定的规模和层次发展的需要，也是组织增强顾客满意、在市场竞争中承受和应对市场压力的一种体现。

在进行质量目标策划时应遵循以下原则：

（1）明确性原则。质量目标在策划时应具体、明确，组织应考虑：满足产品要求所需的内容；组织以及所处市场的当前和未来需求；管理评审的相关结果；现有的产品性能和过程业绩；相关方的满意程度；自我评定结果；水平对比，竞争对手的分析，改进的机会；达到目标所需的资源等。所有这些内容都应明确，尽可能量化，如产品合格率等。

（2）可测量原则。质量目标是质量方针的具体体现，它以明确的形态与内容出现，同时必须是可测量的。在提供可测量的质量目标时，组织要提供相应的测量方法与准则，以便管理层对其有效性进行评审。通过检验、计算或其他测量方法可以确定组织质量目标的现状，并与设定值进行比较，以确定实现的程度。

（3）可行性原则。组织在制定质量目标时应考虑切实可行，不能高不可攀，也不能定得太低，否则就失去了管理目标应起到的激励作用。所以，质量目标应制定在略高于组织目前的实际水平，通过努力可实现的水平上，即“跳起来够得着”。

（4）可分解性原则。组织的质量目标是通过组织的不同层面的人员共同努力而实现的，所以应对组织的质量目标进行分解。将上一级的质量目标分解到下一级中去，直到组织最基层的人员，做到人人肩上有指标。不同级别的质量目标不尽相同，但最终保证组织的总体质量目标得以实现。

（5）阶段性原则。质量目标内容应是阶段性的，质量目标应当系统地评审并在必要时进行修订。这就说明质量目标内容并不是一成不变的，要利用管理评审等活动进行定期评审，以保证对所建立质量管理体系过程目标控制的有效性，一旦原制订的质量目标不再适用，就应该及时地进行修改。在实际工作中，经常可以见到一些组织制订的质量目标内容多年不变，应注意改进。

小贴士

质量目标的分解方式

一种最佳的质量目标分解方式是将各部门、车间分解的质量目标纳入每年的经济考核责任制中，每月定期进行检查和考核，与工资奖金挂钩。这种分解方式既能做到分解到位，也能做到考核到位，值得在各认证组织中推广。

应该指出，质量目标的分解策划没有固定的模式。有些方法在一个组织应用较好，但在另一个组织就不见得适用，组织应该找到一个适于本组织的方法，确保质量管理体系在本组织有效运行。所以组织在确定质量目标时应按照上面的方法，并根据组织的情况作适当的调整。

（二）质量目标策划的步骤

质量目标应是可测量的，并与质量方针保持一致。这明确要求组织应对质量目标进行策划，并具体提出了要求和方向。质量目标的策划可以大致分为以下几个步骤：

1. 质量目标的设定与分解

质量目标制订者应充分结合组织的战略目标，在质量方针的框架内来设定组织的质量目标。质量目标要有可测量性，应尽可能量化。同时，设定的质量目标应有可能实现，但又有一定难度，避免没有可追求性或好高骛远。

另外，质量目标的设定不是用来约束员工的行为，而是为了有效激励他们的创新性和能动性，因此，在对质量目标进行策划时要充分考虑员工的参与积极性。组织在分配主要的质量目标时，各单位的管理者应要求和他们的上级一起来设定本部门的具体目标。在能够明确总目标实现手段的前提下，将质量目标层层分解到本部门内各岗位直到各员工。但在确定各级目标时，应与下级共同协商，在保证不影响总的质量目标实现的条件下，尽量取得一致意见，这样才能有效激励员工的能动性并增强组织的凝聚力。

2. 质量目标的实施

组织在实施质量目标的行动计划时应明确各个质量目标和分目标的职责所在，区分主要职责人员及配合人员，实现质量目标的统一指挥和协调，在此基础上强调纪律，对管理者与各级员工在质量目标的管理系统中的关系认识清楚，使质量目标的实施计划具备有力的保障。

组织可以在质量目标的实施行动计划中规定一个周期并确定各个阶段，每一个阶段中应有具体的实施方案。质量目标及分目标的实施还应有资源需求的计划，在实施过程中人员和物料应当在恰当的时候出现在恰当的位置。

3. 质量目标的测量

组织可以依据质量目标实施行动计划来对各级质量目标进行测量，也可通过日常的工作检查、顾客满意度测量、数据分析系统的运用、质量管理体系内部审核等手段对部分或全部质量目标进行评价。组织根据评价的结果，将有关信息及时地予以传达，使各经营单位和部门了解质量目标及各分目标的进展状况，使各级目标的实施者加强自我控制，努力实现质量目标。同时，组织依据质量目标的评价系统，建立一套完善的、透明的质量目标绩效考核系统，按照员工的实际贡献大小如实地评价。组织的管理者在对质量目标的实施者进行绩效考核时应尽量排除主观因素，做到奖罚分明、公正严明。只有这样，才能确保质量目标的实施行动有效地开展下去。

4. 质量目标的调整

在质量目标的实施过程中，如果组织的经营战略或经营环境发生了改变，或者因为一些意外因素使组织及各经营单位和部门实现质量目标的条件恶化，从而无法实现既定目标时，组织的管理层应及时调整质量目标或质量分目标，否则下属会因缺乏实现目标的信心而失去工作激情。

组织或其某个职能层次在质量目标实现后，管理者应在现有的框架内创新性地设定新的质量目标。如果不能制定出新的质量目标，就会在某一个区域出现无目标状态，不能形成合力，延缓总体质量目标实现的进度。这种情况出现的时间越长，产生的损失就越大。

综上所述，质量目标必须分解到组织中与质量管理体系有关的各职能部门及层次(如决策层、执行层、作业层)，相关职能和层次的员工都应把质量目标转化或展开为各自的工作任务。这样才能增强质量目标的可操作性，才有利于质量目标的具体落实和实现。质量目标分解到哪一层次，要视组织的具体情况而定，关键是要能确保质量目标的落实和实现。质量目标的展开，是为了实现总的质量目标。在展开质量目标时，应注意各部门之间的配合和协调关系，不能因为某个质量分目标定得过高或过低，出现资源等划分不合理的现象而影响质量总目标的实现。

三、质量过程策划

针对具体的项目、产品、合同进行的质量策划，同样需要设定质量目标，但其重点在于规定必要的过程和相关的资源。这种策划包括对产品实现全过程的策划，也包括对某一过程(如设计和开发、采购、过程运作等)的策划，还包括对具体过程(如某一次设计评审、某一项检验验收过程等)的策划。对组织来说，对过程的策划不必过细，不必涉及员工个人的活动，其重点应放在组织过去尚未开展或开展得不太好的、ISO 9000 族标准规定的一些新过程上。

(一) 产品实现的策划

根据质量管理体系要求的内容，产品实现的策划是组织质量策划的一个重要组成部分。组织针对某一特定产品、项目或合同要求，确定质量目标，并且识别和确定所需过程，配备必要的资源，用以实现这一产品、项目或合同的质量目标，这样一个构思和决策的过程，就是产品实现的策划。策划的输出或产品实现过程所涉及的有关文件，可以形成质量计划，也可根据组织运作情况以其他方式体现。

1. 产品实现策划的任务

产品实现策划的任务主要包括过程分解与提供支持两部分。

(1) 过程分解。将产品实现过程分解为若干个子过程，每个子过程再细分，直至基本操作单元。

(2) 提供支持。对分解的子过程以及最基本的操作单元提供支持，包括资源、环境、要求、职责、程序、记录、规范、特殊情况如何处理的预案、测量、监视、分析、改进等，使各基本操作单元能够在规定的环境下正常运作。

一般情况下，完成第一项任务是较为容易的。事实上，在组织已经完成后，只需将其固化为文件形式。随着条件的变化，如产品变化、新的顾客要求、新的支持过程的要求等，有可能需要增加某个子过程或调整某些基本单元。例如，某个产品的某个零件需要增加热处理过程等。产品实现策划中，最困难也最关键的是提供支持，要确定这些分解后的子过程的输入。子过程的输入不是单纯的某一种产品或某一项信息，而是相当复杂的。各个方面的质量和效率，又往往决定了该过程的质量和效率。将各个方面的规定赋予所分解的过程，使该过程获得支持，得到控制，正是产品实现策划的主要任务。

2. 产品实现策划的要求

产品实现策划是质量管理体系策划的一部分，策划的要求应与体系其他过程要求相符，同时，需要以适应组织运作的方式来形成文件。

(1) 与组织质量管理体系的其他要求相一致。产品策划必须以组织的质量管理体系为依托，必须在已确定的质量方针、目标、职责以及资源管理条件的框架下，使产品实现过程的策划成为质量管理体系的一个重要组成部分。

(2) 以适应组织运作的方式形成文件。产品实现过程的策划要形成文件。形成文件可以成为组织知识管理中必不可少的环节，也为改进提供依据。产品实现策划有两种情况，第一种情况是形成的文件纳入质量手册和程序文件，第二种情况是形成质量计划。需要注意的是，这种质量计划也是存在于质量手册和程序文件的框架之下的。即使某一种产品、项目或某一个合同的质量要求低一些，也只能适当删减质量手册和程序文件的要求。另外，质量计划并不是另一种形式的质量手册，虽然其编排形式可能与质量手册相似，但由于其引用质量手册的部分内容和相关的程序文件，因而文字要简洁得多。这种质量计划只将与质量手册和程序文件中不同的部分罗列出来，通常采用流程图的形式来表示。

3. 产品实现策划的流程

产品实现的策划是产品形成全过程的策划，属于产品生命周期范围内的策划。产品实现过程经过策划，必须确定以下适用的内容，这些内容也是策划后所形成的质量计划的内容：

(1) 确定质量目标和相关要求。在产品策划过程中，质量目标和要求通常应较为具体和明确。质量目标定得是否恰当，能否起到增强顾客满意的作用，是产品实现策划活动中最为重要的问题。因此，对产品质量目标的策划，组织应持十分慎重的态度。一般采用产品合格率、寿命期、可靠性，服务的时间性、安全性、舒适性等。

(2) 提出文件的需求。将产品实现的整个过程进行分解，提出所需文件的清单。产品实现所需的文件必须针对不同过程而言，不同的过程需要不同的文件。一般情况下，应尽量复用质量管理体系已经确定的文件(包括质量手册、程序文件、质量计划和其他文件)、资源和设施。如果已经确定的文件、资源和设施不能满足相应的需要，或者该过程还需要特别的文件、资源和设施，则应当新建。

(3) 所需资源的策划。产品实现过程需要不同的资源，这些资源可以包括人力、物资、技术、时间、检测和试验设备及生产场地等，而且不同的过程需要不同的资源。通过策划，提出某种产品所需的基础设施清单、人员数量以及能力要求、工作环境的需求等，以便组织根据产品的特点统筹安排，使组织取得最大的经济效益。

(4) 策划产品所需的验证等活动，确定产品的接收准则。在过程识别的时候即需要将产品的验证和检验、试验等活动予以考虑。产品的接收准则在策划时应结合产品的质量目标作出明确规定，而不仅仅是提出接收准则的需求。在策划过程中，对于组织的监视活动、测量活动应设立验证、确认、监视、检验和试验过程等，必须予以明确。明确了验证、确认、监视、检验和试验活动之后，还必须明确验收准则。也就是说，要明确在什么条件下接收，并让该过程转入一个阶段，否则就不接收，不能转入下一个阶段。

（5）产品实现的策划包括所需记录的策划。从了解顾客要求、签订合同、设计、采购、生产和服务的提供、检验和试验，直到产品的销售、交付和售后服务，需要对在这一过程中所需记录予以策划。同样，这里策划的结果可以只是提出所需要的记录，可以给出所需记录清单或以其他形式体现。但策划过程中并未要求编制或形成相关的具体记录。有关记录的编号、记录的内容和形式以及记录的控制等，都需要在后续实施活动中完成。由于组织质量管理体系已确定了相当多的质量记录，因而可以直接引用。如果有特殊要求，则应建立新的质量记录。新的质量记录依然要纳入组织质量记录的控制中，按规定要求进行记录、标志、贮存、检索、防护和处置。

（二）设计和开发策划

对设计和开发进行策划和控制是为了实现设计和开发的输出能满足输入的要求，将顾客需求转化为组织的要求，最终确保设计和开发的结果能满足产品的要求。

1. 设计和开发策划的时机

在设计和开发策划过程中，时机的选择非常重要。设计和开发策划的时机一般有两种：一是在对产品有关要求评审并明确产品的要求之后，形成设计输入之前；二是随着设计和开发过程的进展，产品要求变更或体系变更时。

2. 设计和开发策划的要求

设计和开发策划作为质量策划的重要组成部分，在策划时除对整体予以考虑外，其中的接口和输出方式等细节也应包括在策划之中。

（1）对产品的设计和开发进行策划和控制首先应考虑对其实现的全过程进行规定。

（2）策划过程应明确：① 设计和开发的各个阶段划分，每个阶段均需要综合考虑顾客的要求、产品本身的特点、复杂程度、以往的设计经验等内容；② 各阶段所需的评审、验证和确认活动，对需要评审、验证或确认活动的阶段需明确活动的时机，其内容及方法可根据阶段进展状况作决定；③ 每个设计阶段的活动相关人员的职责和权限要求。

（3）对设计和开发过程中设计小组之间的接口进行管理，明确小组的职责分工，接口关系明确可以使小组之间沟通更为顺畅。

（4）策划输出可以采用文件方式，如设计和开发计划书、时间安排表等；策划的输出内容可根据进展情况对相关内容予以更新，如人员的调整、时间的调整、设计输入的变化等。

3. 设计和开发策划的流程

设计和开发策划的流程因组织的规模、行业、产品、人员素质等因素不同有所调整。设计和开发策划大多按照以下的流程展开策划活动：

（1）指定设计（项目）小组的负责人。

（2）负责人了解顾客、组织等要求，了解产品的特点及复杂性。

（3）制订设计和开发计划，在计划中将整个设计过程划分为几个里程碑，在计划中明确阶段责任人及权限，对应阶段是否需要评审、验证或确认活动及时间要求。

（4）各个阶段可能以小组的形式进行设计，应明确小组之间的接口关系、沟通的要求、对应的职责权限要求。

（5）计划书中策划输出内容应根据进展情况进行调整。当相关因素发生变更时，应更改设计策划输出，即设计计划书，并传递到各相关部门。

（三）产品实现策划和设计开发策划的主要联系与区别

1. 产品实现策划和设计开发策划的主要联系

产品实现策划与设计开发策划是相互包含或依存的关系，其主要联系体现在以下三个方面：

（1）两者是有机的统一体，缺一不可。产品实现的过程包括设计开发过程和其他一些分过程，所以产品实现策划理应包括设计开发策划和其他一些分过程的策划。其他一些分过程未提出策划的要求，是因为其复杂性和重要性不及设计和开发过程。产品实现的过程是产品生产的源头过程，而且还包括了诸如输入、输出、验证、评审、确认、更改的子过程。假若该分过程未经认真而又周密的策划，一旦导致管理失控，将会影响到后续一系列分过程和子过程的活动实施。所以，标准强调设计开发策划的用意，既表明两者是统一的有机体，又表明两者缺一不可。

（2）设计开发策划是对产品实现策划的一种补充和细化。产品实现策划是一个总体策划，只能对设计开发策划提出一个总的要求或提供一个总的框架，其具体细节和子过程的要求还应当由设计开发策划来解决。标准未对其他一些分过程提出策划的要求，并非意味着不需要或不能策划。不同的组织可视实际情况自主决定对其策划。一般情况下，其他一些分过程及其子过程要求的策划，都可以纳入到产品实现的总体策划之中，不再单独进行策划。

（3）质量计划应包括设计开发策划的输出结果。当组织接受特定的产品、项目、过程和合同要求，而原质量管理体系文件又未能完全覆盖时，产品实现的策划结果就有必要制订出相应的质量计划。设计开发策划的结果所形成的文件应包括在质量计划所规定的条文之中，不必再单独制订一份文件。

2. 产品实现策划和设计开发策划的主要区别

产品实现策划和设计开发策划的主要区别体现在策划的依据与要求、策划的作用以及文件批准的对象三个方面。

（1）策划的依据与要求不同。产品实现的策划是依据 ISO 9001:2008 标准“4.1 总要求”进行的，而设计开发的策划是依据 ISO 9001:2008 标准“7.3 设计和开发”进行的。由于在要求的范围、对象、内容、程度上有所区别，所以两者在策划的目的、输入、输出及方法上都不尽相同。

（2）策划的作用不同。产品实现策划的作用是考虑如何使这一全过程获得有效控制，控制内容必须包括对“提供”的控制和对“实施”的控制两个方面。对产品实现的整个过程来说，设计开发策划主要侧重考虑怎样提供和应该提供些什么，一般不将产品实现中的如何实施和怎样实施等作为重点问题。

（3）文件批准的对象不同。一般情况下，产品实现策划所形成结果的文件，应当由组织的最高管理者批准，对设计开发进行策划所形成结果的文件，由组织的技术部门负责人批准即可。当组织接受特定的产品、项目、过程和合同要求，在原质量管理体系文件又未能完全覆盖时，对设计开发进行策划所形成结果的文件，不需要单独进行批准，只需组织的最高管理者统一对质量计划进行批准即可。当顾客有要求时，质量计划除须本组织的最高管理者批准外，还必须经过顾客确认或批准才能实施。

四、质量改进策划

质量改进虽然也可视为一种过程，但却是一种特殊的、可脱离组织常规的过程，因此更应当加强质量策划。有关过程的策划一旦确定，这些过程就可以按策划规定重复进行。质量改进则不同，一次策划只能针对一次质量改进。这样，质量改进策划就需要经常进行、分层次进行。质量改进策划频次越多，说明组织越充满生机和活力。

（一）质量改进的含义

朱兰博士在欧洲质量管理组织第30届年会上发表的《总体质量规划》论文中指出，质量改进是使效果达到前所未有的水平的突破过程。由此可见，质量改进的含义应包括以下内容：

（1）质量改进的对象。质量改进的对象包括产品或服务的质量以及与它有关的工作质量，也就是通常所说的产品质量和工作质量两个方面。

（2）质量改进的效果在于“突破”。质量改进的最终效果是按照比原计划目标高得多的质量水平进行工作。如此工作必然得到比原来目标高得多的产品质量。质量改进与质量控制效果不一样，但两者是紧密相关的。质量控制是质量改进的前提，质量改进是质量控制的发展方向；控制意味着维持其质量水平，改进则是突破或提高。

（3）质量改进是一个变革的过程。质量改进是一个变革和突破的过程。“变革”就是要改变现状，改变现状就必然会遇到强大的阻力。因此，了解并消除这些阻力，是质量改进的先决条件。

（二）质量改进的意义

质量改进是质量管理的重要内容，其重要意义体现在以下几方面：

（1）可以促进新产品开发，改进产品性能，延长产品的寿命期。

（2）通过对产品设计和生产工艺的改进，更加合理、有效地使用资金和技术力量，充分挖掘组织的潜力。

（3）提高产品的制造质量，减少不合格品的出现，实现增产增效的目的。

（4）有利于发挥各部门的质量职能，提高工作质量，为产品质量提供强有力的保证。

（5）通过提高产品的适应性，从而提高组织产品的市场竞争力。

（三）质量改进策划的理论模式

这里主要说明两个问题，一是质量控制与质量改进的对比，二是质量改进的策略。

1. 质量控制与质量改进的对比

质量控制的目的在于维持特定的质量水平，控制系统的偶发性缺陷；而质量改进则是对特定的质量水平进行“突破性”的变革，使其在更高的目标水平下处于相对平衡的状态。质量控制是日常性的工作，可以纳入“操作规程”中加以贯彻执行。质量改进则是阶段性的工作，达到既定目标之后，该项工作就完成了。通常，它不能纳入“操作规程”，只能纳入“质量计划”中加以贯彻执行。

2. 质量改进的策略

目前，世界各国均重视质量改进的实施策略，方法各不相同。美国麻省理工学院罗伯特·海斯(Robert Hayes)教授将其归纳为两种类型，一种称为递增型策略，另一种称为跳跃型策略，如图 3-1 所示。

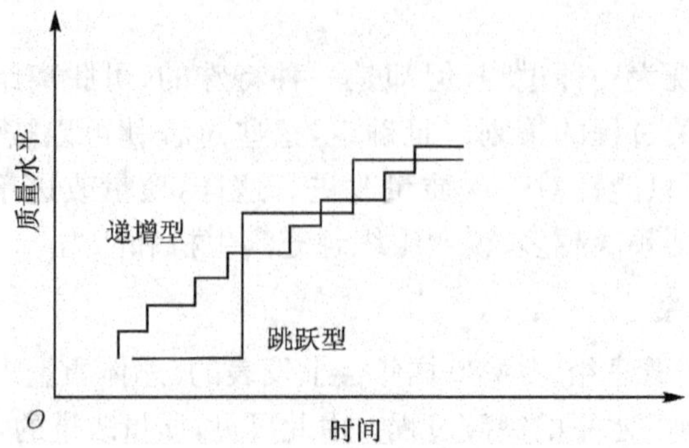

图 3-1 质量改进的策略

质量改进的项目广泛，改进的目标值的要求悬殊，所以很难对上述两种策略进行绝对的评价。组织要在全体人员中树立不断改进的思想，使质量改进具有持久的群众性，可采取递增型策略；而对于某些具有竞争性的重大质量项目，应采取跳跃型策略。递增型策略与跳跃型策略的对比如表 3-3 所示。

表 3-3 递增型策略与跳跃型策略

类 别	特 点	优 点	缺 点
递增型质量改进	改进步伐小，改进频繁。这种策略认为，最重要的是每天每月都要改进各方面的工作，即使改进的步子很微小，但可以保证无止境地改进	将质量改进列入日常工作计划中去，保证改进工作不间断地进行。由于改进的目标不高，所以具有广泛的群众基础	缺乏计划性，力量分散，所以不适用于重大的质量改进项目
跳跃型质量改进	两次质量改进的时间间隔较长，改进的目标值较高，而且每次改进均须投入较大的力量。这种策略认为，当客观要求需要进行质量改进时，公司或组织的领导者就要作出重要的决定，集中最佳的人力、物力和时间来从事这一工作	能够迈出相当大的步子，成效较大	不具有经常性的特征，员工难以养成在日常工作中不断改进的习惯

(四) 质量改进策划的注意事项

组织在进行质量改进策划时应注意以下几个事项：

(1) 策划应当体现组织的方针目标。

(2) 应当注重生产现场的关键和薄弱环节，注重解决生产实际中急需解决的问题。

(3) 正式确定改进项目的承担人员和组长，并赋予组长改进活动的职权。

(4) 项目往往是错综复杂的，不可能一蹴而就，所以需要付出艰苦的努力，甚至需要反复多次的试验和验证才能达到最终目标。

(5) 在改进的实施过程中，应当广泛使用统计方法和统计工具，与改进人员的改进对策和措施有效结合，提高改进的效率和效益。

本章小结

质量策划致力于制定质量目标并规定必要的运行过程和相关资源以实现质量目标。进行质量策划有重要的现实意义，具体体现在三个方面：可识别初期风险，以采取预防措施；可提高工作效率，以降低产品成本；使策划过程具有可重复性，防止不合格重复出现。按策划的内容不同，质量策划分为质量管理体系策划、质量目标策划、质量过程策划以及质量改进策划。本章着重对这四种策划进行了介绍。

思考练习

1. 什么是质量策划？
2. 简述质量策划的意义。
3. 简述质量管理体系策划的实施步骤。
4. 产品实现策划和设计开发策划有什么联系和区别？
5. 试比较质量改进的两种策略。

案例分析

克莱斯勒的质量策划

1979 年，由于中东石油价格暴涨，美国出现了经济危机，汽车行业受到强烈的冲击。克莱斯勒汽车在美国市场上的销售比重仅占 8.1%，库存积压 8 万余辆，亏损 11 亿美元，积欠各种债务达 48 亿美元。在危难之中，李 · 亚科卡(Lee Iacocca)接过了克莱斯勒汽车公司董事长约翰 · 里卡尔多(John Riccardo)的聘书，接任了这个即将死亡的汽车巨人的总经理一职。

亚科卡从组织领导到市场营销及产品质量方面都作出了重大的改革。其中，在产品质量上，亚科卡采取了三项质量策划的活动：

首先，投资 1 800 万美元，建立了一个电子计算机和测试仪器中心，由人工设计逐步过渡到由计算机承担全部设计工作，大大提高了设计质量。

其次，花费 1 亿美元，改装了已有 70 年历史的杰斐逊大街的老厂房，把引擎从汽车顶部安装改为从底部直接安装，使装配质量明显提高。

再次，和工会一起组成一个 20 多人的质量检查小组，变公司单方检查为有工人参加的联合监督管理。经过综合治理，克莱斯勒的产品质量迅速提高。

为了刺激销售，亚科卡加强了售后服务。对自己的产品不仅保证质量，保证使用寿命，而且随时提供热情周到的保修服务，他把小汽车的保修期定为五年，行程八万千米(五万英里)。这项免费的长期售后服务，在大的汽车制造厂商中是唯一的。另外，他在广告中保证："买我们的车可以试用 30 天，无论什么原因，30 天内退货，货款照退！"这项服务吸引了越来越多的顾客，1983 年 9 月，克莱斯勒公司将政府的保证贷款全部付清，比政府规定日期提前了 7 年。同年，美国有人搞了一个关于企业经理声誉的民意测验，结论正如美国《时代》周刊登出的文章标题所言："他说一句话，全美国都洗耳恭听！"

亚科卡的成功固然有赖于他的综合管理与治理，但其中质量策划所起的作用也是至关重要的。

问题

克莱斯勒公司进行了哪些质量策划？这些质量策划取得了哪些效果？

第四章　质量经济性分析

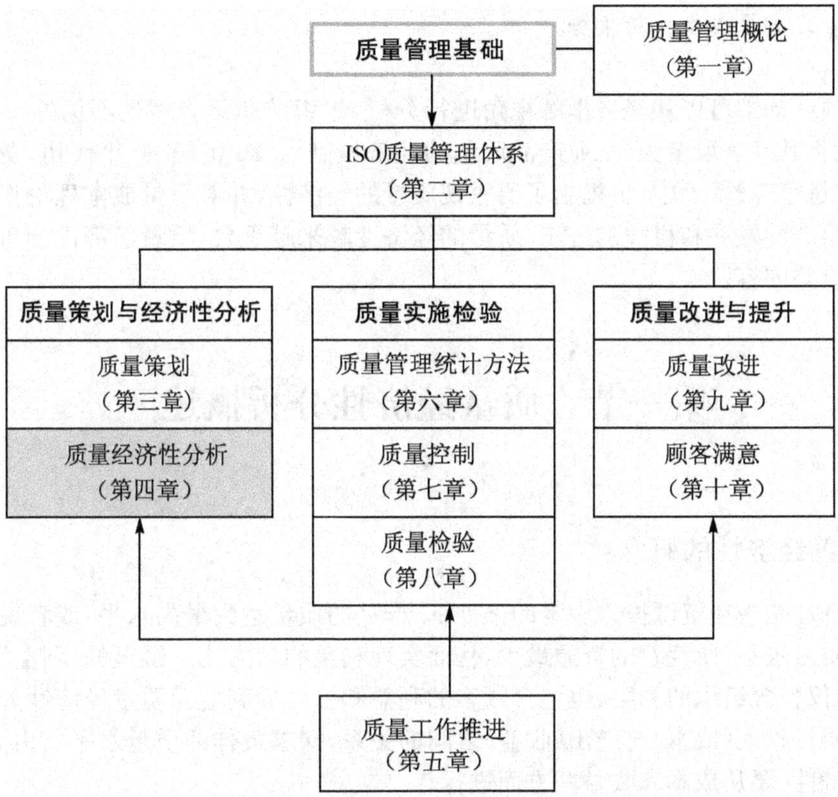

质量管理学结构模型

学习目标

(一) 知识目标

- 了解质量经济性的概念及质量成本的含义;
- 掌握质量成本的构成、质量成本的分析方法;
- 理解劣质成本的概念;
- 掌握开发设计过程、生产制造过程和使用过程的质量经济性分析。

(二) 技能目标

- 能够对组织的质量成本进行核算;
- 能够撰写质量成本分析报告。

任何一项活动都可以从经济学的视角进行分析,组织的质量管理也不例外。早在1931年,休哈特就将其专著取名为《工业产品质量的经济控制》。20世纪60年代初,费根鲍姆在他的《全面质量管理》一书中,也提出了要重视质量的经济性,并对质量成本理论作了详细的阐述。随着生产的发展和科技的进步,质量的经济性越来越重要,质量经济性分析已经成为质量管理的重要内容。

第一节 质量经济性分析概述

一、质量经济性的概念

质量经济性是指在资源投入一定的条件下,产品的质量达到最高水平,或者说为了达到一定的产品质量水平,所耗费的资源最少,从而实现利益的最大化。这里的"利益"是一个广义的含义,不仅包含组织的利益,也包含顾客的利益和社会的利益。质量经济性分析就是通过分析产品质量投入(成本)与产出(收益)之间的关系,探求最佳的质量水平。由此可见,分析质量的经济性,要从成本和收益两方面进行。

对于组织而言,质量的经济性体现在:一方面,产品质量的改进扩大了市场占有率、提高了组织的利润(收益方面);另一方面,需要投入更多的资源来保证质量的提高(成本方面),如预防成本、鉴定成本的增加。

对于顾客而言,质量的经济性体现在:产品质量的改进带来了好处(如产品更具有适用性),提高了使用效率,减少了因产品维修带来的损失(收益方面);但同时,顾客需要支付更多的费用来购买产品(成本方面)。

对于社会而言,质量的经济性体现在:产品质量的改进减少了报废处理费用,废物的利用减少了污染和浪费(收益方面);但同时,为了改进质量,可能需要投入许多资源(成本方面)。

从以上分析可以看出,改进产品的质量,无论从组织、顾客还是从整个社会来说,都会面临成本—收益分析,即质量的经济性分析。

从组织质量经济性分析中可以看出,提高组织经济效益有两个方面:一是增加收入(销售额)、利润和市场份额,即通过诸如加强领导、提高效率、改进雇员工作以及提高雇员和顾客的满意度来实现。二是降低经营所需资源的成本。销售质量低劣的产品和服务会给组织带来损失,并使其在市场竞争中处于不利地位。通过减少这些损失,可以降低经营所需的资源成本。

ISO/TR 10014《质量经济性管理指南》给出了组织提高经济效益的结构图,如图 4-1 所示。

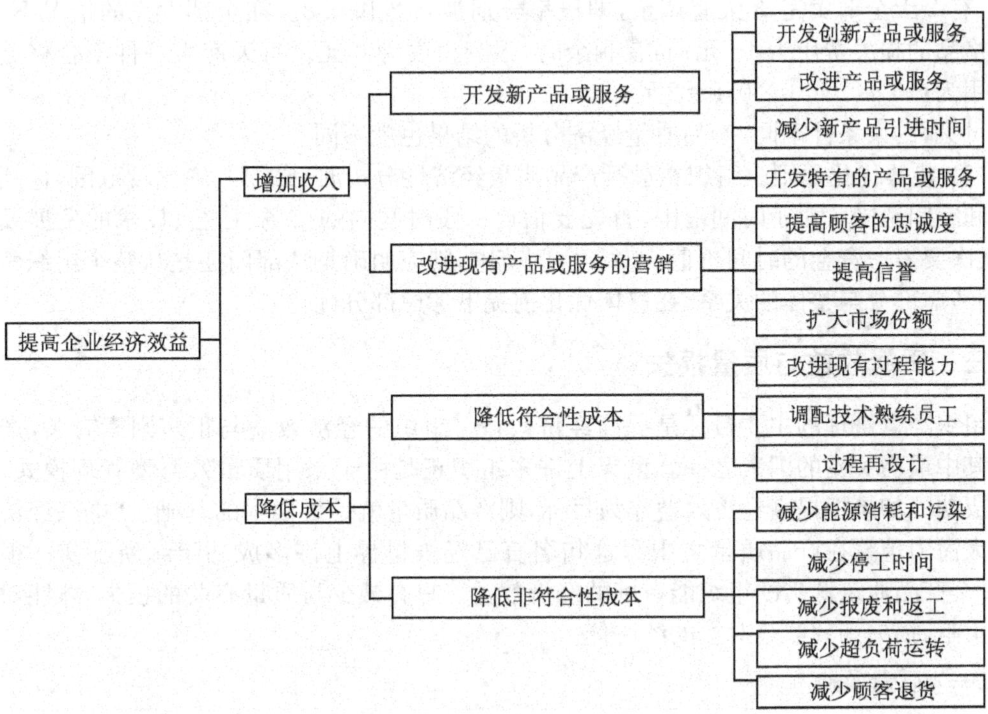

图 4-1　组织提高经济效益的结构图

二、质量经济性分析的原则

组织在进行产品质量经济分析时,一般应遵循以下几项原则:

(1) 正确处理组织利益、顾客利益和社会利益之间的关系,将三者有机结合起来。如发生矛盾,应坚持顾客利益和社会利益优先的原则。

(2) 质量优化目标函数为利润最大或成本最小的原则,在整体优化的前提下考虑局部优化。

(3) 采用相同对象进行比较的原则。如组织停车检修造成减产和延误交货期是否经济,比较对象不相同,结论大不相同。若与未发生异常事故相比,停车检修经济损失巨大;若与已发生异常导致重大伤亡事故相比,则停车检修经济损失最小。

(4) 明确比较条件原则。与质量经济性分析密切相关的因素较多,如生产能力、市场状况、资金等。这些因素是分析中目标函数的约束条件。约束条件对分析结果影响较大,如市场需求和生产能力间的关系,因组织生产状态不同,其损益大不相同。仅以组织不合格品损失为例,在各种状态下,其损失是不同的。例如,产品售价为 10 元,变动费用为 4 元,固定费用为 5 元，利润为 1 元，则：

如果组织生产能力过剩，产生一件不合格品，组织可再多生产一件，既不会影响销售收入，也不增加固定费用，此时的损失仅为变动费用(不考虑返修)，即 4 元。

如果组织生产能力不足，生产出一件不合格品就减少 10 元的销售收入，此时的损失为 10 元。

生产能力不确定状态下，假设该种产品只能在当天销售掉，否则就要报废处理。若在 10 天中，有 2 天全部卖完，8 天有剩余，即概率分别为 0.2 和 0.8。在全部卖完的情况下，一件不合格品的损失费用为 10 元；而有剩余时，报废损失为 0 元。每天产生一件不合格品的损失费用为：10×0.2+0×0.8=2 元。

可见，约束条件不同，产品质量经济分析的结果也就不同。

(5) 整体优化原则。组织在进行产品质量经济性分析时，必须明确比较范围，包括时间范围和空间范围。对于时间范围，首先要估计一段时间内的市场、社会、技术的发展及其影响，其次要考虑资金的时间价值。对于空间范围，则应明确是从部门还是从整个组织角度考虑，即考虑部分与整体的关系，在整体优化前提下考虑部分优化。

三、质量效益与质量损失

组织经营管理的主要目标是提高经济效益。组织的经济效益与很多因素有关，产品质量是其中最为关键的因素之一。世界上许多组织正是由于采用质量效益型管理模式，才取得了成功。如果把提高经济效益作为目标，则产品质量就是最根本的基础。“提高经济效益的巨大潜力蕴藏在产品质量之中”，这句名言已经被世界上许多成功组织所证实。很难想象，一个产品质量低劣的组织能有好的经济效益。只有减少与质量有关的损失，才能对效益有所贡献，损失和效益是对立的统一体。

(一) 质量效益

质量效益是通过质量收益与质量成本的对比关系表现出来的。质量成本是指组织为了保证和提高产品质量而支出的一切费用，以及因未达到必要的质量水平而造成的一切损失。质量收益是指质量方面带来的收益，即由于保证产品质量水平和提高产品质量水平而带来的总收入。需要注意的是，产品质量包括两层含义：一是指产品的绝对质量，也就是以技术指标来衡量的产品的客观物质性能；二是指产品的相对质量，即产品满足一定消费条件下某种社会需要的程度。在市场经济条件下，产品的相对质量更加重要，只有把产品的绝对质量转化为相对质量，才能给组织带来质量上的收益。要实现这种转化，产品的质量指标就必须符合社会的质量需要。质量指标符合社会质量需要的程度越高，产品的绝对质量转化为相对质量的能力就越高；质量指标符合社会质量需要的程度越低，产品的绝对质量转化为相对质量的能力就越低。所以，质量成本的合理支出和质量收益的有效增加，都是以产品的相对质量为转移的。

质量收益与质量成本之比，就是质量效益，可用下面的公式表示：

$$\text{质量效益}=\text{质量收益}\div\text{质量成本} \tag{4-1}$$

从式(4-1)可以看出，当质量效益的数值大于 1 时，表明为改进质量而进行的投入能产生经济效益；反之，则没有经济效益。

质量成本包括两个方面的内容：一是质量保证成本，即组织为保证产品的相对质量而支付的费用和因产品达不到必要的相对质量而引起的损失；二是质量提高成本，即组织为提高产品的相对质量而付出的费用。相应地，质量收益也可以分为质量保证收益和质量提高收益。这样，质量效益也就具有两个方面：质量保证效益等于质量保证收益除以质量保证成本；质量提高效益等于质量提高收益除以质量提高成本。

上述关系可用以下公式表示：

$$质量保证效益=质量保证收益\div质量保证成本 \tag{4-2}$$

$$质量提高效益=质量提高收益\div质量提高成本 \tag{4-3}$$

（二）质量损失

组织经营的目标是效益最大化，因此，必须减少生产经营过程中的各种损失。损失的减少就相当于效益的增加，损失和效益之间是对立统一的。

质量损失是产品在整个生命周期中由于质量不满足规定的要求，对组织、顾客和整个社会造成的全部损失之和。据专家研究，目前我国多数产品质量已接近世界先进水平。但在十多年前，我国仅有少数的产品质量达到国际水平，相当部分的产品质量比国际水平落后20年。国家质量技术监督局(后与国家出入境检验检疫局合并成为国家质量监督检验检疫总局)曾多次对我国产品进行抽查，结果显示，1985—1990年，工业部门不良品损失约占工业产值的10%～15%；“八五”期间，抽查不合格率由1991年的约20%上升为1994年的约30%。不合格品浪费了大量的人力和物力。我国每年因产品不合格造成的直接经济损失大约为2 000亿元，假冒伪劣商品造成的损失更是难以计数。国外一些专家认为，工业组织的不良品损失占到制造成本的20%～30%。朱兰认为“在次品上发生的成本等于一座金矿，可以对它进行有力的开采”。由此可见，减少质量损失对于提高经济效益具有非常重要的作用。

质量损失存在于产品的设计、制造、销售、使用直至报废的全过程中，它涉及组织、顾客和整个社会的利益。

1. 组织的质量损失

组织的质量损失是指由于产品质量不符合要求，在出厂前和出厂后给组织造成的损失，其中包括有形损失和无形损失两大类。有形损失是指可以直接用价值(货币)计算的显性损失。对于组织来说，废品损失、返修损失，销售中的包装修理、退货、赔偿、降级降价损失，辅助生产中的仓储、运输及采购中的某些损失等，都是有形损失。无形损失是指由于产品质量不好，影响了组织的信誉，使订货量减少，市场占有率降低带来的损失。无形的质量损失是难以直接用价值进行计算和衡量的，这种损失可能是巨大的，有时会给组织带来严重的后果。另外还有一种无形损失，即组织脱离了顾客的实际需要，盲目、片面地追求过高的质量和过多的功能，形成“过剩质量”，这种“过剩质量”使得组织的生产成本增加，造成了组织的质量损失。

2. 顾客的质量损失

顾客的质量损失指的是顾客在使用不好的产品过程中可能遭受的损失。如使用过程中造成的人身健康、生命和财产的损失，能耗、物耗的增加，人力的浪费等，都是顾客遭受到的有形损失。我国的《产品质量法》、《消费者权益保护法》等法律规定，组织对顾客的损失承担全部或部分赔偿，其目的在于尽量减少或避免顾客的质量损失。

有时顾客也会面临无形损失，例如：组织追求产品的过高质量和过多功能，使顾客承担了不合理的费用；生产者片面地追求降低成本造成质量的先天不足，导致产品维修频率过高，影响劳动生产率的提高和带来过多的维护费用等。这种无形损失使顾客蒙受损失而又得不到补偿。

3. 社会的质量损失

社会的质量损失主要是指产品缺陷对社会造成的危害，对环境和社会资源的破坏和浪费，以及对社会秩序、社会安定造成的不良影响。例如：交通工具（如汽车、摩托车等）因质量问题造成的人身伤亡和财产损失；某种产品的平均使用寿命为10年，如果某组织生产的产品低于该平均寿命，或者在产品报废时，仍有部分零部件具有较高的使用价值，但又无法实现其价值，这部分损失就属于社会资源的损失。工厂设备不符合标准而造成污染使动植物受害，也是社会的质量损失。

随着可持续发展概念的提出，人们对质量的概念有了更深刻的认识。特别是随着人类生存环境的恶化，人们认识到工业“三废”及其他因素造成的各种环境污染，在很大程度上都与产品质量和服务质量相关。例如，工业污染、汽车尾气排放量、药物的副作用、商品使用后留存的有害废弃物等，都直接与组织的设计、制造和服务相关。

降低质量损失的另外一个重要社会意义是提高国家和组织的竞争力。在当今社会，以劣质低价的策略销售产品，是不可能给组织带来利润的。美国麻省理工学院战略研究所的研究表明，市场占有率是利润的主要来源，而市场占有率取决于顾客感觉到的产品或服务的相对质量。

四、质量的波动与损失函数

（一）质量的波动

产品质量的好坏最终用质量特性来描述。质量特性是指构成产品质量的一切外在特征和内在特征。对质量特性进行测量的数值称为质量特性值。不同的产品具有不同的质量特性，例如，机械零件的质量特性可以用刚性、弹性、耐磨性等描述，汽车的质量特性可以用速度、牵引力、耗油量、废气排放量来刻画，手表的质量特性可以用防水性、防震性、防磁性等来表示。同一种产品，其质量特性值往往也不相同。同一批产品，即使由同一个劳动者用同样的原材料、设备和工具在相同的环境下生产，产品的质量特性值也会有差异。通常，即使生产出来一批差异极小的产品，在使用过程中，其质量特性值也会发生变化。由此可见，产品的质量特性值不是一个固定的值，即产品质量会发生波动。质量波动是客观存在的，不以人的意志为转移。质量波动的存在，会给组织、顾客和社会带来损失。例如，如果产品质量特性值的波动幅度超过了规定的公差界限，就可能要返修、返工或报废，甚至停产、停工，给组织带来损失；如果不合格品到了顾客手中，还可能会引起索赔甚至法律的制裁；如果产品在使用过程中质量的波动幅度超过了使用的规格界限，则要修理或更新，造成社会的损失。

（二）损失函数

为了计算质量波动损失的大小，需引入质量损失函数的概念。根据日本学者田口玄一的质量观，产品不满足规范要求会造成损失，产品超过规范要求也会造成损失，只有当产品质量特性值严格等于目标值时，产品质量损失才为零。为了定量描述产品质量损失，田口玄一提出了“损失函数”的概念，认为随着产品质量特性值与目标值的偏离，损失呈二次函数变化趋势。

当质量特性目标值为某一确定值时，可以用下式表示质量损失：

$$L(y)=k\times(y-T)^2 \tag{4-4}$$

式中，L——质量损失；

k——质量损失系数；

y——产品质量特性值；

T——产品质量特性理想的目标值。

式(4-4)的含义是，质量损失是产品质量特性值的二次函数，又称二次损失函数，k、T 均为常量。很明显，当 $y=T$ 时损失最小，产品质量特性值与目标值偏离越大，损失越大。它的形态如图 4-2 所示，Δ 表示公差界限。

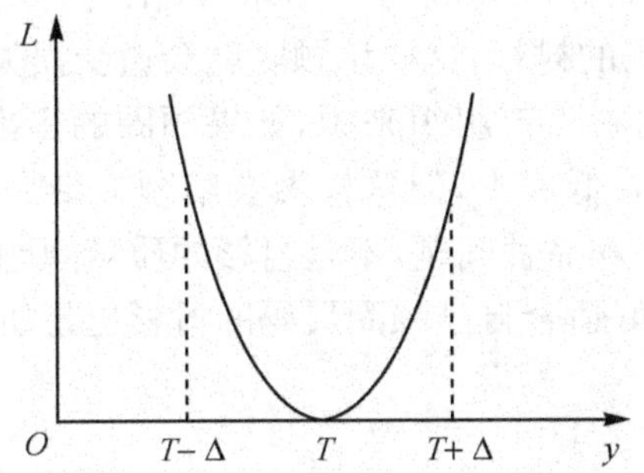

图 4-2　质量损失曲线

从图 4-2 可以清楚地看到，只要质量特性值与目标值有偏离，即使产品是合格的，也会存在质量损失。

【例 4-1】 若加工某一机器零件，尺寸偏差超出±5 微米时，则规定要返修，其损失为 500 元，求其损失函数 $L(y)$。

根据质量损失函数的公式，有：

$$500=k(y-T)^2$$

经整理得：

$$k=\frac{500}{(y-T)^2}=\frac{500}{25}=20$$

所以，质量损失函数为：

$$L(y)=20(y-T)^2$$

【例 4-2】 假如市场上销售的男士衬衫的尺码以领圈的尺寸分档。领圈尺码的间隔为 1 厘米。40 厘米尺码领圈的衬衫就是按颈围 40 厘米的男士感觉松紧程度正合适的标准制作的。颈围为 40.5 厘米的男士，如果购买 40 厘米尺码领圈的衬衫，就必须忍受 0.5 厘米的过紧；如果购买 41 厘米尺码领圈的衬衫就要忍受 0.5 厘米的过松。某组织通过市场调查发现，当领圈比本人最合适的尺码小 0.5 厘米或大 1 厘米时，顾客就不会购买，所以领圈的容差为 $\Delta_1=0.5$ 厘米、$\Delta_2=1$ 厘米。如果尺码超出容差，顾客不会购买而会去定做，由此引起的各种费用的增加即为损失。假设损失为 60 元，即顾客即使损失 60 元也要定做。因此：

$$y<T, k_1=\frac{60}{0.5^2}=240$$

$$y>T, k_2=\frac{60}{1^2}=60$$

所以，规格为 T 尺码领圈的衬衫损失函数为：

$$L(y)=\begin{cases}240(y-T)^2, y<T\\60(y-T)^2, y>T\end{cases}$$

假如某顾客的颈围为 40.3 厘米，他购买 40 厘米规格领圈衬衫的损失为：

$$L(y)=240\times0.3^2=21.6\text{ 元}$$

购买 41 厘米规格领圈衬衫的损失为：

$$L(y)=60\times0.7^2=29.4\text{ 元}$$

市场上销售的衬衫的领圈标准间隔为 1 厘米，颈围为 40.5 厘米的顾客不得不购买小 0.5 厘米或者大 0.5 厘米尺码的衬衫，这样该顾客就会遭受损失。只有领圈尺码正好等于顾客的颈围时，损失为零。对衬衫生产组织来说，如果领圈的标准间隔取得较大，就会使衬衫的标准减少，便于组织生产，降低成本，但这样做会给顾客带来损失。所以在田口玄一的质量观念中，尺码是衬衫的规格和品种问题，不是衬衫的质量问题。而尺码的波动则是质量问题，对于顾客而言，不存在正好适合自己领圈尺码的衬衫也是质量问题。

第二节　质量成本与劣质成本

质量成本的概念是朱兰和费根鲍姆在 20 世纪 50 年代首先提出的，是质量管理实践发展的产物。质量成本管理探讨产品质量与组织经济效益的关系，通过质量成本的统计、核算、分析和报告，有助于找到降低质量成本的途径，提高组织的经济效益。世界上许多国家，特别是欧美国家广泛开展了质量成本管理，许多知名的组织如 IBM、通用电气、国际电话电报组织等都建立了质量成本管理系统。20 世纪 80 年代初期，我国开始引进并在组织中推行质量成本管理，先后在哈尔滨、株洲、桂林和上海等地的一些工厂进行了试点，然后总结经验，加以推广。现在，全国许多组织都已经开展质量成本管理，大部分都取得了良好的效益。

一、质量成本

（一）质量成本的含义

对于质量成本的含义，不同的学者有不同的表述。下面是一些比较有代表性的观点：

朱兰认为，质量成本是组织为保证和提高产品质量而支出的一切费用，以及因未达到质量水平而造成的一切损失之和。

费根鲍姆认为，质量成本是工厂和组织的质量成本，包括控制成本和控制失效成本，前者包括预防成本和鉴定成本，后者包括内部损失成本和外部损失成本。

很多学者研究质量成本概念时都借鉴了朱兰和费根鲍姆的观点。

根据 ISO 9000 系列国际标准，质量成本的定义是："将产品质量保持在规定的水平上所需的有关费用。”它是组织总成本的一个组成部分。

ISO/CD 8402-1 委员会草案中对质量成本的定义是：总成本的一部分，它包括确保满意质量所发生的费用以及未达到满意质量所造成的有形和无形的损失。

上述关于质量成本的观点尽管在表述上有所不同，但本质上是一样的。

在理解质量成本的含义时，需要注意以下几点：① 质量成本是针对产品制造过程中的复合型质量而言的，即在设计已经完成、标准和规范已经确定的条件下，才开始计算质量成本。它不包括重新设计和改进设计以及用于提高质量水平而花费的成本。② 质量成本并不是与质量有关的全部费用，而仅仅是其中的一部分，工人生产时的工资或材料费、车间或组织管理费等不计入质量成本，因为这是正常生产所必需的。③ 计算质量成本是为了分析质量成本，而不单纯是为了得到它的结果。

（二）质量成本与产品成本

成本是反映组织经营管理状况的重要指标。谈到质量成本，自然就会将其与产品成本进行比较。应当说，质量成本与产品成本既有联系又有区别。

质量成本与产品成本的联系主要表现在两个方面：① 质量成本与产品成本都是一种劳动耗费，本质上相同。② 质量成本中的显性成本（如预防成本）包含于产品成本中，是产品成本的组成部分。

质量成本与产品成本的主要区别是：① 成本项目的组成内容不同。产品成本是指与产品生产制造有关的成本，包括直接材料、直接人工和制造费用等成本项目；质量成本是与产品质量活动有关的成本，包括预防成本、鉴定成本、内部损失成本和外部损失成本等项目。② 补偿的方式不同。产品成本可以通过销售产品实现的销售收入得到补偿；而质量成本中的一部分隐性成本（如产品降级损失和信誉损失）不能计入产品成本，不可能得到补偿。③ 核算的目的不同。产品成本核算的目的是计算产品销售成本，从而计算确定当期损益；而质量成本核算的目的主要是计算实际质量成本，为质量决策提供依据，而不是为了计算损益。④ 核算的方法不同。产品成本核算要按照会计制度和会计准则规定的核算程序和方法进行；而质量成本核算既可采用会计核算方法，也可采用统计核算方法。因此，产品成本和质量成本是不能互相替代的。

（三）质量成本的特点

1. 质量成本是一种变动成本

质量成本不是不变成本，而是一种变动成本，它与产品的质量水平有关系，随着质量水平的变化而变化。质量成本与质量水平之间的关系可以用一条开口向上的抛物线来描述，详见本节图 4-5“质量成本特性曲线”。

2. 质量成本是一种机会成本

在质量成本中，有一部分是可以从会计信息中得到的有记录的成本，而另一部分则是因质量问题而丧失的机会成本，通常在会计信息中不予确认。质量成本作为一种机会成本，不拘泥于分析已经发生的经济活动，而是着重于分析和预测可能或应当发生的经济活动，以便进行决策。

3. 质量成本是一种估计性的成本

质量成本，特别是质量成本中的隐性成本部分（如顾客补救成本、信誉损失成本、顾客不满成本等)不能由从财务数据中分析取得,很难进行准确的计量,且其数额较大,因而只能通过估计的方法进行计量。

二、研究质量成本的意义

(一) 有利于控制和降低产品成本

目前,产品的结构日益复杂,人们对产品的质量要求越来越高,组织为保证和提高产品的质量而花费的质量费用也在增加。据统计,这部分费用已高达销售额的5%~10%。组织应开展好质量成本管理工作,探讨质量成本内部构成的比例关系,挖掘降低质量成本的潜力,从而可以集中力量采取有效措施对质量成本进行控制,实现降低产品成本的目标。

(二) 有利于组织重视质量成本和开展质量管理工作

美国质量管理专家菲利普·克罗斯比(Philip B. Crosby)认为,“质量是免费的”,“真正费钱的是不符合质量标准的事情——没有第一次就把事情做对”。因为那些不符合质量标准的工作,那些没有第一次就做好的工作,必须进行补救,这样就会使组织发生额外的支出,包括时间、金钱和精力等,由此造成了质量成本。通过计算产品的质量成本,组织的管理人员会更清楚地看到产品质量和质量管理中的问题对组织经济效益造成的影响,从而更加重视产品质量,积极推进组织的全面质量管理工作。

(三) 有利于组织全面把握成本控制的范围和内容

在传统的产品成本核算方法下,组织往往忽视了质量成本,特别是质量成本中的隐性成本部分,从而看不到威胁组织生存和发展的潜在的不利因素。开展质量成本管理工作,可以按确定的质量成本项目,把价值形式表现出来的质量效益用会计凭证反映出来,形成一个包括质量成本在内的更加完整的成本核算体系,最终使质量成本和日常的成本管理工作结合起来,质量管理和管理会计结合起来,使组织更全面地实行成本控制,从多方面挖掘潜力,保证组织获得更好的经济效益。

三、质量成本的构成

为了进行质量成本管理,需要掌握质量成本的构成。根据ISO的规定,质量成本由两部分构成,即运行质量成本和外部质量保证成本。

(一) 运行质量成本

运行质量成本是指组织为保证和提高产品质量而支付的一切费用以及因质量故障所造成的损失费用之和。它又分为四类,即预防成本、鉴定成本、内部故障成本和外部故障成本。

1. 预防成本

预防成本是指为防止废品、次品及质量事故的发生,保证和提高符合性质量水平而投入的质量控制措施费用。这类成本一般都发生在生产之前,而且这类成本的支出往往使故障成本降低。预防成本主要包括如下内容:

(1) 质量策划费用。质量策划费用是指有关部门或人员用于策划所需的费用支出。例如,规划质量体系的具体细节所需的费用;根据产品设计和顾客对质量的要求,编制用于材料、工序和产品质量控制的方法、程序、指导书等所需的费用;可靠性研究,试生产质量分析,为编制试验、检验和工序控制的指导书或操作规程等所需的费用。

(2) 过程控制费用。过程控制费用是为质量控制和改进现有过程能力的研究和分析制造过程(包括供应商的制造工序)所需全部时间的费用支出；为有效实施或执行质量规划而对车间工作人员提供技术指导所需的费用支出；在生产操作过程中自始至终进行控制所支出的费用。

(3) 顾客调查费用。顾客调查费用是为了掌握顾客的需求所开展的相关调查研究和分析所花费的费用。

(4) 质量培训费以及提高工作能力的费用。质量培训费以及提高工作能力的费用不包括指导员工达到标准熟练程度的训练费，而是用于改进和提高质量水平所花费的相关费用。

(5) 产品设计鉴定/生产前预评审费用。产品设计鉴定费用指的是为了鉴定设计的质量、可靠性和安全性而评价试制产品或产品规范早期审批时所支出的费用。此外，还包括生产前预评审费用。

(6) 质量体系的研究和管理费用。质量体系的研究和管理费用是指用于整个质量体系的设计和管理费用以及辅助费用。

(7) 供应商评价费用。供应商评价费用是指为实施供应链管理而对供方进行的评价活动费用。

(8) 其他预防费用。其他预防费用包括质量及可靠性组织机构的行政管理费用(不包括经营管理人员及行政办公室人员的工资及差旅费)，以及零缺陷计划、厂房设备维护等预防性措施费用。

2. 鉴定成本

鉴定成本是指检测和评定产品是否满足规定的质量水平所需要的费用。组织支出此类费用的目的是希望在生产过程中尽可能发现不符合质量标准的产品，避免损失延续下去。显然，此类成本的发生也可减少故障成本。鉴定成本的具体构成及内容如下：

(1) 外购材料的试验和检验费用。外购材料的试验和检验费用是指由实验室或其他试验单位所进行的为评价外购材料质量所支出的费用，以及有关管理人员及办公室人员可能用到的任何费用。它还包括检验人员到供货厂评价所购材料时所支出的差旅费。

(2) 实验室或其他计量服务费用。实验室或其他计量服务费用是指实验室计量服务有关仪器的校准和维修费用，以及工序监测等的费用。

(3) 检验费。检验费是指检验人员评价厂内产品技术性能时支出的费用，以及管理人员和办公室人员可能支出的有关费用。但是它不包括外购材料的检验费以及机器设备、公用设施、有关工具或其他材料的检验费。

(4) 试验费。试验费是指试验人员用于评价厂内产品技术性能时支出的费用，以及管理人员和办公室人员可能支出的有关费用。它不包括外购材料的试验费以及机器设备试验费、公用设施试验费、有关工具试验费或其他材料的试验费。

(5) 核对工作费。核对工作费是指这样一些工作所需时间的费用支出：操作人员按照质量计划的要求而检验自己的工作质量；在制造过程中按要求检查产品和工序是否合格；挑出不符合质量要求而被送回的全部废品、次品；进行加工过程中的产品质量评价。

(6) 试验、检验装置的调整费。试验、检验装置的调整费是指有关人员为了进行性能试验而调整产品及有关设备所需时间的费用支出。

(7) 试验、检验的材料与小型质量设备的费用。试验、检验的材料费用指的是用于试验主要设备的动力消耗，如蒸汽、油以及在进行破坏性试验(如寿命试验或拆卸检验)时消耗的材料和物品。小型质量设备的费用包括了非固定资产的质量信息设备的费用。

(8) 质量审核费用。质量审核费用指产品和体系的审核费，包括内审和外审费用。

(9) 外部担保费用。外部担保费用是指外部实验室的酬金、保险检查费等。

(10) 顾客满意度调查费。顾客满意度调查费是为了了解顾客(包括内部)对产品满意程度而进行相关调查分析的费用。

(11) 产品工程审查和装运发货的费用。产品工程审查和装运发货的费用是指产品工程师在发货装运之前再次审查试验和检验数据时所支出的费用。

(12) 现场试验费。现场试验费是指在最终发货之前，有关部门在顾客指定的场所试验产品时所造成的损失。这部分费用包括有关差旅费和生活费。

3. 内部故障成本

组织的内部故障成本(又称内部损失成本)是指产品出厂前因不满足规定的质量要求而发生的费用。这类成本一般与组织的废品、次品数量成正比。内部故障成本的具体构成及内容如下：

(1) 报废损失费。报废损失费是指因产成品、半成品、在制品达不到质量要求且无法修复或在经济上不值得修复造成报废所损失的费用，以及外购元器件、零部件、原材料在采购、运输、仓储、筛选等过程中因质量问题所损失的费用(不包括由于其他原因而废弃的材料)。

(2) 返工或返修损失费。返工或返修损失费是指为修复不合格品使之达到质量要求或预期使用要求所支付的费用(包括重新投入运行前的再次检验费用)。

(3) 降级损失费。降级损失费是指因产品质量达不到规定的质量等级而降级或让步所损失的费用。

(4) 停工损失费。停工损失费是指因质量问题造成停工所损失的费用。

(5) 产品质量事故处理费。产品质量事故处理费是指因处理内部产品质量事故所支付的费用，如重复检验或重新筛选等支付的费用。

(6) 内审、外审等的纠正措施费。内审、外审等的纠正措施费是指为解决内审和外审过程中发现的管理和产品质量问题所支出的费用，包括防止问题再发生的相关费用。

(7) 其他内部故障费用。其他内部故障费用包括输入延迟、重新设计、资源闲置等引起的费用。

4. 外部故障成本

组织的外部故障成本(又称外部损失成本)是指产品出厂后因不满足规定的质量要求，导致索赔、修理、更换或信誉损失等而支付的费用，这种质量问题是在产品卖给顾客后发生的成本。外部故障成本的主要构成项目及内容如下：

(1) 投诉费。投诉费是指在合同约定范围内对顾客投诉的调查研究、修理或更换等所支出的费用，或在合同期满之后用于顾客特殊投诉的调查处理所支出的费用。

(2) 产品售后服务及保修费。产品售后服务及保修费是指直接用于校正误差或特殊试验、保修产品或零件以及用于纠正非投诉范围的故障和缺陷等所支出的一切费用(不包括安装服务费及合同规定的维修费用)。

(3) 产品责任费。产品责任费是指因产品质量故障而造成的有关赔偿损失费用(含法律诉讼、仲裁等费用)。

(4) 其他外部损失费。其他外部损失费包括由失误引起的服务、付款延迟及坏账、库存,由顾客不满意而引起的成交机会丧失和纠正措施等费用。

需要指出的是,上述四类成本之间并不是彼此孤立的,而是相互影响、相互制约的。当组织放松检查后,鉴定成本降低,但将造成大量不合格品出厂,一旦在使用中被顾客发现,将产生显著的外部故障成本,就导致质量总成本的上升。反之,如果在组织内部严格质量管理,加强质量检查,会使鉴定成本和内部故障成本增加,外部故障成本减少,质量总成本降低。增加预防成本,加强工序控制,则会使内部故障成本和外部故障成本甚至连鉴定成本一起都大大降低,从而使质量总成本大幅度下降。

(二) 外部质量保证成本

外部质量保证成本是指因顾客要求,为提供客观证据所支付的费用。外部质量保证成本的具体构成及内容如下:

(1) 质量保证措施费。质量保证措施费主要是指应顾客特殊要求而增加的质量管理费用。

(2) 产品质量证实试验费。产品质量证实试验费主要是指为顾客提供产品质量受控依据而进行质量证实试验所支付的费用。

(3) 评定费。评定费主要是指应顾客特殊要求进行产品质量认证所支付的费用。

【例 4-3】 某组织生产甲产品,去年该组织生产甲产品的数量为 100 000 个,销售额为 50 000 000元,利润 5 000 000 元。其中,设计工程花费 500 小时(每小时 100 元),流程工程花费 500 小时(每小时 80 元),检测时间为 1 500 小时(每小时 50 元)。去年销售出去的产品中,废品率为 1%(每个废品损失 200 元),返修率为 0.8%(每个返修产品损失 80 元),退货率 0.5%(每个产品退货费用 50 元),索赔率为 0.2%(每个产品索赔费用 100 元),保修率为 0.3%(每个产品的保修费用为 50 元)。试计算质量成本。

设计工程和流程工程所花费的费用属于预防成本,其金额为 $500\times100+500\times80=$ 90 000元。

检测费用属于鉴定成本,其金额为 $1\,500\times50=75\,000$ 元。

废品损失和返修损失属于内部故障成本,其金额为 $200\times1\,000+80\times800=264\,000$ 元。

退货费用、索赔费用和保修费用属于外部故障成本,其金额为 $500\times50+200\times100+300\times50=60\,000$ 元。

所以,质量总成本为 $90\,000+75\,000+264\,000+60\,000=489\,000$ 元。

以上是按经济用途对质量成本的构成进行的考察。此外,质量成本还可以按照其反映方式分为显性质量成本和隐性质量成本。显性质量成本主要指预防成本、鉴定成本、部分内部故障成本和外部故障成本。显性质量成本是已经实际发生的账面成本,可以通过相关会计账户进行反映,一般应计入产品成本,并通过产品销售获得补偿。隐性质量成本主要指隐含于账面之外的质量成本,如产品降级损失、因质量原因造成的停工损失、减产损失和降价损失等。隐性质量成本是未实际发生的成本,不能通过相关会计账户计入账簿,也不能计入产品成本,不能通过产品销售获得补偿。这种分类有利于将须获得价值补偿的显性质量成本在质量成本核算中单列出来,分析其在组织成本中的比重,以揭示质量管理工作中的薄弱环节,促进质量管理活动开展,同时重视隐性质量成本的作用,加强质量监督,减少经济损失。

四、质量成本的核算与分析

要进行质量经济性分析,必须重视质量成本的核算与分析,质量成本的核算是质量成本分析的基础和前提。

(一) 质量成本核算方法

在质量成本核算实践中,常用的核算方法有统计核算方法和会计核算方法。下面分别介绍两种核算方法。

1. *统计核算方法*

在质量成本核算中,统计工作是基础性的工作,它为会计核算提供最基础、最原始的核算资料。统计核算是根据质量成本开支范围的规定,运用统计方法对质量费用和损失进行统计调查,整理和汇总质量成本。质量成本统计核算的程序包括质量成本的统计调查与整理和编制质量成本统计报表。质量成本统计核算的顺利进行,往往需要许多部门和单位协同配合。这些负责收集质量成本数据资料的报告部门或单位,通常称为质量成本统计核算点。质量成本统计核算点的建立一般有三种方法:① 采用一级成本核算的小型组织,可以只设置一个核算点,即由统计部门或财会部门负责,实行质量成本的一级统计核算。② 采用分级成本核算的大中型组织,可在已有成本核算点的基础上建立质量成本统计核算点,实行质量成本的分级统计核算。③ 大中型组织也可以按职能部门归口负责的原则,在有关职能部门建立质量成本统计核算点。例如,预防费用由质量管理部门根据费用支出对凭证进行统计,鉴定费用由质量检验部门归口统计,内部损失由生产单位归口结算,外部损失由产品销售及售后服务部门归口统计,最后,由财会部门负责汇总。确定了统计核算点之后,就可以指定专人负责进行质量成本统计调查工作,并根据调查结果编制统计调查表。

2. *会计核算方法*

质量成本的会计核算是根据质量成本开支范围的规定,运用会计的专门方法,对质量费用和损失进行归集、汇总,计算质量成本的过程。它的特点是:① 采用货币作为度量单位;② 采用设置账户、复式记账、填制凭证、登记账簿、编制会计报表等一系列专门方法,对质量成本进行系统的、全面的和综合的记录与反映。

用会计方法核算质量成本,涉及核算账户的设置。按照GB/T 13339—1991《质量成本管理导则》的规定,质量成本包括三个级别的科目。一级科目为质量成本,二级科目包括预防成本、鉴定成本、内部故障成本、外部故障成本,如有特殊要求增设外部质量保证成本。三级科目参照以下各项的规定:

(1) 预防成本包括的三级科目:① 质量培训费,为达到质量要求或改进产品质量的目的,提高职工的质量意识和质量管理的业务水平,进行培训所支付的费用;② 质量管理活动费,为推行质量管理工作所支付的费用,如质量管理协会经费、质量管理咨询诊断费、质量奖励费、质量情报费和为制定质量政策、计划、目标、编制质量手册及有关文件等一系列活动所支付的费用及质量管理部门的办公费用;③ 质量改进措施费,为保证或改进产品质量所支付的费用;④ 质量评审费,对本部门、本组织的产品质量审核和质量体系进行评审所支付的费用以及新产品投产前进行质量评审所支付的费用；⑤ 工资及福利基金，从事质量管理人员的工资总额及提取的职工福利基金。

(2) 鉴定成本包括的三级科目：① 试验检验费，对外购原材料、零部件、元器件及外协件以及生产过程中的在制品、半成品、产成品按质量要求进行试验、检验所支付的费用；② 质量检验部门办公费，质量检验部门为开展日常检验工作所支付的办公费；③ 工资及福利基金，从事质量试验、检验工作人员的工资总额及提取的职工福利基金；④ 检测设备维修折旧费，检测设备的维护、校准、修理和折旧费。

(3) 内部故障成本包括的三级科目：① 报废损失费，因产成品、半成品、在制品达不到质量要求且无法修复或在经济上不值得修复造成报废所损失的费用，以及外购元器件、零部件、原材料在采购、运输、仓储和筛选等过程中因质量问题所损失的费用；② 返修费，为修复不合格品并使之达到质量要求所支付的费用；③ 降级损失费，因产品质量达不到规定的质量等级而降级所损失的费用；④ 停工损失费，因质量原因造成停工所损失的费用；⑤ 产品质量事故处理费，因处理内部产品质量事故所支付的费用，如重新筛选或重复检验等所支付的费用。

(4) 外部故障成本包括的三级科目：① 索赔费，因产品质量未达到标准，对顾客提出的申诉进行赔偿、处理所支付的费用；② 退货损失费，因产品质量未达到标准造成顾客退货、换货所损失的费用；③ 折价损失费，因产品质量未达到标准折价销售所损失的费用；④ 保修费，根据保修规定，为顾客提供修理服务所支付的费用和保修服务人员的工资总额及提取的职工福利基金。

(5) 外部质量保证成本包括的三级科目：① 质量保证措施费，应顾客特殊要求而增加的质量管理费用；② 产品质量证实试验费，为顾客提供产品质量受控依据进行质量证实试验所支付的费用；③ 评定费，应顾客特殊要求进行产品质量认证所支付的费用。

以上内容是关于质量成本核算的两种方法。组织在实际核算过程中，一般应采用以会计核算为主、统计核算为辅的核算方法。

(二) 质量成本分析的内容

质量成本分析是质量经济性分析的重要内容。通过质量成本分析，可以找出影响质量成本的关键因素，发现质量体系中的薄弱环节，寻求降低质量成本的途径，为降低产品成本、调整质量成本结构、确定最佳质量水平提供依据。质量成本分析的内容一般包括：

1. 质量成本总额分析

通过分析、比较计划期的质量成本总额与上期总额或计划目标值，可以掌握其变化情况，从中发现变化的原因和变化趋势。这样就可以从整体上掌握组织产品质量的情况。

2. 质量成本构成分析

质量成本的不同组成部分之间是互相联系的，通过核算预防成本、鉴定成本、内部故障成本和外部故障成本分别占运行质量成本的比重，并分别计算运行质量成本和外部保证质量成本各占质量成本总额的比重，来分析组织运行质量成本的项目构成是否合理，寻求比较合理的质量成本水平。

3. 质量成本与组织相关经济指标的分析

为了分析和评价组织的质量管理水平，往往需要计算各项质量成本与组织的相关经济指标，如通过计算百万元生产额故障成本，可以了解故障成本占生产额的比重，进而了解内部故障成本和外部故障成本占生产额的比重，从而使相关管理者对组织的质量成本状况有较准确的认识。

4. 故障成本分析

由于预防成本、鉴定成本和外部质量保证成本的计划性较强，而故障成本发生的偶然因素较多，因此，故障成本分析是查找产品质量缺陷和管理工作中薄弱环节的主要途径。进行故障成本分析时，可以采用帕累托分析技术将问题原因根据其作用大小排序，从中找出少数的关键原因。

（三）质量成本分析的方法

质量成本分析可以采用定性分析和定量分析相结合的方法。定性分析可以加强组织质量成本管理工作的科学性。定量分析更为细致、精确，同时也可以为定性分析提供必要的证据支持。常用的定量分析法有以下几种：

1. 指标分析法

(1) 质量成本率。

$$质量成本率=\frac{质量总成本}{产品总成本}\times 100\% \tag{4-5}$$

(2) 销售质量成本率。

$$销售质量成本率=\frac{质量总成本}{销售额}\times 100\% \tag{4-6}$$

(3) 产值质量成本率。

$$产值质量成本率=\frac{质量总成本}{总产值}\times 100\% \tag{4-7}$$

(4) 销售外部故障成本率。

$$销售外部故障成本率=\frac{外部故障成本}{销售额}\times 100\% \tag{4-8}$$

(5) 预防成本占质量总成本的比例。

$$预防成本占质量总成本的比例=\frac{预防成本}{质量总成本}\times 100\% \tag{4-9}$$

(6) 鉴定成本占质量总成本的比例。

$$鉴定成本占质量总成本的比例=\frac{鉴定成本}{质量总成本}\times 100\% \tag{4-10}$$

(7) 内部故障成本占质量总成本的比例。

$$内部故障成本占质量总成本的比例=\frac{内部故障成本}{质量总成本}\times 100\% \tag{4-11}$$

(8) 外部故障成本占质量总成本的比例。

$$外部故障成本占质量总成本的比例=\frac{外部故障成本}{质量总成本}\times 100\% \tag{4-12}$$

通过(1)～(4)各指标，可以分析组织质量成本与组织其他经济指标（如产品总成本、销售额）之间的关系；通过(5)～(8)各指标，可以发现质量成本结构的变化情况。

2. 趋势分析法

为了从总体上了解质量成本管理的效果，由归口管理部门负责对较长时期的质量成本及其科目、各种指标或质量缺陷数据的变化情况进行跟踪、分析、比较，这就是趋势分析法。趋势分析法是把现有成本水平与过去成本水平进行对比。

【例 4-4】 某组织 2003—2007 年的质量成本数据如表 4-1 所示。

表 4-1　某组织 2003—2007 年质量成本数据

年　份	质量成本/元	销售额/元	质量成本占销售额的比例/%
2003	440 000	2 200 000	20
2004	423 000	2 350 000	18
2005	412 500	2 750 000	15
2006	392 000	2 800 000	14
2007	280 000	2 800 000	10

根据表 4-1 的资料，可以画出该组织质量成本变化的趋势。以“质量成本/销售额”的高低来表示质量成本的变化趋势，可以看出，相对于销售额而言，质量成本是逐年下降的，如图 4-3 所示。

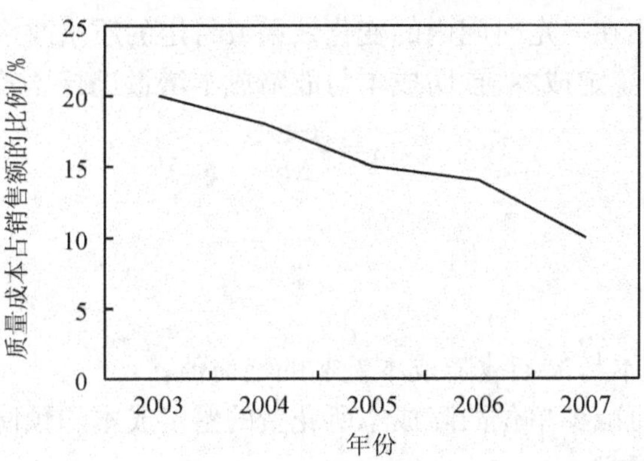

图 4-3　质量成本趋势

3. 排列图分析法

排列图是为寻找主要问题或影响质量的主要原因所使用的图。排列图的详细介绍见本书第九章的内容。运用排列图可以对质量成本的构成进行有效的分析，并且比较直观。

【例 4-5】 表 4-2 是某组织各项质量成本费用额及比例。

表 4-2　某组织各项质量成本费用额及比例

项　目	内部故障成本	鉴定费用	预防费用	外部故障成本	合　计
金额/元	104 397.04	27 028.96	4 377.38	1 537.56	137 340.94
百分比/%	76.01	19.68	3.19	1.12	100
累计百分比/%	76.01	95.69	98.88	100	

根据表 4-2 的数据可以得到排列图，如图 4-4 所示。可以看出，在质量成本总额中，内部故障成本最大，其次是鉴定费用，说明降低内部故障成本是质量改进的关键。为此，应分析造成内部故障成本的原因，提出改进措施。

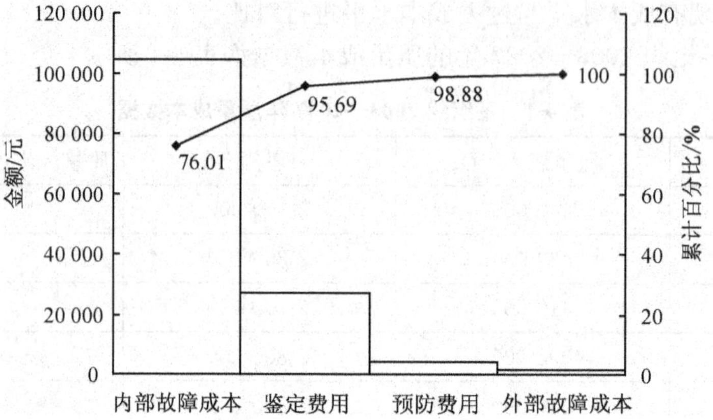

图 4-4 各项费用的排列图

4. *灵敏度分析法*

灵敏度分析法是把质量成本四大构成项目（预防成本、鉴定成本及内部故障成本、外部故障成本）的投入与产出在一定时间内的变化效果或特定的质量改进效果，用灵敏度表示。

灵敏度是用投入的鉴定成本、预防成本与故障成本增量进行比较，公式为：

$$\alpha=\frac{P+A}{\Delta F} \tag{4-13}$$

式中，α——灵敏度；

P——预防成本；

A——鉴定成本；

ΔF——本期故障成本与上期故障成本差额的绝对值。

灵敏度的含义是，每减少单位故障成本所花费的鉴定成本和预防成本的费用，其数值越小，表明质量改进越有意义。

【例 4-6】 某组织在提高产品质量的过程中，六批产品的各项成本支出如表 4-3 所示，试用灵敏度分析法研究质量成本变化的效果（已知第一批以前的故障成本为 7 215.64 元）。

表 4-3 产品质量成本灵敏度分析表

产品批次	故障成本 F/元	故障成本减少量 ΔF/元	预防成本 P/元	鉴定成本 A/元	预防与鉴定成本/元	灵敏度	质量总成本/元
一	5 489.28	1 726.36	127.38	460.98	588.36	0.34	6 077.64
二	4 366.22	1 123.06	185.18	521.46	706.64	0.63	5 072.86
三	3 825.69	540.53	316.07	548.97	865.04	1.60	4 690.73
四	3 371.83	453.86	378.25	864.97	1 243.22	2.74	4 615.05
五	2 964.86	406.97	461.67	939.92	1 401.59	3.44	4 366.45
六	2 696.07	268.79	666.36	1 079.62	1 745.98	6.50	4 442.05

根据式(4-13),可以计算出各个批次的灵敏度。由表 4-3 可见,第四批以前的灵敏度值比较小,预防成本和鉴定成本也较小,故障成本降低的幅度较大,表明质量处于改进区域。到第六批时,灵敏度的数值显著增大,虽然故障成本也在下降,但质量总成本在增加,表明此时可能已经接近至善区域。

5. 质量成本特性曲线

质量成本中的四大项目(预防成本、鉴定成本、内部故障成本和外部故障成本)的大小与产品质量水平之间存在一定的变化关系。一般来说,预防成本和鉴定成本越高,质量水平越高,而故障成本(包括内部故障成本和外部故障成本)就越低。质量成本的这种变化趋势可以用一条曲线来描述,这条曲线称为质量成本特性曲线(见图 4-5)。

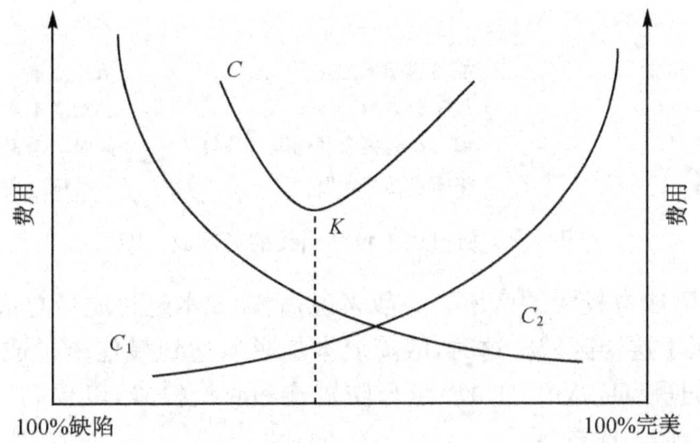

图 4-5　质量成本特性曲线

图 4-5 中,曲线 C_1 表示预防成本和鉴定成本之和,它随着产品合格率的增加而增加。曲线 C_2 表示内部故障成本和外部故障成本之和,它随着产品合格率的增加而减少。曲线 C 表示质量总成本,即 $C=C_1+C_2$。从图 4-5 可以看出,在质量成本特性曲线 C 左右两端的质量成本都很高(理论上无穷大),中间有一个最低点,即 K 处,它就是质量成本的最低值。

质量总成本曲线 C 之所以呈先下降后上升的变化趋势,原因如下:当预防成本和鉴定成本为零时,表示组织对质量不加任何控制,此时质量水平显然是最低的,于是故障成本也就最高,质量总成本也会最高。随着预防成本和鉴定成本的增加,质量水平逐步提高,故障成本也就逐渐降低。而且,故障成本降低的速度超过了预防成本和鉴定成本增加的速度,质量总成本逐渐降低,质量总成本曲线 C 呈下降趋势。但随着质量水平的提高,质量改进变得越来越困难,所付出的代价也越来越大,在图 4-5 中表现为 C_1 变得越来越陡峭。此时,预防成本和鉴定成本的增加速度超过了故障成本降低的速度,质量总成本越来越大,所以质量总成本曲线 C 呈上升趋势。

这样,质量总成本曲线 C 就是一条开口向上的抛物线,它有一个最低点 K,在这一点质量总成本是最小的,其所对应的质量水平称为最佳质量水平。当然这只是一个理论上的最低点,在实际中往往很难做到。

为了进一步研究质量总成本,将图 4-5 中的质量总成本曲线 C 最低点 K 处一段局部放大，得到图 4-6。图 4-6 可分为三个区域，分别对应着质量成本各项费用的不同比例。

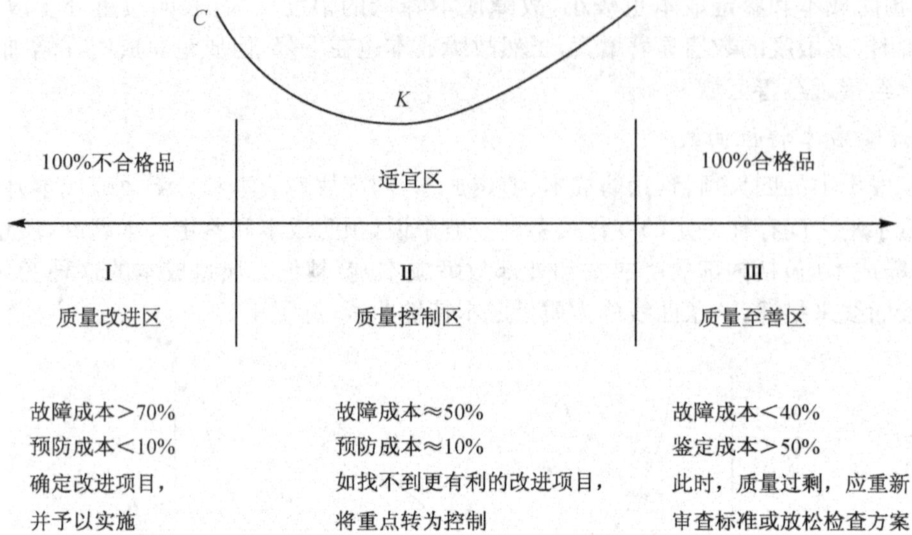

图 4-6　质量成本特性曲线的局部放大图

(1) Ⅰ区是故障成本较大的区域。一般来说，故障成本超过质量总成本的 70%，而预防成本不足 10%的属于这个区域。这时，故障成本是影响达到最佳质量成本的主要因素。因此，质量管理工作的重点应放在加强质量预防措施和质量检验，以提高质量水平，降低故障成本，这个区域称为质量改进区。

(2) Ⅱ区是质量成本最适宜的区域。这时故障成本约占总成本的 50%，而预防成本约占总成本的 10%。如果顾客对这种质量水平表示满意，认为已达到要求，而进一步提高质量又不能给组织带来新的经济效益，则质量管理的重点应是维持或控制现有的质量水平。这时质量总成本处于最低点 K 附近的区域，这个区域称为质量最佳区或质量控制区。

(3) Ⅲ区是鉴定成本较大的区域。在该区域，鉴定成本成为影响质量总成本的主要因素。这时质量管理的重点在于分析现有的标准，放松质量标准中过严的部分，减少检验程序和提高检验工作效率，使质量总成本趋于最低点 K，这个区域称为质量至善区或质量过剩区。

根据上述分析，可以大致归纳出使质量成本达到优化的措施：当质量总成本处于质量改进区时，应增加预防成本，采取质量改进措施，以降低质量总成本；当质量总成本处于质量控制区时，应维持现有的质量措施，控制质量水平的最佳状态；当质量总成本处于质量至善区时，则应撤销原有的过严质量要求措施，减少一部分鉴定成本，使质量总成本回到质量控制区。

需要注意的是，为了实现质量成本优化，不能孤立地去降低质量成本构成中的每项成本，还应考虑各项成本之间的相互关系。增加预防成本可以在一定程度上降低鉴定成本。增加鉴定成本可以降低外部故障成本，但可能增加内部故障成本。因此，为了确定某项质量成本的最佳水平，必须考虑各项成本所处的情况。

另外，由于不同的组织生产类型不同、产品的形式和结构特点不同、工艺条件不同，质量总成本的最低点的位置及其对应的不合格品率的大小也不同。同样，三个区域所对应的各项成本的大小比例也不一样，不能把图 4-6 中的数字作为一个通用的比例。朱兰、H. 詹姆斯 · 哈林顿(H. James Harrington)、伦纳特 · 桑德霍尔姆(Lennart Sandholm)三位学者对于合理控制质量成本的比例有不同的统计，如表 4-4 所示。但总是存在最佳的质量水平使得质量总成本最低，应根据不同组织的具体情况来寻求质量成本最佳的构成比例。

表 4-4　各类费用占质量总成本的一般比例

质量成本	占质量成本总额的百分比/%		
	朱　兰	哈林顿	桑德霍尔姆
预防成本	1～5	10	0.5～10
鉴定成本	10～50	25	10～50
内部故障成本	25～40	57	25～40
外部故障成本	25～40	8	20～40

（四）质量成本分析报告

质量成本分析报告是根据质量成本分析的结果，向组织领导及有关部门所作的书面陈述，为组织制定质量方针、目标和计划提供依据。质量成本分析报告也是组织质量管理部门和财务部门对质量成本管理活动或某一典型事件进行调查、分析的总结性文件。

质量成本分析报告的格式不是固定不变的，可以有报表式(见表 4-5)、图表式、陈述式和综合式等多种形式，组织应根据需要进行选择。

表 4-5　某组织的质量成本分析报告

项　　目		金额/元	
		本　　年	上　　年
预防成本	质量培训	64 000	64 000
	质量计划	30 000	31 000
	质量报告	21 000	19 000
	预防成本合计	115 000	114 000
鉴定成本	材料检验	20 000	20 000
	设备检验	38 000	38 000
	产成品检验	9 500	9 000
	鉴定成本合计	67 500	67 000
内部故障成本	废品	49 000	50 000
	返工	38 000	32 000
	内部故障成本合计	87 000	82 000
外部故障成本	折让及退货	47 000	50 000
	维修	16 000	14 000
	顾客投诉	43 000	50 000
	外部故障成本合计	106 000	114 000
总　　计		375 500	377 000

质量成本分析报告的内容包括以下几项：① 质量成本及其二级、三级科目的统计、核算结果；② 质量成本计划的执行情况及对比分析；③ 质量成本趋势分析；④ 质量成本指标分析；⑤ 分析、确定影响质量成本的主要因素，并提出改进措施；⑥ 典型事件的分析结果；⑦ 质量成本管理取得的成绩及存在的问题；⑧ 评价质量管理和质量保证体系的有效性。

五、劣质成本

（一）劣质成本的概念

传统的质量成本观认为，质量成本存在一个最佳点，质量水平过高或过低都是不适宜的。20 世纪 80 年代末，美国摩托罗拉公司提出了 6σ 质量管理，6σ 质量管理是一种能够严格、集中和高效地改善组织流程管理质量的实施原则和技术，它包含了众多管理方面的先进成果，以“零缺陷”的完美商业追求，带动质量成本的大幅度降低，最终实现财务成效的显著提升与企业竞争力的重大突破。6σ 质量管理认为，质量水平越高越好，质量水平越高，质量总成本越低，即费根鲍姆指出的，质量与成本之间的关系是“和”不是“差”。其变化如图 4-7 所示。

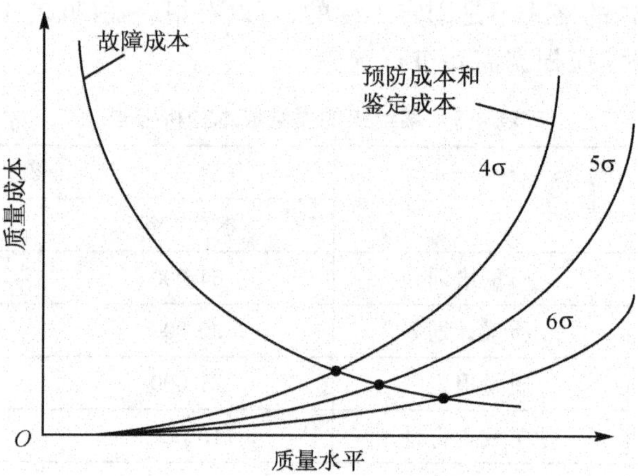

图 4-7　σ 水平与成本曲线

从图 4-7 中可以看出，随着质量水平的不断提高，从 4σ 水平到 6σ 水平，故障成本不断降低，预防成本和鉴定成本也不断下移。因此，交点处的所有类别的成本都在不断降低，质量总成本也在不断降低，而使质量成本降低的最好的办法就是降低劣质成本。

劣质成本（cost of poor quality，COPQ）的概念，是在 20 世纪 90 年代末美国推行 6σ 管理过程中提出来的。它继承了质量成本的有效成分，扩展和延伸了质量成本的内涵和功能，使质量和成本、效益更加紧密地融合起来，把质量管理推进到了新的阶段。

关于劣质成本，目前还没有明确、统一的定义。质量专家们广泛引用朱兰、克罗斯比等人的有关看法。朱兰认为，劣质成本是“每一项任务都能毫无缺陷地执行，就不会发生的成本”；克罗斯比认为，“只要是因为第一次没有把事情做对而产生的所有费用都应为劣质成本”。

（二）劣质成本的构成

劣质成本由故障成本和过程成本两部分构成。

1. 故障成本

故障成本包括质量成本中的外部故障成本、内部故障成本。这两种成本都是由于“第一次没有把事情做对”而发生的成本。

2. 过程成本

过程成本包括:① 非增值成本(非增值的预防成本和非增值的鉴定成本)。非增值的预防成本是指所花费的预防成本并未全部达到预期目的,非增值的鉴定成本是指为了预防而进行预先检验,所花费的鉴定成本并未全部达到预期目的。② 低效率过程成本。低效率过程成本是指即使满足了需要和要求时仍有可能发生的但却是可以避免的过程损失,如多余的操作、重复的作业、低效或无效的服务和管理。③ 机会损失成本。机会损失成本是指如果没有缺陷就不会发生的费用,或者可以减少的费用,由于没有努力去采取措施而导致发生了。

据统计,在通常情况下,质量成本占产品销售收入的4%～10%,而劣质成本占产品销售收入的20%～35%。也就是说,劣质成本的大部分隐藏在“水面冰山”下,是一座蕴藏丰富的“宝矿”,值得组织去挖掘和开垦。劣质成本理念和方法的先进性和实用性,容易被组织管理者接受,具有较强的生命力和广阔的运用前景。

第三节 提高质量经济性的途径

产品质量的经济性,就是追求产品在整个寿命周期内,给生产者、顾客和整个社会带来的总损失最小。产品的寿命周期包括三个过程:开发设计过程、生产制造过程和使用过程。以下分别从这三个过程来研究提高质量经济性的途径。

一、提高产品开发设计过程质量经济性的途径

产品的设计环节在产品质量形成中是至关重要的。国外一位质量管理专家认为:“设计阶段的质量问题约占全部质量问题的40%～70%,而生产过程中的质量管理不过是劳务问题。”在设计过程中,不仅要从技术方面考虑质量,还要从经济性方面考虑。设计过程的质量经济性分析,就是要做到使设计出来的产品既能满足规定的质量要求,又能使产品寿命周期内的成本最小。在设计阶段,质量经济性分析的原则是:从顾客与组织的共同利益出发,从产品性能与产品成本的结合点出发,以最低的产品寿命周期成本,取得产品的最佳质量水平,给顾客、组织和社会带来综合的经济效益。因此,在设计时要从顾客、组织及社会等各方面进行质量经济性分析和评估,以实现质量和效益的最佳结合。

产品开发设计过程的质量经济性分析内容较多,这里重点介绍以下两方面的内容:新产品开发的质量经济性分析和最适合质量水平点的选择。

(一) 新产品开发的质量经济性分析

在新产品开发的过程中,经常要对产品的质量等级水平进行选择:质量水平高一些还是低一些?要解决此问题,需要考虑两个因素:投入资金和市场占有率。下面用图4-8来进行分析。

图4-8表明,产品的质量与产品的市场占有率之间存在正相关关系:质量水平越高,产

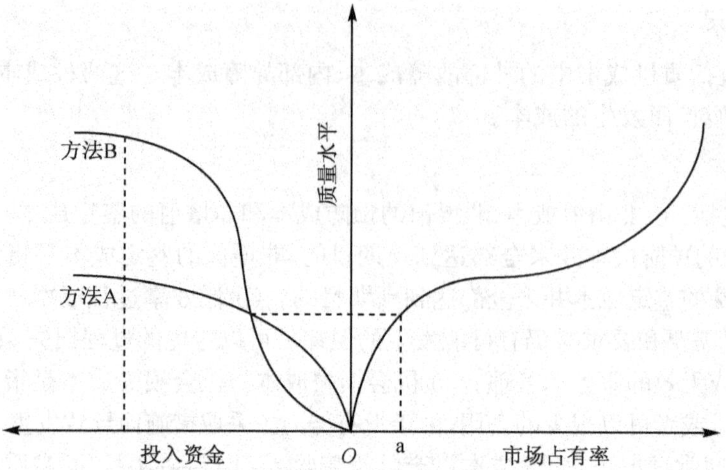

图 4-8　新产品开发质量经济性分析

品的市场占有率越高；反之则越低。但质量水平变化的幅度与市场占有率变化的幅度并不一致。在市场占有率较低时，质量水平提高一定幅度，能够带来市场占有率的较大增长；但当市场占有率较高的时候，提高同样幅度的质量水平，市场占有率增加较少。另外，质量水平与投入资金之间也存在正相关关系。但采用不同的方法，质量水平与投入资金之间也会呈现不同的变化趋势。图 4-8 中，方法 A 初期见效快，而方法 B 潜在效果好。因此，如果预测市场占有率低于 a 时，就要采用方法 A 去提高产品质量；如果预测市场占有率超过 a 时，则采用方法 B 提高产品质量。

（二）最适合质量水平点的选择

在设计产品时，一方面要从产品实用性出发，反对粗制滥造、使顾客蒙受损失的“不足质量”；另一方面也要反对不考虑经济效益的“过剩质量”。因此，人们提出了“最适合质量水平”的概念。

最适合质量水平点是设计时要着重解决的问题，要考虑顾客对产品的使用功能是否满意、是否买得起，同时也要考虑组织的成本和收益。因此，要找出质量的变化与成本、利润之间的关系，即质(Q)—本(C)—利(P)的关系。如图 4-9 所示，C_1 表示销售收入随质量水平的变化趋势，C_2 表示产品成本随质量水平的变化趋势。

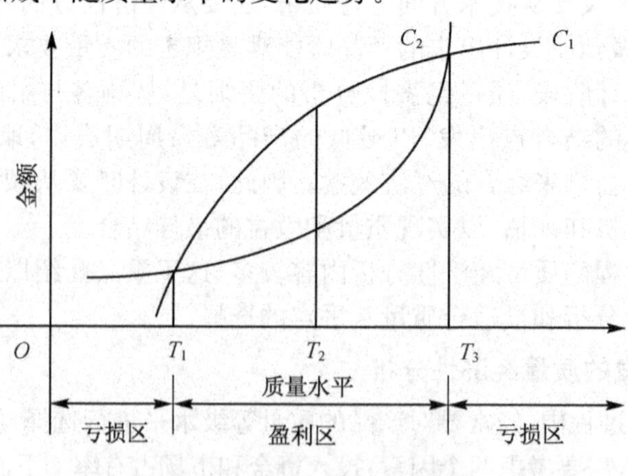

图 4-9　最适合质量水平点

图 4-9 表明，随着质量成本的增加，产品的质量水平逐渐提高。这是因为随着预防成本、鉴定成本的增加，组织内部质量教育与培训、质量管理、质量改进、质量评审、检验与试验等与质量有关的工作得到了进一步加强，提高产品质量的手段进一步完善，使得产品的质量水平得到逐渐提高。

随着质量成本的增加，开始时，由于产品的质量水平逐渐提高，产品的使用价值也得到提高，产品对顾客的吸引力越来越大，组织的经济效益也随之得到提高。但是，当质量成本增加到一定的程度，产品的成本也必将随着增加。如果产品的销售价格保持不变，那么产品的销售利润将会下降。如果提高产品的销售价格，那么产品对顾客的吸引力会越来越小，产品的销售额就会降低，必然导致组织经济效益的降低。

综上所述，对于一个组织来说，如果要获得经济效益就必须使产品的销售收入大于产品的总成本，只有把质量水平确定在 T_1 和 T_3 之间，组织才能获得利润。同时，在 T_1 和 T_3 之间存在一个最佳质量水平 T_2。设销售收入与质量水平的函数为 $P(T)$，产品成本与质量水平的函数为 $C(T)$，则利润 P_f 可以表示为：

$$P_f=P(T)-C(T) \tag{4-14}$$

对利润函数求关于 T 的导数，得到：

$$P'_f=P'(T)-C'(T) \tag{4-15}$$

令其为零，得：

$$P'(T)=C'(T) \tag{4-16}$$

式(4-16)表明，当销售收入对质量水平 T 的变化率与产品成本对质量水平 T 的变化率相等时，组织能获得最大利润。

在产品设计过程中，除了以上两项内容外，还要考虑设计阶段的成本。其内容包括：① 产品规划成本，如市场调查、技术经济分析费用等；② 正式设计成本，如结构组合费用、设计评审费用等；③ 试制试验成本，如试制费用、试验费用、鉴定评审费用等；④ 技术管理成本，如情报管理费用、设计管理费用等。

此外，在产品开发设计经济性分析中还应当包括对合适的原材料等级水平的选择、代用材料的选择和使用技术标准的制订等。

二、提高产品生产制造过程质量经济性的途径

产品生产制造过程质量经济性分析的任务是研究如何用最小的生产成本制造出符合设计要求的产品。换言之，产品制造中最经济的质量水平应既能满足设计要求，又能使制造中发生的成本最低。这就需要对不合格品率、不合格品返修进行经济性分析。

（一）不合格品率的经济性分析

产品的合格率是衡量产品质量的综合性指标。如果单纯从技术角度考虑，制造过程中的不合格品率越低越好。但从经济效益的角度看，不合格品率的高低的选择有赖于组织的生产经营目标及现有工序能力，如果过严地控制不合格品率，可能会降低生产率而影响经济效益。这时，组织应维持一定的不合格品率以提高生产效率，并将产生的不合格品进行返修或报废处理。在此前提下，不断加强质量控制，逐步降低不合格品率，可能会获得更好的经济效益。

因此，对不合格品率需要进行经济性分析，不能笼统地断定不合格品率越低越好，而是要寻求在制造成本最低的条件下不合格品率的最佳值。确定这种最佳值的一种简便方法，是以产品的不合格品率 P 为横坐标，以成本为纵坐标并画出不合格品损失费用(C_1)、提高合

格品率的技措费用(C_2)、制造产品的固定费用(C_0)与不合格品率间的关系曲线。如图 4-10 所示,将各曲线相加,便得到制造成本曲线(C),进而得到不合格品率的最佳值 P_M。

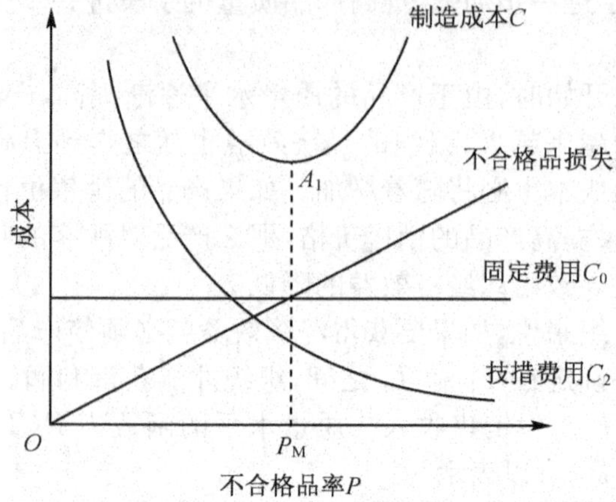

图 4-10 不合格品率最佳值的确定

现假定有两种方案,产量(Q)分别为 Q_1、Q_2,合格品率为 h_1、h_2,并以利润(π)为评价标准。利润 π 可由下列公式求得:

$$\pi = P\times H - Q\times V - F = P\times h\times Q - Q\times V - F \tag{4-17}$$

式中,P——产品的价格;

H——合格品的数量;

Q——产品产量;

V——每件产品的变动成本;

F——固定成本;

h——产品的合格率。

由于 P、F、V 是确定的值,由式(4-17)可知,利润是产量 Q 和合格品率 h 的函数,即 $\pi = f(Q,h)$。下面来讨论合格品率与产量的变化关系。

设 Q_1 和 Q_2、h_1 和 h_2、b_1 和 b_2、π_1 和 π_2 分别为两种不同情况下的产量、合格品率、不合格品率和利润,则两种情况下每件产品的利润分别为$\frac{\pi_1}{Q_1}$和$\frac{\pi_2}{Q_2}$。在保持每件产品的利润不变的情况下,有:

$$\frac{\pi_1}{Q_1} = \frac{\pi_2}{Q_2}$$

即:

$$\frac{h_2 Q_2 P - Q_2 V - F}{Q_2} = \frac{h_1 Q_1 P - Q_1 V - F}{Q_1}$$

用 $1-b$ 代替 h,经过整理可得:

$$b_2 = b_1 + \frac{F}{P}\left(\frac{1}{Q_1} - \frac{1}{Q_2}\right) \tag{4-18}$$

式(4-18)表明,当产量增加时,即 $Q_2 > Q_1$ 时,适当提高产品的不合格品率(其提高量为$\frac{F}{P}\left(\frac{1}{Q_1} - \frac{1}{Q_2}\right)$)不致引起单位产品利润的下降,且产量 Q_2 提高得越多,不合格品率 b_2 也可以提高越多。适当放宽对不合格品率的限制,有助于降低固定成本、减少投入。

必须指出的是，这里所讨论的不合格品，仅指生产过程中允许出现的不合格的半成品，不合格的最终产品一定不能进入顾客手中。

（二）不合格品返修的经济性分析

返修就是恢复不合格品的质量特性，或者说恢复不合格品的价值和使用价值。在生产过程中，一般总会出现一些不合格品。对可返修的不合格品，通常都要进行返修。当然，也有些时候暂不返修，而把精力集中在扩大生产能力、满足市场需求上。

从经济的角度分析，返修远比不合格品率要复杂得多。而要想最经济地开展全面质量管理，向质量要效益，必须对返修环节给予高度重视，不仅要考虑返修的合格率，而且还应综合考虑更多的问题，如生产能力状态、市场的需求量和返修率等。一般来说，在市场滞销、生产能力过剩时，应及时对不合格品进行返修；而在市场畅销、生产能力有限时，可暂不进行返修，将不合格品积聚起来，在市场淡季或能力富余时再集中返修。

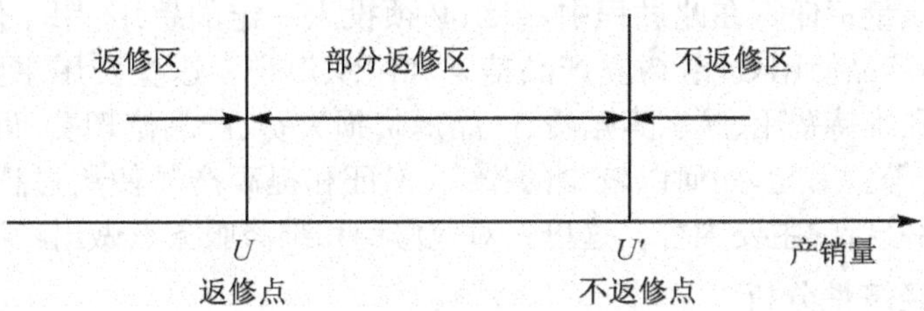

图 4-11　返修点与不返修点

对不合格品是否返修可以通过确定返修点与不返修点来进行决策，如图 4-11 所示。返修决策的前提是不合格品不能进入顾客手中。当产销量低于返修点时，则对所有不合格品一律返修；当产销量高于不返修点时，对不合格品暂时不返修；而当产销量处于返修点和不返修点之间时，则进行部分返修。

返修点与不返修点产销量的确定，采用下面的方法：

(1) 返修点的产销量满足生产时间（包括返修时间）等于生产能力（可利用的生产时间），即：

生产能力＝产销量×单位产品生产时间＋产销量×返修率×单位产品返修时间

整理可得：

$$\text{产销量}=\frac{\text{生产能力}}{\text{单位产品生产时间}+\text{单位产品返修时间}\times\text{返修率}} \tag{4-19}$$

(2)在不返修点，产销量满足如下关系：

$$\text{生产能力}=\frac{\text{产销量}\times\text{单位产品生产时间}}{1-\text{返修率}}$$

即：

$$\text{产销量}=\frac{\text{生产能力}}{\text{单位产品生产时间}}\times(1-\text{返修率}) \tag{4-20}$$

【例 4-7】　某车间有 20 名工人，每天工作时间为 8 小时，每 10 分钟生产一件产品。单位原材料费用为 60 元，固定费用为 25 000 元，产品单价为 100 元，返修率为 5%。每件不合格品的返修时间为 30 分钟，返修费用为 30 元/件。问：① 当产销量为 800 件时，不合格产品是否应当返修？② 当产销量为 1 000 件时，不合格产品是否应当返修？

根据返修点和不返修点产销量的计算公式，分别计算返修点和不返修点的产销量。

$$返修点的产销量=\frac{8\times20\times60}{10+30\times5\%}=835件$$

$$不返修点的产销量=\frac{8\times20\times60}{10}\times(1-5\%)=912件$$

因此，当销售量为800件时，不合格产品应当返修。当销售量为1 000件时，则对不合格产品应暂不返修。

三、提高产品使用过程质量经济性的途径

产品使用过程的质量工作，主要是为顾客提供售后服务。售后服务质量是决定组织产品信誉、产品销售量及市场占有率的重要因素。售后服务的工作主要包括建立顾客档案、向顾客提供技术服务、设置维修网点、处理产品出厂后的质量问题、实行“三包(包修、包退、包换)”、了解产品使用效果和使用要求等，同时，还需依照《中华人民共和国产品质量法》处理好顾客的投诉申诉，落实产品质量责任。在此过程中，组织必须投入一定的费用，用于保证使用过程的质量，指导消费，提高产品使用效能，树立产品信誉和组织声誉。这些费用主要有售后技术服务费、维修网点建设和维持费用、顾客索赔费、产品退货损失费、产品修理费、诉讼费、产品降价损失费和信誉损失费等。因此，如何以较少的投入，保证和提高产品使用过程各项工作的质量，就是本阶段经济性分析的主要内容。这里只对包修期和维修服务点做出经济性分析。

(一) 包修期经济性分析

包修期是为落实产品质量责任，维护组织信誉，保证产品使用性能，处理使用中出现的各种质量故障而制定的维修保养期限。从经济学的角度分析，产品的最佳包修期不仅与产品的失效规律有关，与产品出现故障时为排除故障所需支付的费用有关，还与产品在使用期间创造的经济价值有关。包修期如果过长，就会影响组织的利益，如果过短，则会影响顾客的利益。因此，确定产品最佳包修期的原则是：在包修期内，不但要让顾客在产品使用过程中获得最好的经济效益，而且要使组织为排除故障所支出的费用最小。

确定合理的包修期的方法主要有以下两种：

1. 由产品的可靠性水平确定包修期

当产品出厂前已经消除了早期失效进入稳定工作期(随机失效期)，用此法比较合理。

【例 4-8】 某产品的平均故障间隔时间(MTBF)＝8 000小时，假定每天工作4小时，则出现故障的平均时间为：

$$8\ 000\div365\div4=5.5年$$

由此，该产品的包修期可定为5年，因为在此时间内发生故障的可能性较小。

2. 由产品故障率确定包修期

一般来说，绝大多数产品的故障率是时间的函数，曲线呈两头高、中间低的形状，类似于浴盆，因此认为故障率服从“浴盆曲线”规律。浴盆曲线把产品的失效期分为三个阶段：在早期失效期，产品失效率很高，但随着产品工作时间的增加，失效率迅速降低；在偶然失效期，失效率较低，且较稳定，往往可近似看做常数；在耗损失效期，失效率随时间的延长而急速增加。因此，产品维修费用也呈现出浴盆曲线的形状。最佳包修期一般应定在浴盆曲线进入耗损失效期拐点之前。

(二) 最佳维修服务点的分析

为了指导顾客正确使用产品，发挥产品效能，不中断顾客的使用和消费，组织必须根据产

品的复杂程度合理设置维修服务点。显然，维修服务点设置越多，顾客越满意，产品的销售量就越大。但是，设置维修服务点需要投入开办费、人员经费和设备、仪器、材料、配件等费用。因此，对于应设多少个维修服务点才是最经济合理的这个问题，必须进行经济性分析。

设销售收入 S 与维修服务点 n 存在以下函数关系式：

$$S=h+f(n) \tag{4-21}$$

式中，h——$n=0$（即不设维修服务点）时的销售收入。

图 4-12 示意了该函数关系，当销售收入 S 等于维修服务点费用 C 时，交点 D 对应的维修服务点数 n_2 为最多的维修服务点数。要使维修服务点所产生的经济效益最大，可对 $S-C$ 关系式进行求导，并令其为零，即：

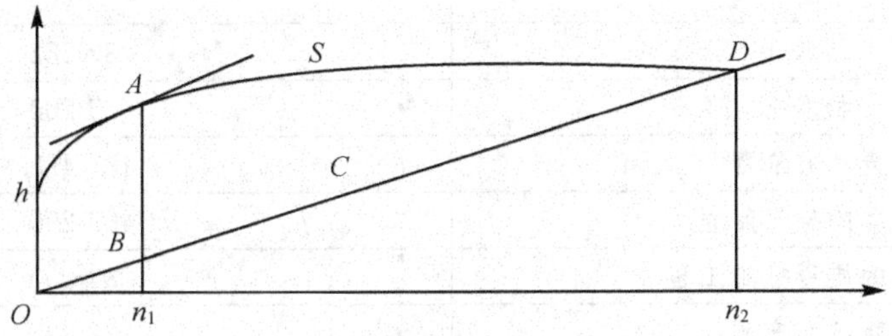

图 4-12　维修服务点设置的经济性分析

$$\frac{\mathrm{d}(S-C)}{\mathrm{d}n}=\frac{\mathrm{d}[h+f(n)-C(n)]}{\mathrm{d}n}=0 \tag{4-22}$$

式(4-22)中，$C(n)$ 为 n 个维修服务点的费用。通过求解式(4-22)便可得到最佳维修服务点数 n_1。

必须指出的是，随着市场经济的发展，城市的辐射作用的扩大，交通的日益发达，维修服务将日趋中心城市化，维修中心将逐步代替网点，此项分析也将发展成为动态分析。

本章小结

本章主要从经济性的角度来研究质量问题。质量水平的变化既会带来收益的变化，也会导致成本的变化，由此产生了对质量效益的研究。质量效益涉及组织、顾客和社会三个方面。

质量成本是质量经济性分析的重点内容。质量成本包括预防成本、鉴定成本、内部故障成本和外部故障成本等。了解质量成本的构成是核算质量成本和分析质量成本的前提和基础。质量成本的核算以会计核算为主、统计核算为辅。质量成本分析是本章的重点内容。

产品质量的经济性体现在产品的整个寿命周期中。本章从产品开发设计过程、生产制造过程和使用过程分析了提高质量经济性的途径。

思考练习

1. 组织常见的质量损失主要包括哪几个方面？
2. 一般情况下，质量成本的构成比例是多少？
3. 试述研究质量成本的意义。
4. 生产组织应如何开展质量经济性分析工作？
5. 表 4-6 的数据是某轮胎制造商的年度质量成本。请计算其预防成本、鉴定成本及故障成本，并根据相应的质量成本分析数据，找出影响该组织质量成本的关键因素，并提出质量改进意见。

表 4-6 某轮胎制造商的年度质量成本汇总表

名　称	成本/万元
库存不良品	3 276
当地工厂质量控制工程	7 848
进料检验	32 655
产品的修补	73 229
废品的收集	2 288
检验 1	32 582
检验 2	25 200
废品的浪费	187 428
顾客的抱怨处理	408 200
组织的质量控制工程	30 000
降级的产品	22 838
现场查核的检验	65 910
顾客的不满意	不计
顾客政策的调整	不计

案例分析

某组织的质量成本分析

某组织是钢化玻璃生产组织。该组织自成立以来，一直推行全面质量管理，组织效益稳步提高。“十五”期间，该组织把质量成本中的薄弱环节——故障成本作为质量管理的中心工作来抓，取得了一定的成就。表 4-7 是该组织 2001—2005 年各年的质量成本统计表。

表 4-7 2001—2005 年质量成本统计表

年　份	质量成本/元	预防成本占质量成本的比例/%	鉴定成本占质量成本的比例/%	内部故障成本占质量成本的比例/%	外部故障成本占质量成本的比例/%
2001	507 514	0.74	24.78	72.96	1.52
2002	439 742	0.80	26.98	70.87	1.35
2003	419 260	0.63	30.64	67.31	1.42
2004	403 078	0.79	34.65	58.44	6.12
2005	327 798	0.16	46.50	51.88	1.46

由表 4-7 中的数据可以看出：① 质量成本总额是在逐渐下降的，说明“十五”期间该组织的质量成本管理工作取得了一定的成效；② 质量成本中的故障成本（包括内部故障成本和外部故障成本）所占的比例各年都超过了 50%，说明质量水平还处于质量改进区；③ 从总的发展趋势看，故障成本占质量成本总额的比重在逐年下降，由 2001 年的 74.48%（1.52%＋72.96%）下降到 2005 年的 53.34%（1.46%＋51.88%），说明质量成本的构成比例在逐渐从

质量改进区向质量控制区迈进；④ 在故障成本中，内部故障成本是主要的，占的比例较大，而外部故障成本的比例则很小。由此可见，要改进产品质量，降低质量成本，必须首先从降低内部故障成本入手。

该组织对 2001 年各车间的质量成本进行了分析，如图 4-13 所示。质量成本金额最高的是切割车间，其次是磨边车间。同时，该组织对 2001—2005 年间构成内部故障成本的诸因素作了进一步统计分析。为简单起见，这里仅引用其 2001 年和 2005 年的内部故障成本资料进行对比分析，如表 4-8 所示。可以看出，2001 年内部故障成本中，废品损失和降级损失是 A 类因素，所占比重为(240 683.44+92 570.55)÷370 282.21=90%。

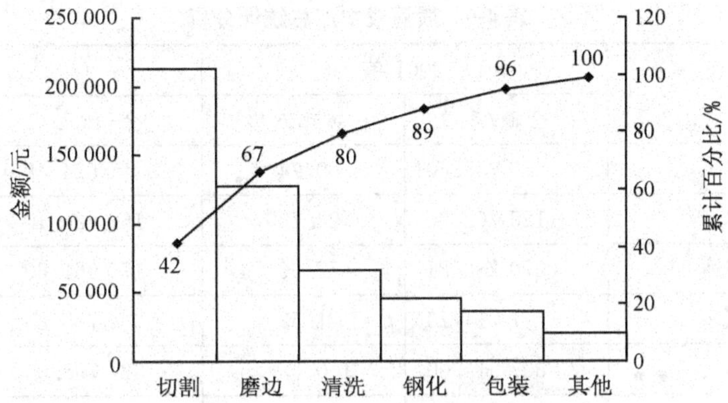

图 4-13　各车间质量成本排列图

表 4-8　内部故障成本统计表　　单位:元

年　份	废品损失	降级损失	返工损失	其　他	合计(内部故障成本)
2001	240 683.44	92 570.55	28 514.11	8 514.11	370 282.21
2005	105 438.19	44 216.02	15 509.24	4 898.15	170 061.60

根据上面的统计分析，进一步查找原因，发现内部故障成本主要分布在几个方面，如图 4-14所示。

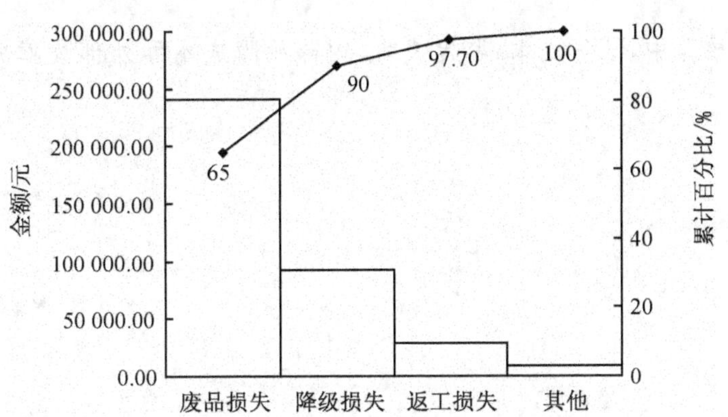

图 4-14　2001 年内部故障成本排列图

在进行了上述质量成本分析后，该组织针对存在的质量问题，采取了技术措施和管理措施。经过4年的努力，废品损失和降级损失大大下降，内部故障成本由2001年的370 282.21元下降到2005年的170 061.60元。

然而由于组织的各项经济指标（如产值、产品成本、销售额等）每月都在变化，所以孤立地分析质量成本构成指标，并不能说明质量成本管理的全部问题，还需要进一步用质量成本的相关指标来加以对比分析。表4-9列出了该组织2001年和2005年的一些质量成本相关指标。从表4-9中可以看出，与2001年相比，2005年各项相关指标均有所降低，说明开展质量成本管理工作收效较大。但内部故障成本过高的问题依然存在，有待于进一步提高质量、降低废品损失和降级损失，使质量成本进一步下降。

表4-9 质量成本汇总统计分析

项目	2001年		2005年	
	金额/元	所占比例/%	金额/元	所占比例/%
预防成本	3 755.60	0.74	524.48	0.16
鉴定成本	125 762.00	24.78	152 426.10	46.50
内部故障成本	370 282.21	72.96	170 061.60	51.88
外部故障成本	7 714.20	1.52	4 785.85	1.46
质量成本	507 514.00	100	327 798.00	100
产值	46 982 000.00		43 406 000.00	
销售额	50 088 412.00		45 627 920.00	
总成本	28 587 478.01		27 021 170.00	
质量成本/产值		1.08		0.76
质量成本/销售额		1.01		0.72
质量成本/总成本		1.78		1.21
内部故障成本/销售额		0.74		0.37

问题

在质量成本核算中，预防成本、鉴定成本、内部故障成本和外部故障成本分别包括哪些内容？

第五章　质量工作推进

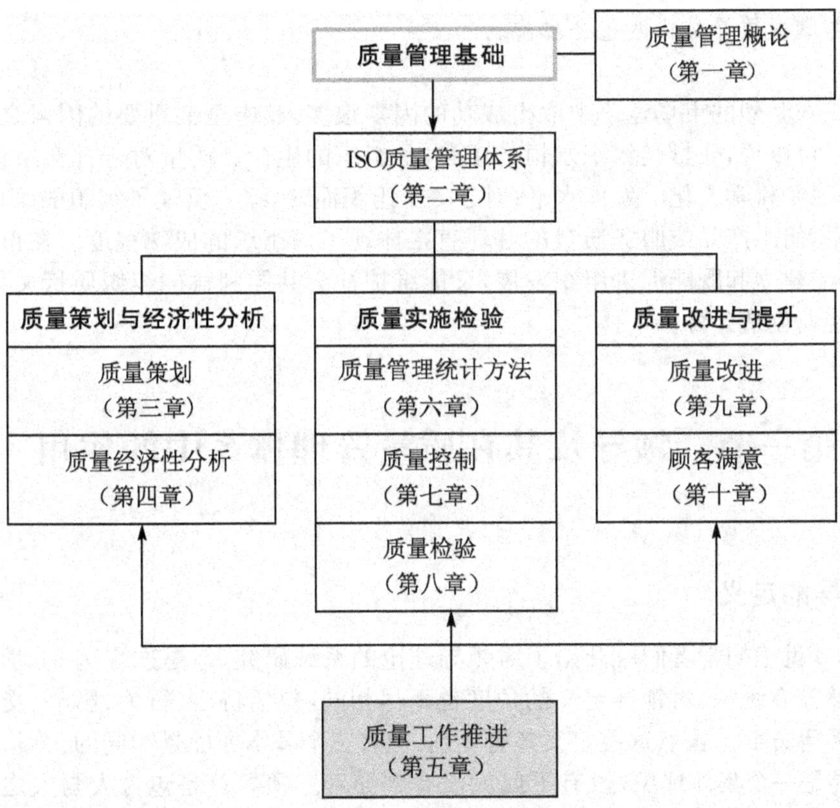

质量管理学结构模型

学习目标

（一）知识目标

- 了解领导在质量管理体系中的作用；
- 了解质量团队的含义及构成要素；
- 熟悉质量团队的发展阶段；
- 掌握质量文化体系的构成。

（二）技能目标

- 理解并掌握质量团队构建的原则及质量团队成员选择的方法；
- 理解并掌握质量文化的整合措施。

影响组织在激烈的市场竞争中取得成功的因素很多，其中至关重要的因素之一是产品的质量因素。可以说，质量是组织永恒的主题，是组织的生命。质量对于社会来说，综合体现了经济、技术和科学文化的发展水平；对于一个组织而言，综合反映了组织的管理、技术和思想意识水平，组织产品或服务质量的好坏直接体现了该组织的成熟程度。在市场经济条件下，组织必须建立起既能促进组织发展，又能维护社会共同利益的组织质量文化，才能为组织的永续经营创造条件。

第一节　领导及其在质量管理体系中的作用

一、领导的定义

虽然从 20 世纪初学者们就开始了对领导理论的系统研究，但是迄今为止，学者们对领导的定义仍然没有统一，对领导定义的角度也不尽相同，包括特质、行为、影响、交互作用模式和角色关系等方面。虽然这些定义各有差别，但有三个基本方面是相同的：

（1）领导是一个集体现象，没有下属就没有领导者。领导总是包含人与人之间的相互影响和服从。

（2）领导是在某个行动过程中或要达到某一行动目标时所施加的影响。因此，领导是目标导向的，在一个集体或组织中起着积极的作用。

（3）领导的存在是以一个群体内的等级存在为假设前提的。一方面，等级是规范的、易于界定的，领导者处于组织内等级的顶层；另一方面，它也是非规范的，而且是灵活易变的。

综合以上三方面的因素，领导可以被定义为：对一个组织内的个人和集体施加影响、帮助他们确定目标、引导他们完成所确定目标的一些人或这些人实施的影响活动。领导的好坏，会给群体和组织的成败带来很大的影响。然而，领导实际上是一个相当复杂的社会影响过程，并非把具有良好素质的人放到领导位置，就能万事顺利。

二、领导在质量管理体系中的作用

领导在质量管理体系中的作用主要是通过其自身的努力，创造全员参与实现组织目标的环境。这里的环境是指人文环境，是组织内部的情况和条件。员工在组织中的行为是受群体意识影响的。质量意识良好的组织，才有可能保证质量管理体系的正常运行。良好质量风气的形成，更多的是组织领导的责任，领导要起到模范带头作用。领导在质量管理体系中的职责和所起的作用主要表现在以下几个方面：

（1）制定质量方针。质量方针和目标与组织的总目标、经营发展战略是协调一致的，既有针对性，又有先进性。组织应将质量方针和目标与组织外部的宏观环境与组织内部的微观环境相结合，从而使其对组织的现状有改进或促进作用。组织领导要将组织的质量方针和目标贯彻下去，并将其作为自己的工作准则，以形成良好的质量风气。凡有违背质量方针、目标的行为，凡有不遵守质量规章制度的现象，都要受到员工自觉的抵制。在质量方针中有诸如"质量第一"之类的语言，应贯彻到实际工作中去。

（2）分配质量职能活动和质量任务。只有将质量职能活动和质量任务合理地分配下去，才能使任务有条不紊地完成，质量方针才可能落实。如果分配的质量职能活动和质量任务不恰当，就会造成职责不明确、协调不好，使质量职能和质量任务不能按时、按质完成。

（3）提供相关资源。领导是资源的提供者与分配者，为了保证质量管理体系能够有效地建立和运行，需要必要的资源和相关条件，如人员、设施、工作环境、信息、和供方的合作关系、自然资源以及财务资源等。资源投入不足难以使质量管理体系取得预期的效果。

（4）表率作用。领导必须遵守规章制度，按程序办事，注重自己的工作质量，使质量意识的影响在员工中迅速传递，否则规章制度就会形同虚设，组织的工作程序就会出现混乱，工作质量就会下降，组织就会逐渐走向衰落。

（5）持续改进。领导承担着对质量管理体系进行持续改进的责任，组织要在竞争中获胜，只能靠持续的改进，包括改进相关的管理内容和为改进创造适宜的环境两个方面。领导者需要具有这种意识和心态，才能使组织在竞争中立于不败之地。

三、领导者必备的知识

组织的高层领导应多掌握一些质量和质量管理方面的知识。但是，组织的领导更多的是负责组织总体的方向与目标，并不需要成为质量管理专家，但领导应至少对以下四个方面的质量管理知识有所了解：

（1）有关质量的法律法规。我国有关质量的重要的法律法规有《产品质量法》、《消费者权益保护法》等。领导应当清楚，一旦产品出了质量问题，对顾客的人身或财产安全造成了伤害，组织就需要对顾客进行赔偿。法制越健全的国家和地区，这种赔偿金额越大，就越不可掉以轻心。例如，在美国，一个组织很可能因为顾客的索赔诉讼而破产。

（2）质量管理的基本原则。领导应了解质量管理八项原则的要求，从而更好地在组织内进行质量管理活动。

（3）质量管理体系及其审核。领导的最主要职责是制定质量方针，确定质量目标，推动质量管理体系的建立和运行。领导如果对质量管理体系的有关知识不清楚，就无法明确自己的职责，更谈不上对这种职责负责。此外，领导对质量管理体系还承担着质量审核和管理评审的任务，因此，还要较为详细地了解质量审核和管理评审的知识，掌握相关的管理技能。

（4）质量成本的基本知识。领导应当懂得质量与成本的关系，懂得质量成本的四大项目（预防成本、鉴定成本、内部故障成本和外部故障成本）之间的关系。当组织存在消耗高、效益低的问题时，适当增加预防成本可以降低损失，从而降低组织的总成本。

小案例

领导的任务

一个成功的领导，除了专业能力要服人，更要懂得创造共同愿景，激励成员士气，并且让员工有成长的机会。

有一天，一个男孩子问华特（迪士尼创办人）："你画米老鼠吗？"

"不，不是我。"华特说。

"那么你负责想所有的笑话和点子吗？"

"没有，我不能做这些。"

最后，男孩问："迪士尼先生，你到底做些什么啊？"

华特笑了笑回答："有时我把自己当做一只小蜜蜂，从片厂的一角飞到另一角，搜集花粉，给人打气。我猜，这就是我的工作。"

从以上的谈话中可以看出，团队领导者的角色不言而喻。不过，团队领导者不只是会替人打气的小蜜蜂，还是团队中的灵魂人物。

第二节　质量团队的构建

一、质量团队

质量团队是质量改进活动中的一种非常重要的组织形式。通过质量团队的活动，调动员工参与质量管理和质量改进的积极性，可以为组织提高质量、降低成本、创造效益。通过团队成员的相互切磋，有助于提高员工素质及质量意识，塑造充满生机和活力的组织质量文化。

（一）质量团队的含义

1. 团队

团队是指为了实现某一目标，由相互协作的个体所组成的群体。团队是由员工和管理层组成的一个共同体，它合理利用每一个成员的知识和技能协同工作，解决问题，达到共同的目标。

2. 质量小组

质量小组是全面质量规划中的一种团队形式，是由员工组成的小群体，自愿解决组织中的质量问题。

3. 质量团队

质量团队是指一种为了实现组织的某一质量目标而由相互作用的个体所组成的正式群体，是由员工与管理层组成的一个共同体，它合理利用每一个成员的知识与技能协同工作，解决质量问题，实现组织的质量目标。

小贴士

质量团队与质量小组

与质量小组相比，质量团队是一种更正式的组织，是由上级管理者策划与委任的，也有自愿的成分。相对于质量小组，质量团队有更多的正式权力。质量小组或质量团队讨论的是与质量和生产有关的问题，他们扮演的是建议者的角色。与质量或生产有关的决策可从质量小组的建议或质量团队的授权决策中有所收获。

（二）质量团队的构成要素

质量团队的构成要素可以总结为团队目标（purpose）、团队成员（people）、团队定位（place）、团队权限（power）及团队计划（plan），简称为5P。

1. 团队目标

质量团队有既定的质量目标，质量目标是团队成员共同努力的方向，没有目标，这个团队就失去了存在的价值与方向。质量团队的目标在制订时应与组织的目标一致，并应分解到团队每一个成员身上，团队质量目标的实现需要通过全体成员的共同努力。要将目标很好地贯彻，必须使质量团队中的每一个成员都对目标有清晰、明确的理解。

2. 团队成员

团队成员的素质决定了团队的实力。目标是通过团队的成员来实现的，所以质量团队人员的选择是团队构建中非常重要的一个部分。在一个团队中可能需要不同的角色与工作内容，所以人员选择方面要考虑团队成员的胜任能力，一般以团队成员的素质与能力刚好能满足工作所需为宜。另外，团队成员必须有很高的质量意识，并对质量管理与质量改进有共同的兴趣与爱好。

3. 团队定位

质量团队的定位包含两层意思：一是从团队的角色的视角出发，考虑质量团队在组织中所处的位置，最终应对谁负责，对下属应采取何种激励方式；二是从个体的定位的视角出发，考虑在质量团队中团队成员应扮演什么角色。

4. 团队权限

质量团队中领导权力的大小与团队的发展阶段、团队的成熟程度呈反向相关。在团队发展的初期阶段，领导权力相对较集中；在质量团队发展较为成熟的阶段，则会对团队成员予以充分的授权。

5. 团队计划

质量团队的计划有两层含义：第一层含义，计划是动词，即为实现质量目标而制订相关的工作程序等活动；第二层含义，计划是名词，是质量输出的结果，是操作规程与方法等。

（三）质量团队构建的原则

1. 条件原则

组织在进行日常工作时，一般性的问题能够按照组织既定的流程予以解决，并达到持续改进的目标。但在有些情况下，组织按照通常的流程已无法使其质量继续提升，因而需要特定的质量团队作为重要的辅助手段来支持组织更好地实现质量目标。在下列情况下组织需要构建质量团队：① 当组织导入新的质量意识与行为，需要在组织内大力推广时；② 当组织内各项工作流程出现重大问题时；③ 当组织内部各项工作已经模式化，按照通常的办法已无法提升与改进时。

当对组织质量目标实现起到决定性作用的产品、技术、服务等需要加强，而且这些关键工作又只有具备多种技能、知识、能力和素质的人才能做好时，就需要构建质量团队来完成这些工作。

2. 时效性原则

质量团队的构建应当"适时"，太早条件不成熟，太晚则难以起到应有的作用。由于每个组织所处的行业、阶段，产品特性，领导能力及员工素质等均不相同，所以究竟什么时候构建质量团队不能一概而论。一般来说，当组织出现了需要构建质量团队的情况，就应依据自愿的原则从速构建，不宜拖沓。

3. 人数原则

质量团队的人数很难明确界定。一般来说，每个质量团队中，高、中、低层的人员都要具备。除了团队层级高低的因素之外，团队人数还和其要解决的问题、实现的目标有直接的关系。通常而言，重大的问题高层领导多一些，一般性的问题中层或低层人员多一些。如果质量团队解决的是研发中的问题，则人数不宜过多；如果解决的是市场营销方面的问题，则人数就会多一些。无论质量团队的纵向层级如何，都必须将所有方面或所有重要的方面包括进来。质量团队大部分表现出跨部门、多职能的特点。尽管如此，团队人数也不宜太多。

4. 结构原则

质量团队的结构是指团队由什么人组成，或者说团队应以什么样的技能、知识、经验、能力、性格和职能来搭配。质量团队追求的是集体成绩，而且是最大化的业绩。要想业绩最大化，就必须使整个质量团队的成员在专业技术能力、解决问题能力、协调能力、职能需要、性格五个方面能够协调配合。

5. 宗旨原则

宗旨是质量团队存在和开展活动的意义，质量团队的价值就是要给成员提供情感上的支持。质量团队的宗旨体现在以下三个方面：① 提高职工素质，激发职工的积极性和创造性；② 改进质量、降低消耗，提高经济效益；③ 建立文明的、让人心情舒畅的生产、服务、工作现场。

6. 目标原则

目标原则是质量团队的构建原则中最为重要的原则。没有目标就不需要组织团队，因此，在构建之初，团队就应该明确要实现什么目标、质和量等内容，不能含糊。这样可以保证团队一开始就进入良性状态。目标在质量团队构建中的作用体现在：① 目标给团队成员准确的焦点；② 确定目标和实现目标的过程使团队成员能进行有效的沟通；③ 具体的目标容易逐步地实现，初战告捷，可以增强斗志和信心；④ 绩效目标可以与改进之初进行对比，增强团队成员的成就感。

7. 方法原则

方法原则不是指机械性的方法，而是指思想方法和工作态度。质量团队在工作时要秉承以下原则：① 认真，这既是原则也是方法，是质量团队工作的核心；② 专注，所进行的改进应精益求精，在专业上领先，只有把事情做深、做透、做精才能形成竞争力；③ 注重细节，细节能带来机遇，细节决定成败。

8. 共担原则

共担原则是指质量团队所有成员共同承担团队责任。它是检验真假团队的试金石，是评判团队发展阶段的分水岭。团队成员只有在充分沟通交流的基础上，树立起集体主义观念，建立起相互信任的关系，追求集体目标，才会真正全力以赴，共同承担责任。

二、质量团队成员的选择

质量团队成员的选择是通过招聘或其他方式，获得完成质量管理任务所需要的人员，并根据人员的状况将他们安排或分配到指定的岗位上，从而构成一个项目团队。组建项目团队应充分考虑人员状况及人员兴趣等因素。在大多数情况下，最好的人员并不总是能够参加到质量团队中来，但可以通过团队成员之间的匹配以及团队成员与工作之间的匹配，达到整体效果最优的情况。

一般情况下，质量团队成员的选择可通过以下几种方法进行：

(1) 人员预先指派。一般情况下，部分团队成员可能预先就被指定到某个团队之中。如在团队筹划过程中，领导可能指定某些特定的人员作为团队的成员，或当团队的目标是组织内部的服务项目时，一些人员自然就成为团队中的一员。

(2) 从各个部门抽调。在质量项目贯彻与执行时需要多个部门进行配合，这时为了工作的顺利进行，多个部门各选派一名或几名人员参加到团队中来，这些人员须富有影响力并且沟通技能良好。

(3) 招聘。通过人才市场、网络招聘、广告和媒体宣传等方式获得项目所需的人员，这些人员因有共同的项目需求和对质量改进的愿望参加到团队中来。

(4) 虚拟团队。虚拟团队为项目人员的获取提供了一种新的方式。虚拟团队的成员有共同的目标，但他们分散于不同的时间、空间和组织边界，在完成角色任务的过程中，他们基本上不或从不面对面开展工作。通信技术的快速发展和网络时代的到来，为虚拟团队的形成创造了良好的外部条件。

三、质量团队成员的需求

加入到质量团队中的成员，无疑需要从全局出发，为团队的共同目标而努力。但在质量项目的建设过程中，每个团队成员可能都存在自己的个性化需求，只要这些需求是合理的或不影响团队目标实现的，团队领导就应该尽可能采取必要的措施予以满足。

团队成员的个性化需求大致有五种：精神需求、学习需求、能力锻炼需求、交友需求和自我展现需求。这五种个性化需求如图 5-1 所示。

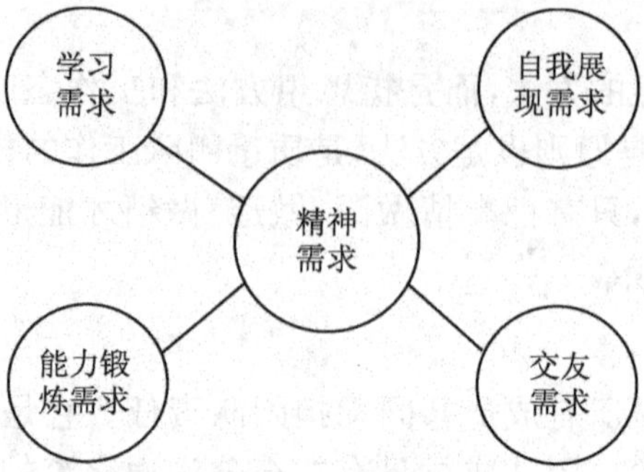

图 5-1　团队成员的个性化需求

从图 5-1 可以看出，质量团队的成员有两类不同的需求：精神需求是基本与共同的需求；而学习、能力锻炼、交友和自我展现这四个需求则因人而异，团队成员可能具有其中的一个或多个。因团队成员的需求不同，满足需求的方式也不尽相同。

（一）精神需求

团队中每一个成员，以精神需要为核心，期望得到团队领导和其他团队成员的理解、关心、肯定和尊重，这些可以汇总为精神需求的范畴。为了满足团队成员的精神需求，团队领导一定要注意多采用商量的口吻分派和安排工作，避免居高临下、颐指气使；另外，平时也需要在团队中倡导和践行团结互助、互敬互爱的良好风尚。

（二）学习需求

新员工或学习意愿比较强烈的团队成员期望在工作的过程中学习到新知识、新技能，因此，这类员工学习需求比较明显。针对这种需求，团队领导需要结合工作的实际需要，安排一些有针对性的培训或给他们安排指导老师进行帮带，也可以根据他们的期望安排一些基本的工作任务，让他们在完成自己工作任务的同时，实现个人的学习目标。

（三）能力锻炼需求

有能力锻炼需求的团队成员具有某些方面的知识背景和技能，渴望在团队目标的实现过程中，得到较多的实践和锻炼机会。对于这类成员，团队领导可以根据团队需要，结合他们的能力特点和个人意愿，安排一些富有挑战性的工作，让他们通过这些工作检验自己的能力和水平，实现他们所期望的锻炼的目的。

（四）交友需求

具有交友需求的团队成员期望在工作的过程中结交一些好朋友，为现在和将来能在学习、工作和生活上互帮互助积累感情账户。对于这类成员，团队领导可以让他们负责组织一些团队活动，让他们利用这些机会加深彼此的感情。质量团队不是交友俱乐部，团队领导一定要注意，不要让团队成员因为交友而不顾团队目标和利益，形成小集体。

（五）自我展现需求

有自我展现需求的团队成员具有较强的工作能力或有一技之长，他们有满腔热情，希望在团队中大显身手，展现自己的能力。对于这类成员，团队领导可以根据团队的实际需要和团队成员的个人意愿分配给他们一些有挑战性的工作，或安排他们作为小组负责人、技术攻关人或新手帮带人等，让他们在工作过程中实现自我展现的愿望。不过，这种类型成员也最容易滋生个人英雄主义的倾向，团队领导要及时发现趋势并采取必要的措施。

团队的负责人除了应对团队成员的需要予以了解及掌握之外，还需要了解团队需求的动态性并根据最新的需求合理安排团队中的工作，这样才能使团队实现最优绩效。团队成员所具有的后四种需求，在团队建设的过程中，随着时间的推移，可能会发生变化，如最开始可能是学习需求比较突出，后来转换为自我展现需求比较明显，再后来可能又回到学习需求。因此，团队领导需要察言观色，及时发现团队成员的需求变化，以便提供合适的机会，让他们各取所需。

团队领导安排的任务要与成员的需求相匹配。在团队中，有的成员需求十分明显，有的并不十分明显。对于需求并不十分明显的员工，团队领导需要因势利导，适当激发他们的需求，让他们在工作的同时，也拥有"个人成长"。团队领导需要在带领团队成员实现团队共同目标的同时，安排与其需求相匹配的任务，让团队成员"各得其所"，这样的团队领导，才更能得到团队成员的尊敬和拥护，也更容易成功。

四、质量团队的发展阶段

在许多质量团队中，团队成员来自不同的职能部门，以前从未在一起工作过，要想使这样一组人发展成为一个高效的团队，需要经过一个过程。通常可将这一过程分为形成阶段、分裂阶段、平衡阶段、卓越阶段和平台休整阶段五个阶段。

（一）形成阶段

形成阶段是从团队成立开始的，时间长短要看前期的准备程度。前期准备包括心理上的准备与技能上的准备两个方面。前期准备充分，形成阶段就短，甚至可能不存在，团队直接进入下个阶段。如果前期准备不周，就会出现"开头难"，团队没有方向、没有路线、没有目标，成员不知道干什么，都不愿暴露思想，互相猜疑，相互提防，这是初始阶段的普遍现象。

解决这些问题的有效方法就是通过"指挥式"或"告知式"的领导方式让团队成员分享团队发展阶段的概念，达成共识，确保在质量团队的成员之间建立起一种互信的工作关系。

（二）分裂阶段

分裂阶段是质量团队发展初期必经的阶段。因为成员都还不了解、不熟悉，虽然组建了团队，但还只是单个的简单相加，没有形成合力。同时，在这个阶段冲突是无法避免的。冲突是把双刃剑，它可以使人们更加兴奋、更具有激情、更加全身心投入工作，对团队作出更大的贡献，也会给团队造成伤害，甚至会导致团队崩溃。尽管冲突有良性冲突和恶性冲突之分，但很难区别。冲突不但是由动态环境引发的，它本身也是动态的、复杂的，稍有差错，就会恶果连连。

因此，在这个阶段，要想方设法将团队成员的注意力集中到团队上来，通过强化成员的身份意识和身份标志，进行团队训练，让所有的成员都树立团队信念和荣誉感，让他们相信只有依靠团队才能获得成功。对于出现的冲突，信任是最常用的解决手段。通过教练式的领导，强调团队成员的差异，做到团队成员之间的相互包容。

（三）平衡阶段

质量团队经过一段时间的冲突、斗争之后，在力量上、利益上都实现了大致的平衡。此时，团队成员对团队中的规则、价值、行为、方法、工具均已非常熟悉，团队成员逐渐调适自己的行为，以使团队的发展更加自然、流畅。团队成员有意识地解决问题，实现质量团队的和谐发展。这看上去已是个好团队，但实质上仍有很大的缺陷。如果不采取相应的强化和促进措施，团队就可能退回到以前的阶段，新一轮的冲突可能会在某个导火线点燃时重新爆发。

这个阶段问题的解决方法应以团队目标方法为主，允许团队有更大的自治性。通过参与式的领导方式，让团队成员把立足点从本位主义移到团队的集体目标上来，以形成合力。

（四）卓越阶段

卓越阶段是个很含糊的概念，是一种理想化的阶段。这个阶段，质量团队不会在不必要的事情上费心劳神，而是紧紧抓住目标绩效这根链条，对绩效有利的努力争取，对绩效有害的坚决反对。这时，团队角色更为灵活和功能化，团队能量积聚于一体，团队成员的工作顺利、高效，没有任何冲突，不需要外部监督。

（五）平台休整阶段

质量团队在共同的努力下达到某一阶段工作的顶点，完成了某项重要的质量任务，实现了预定的改进目标，团队成员在兴奋与高兴之后进入了“平台休整”期。在这个阶段，团队成员有一种失落感，团队成员的动机水平下降，关于团队未来的不确定性开始回升。这时组织必须为质量团队提供进一步的指导与帮助，指明新的任务与方向。

对质量团队发展阶段的划分主要是基于质量团队成员的行为，当团队成员的行为特征变化不十分明显的时候，阶段的划分就不能按照线性的模式发展，而会出现循环或重叠的情况。当然，上面提供的是共性的参考框架，并不针对每一个团队成员的个人角色特征、所处的行业、所处发展阶段等内容，所以在阶段划分时还要根据组织内部质量团队的情况进行相应的调整。

小案例

团队可以降低成本

英国有一家医院，虽然营业收入很高，但因其担负着较高的运营成本，一直以来利润很难增加。尽管降低成本的问题在医院的中层会上作为重点问题被反复提及，但结果始终不太理想。于是这家医院索性通过张榜公布的形式，告知医院的每一位人员，希望大家自愿组成一个团队，旨在降低医院的成本。最终通过报名及医院的筛选，有 13 人获得了进入小组的机会。这 13 人组成了一个成本控制小组。这些人把所有造成成本居高不下的原因全部列出来，找到其中 8 个最重要的因素。围绕这 8 个因素，他们采取了有针对性的行动方案，经院领导同意后开展工作。在随后一年的时间当中，这个质量小组取得了非常不错的绩效，为医院节省了 120 万英镑。医院把其中的 60%用于这个质量团队的日常工作开支、奖励团队的成员和个体的支出。

第三节 质量文化

质量文化的形成与发展是人类自20世纪以来的质量实践活动的自然结果。如今,质量实践活动已经从最初的工业领域渗透到人类社会生活的方方面面。克罗斯比在《零缺陷的质量管理》一书中指出:"一个公司想要永久免于困扰,就必须改变公司的企业文化,从根本上消除造成产品或服务不合要求的原因。"

20世纪60年代至90年代早期,在国际市场上,日本企业在产品质量上一度击倒了美国企业,使日本的产品在美国本土上得以畅销。其原因就是日本企业重视产品质量,把培养员工的质量意识放在第一位,并且建立了深厚的企业文化,企业的每一位员工都把提高产品的质量作为自己的任务,而不是上级的指标,自觉改正不合格的生产手段和方法,自觉地检查自己工序和上道工序中存在的问题,把企业的事情当做自己的事情。这是质量文化的典型代表,也是日本企业超过美国企业的根本原因。

总之,以人为本的组织质量文化,既是组织整体素质的综合体现,也是组织生存的基础以及组织不断发展的动力之一。因此,质量文化的建设是现代质量管理理论和实践的发展,也是组织在21世纪持续发展的核心。

一、质量文化的含义和特征

(一)质量文化的含义

质量文化作为一种与现代工业文明密切相关的文化现象,兼具了文化与组织文化的内涵,并具有其自身独特的结构化特征。

1. 文化

1871年,英国杰出的文化人类学家爱德华·泰勒(Edward B. Tylor)在他的《原始文化》一书中第一次把文化作为科学的概念给予了明确的定义。他指出,文化乃是包括知识、信仰、艺术、道德、法律、习俗和任何人作为一名社会成员而获得的能力和习惯在内的复杂整体。

泰勒的定义具有划时代的意义,奠定了现代文化概念的基本内涵。泰勒之后,人们从不同的视角、不同的层面去认识、界定文化概念。但文化后来的各种定义之间其实并没有本质的差别,只是各自强调的侧重点不同而已。

2. 组织文化

组织文化理论自20世纪80年代初由美国学者提出后即在西方盛行。泰伦斯·迪尔(Terrence Deal)和艾伦·肯尼迪(Allen Kennedy)认为,组织文化是指组织成员共享的价值观念,以及大家共同遵守、并不用写在纸上的行为准则,而且有各种各样用来宣传、强化这些观念的仪式。托马斯·彼得斯(Thomas Peters)和罗伯特·沃特曼(Robert Waterman)认为,共同价值观即文化。哈罗德·孔茨(Harold Koontz)和海因茨·韦里克(Heinz Weihrich)认为,文化与组织联系在一起的时候,指成员所共有的总的行为方式、共同的信仰及价值观。可见,学术界对组织文化的界定是见仁见智的。

一般认为，组织文化是组织全体员工在长期的生产经营活动中培育形成并共同遵循的最高目标、价值标准、基本信念和行为规范。组织文化的结构大致可分为三个层次，即精神层、制度层和物质层。

3. 组织质量文化

质量文化是企业物质和精神两种文化的结合。从狭义上讲，质量文化是以质量为中心，建立在物质文化基础上的有形文化，包括物质层和组织制度层。其中，物质层表现为与质量工作有关的原材料、器具、环境、员工素质、质量行为和服务水平等；组织制度层表现为质量组织、质量标准、质量法规和质量体系等。从广义上讲，质量文化是以人为中心，培养人们自觉的质量意识，使他们树立正确的质量价值观的有形文化和无形文化。其中，有形文化是指可被人们观察到的实体或行为，它是质量文化的表层、表象形态；无形文化则是组织深层次的、抽象的形态，表现为人们的意识、思维、价值观念等，无形文化对组织质量文化的影响通常要比有形文化更为广泛、强烈和持久。

组织质量文化是组织文化的组成部分，根据以上对文化、组织文化和质量文化的认识和界定，可以认为组织质量文化是组织在发展过程中形成的并且为全体员工认可的，以质量为中心，建立在物质文化基础上，与质量意识和质量活动密切相关的组织的物质活动和精神活动的总和。组织质量文化包括质量意识、质量精神、质量道德、质量价值观以及组织提供的产品和服务的质量形象等内容。

质量文化、组织文化及组织质量文化三者之间的关系如图 5-2 所示。

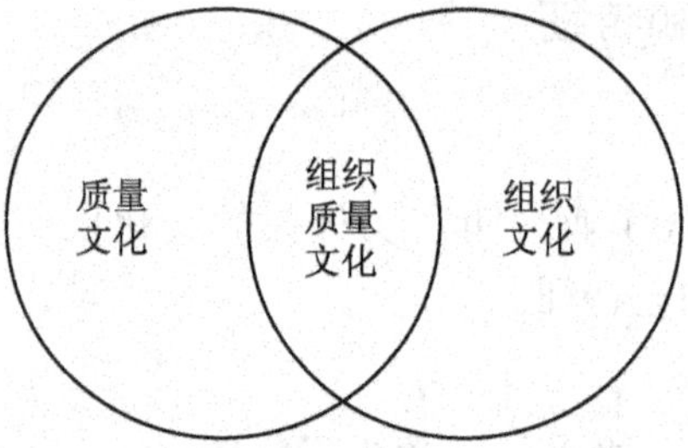

图 5-2　质量文化、组织文化及组织质量文化之间的关系

（二）质量文化的特征

1. 独特性

由于每个组织在规模、性质、类别、员工素质及历史发展阶段上有很大的差异，因而在其质量经营过程中，必然会形成不同的质量经营理念、质量道德规范、质量方针目标等质量文化体系。因此，每一个组织的质量文化必然具有独特的一面。如海尔在长期的经营过程中将“用最好的产品换取用户对海尔品牌的忠诚度”作为组织的质量文化。所以组织在制订与质量有关的发展战略时，必须根据自己的情况，做到量体裁衣，因地制宜。这些质量文化对其他组织来讲是不可能模仿的。

2. 可塑性

质量文化是管理者和员工在长期的质量管理实践活动中，总结了质量管理的经验和教训之后提出的理论，同时，他们把这种理论付诸实践，从而培养出一种高层次的精神文化，这种精神文化有着特定的目的和手段，是高度理性的文化。人是可以塑造的，质量文化也可以在管理者和员工的共同努力下改变过去陈旧的理念和思想，来建立适应组织当前发展形势的新的理念和思想。当然，质量文化的塑造需要一个过程。

3. 综合性

质量文化包括了价值观念、经营准则、道德规范、传统作风等精神因素。这些因素不是单独在组织内发挥作用，而是经过系统分析和加工使其融合在一起成为一个有机整体，形成综合的质量文化意识。质量文化逐渐渗透到组织的方方面面，如供应、设计、生产销售和服务等。

4. 内隐性

作为一种意识形态，深层次的质量文化本身是无形的。即使在其发挥作用时，也是潜移默化地进行的，不像管理者通过身体力行来指挥、领导员工。正是这种内隐性，才使得质量文化的作用不可低估。

5. 动态性

组织不同的发展阶段、外环境、领导者的差异，都会使质量文化产生不同的内容和表现形式。组织在不同时期的发展战略不同，质量文化的内容也会发生变化。因此，组织为了生存发展，必须不断寻求最好的质量文化来适应周围的环境，即质量文化是在动态的发展之中的。

二、建设组织质量文化的意义

克罗斯比曾说过：“质量不仅是免费的，它还是一棵货真价实的摇钱树。”这句话形象地说明了质量对组织的重要性。建设组织质量文化，提高质量，不仅能够使顾客满意，还能为组织的长远发展带来源源不断的经济利益。

（一）建设组织质量文化是必然的战略选择

质量关系到组织的生存与发展，只有那些在质量方面表现优异的组织才能在竞争中生存下来，这已经成为共识。在现代市场经济条件下，传统的仅以产品质量作为竞争手段的局限性已初露端倪，而建立包含服务和价值观在内的组织质量文化已成为现代组织必然的战略选择。组织质量文化对组织的发展有方向保证的作用。

小贴士

中国航空航天集团的质量文化

中国航空航天集团以“严肃认真，周到细致，稳妥可靠，万无一失；做老实人，说老实话，办老实事；严肃的态度，严格的要求，严明的纪律，严格的组织”作为全体员工的质量行为准则。其中，严肃认真是态度，周到细致是方法，万无一失是目标，通过规范员工的态度、作风、方法和要求，最后实现组织的最终目标。

（二）建设组织质量文化是解决质量问题的必然选择

全面质量管理已在我国推行了近20年，虽然产品质量有所改善，但质量问题依然存在。据有关资料，我国产品的抽样合格率一直徘徊在75%左右，市场抽查合格率更低，每年因为不良产品造成的损失达2 000亿元以上。造成质量问题的原因是多方面的，但要从根本上扭转这种局面，就应该在组织和社会中建设质量文化。

（三）建设组织质量文化可以全面提高组织的整体竞争力

在激烈的市场竞争中，产品质量的竞争是一个重要方面，组织要想在竞争中确立自己的优势地位，使组织立于不败之地，就必须从内部提高员工的质量文化素质，从外部树立以质量为基础的组织信誉和形象。组织质量文化不但影响组织当前的生存，而且对组织的可持续发展是至关重要的，许多成功的组织之所以能够发展壮大，背后都有其组织质量文化的支撑和贡献。因此，每一个想要成功的组织都要建设自己的质量文化，以质量文化来推动质量的提高。

小贴士

日、美、韩的质量文化

日本企业给人的印象是产品质量有保证，因此在世界各地受到尊敬，如索尼公司不断创新和不断追求卓越，佳能公司“创世界第一产品，促进文化品位提升”。美国企业讲求实用，生产的产品非常时尚、耐用。韩国产品则性价比很高。这些质量文化体现在企业形象方面，有利于企业的发展壮大。

三、质量文化的冲突与整合

质量文化在其发展进程中，完全不受外来文化的渗透、依靠自身封闭式的吐故纳新是不可能的。文化的融合与文化的冲突是一种普遍性的发展规律，质量文化也是如此。质量文化的融合性表现在先进的质量观念、质量规范超越国界在全球范围内迅速普及和采纳，并形成共同的质量观念。同时，质量文化在传播和发展过程中，虽然不同文化之间的性质相差甚远，但融合后会产生新的文化因素和信息，形成新的文化内核和凝聚点，成为文化发展的动因。质量文化的冲突性表现为任何一种被认同的质量文化都是兼收并蓄的结果。冲突性也提示了质量文化只有扎根于本土才能生根、开花和结果，才会形成各具特色的质量文化。

（一）质量文化冲突的表现

1. 意识与行为的冲突

不同组织在其不断的发展过程中具有不同的经营理念，有着不同的质量要求。有的组织沿袭了一贯以来的质量作风，稳扎稳打，以质量赢取了行业中的龙头地位。而有些组织因产品具有创新性或抓住了时代的机遇而得以迅速发展，在组织快速膨胀之后，发现更需要科学的手段与方法，更需要对内部的制度进行完善与提高。不可否认，这些组织有强烈的改进需求，但是由于多年的工作习惯所致，当质量的要求与原有的经营理念不一致时，他们一方面高喊质量口号，但在实际运行时还是维持原来的方法与习惯。这种情况下，就存在着意识与行为的冲突。

2. 规范化管理与随意性管理的冲突

质量管理更多的是科学化的管理，通过合理的工作流程的设计，通过对工作流程的持续改进与提高，来减少人为管理中的一些偏差。对于组织来说，规范化的管理减少了过程中的不确定性，使工作趋于流程化和结构化；但对一些管理者来说，他们认为在这个过程中本属于他们的权力被剥夺了，而应负的责任则更加明晰。因此，规范化管理与随意性管理的冲突出现了。

3. 价值观的冲突

共同的价值观是组织文化的核心。价值观方面的冲突往往表现为更深层次的、更广泛范围的矛盾。价值观具有极强的主观性，它决定着人们的行为准则，构成组织文化的核心内容。不同国家和民族有不同的价值观体系，每个人也会在长期的生活实践中形成独特的价值观。组织质量文化的冲突首先集中反映在员工个体不同的价值观上，具有差异性的价值观接触在一起，必然会相互摩擦、相互碰撞，每一个体都出于本能，极力维护自己长时期形成的价值观，轻视别人的价值观，使之不能形成统一的行为准则。

（二）影响质量文化整合效果的因素

1. 计划不清

在质量文化导入时，导入的文化不应只停留在表面上与文字上，而应导入组织中所有相关人员的意识之中。在导入的过程中，质量意识的导入是水滴石穿、逐渐改进的工作，不是开一个宣布大会或动员大会就可以解决的。导入必须与周密的计划相配合才能减少质量文化的冲突，达到好的整合效果。

2. 职责不明

在一个规范的质量文化整合过程中，涉及的人员包括组织的高层管理人员及中下层员工。其中，整合工作组通常是由营销、财务、审计、研发、人力资源、法律等部门抽调中高层管理人员组成，一旦效果达成，这个工作组就可以迅速解散，成员返回到各自的日常工作中，或者进入为下一次的质量文化整合而组建的新工作组。这种整合存在着很大弊端：一是执行新的质量意识的负责人不可能全身心地投入到整合工作中去，因为他们还有更重要的职责。与质量整合工作相比，他们更加关心新组织的利润率、市场占有率和顾客满意度等。二是组织中的非正式组织的力量有可能影响整合的顺利进行。因此，在实践中，上规模的组织要想解决质量冲突问题，就需要引入专门的整合人员，并赋予其一定的权限以保证整合工作的顺利进行。但遗憾的是，目前的整合实践中，许多组织都没有为整合设立相应岗位。

3. 信息沟通较差

在质量文化整合过程中，组织的员工迫切想知道在质量文化改变过程中的最新进展，想知道未来的发展设想，想知道自己在新的流程中所处的位置。但遗憾的是，在质量实践中，这方面的工作并没有得到足够的重视。员工得不到这方面的详细信息，谣言却满天飞，使组织内部充满了焦虑、动荡和不安的因素，对新的质量文化产生抵触情绪。另外，高层领导们也不愿意与员工进行交流，因为他们无法回答后者提出的许多问题。这样就可能会造成致命的错误。

很多组织在质量文化引进与导入后，虽然也考虑了文化整合的问题，但是由于采取的导入方式过于简单，只是把相应的管理模式、运作制度简单修改，没有通过足够耐心的沟通和培训来引导文化的融合，从而引起执行人员的强烈反感，也容易导致质量文化冲突乃至整合失败。

（三）质量文化的整合措施

1. 选择科学的整合模式，制订周密的导入计划

质量文化整合具有很强的实践性，环境比较复杂，可变因素较多，需要考虑组织现有质量意识的情况。因此，在质量文化导入前，需要选择科学的导入模式和程序加以控制，包括导入的时间、导入的方式、欲取得的效果和导入时考虑的因素等。针对这些内容作出详细的导入计划。在设计计划时，不同的人员导入的方式与内容也不尽相同。

2. 引入专职的整合人员

如前所述，由于质量文化在导入时有许多困难与微妙之处，在整合过程中应引入专职的人员，锲而不舍地进行质量文化的整合。专职整合人员全权负责质量文化的整合工作，负责对涉及的员工进行质量培训。专职整合人员可从四个方面开展工作：推动整合进程；搭建整合机构；促进组织内外交流；保证短期见效。

3. 文化融合

由于质量文化整合的特殊性，没有哪两个组织的文化整合是相同的。即便是同一组织，由于成员质量意识的成熟程度不同，整合的方法也不尽相同。因此对专职整合人员而言，没有固定的职务说明，也没有固定的工作界限，专职整合人员必须凭借自己的工作热情和经验尽快进入角色，自我定义工作职责及具体的工作、应关注的问题、与谁联络、如何使价值增值等。这要求专职整合人员必须有极强的独立判断能力，还要善于倾听，知道应何时介入，使事态朝着正确的方向前进。

4. 加强沟通

几乎所有的质量文化整合都会因一些障碍而受阻，不管这种障碍是来自于文化冲突、工作不够投入还是领导的责任不清，唯一的解决方法是进行有效的交流与沟通。当员工对质量文化整合受阻的原因不了解时，他们会退回到原始状态，按照旧有的方式做事，就像质量文化的导入从没有发生一样。此后动力便会一点一点地消失，出现怠工、工作逾期甚至拒绝工作的现象。

四、质量文化体系

组织的质量文化是组织在长期的生产经营活动中逐渐形成的，是质量宗旨、管理理念、价值取向、思维方式、道德水平、行为准则、法律观念以及风俗习惯和传统范例等的总和。

质量文化作为一种与现代工业文明密切相关的文化现象，有其自身独特的结构化特征。从时间的横断面上看，质量文化由物质层面、行为层面、制度层面和道德层面构成。这四个层面按照次序共同构建了质量文化的金字塔。这四个层面的次序与文化变革的抗性特征相匹配，质量文化变革的抗性特征从物质层面到道德层面逐渐增强（见图 5-3）。其中，物质层面和行为层面易觉察性较强，在质量文化金字塔中位于较低的层级，属于质量文化中的较浅层面；而制度层面和道德层面易觉察性较低，在质量文化金字塔中位于较高的层级，属于质量文化中的较深层面。通过对质量文化的层级结构进行深入的剖析，可以为质量文化的定性评价与定量决策提供参考。

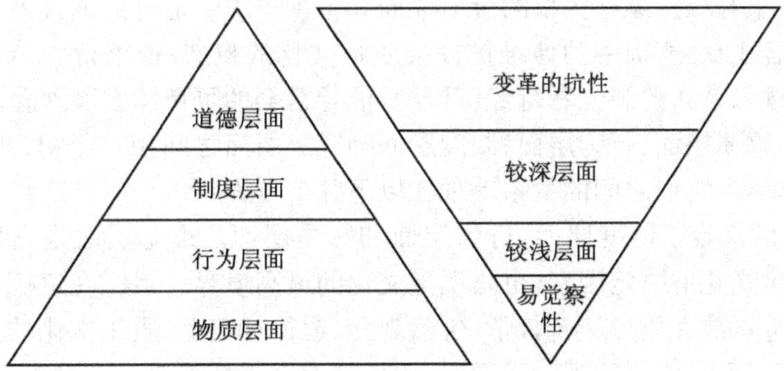

图 5-3　质量文化金字塔

（一）物质层面

物质层面是质量文化的最低层级，是质量文化金字塔的基座，是凝聚在组织物质产生过程中的部分。质量文化的物质层面包含实体性的文化设施，如含有本组织文化色彩的生产环境、工作技巧等。

物质层面是质量文化结构中最表层的部分，它的影响力相对较弱。组织可以通过强化其他层级的作用来提升组织的质量文化，通过质量文化的提升来促进经济的持续、快速、健康发展，从而推动经济进入一个更高的物质层面，这使得质量文化得以建立在不断提高的物质层面之上。

（二）行为层面

质量文化的行为层面建立在质量文化的物质层面之上，物质层面是行为层面的依托。行为层面体现为群体使用物质层面的因素创造财富的行为模式。在同样的物质层面之上，不同的行为模式将导致不同的质量文化强度。与物质层面相比，行为层面对质量文化的影响更大。从地区经济的角度看，在物质层面水平基本相同的城市之间存在的质量文化强度的差异，通常归因于群体的行为模式差异。可以用来测度行为模式与质量文化强度之间相关性的例子大多来自服务业，这是因为在服务业，组织的服务行为对顾客而言基本上是透明的，并与顾客的消费行为同时发生。

（三）制度层面

质量文化的制度层面是塑造行为层面的主要机制，构成了组织在质量管理文化制度上的个性特征。制度层面涉及标准化与规范体系、奖励制度和法律体系三个方面。其中，标准化与规范体系揭示了质量实践活动的基本目标——满足既定的需求与期望，是对组织内的行为及行为结果进行指导与评价的依据。奖励制度通过组织内部设定的机制对行为起到激励与导向的作用。法律体系是行为层面的强制性塑造机制，法律体系对质量文化的影响力依赖于执法的公正性、执法的及时性和质量法律体系的健全性三个方面。

（四）道德层面

质量文化的道德层面位于质量文化金字塔的顶层，既是质量文化的核心内容和最高境界，也是质量文化建设的最终目标，是组织成员共同的质量意识活动。它表现为组织内部群体积极主动地尊重与维护顾客主权的价值取向和精神追求。道德层面涉及以下四个群体价值取向:尊重顾客主权;积极主动地维护社会质量文化的权威;追求行为结果的社会效益与完美主义;以连续与持久的眼光看待经济资源,倡导社会的可持续发展理念。

质量文化的物质层面、行为层面、制度层面和道德层面之间相互影响、相互作用,共同组成质量文化的整体。它们之间的关系表现在以下几个方面:

(1) 道德层面决定了制度层面、行为层面和物质层面。道德层面是质量文化结构中的最上一层,是质量文化的决定因素,也是质量文化的最高境界。组织在道德文化建设的过程中,应把研究的重点放在质量经营哲学、价值观念、道德规范上,质量文化的其他部分会自然地被揭示。道德层面是深层的观念因素,其积累与形成体系需要一个过程。当然,这种道德层面的观念一旦形成,想打破也不十分容易。

(2) 制度层面是道德层面和行为层面的中介。制度层面通过组织设定的一些机制,引导与规范了组织与个人的行为模式。制度层面的机制由组织的领导与员工共同制订,同时,认同的制度也由组织内的全体人员共同遵守。

(3) 行为层面是外在的表现形式。从管理者的角度看质量文化,可将其分为显性部分和隐性部分。行为层面在物质层面的支撑下,受制度层面的引导与制约而形成独特的行为,这种行为基于组织不同的制度与不同的物质层面而体现为不同的行为方式。

(4) 物质层面是根本。物质层面是一切质量文化范围内行为层面、制度层面以及道德层面的基础。因此,通过工作环境、文化设施、规章制度等就可以推断出一个组织的文化精髓和精神内涵。

五、质量文化的建设

组织质量文化的建设工作是一项复杂的系统工程。激烈的竞争环境向组织的质量文化建设提出了新的挑战,各个组织应不断吸取国内外最新的研究成果,总结自身成功与失败的经验,建设有针对性的、符合组织实际发展状况的质量文化。在质量文化建设中,领导发挥作用及员工的积极参与是非常重要的。

(一) 领导发挥作用

费根鲍姆指出:"组织的领导是质量成功的关键,有力的质量管理领导者对形成质量文化十分重要。"因此,在组织质量文化的建设中,领导者应率先垂范,以其特有的人格魅力促进组织质量文化的形成与发展。

质量文化从一定意义上说是领导者的人格文化。没有领导者的认识、决心和气魄,就没有真正意义上的质量文化。领导者的质量观念将影响到组织质量文化的定位和产品质量的提升。同时,领导在组织中担负着诸多职责,包括产品质量负责人、质量管理的推动者、质量文化建设的倡导者和教育者等。所以,组织的领导应将质量意识贯彻到组织的战略规划之中,贯彻到组织的经营管理之中,身先士卒,推动质量文化的快速、平衡发展。

(二) 员工的积极参与

全员参与是质量管理八项原则中一项重要的原则,在组织建设质量文化时也要坚持全员参与的原则,因为质量文化的真正接受者和贯彻者是组织中的员工。质量文化的建设需要员工的积极性、主动性和创造性,反过来,质量文化也在影响与引导着员工的行为。建设整个组织范围内的质量文化，一方面，可以通过对全体员工进行与质量有关的教育与培训，以增强其质量的责任感和荣誉感，让质量意识深入人心；另一方面，要增强组织内部全体员工的共同参与意识，以形成良好的质量文化氛围，使员工受到强有力的感染和熏陶，以更大的热情投入到组织质量文化的建设中。

小案例

可口可乐公司的质量文化

可口可乐公司在实施质量文化方面获得了巨大的成功。可口可乐公司对生产过程设定了非常严格的程序，并且从不放过每一个细节。以清洗这一环节为例，每生产 24 小时就要进行一次用时 1.5 小时的“三步清洗法”；当连续生产一周或者更换产品(如可口可乐换成雪碧)时，就改进行用时 2.5 小时的“五步清洗法”。清洗用水达到了生产用水的 4.5 倍。清洗完并进行了烘干处理后，还要用糖浆再进行一次冲洗。其目的是避免管道中残留的微量水分影响第一批罐装可乐的口味。可口可乐公司对产品的质量极度重视，它通过生产中的各个环节，把“质量第一”的观念传播给了公司的员工。

本章小结

本章首先介绍了领导在质量管理体系中的作用，领导如何创造全员参与的质量管理环境以及在质量工作推进过程中领导者必须具备的知识等。接着介绍了质量团队的构建，对团队的定义及构成要素进行了清晰的界定，并阐述了团队成员的选择方法以及团队成员的需求等，以构建高效的质量团队。最后，对质量文化进行了描述，在介绍了质量文化的含义后，对质量文化在组织中贯彻时出现的质量文化冲突进行了分析，并提出了相应的整合措施，从而保证组织在进行质量文化整合时能够平稳推进。

思考练习

1. 领导在质量管理体系中的作用是什么？
2. 领导者必须具备的质量管理知识有哪些？
3. 质量团队有哪几个构成要素？
4. 质量团队成员选择的方法有哪些？
5. 对质量团队成员的需求，应从哪些方面予以关注？
6. 什么是质量文化金字塔？

案例分析

奔驰公司的质量管理与质量文化

奔驰公司始成立于 1883 年，是德国最大的汽车制造公司，公司生产品种多达 160 种，型号 3 700 多个。奔驰公司依靠卓越的质量做后盾，在激烈的市场竞争中摘得桂冠。奔驰公司走向世界的金字招牌是“如果有人发现奔驰汽车发生故障被拖走，我们将赠您 1 万美元”，打出这样的招牌得益于公司严格的管理制度和公司的质量文化。

首先，重视人才的素质，严格质量意识。在保证质量方面，奔驰认为只有全体员工都对质量予以关注，产品的质量才有保证。公司秉承“严格质量意识”的企业理念。公司对技工队伍的培训也很重视，在德国国内就设立了502家培训中心。在提高人员素质的同时，公司还通过各种激励机制，调动每一个员工的质量意识。

其次，精工细作，一丝不苟，严肃工作制度。奔驰车享有的声誉，得益于组织内部每一个人严谨认真的工作态度。奔驰公司对产品的每一个部件的制作都一丝不苟。通常顾客在判断一辆汽车时，首先注意到的是它的外观、性能，而对座椅却很少注意。就是针对座椅，奔驰公司也十分认真。以座椅的面料为例，奔驰公司要求纺织用的羊毛是从新西兰进口的，粗细必须在23～25微米之间，纺织时，还要根据各种面料的具体情况，掺入从中国进口的真丝和从印度进口的羊绒。从制作座椅的这种认真精神就可以推想奔驰公司对主要机件的加工该是如何精细了。

再次，把好质量关，严格检查制度。凡是参观过奔驰公司的人都会有一种印象，即使是一颗小小的螺丝钉，在安装到车上前，也要先经过检查。每一个组装阶段都有检查，最后经专门技师检查签字，车辆才能开出生产线。许多笨重的劳动，如焊接、安装发动机和挡风玻璃等都采用机器人，从而保证了质量的统一。

为了进一步把好质量关，奔驰公司在美国、欧洲、加拿大、拉丁美洲、亚洲等地专门设立了质量检测中心。“中心”内有大批质检技术人员，并配有高质量的检测设备，每年对上万辆奔驰汽车进行抽检。由于采取了多种措施，奔驰汽车在人们的心目中树立了高品质的形象，赢得了全世界人们的青睐。

问题

1. 奔驰公司在质量管理与质量文化建设中采用了哪些手段与方法？
2. 结合本案例，针对身边的质量问题提出一些改进意见。

第六章　质量管理统计方法

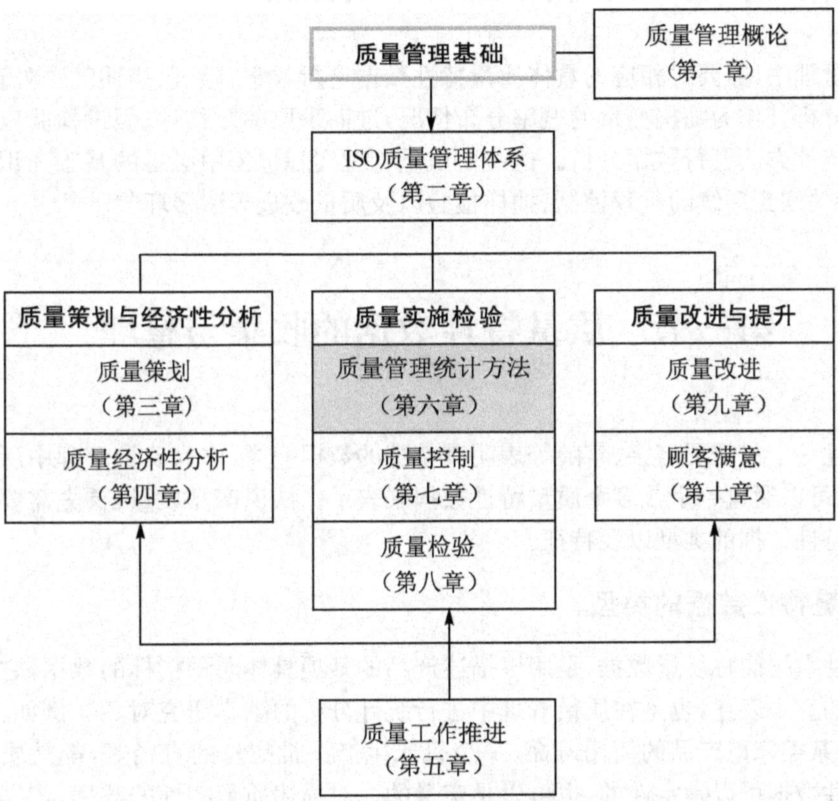

质量管理学结构模型

学习目标

（一）知识目标

- 了解质量特性数据的收集、整理及描述；
- 理解随机变量及其概率分布；
- 熟悉参数估计、假设检验等统计分析方法。

（二）技能目标

- 能够根据质量管理中的具体需要进行数据的预处理；
- 可以较为熟练地运用常用统计方法实现规范的数据分析。

在质量管理中，需要对相应的具体质量特性数据进行收集、整理、描述等预处理工作，并在此基础上分析其作为随机变量的概率分布情况，进而采取参数估计、假设检验以及相关与回归分析等统计方法进行数据分析。这些是质量管理实施过程中必备的基础知识和基本技能，并将直接关联到后续的过程控制、抽样检验以及质量改进等诸多环节。

第一节　质量特性数据的收集与整理

正如描述一个人需要名字、年龄等表明其特征的数据一样，作为质量管理中所关注的产品，其质量也可以通过一个或多个质量特性数据来表示。认识产品质量，首先需要认识的就是这些质量特性数据的类型以及特征。

一、质量特性数据的类型

质量特性数据简称质量数据，是用以描述产品的某项具体质量指标的数据，它既是对产品质量特性的直观表述，也是在质量管理中进行统计分析的基本研究对象。例如，一类产品的质量等级、某类家电产品的使用寿命、一个机床生产一批螺丝的直径等，都是质量特性数据。质量特性数据可以是定性的，也可以是定量的。对描述质量特性的数据，依据其取值的类型可以将其分为定性数据与定量数据。

（一）定性数据

定性数据，顾名思义，只用来描述质量的定性特征。例如，依据一定的标准判断产品质量为“合格”或者“不合格”，依据不同的标准将产品分类为“特级”、“一级”、“二级”、“残次品”等，这些都只是在对质量的类别或等级进行判断与描述，是定性数据。

（二）定量数据

定量数据用于描述质量的定量特征，例如，一个灯泡的使用寿命为 1 000 小时，一套房屋的建筑面积为 112.67 平方米，一件铸件内有 2 个气孔，等等。显而易见，定量数据描述的质量特征表现为具体的数值数据。

依据数值的类别，定量数据又可以分为计量值数据和计数值数据，而且其对应的统计性质和处理方法也会有所差别。

1. 计量值数据

计量值数据是指在某个区间上的可能取值具有连续性的数据，即在该区间内可以取无穷多个实数值。常见的计量值数据有质量、面积、长度和体积等。

2. 计数值数据

计数值数据是指在有限的区间内只能取有限个整数值的数据，其取值只能是大于或等于零的整数，否则将失去其实际意义，如铸件内的气孔个数、一批产品中不合格品的件数等。

二、数据的收集与分析

在对统计数据进行收集的过程中，需要区分并明确总体、个体及样本的具体含义，并且应该对所收集数据的质量和可靠性等进行初步的分析检验。

（一）总体、个体及样本

在质量管理中，数据收集是进行统计分析的第一步。这时，必须首先要明确总体、个体以及样本的不同含义。在统计学中，需要研究考察的对象的全体被称为总体，总体是由个体组成的。例如，在很多时候，需要研究一个过程中生产的全部产品的质量特征，该过程生产的全部产品即构成了一个总体，而个体就是这一生产过程中生产的每一个具体产品。

总体中包含的个体数量称为总体容量，用大写字母 N 表示。总体容量可能是有限的，也可能是无限的。当要观测或研究的对象总体容量很大时，特别是当这种分析研究手段对研究对象本身具有破坏性时，就不可能对总体中的每一个个体都进行观测、研究，否则会投入过多的时间、经费成本或剥夺产品的使用价值。例如，需要了解一种型号灯泡的使用寿命，人们并不会把每一个这种型号的灯泡都用到使用寿命结束以获取数据，这显然是得不偿失的。所以在这种情况下，最通常的做法就是只从总体中抽取一定数量的个体，此时所抽取的个体的数量相对总体而言通常只是很少的一部分，然后对这些个体进行观测和分析，并据此应用统计学的原理和方法获取有关总体的质量特征。此时，被抽取出来的这一部分个体就组成了一个样本，而样本中所包含的个体数目称为样本容量，用小写字母 n 表示。

总体、个体、样本是统计学中的基本概念，它们所指代的可以是具体的产品，在更多的情况下，指代的只是产品的某一个具体的质量特性。通过后面的学习及应用，可以加深对这些概念的了解。

从总体中抽取样本来进行分析的思想和方法，就是统计学中经常提到的抽样。为了使抽取的样本对总体能够具有较好的代表性，在通常情况下，样本的获取当然不能是有选择的，而应该是随机抽取的。关于随机抽样的详细介绍，本书将在后面的第八章中展开。

（二）数据初步分析

已收集的数据作为后续数据处理及统计分析的基础，相关人员有必要对其进行初步的分析检验。数据初步分析包括分析数据的来源及真实性，以便进一步确认数据是否准确；审查数据的精确程度和完整性，判断其是否符合必要的使用要求；由专业人士协助设置疑问框，检验是否存在矛盾或异常数据，并把矛盾或异常数据予以剔除；等等。

三、数据的整理与显示

通过对数据进行整理，即通过对数据进行排序、分组、频数累计等处理，可以使数据更加条理化、系统化，有助于凸显数据的一些基本特征，也为进一步的统计分析提供了准备。

（一）数据排序

数据排序就是将数据按照数值大小、类别等级等规则进行重新排列。特别是当数据类型是定量数据，且数据的数量较为庞大时，通过数据排序更有助于突出一些明显的特征和趋势，并且可以为后面的分组、众数、中位数等统计计算提供便利。用 Excel 和统计软件可以非常方便地实现数据排序功能，不过在有些数据整理过程中也可能会省略掉数据排序的步骤。

（二）数据分组

1. 数据分组的概念和意义

数据分组是根据统计分析的需要，将数据总体按照一定的分组标志，分成若干个组成部分。对于定性数据，就是按照其不同的属性分为若干组；对于定量数据，则是依据不同的数值或数值范围将数据划分为若干组。分组应使组内差距尽可能小，而组间差异应较为明显。分组有助于显现数据的类别差异、结构情况或数量上的层次性，也有助于简化后续的一些统计计算，是在整理数据时被广泛采用的一种方法。

2. 定性数据分组方法

对于定性数据，可以根据统计分析的需要按照数据的类别或等级对数据进行分组。

【例 6-1】 抽取某种产品 100 个，通过检验，有特等品 20 个、一等品 49 个、二等品 28 个、残次品 3 个。

分组方案一：将该数据按照表述中的等级分为四组，显示出具体的产品等级情况。

分组方案二：只考虑产品的合格率，也可以采用另一种分组方案，将其直接分为两组，即合格产品 97 个、残次品 3 个。

这两种分组方案各有其针对性，为更直观地显示其类别结构情况，可以采用饼图将这两种分组方案分别表示出来，如图 6-1、图 6-2 所示。

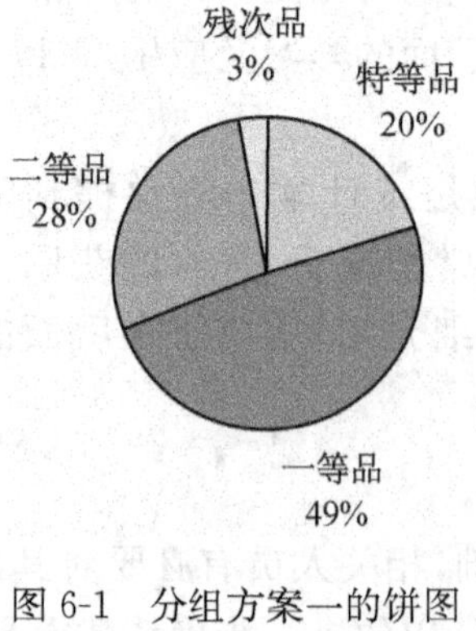

图 6-1 分组方案一的饼图

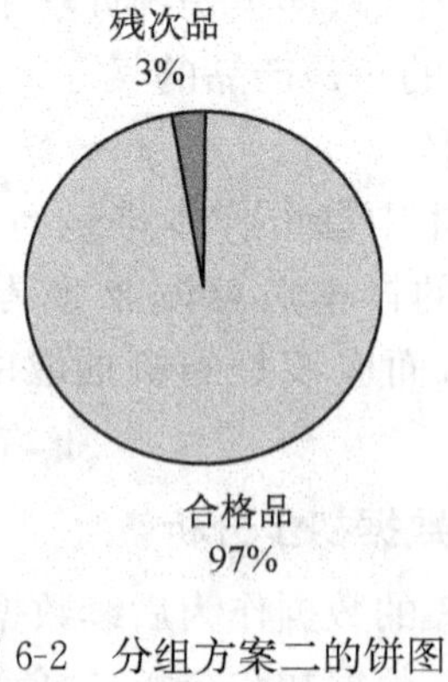

图 6-2 分组方案二的饼图

3. 定量数据分组方法

对定量数据进行分组的关键是确定组数、组距及组限。

(1) 组数。对于定量数据分组的组数不存在严格的规定，确定组数主要应参考数据的数量和集中程度。但组数既不宜过多也不宜过少，因为过多或过少都不便于观察数据的特征和规律。美国学者斯特奇斯(H. A. Sturges)提出了一个关于确定组数的经验公式：

$$K=1+\frac{\lg n}{\lg 2} \tag{6-1}$$

式中，K——组数；

n——数据个数。

式(6-1)可以作为确定定量数据分组组数的一个参考。

【例 6-2】 抽取同一批生产的 60 个某种袋装食品，测量其重量的数值(单位：克)，经过审核后进行了排序，数据如下：

195.6	196.2	196.3	196.6	196.7	197.0	197.2	197.5	197.7	197.9
198.1	198.1	198.2	198.6	198.7	198.7	198.9	199.0	199.2	199.3
199.3	199.4	199.6	199.6	199.8	199.9	199.9	200.0	200.0	200.1
200.2	200.2	200.3	200.5	200.5	200.6	200.8	200.8	200.9	201.0
201.1	201.1	201.4	201.5	201.7	201.7	202.0	202.1	202.5	202.6
202.6	203.1	203.3	203.7	203.8	204.1	204.2	204.7	205.2	205.5

应用斯特奇斯公式即可得到组数的一个参考值：

$$K=1+\frac{\lg 60}{\lg 2}\approx 6.9$$

所以可以将这些数据分为 7 组。

(2) 组距。组距可以由组数得到，组距用字母 h 表示：

$$h=\frac{R}{K} \tag{6-2}$$

式中，K——组数；

R——全距，n 个待分组数据中最大值与最小值的差。

在上述的 60 个数据中，全距 R 就等于最大值 205.5 与最小值 195.6 的差，即 $R=9.9$。所以此时，组距为：

$$h=\frac{9.9}{6.9}\approx 1.435$$

在具体应用中，通常组距会近似地选取一些较为整齐的数，比如选取 10 或 5 的倍数等，并适当增减组数，以确保将数据中的最大值与最小值都包含在分组范围之内。而且在通常情况下，一般都采用等距分组，即各组的组距都取相同的值。在数据的分布很不均匀等特殊情况下，有时也可能会采用不等距的分组方法。

在例 6-2 中，可以近似地选取 1.5 作为分组的组距。

(3) 组限。在确定了组距之后，就需要确定具体的组限，并进而确定最终的组数。组限就是各个相邻组之间的具体分界值，也就是每一个组的两个端值。

一个组取值范围的下限用字母 L 表示，上限用字母 U 表示。组限范围必须要包含进所有的数据值，即第一组的下限要小于或等于数据中的最小值，而最末组的上限则应大于或等于数据中的最大值。

还有一个细节的问题就是，当一个数据值刚好等于两个相邻分组间组限的取值时，也就是这个数据值既是前面一组取值范围的最大值，同时也是后面一组的最小值，在这种情况下，通常就应该按照统计数据分组时约定俗成的规定——“上组限不在内”来进行处理，也就是说，该数据应该记入后面一组，而不是前面一组，亦即由两个具体数值作为组限形成的区间是左闭右开的。

在例 6-2 中，前面已经初步确定分组的组数是 7 组，又进而通过计算选取 1.5 作为分组的组距。同时考虑到上述对组限的相关要求，以及取值应尽可能整齐，最终可以把各个分组的组限依次确定为：

[195.5,197.0)，[197.0,198.5)，[198.5,200.0)，[200.0,201.5)，[201.5,203.0)，[203.0,204.5)，[204.5,206.0)。

在上述常见情形之外，如果出现待分组数据中的最大值或最小值与其他数据的取值相差较为悬殊的情况，为避免出现空白组或遗漏极端值，其第一组或最后一组也可以采用“某某数值以下”或“某某数值以上”作为其组限，即称为开口组。

(4) 组中值。顾名思义，组中值就是一个分组的上限和下限的中间值，即：

$$组中值=\frac{U+L}{2}$$

一个组的组中值体现了该组数据的一个平均水平，可以作为一个标志值来近似代表整个这一组数据的数值。

表 6-1 列出了例 6-2 中各组的组限、组中值以及各组的数据个数(频数)。

表 6-1 数据的分组情况

分组编号	组 限	组中值	频 数
1	[195.5,197.0)	196.25	5
2	[197.0,198.5)	197.75	8
3	[198.5,200.0)	199.25	14
4	[200.0,201.5)	200.75	16
5	[201.5,203.0)	202.25	8
6	[203.0,204.5)	203.75	6
7	[204.5,206.0)	205.25	3

还可以用柱形图将每组数据的个数更加直观地表示出来，如图 6-3 所示。数据整体分

图 6-3 分组数据频数柱形图

布状况便更加一目了然，例如，第 4 组，即介于[200.0,201.5)之间的数据最多，第 3 组次之，而其他组则相对较少，且越偏离中间值的组数据个数越少。

对于开口组的组中值，通常是以其邻近组的组距来进行计算。即：

$$\text{下限开口组的组中值}=\text{上限}-\frac{\text{邻组组距}}{2}$$

$$\text{上限开口组的组中值}=\text{下限}+\frac{\text{邻组组距}}{2}$$

(5) 累计频数。上面在分组的过程中，已经很自然地对每组数据的个数进行了计量，这些数值在统计学中称为频数。在此基础上，还可以进一步计算出累计频数。累计频数可以更加直观地回答诸如“重量在 200 克以下的食品有多少袋”、“达到 203 克的食品袋数比例是多少”之类的问题。

累计频数按照其计数时累加方式的不同，还可以分为向上累计频数和向下累计频数。向上累计频数是将频数由组限数值小的组开始，向组限数值大的组累计；向下累计频数则恰恰相反，是将频数由组限数值大的组向组限数值小的组累计。

因此，一组数据对应的向上累计频数，表示的是该组上限以下数据的累计频数和；而其对应的向下累计频数，则表示该组下限以上的累计频数和。

与累计频数相仿的还有累计频率。各组数据的频数对应的频率，即为该组数据的频数占据全部数据总数(即总累计频数)的比率，且通常用百分数的形式表示。

在例 6-2 中，共有 60 个数据，第一组数据的频数为 5，则可得：

$$\text{频率}=\frac{5}{60}\approx 8.3\%$$

依此类推，一组数据对应的累计频率，当然就是对频率的累计，而且同样也可以分为向上累计频率与向下累计频率。

比较而言，向上累计频数(频率)一般应用较多，所以未作特别说明的“累计频数(频率)”，通常即指向上累计频数(频率)。

可以计算出例 6-2 分组数据的向上和向下累计频数以及累计频率，汇总后如表 6-2 所示。

表 6-2　分组数据的累计频数和累计频率

分组	组限	频数	频率/%	累计频数		累计频率/%	
				向上	向下	向上	向下
1	[195.5,197.0)	5	8.3	5	60	8.3	100.0
2	[197.0,198.5)	8	13.3	13	55	21.7	91.7
3	[198.5,200.0)	14	23.3	27	47	45.0	78.3
4	[200.0,201.5)	16	26.7	43	33	71.7	55.0
5	[201.5,203.0)	8	13.3	51	17	85.0	28.3
6	[203.0,204.5)	6	10.0	57	9	95.0	15.0
7	[204.5,206.0)	3	5.0	60	3	100.0	5.0

至此，就可以很直接地从表中读出，质量在 200 克以下的累计频数是 27，累计频率为 45%；质量达到 203 克的累计频数是 9，累计频率为 15%；等等。

也可以将累计频数或累计频率用折线图表示出来，进一步观察其累计变化的情况，如图 6-4 所示。

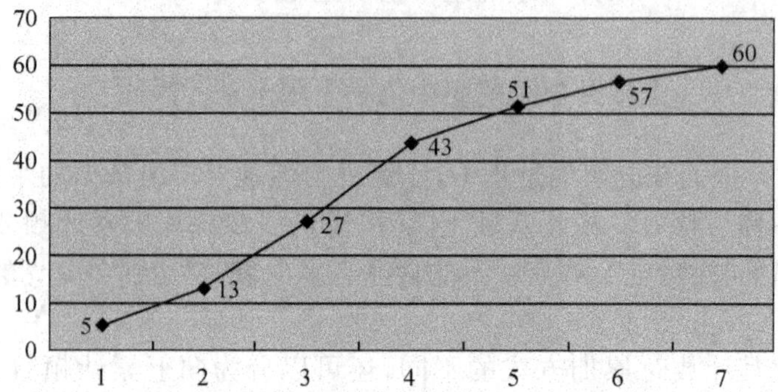

图 6-4　分组数据累计频数折线图

四、数据特征描述

通过前面对数据的整理与显示，已经可以反映出数据分布的大致状况，但这还只是数据的一些粗略特征。通过分析数据的集中趋势和离散趋势，还将会描述出数据蕴含着的更深层次的一些特征。

（一）集中趋势

数据分布的集中趋势，反映各个数据向其中心值靠拢或聚集的程度。常见的计算方法有算术平均数、几何平均数、众数以及中位数等。

1. 算术平均数

算术平均数虽然只能应用于定量数据，但它却是测度定量数据集中趋势最重要的一种方法，也是应用最广泛的一种方法。

算术平均数的基本运算公式是：

$$算术平均数=\frac{数据总和}{数据个数}$$

平时所说的平均数或均值，通常指的就是算术平均数，用$\bar{x}$表示。

根据用于计算的数据是否分组，算术平均数还可以分为简单算术平均数和加权算术平均数。

(1) 简单算术平均数。对于未分组的 n 个数据 $x_1, x_2, \cdots, x_n$，其简单算术平均数的计算公式为：

$$\bar{x} = \frac{x_1 + x_2 + \cdots + x_n}{n} = \frac{\sum x}{n} \tag{6-3}$$

应用式(6-3)，对例 6-2 中的 60 个未分组数据求简单算术平均数，可以得到：

$$\bar{x}=\frac{195.6+196.2+\cdots+205.5}{60}=\frac{12\ 016.8}{60}=200.28$$

这样求得的平均数虽然精确，但是计算量相对比较大，特别是当数据的数量很大时，更是会使计算变得异常繁杂。但是如果结合前面介绍的数据分组，分组后求取加权算术平均数，则可以大幅缩减计算量。

(2) 加权算术平均数。当数据经过分组处理后，设其组数为 n，各组的组中值依次为 x_1，x_2，…，x_n，各组的频数依次为 f_1，f_2，…，f_n，那么其加权算术平均数为：

$$\overline{x} = \frac{x_1 f_1 + x_2 f_2 + \cdots + x_n f_n}{f_1 + f_2 + \cdots + f_n} = \frac{\sum xf}{\sum f} \tag{6-4}$$

例 6-2 中分组后的数据其加权算术平均数为：

$$\overline{x} = \frac{196.25 \times 5 + 197.75 \times 8 + \cdots + 205.25 \times 3}{5 + 8 + \cdots + 3} = \frac{12\ 021}{60} = 200.35$$

在通常情况下，可以假定各组内数据值的分布是均匀的。那么正如上述计算结果所示，加权算术平均数同样具有了较好的准确性，且较之简单算术平均数大大降低了运算量，因此伴随数据分组方法被广泛使用。

不难发现，加权算术平均数的大小，不仅取决于各组的组中值，而且受各组频数(频率)的影响很大。也就是说，如果某一组的频数(频率)较大，也就是该组的数据较多，那么该组数据的代表值——组中值，对加权算术平均数的影响就较大；反之则较小。亦即各组频数的多少对算术平均数的最终取值起到一种权衡轻重的作用，所以这个衡量数据值相对重要程度的数值就称为权数。

算术平均数作为统计分析和统计推断的基础，具有一些重要的数学性质：① 各数据值与其算术平均数的离差之和等于零，即 $\sum (x-\overline{x})f = 0$；② 各数据值与其算术平均数的离差平方和最小，即 $\sum (x-\overline{x})^2 f = \min$。这些优良的数学性质也正是其在统计学中得以广泛使用的根本原因。

2. 几何平均数

几何平均数用字母 G 表示，是将 n 个数据 x_1，x_2，…，x_n 求连乘积，然后再对其开 n 次方得到，用公式表示为：

$$G = \sqrt[n]{x_1 \cdot x_2 \cdot x_3 \cdots x_n} = \sqrt[n]{\prod_{i=1}^{n} x_i}$$

式中的 $\prod$ 是表示连乘积的符号。

几何平均数通常只适用于对具有等比或近似等比关系的数据求平均值，如对连续几年的银行存款利率求平均值。

3. 众数

(1) 众数的定义。众数可以适用于对各种定性数据及定量数据集中程度的度量。简单来说，众数就是在被统计数据中出现次数最多的数据值，众数用 M_0 来表示。特别是对于不可排序的定性数据，众数是度量其数据集中程度的最主要方法。

在例 6-1 中，一等品出现的个数最多，有 49 个，所以这时众数 M_0＝“一等品”。在例 6-2 中，当数据未分组时，出现次数最多的数据是 198.1、198.7、199.3、199.6、199.9、200.0、200.2、200.5、200.8、201.1、201.7、202.6，这 12 个数据值都是出现了两次，所以它们都是众数。

(2) 分组定量数据的众数。对于分组的定量数据，频数最大的组被称为众数组。可以在众数组中，利用比例插值法求得众数的近似值，计算公式为：

$$M_o = L + \frac{\Delta_1}{\Delta_1 + \Delta_2} \times d \tag{6-5}$$

或

$$M_o = U - \frac{\Delta_2}{\Delta_1 + \Delta_2} \times d \tag{6-6}$$

式中，L——众数组下限；

U——众数组上限；

Δ_1——众数组频数与其下限的邻组(前一组)频数之差；

Δ_2——众数组频数与其上限的邻组(后一组)频数之差；

d——众数组组距。

通过观察式(6-5)以及式(6-6)可以发现，此处利用插值法求众数的直观含义就是：如果与众数组相邻的上下两组的频数相等，众数就是众数组的组中值；如果与众数组相邻的前一组的频数较大，而后一组的频数较小，则众数在众数组内会偏向该组的下限；同样，如果与众数组相邻的前一组的频数较小，而后一组的频数相对较大的话，那么众数在众数组内就会偏向该组的上限。

下面来计算例 6-2 中数据分组之后的众数。

首先要找到众数组，观察表 6-1 容易发现，众数组是第 4 组，因其频数最多，为 16。该组的下限与上限分别为 200.0 和 201.5，组距是 1.5，众数组前一组与后一组的频数分别为 14、8。于是利用式(6-5)可求得众数：

$$M_o = 200.0 + \frac{2}{2+8} \times 1.5 = 200.3$$

利用式(6-6)也可以得到同样的结果。

(3) 众数的特点。正如众数的定义所表述的，众数代表的是数据或其分组中出现频数最多的数据值，因此，众数不会受到数据中个别极端值的影响，所以众数对数据集中趋势通常具有较好的代表性。但是，也正因为众数不像算术平均数那样充分利用了全部数据的信息，所以它对数据整体分布情况的敏感性也较低。

在一些特殊情况下，如数据的分布没有明显的集中趋势时，众数也可能不存在；而在数据的分布中有两个或多个最高峰点时，也可以同时存在有两个或多个众数，如前面对例 6-2 未分组数据所求的众数，就同时存在 12 个。因此比较而言，只有在数据较多且较为显著地集中于某个数值时，计算众数才更有实际意义。

4. 中位数

(1) 中位数的定义。中位数适用于可排序的定性数据以及各类定量数据。对数据进行排序，形成一个数列，数列中间位置对应的数据值就是中位数，中位数用 M_e 来表示。

(2)未分组数据的中位数。对于未分组的数据，可以将排序后的数列表示为：$x_1 \leqslant x_2 \leqslant x_3 \leqslant \cdots \leqslant x_n$。此时，该数列根据 n 的不同取值，可能出现两种情况，即可能有奇数个数据或者偶数个数据，则其中位数的确定方式也就略有差别：

$$M_e=\begin{cases} x_{\frac{n+1}{2}} & (\text{当 } n \text{ 为奇数}) \\ \dfrac{x_{\frac{n}{2}}+x_{\frac{n}{2}+1}}{2} & (\text{当 } n \text{ 为偶数}) \end{cases} \tag{6-7}$$

简单说来，当数据个数 n 是奇数时，中位数就是处于中间位置的数据；当数据个数 n 是偶数时，中位数则是处于中间位置上的两个数据的平均数。

现在来看例 6-2 的未分组数据。数据共有 60 个，是偶数，处于中间位置的两个数据分别为 200.1 和 200.2，所以其中位数就等于这两个数的平均数，即 $M_e=200.15$。

(3) 分组数据的中位数。求分组数据的中位数，应先确定中位数的位置，即中位数所在的组：

$$\text{中位数的位置}=\frac{\sum f}{2}$$

$\sum f$ 为累计总频数，也就是全部数据的个数。

然后再由中位数所在组的下限或上限进一步确定中位数的值：

$$M_e=L+\frac{\frac{\sum f}{2}-S_{m-1}}{f_m}\times d \tag{6-8}$$

$$M_e=U-\frac{\frac{\sum f}{2}-S_{m+1}}{f_m}\times d \tag{6-9}$$

式中，L——中位数所在组的下限；

U——中位数所在组的上限；

f_m——中位数所在组的频数；

d——中位数所在组的组距；

S_{m-1}——向上累计至中位数所在组前一组的频数和；

S_{m+1}——向下累计至中位数所在组后一组的频数和。

下面计算例 6-2 数据分组后的中位数。

被分组的数据总共有 60 个，所以中位数应该在频数累计至第 30 个数据所在的组。正如表 6-2 所示，第 3 组的向上累计频数为 27，至第 4 组则为 43，所以中位数所在的组应该是第 4 组。

进一步应用式(6-8)即可求得中位数：

$$M_e=200.0+\frac{30-27}{16}\times 1.5=200.281$$

(4) 中位数的特点。由中位数的定义可见，以中位数为界，数据中有一半小于中位数，另一半则大于中位数。所以中位数是以它在数据序列中所处的位置，体现其对数据整体集中趋势的代表性。特别是对于一个等差数列或正态分布数列，中位数也就等于算术平均数。

与众数类似，中位数也不易受到个别极端值的影响，并因而缺乏敏感性。但正因为如此，在数列中出现了极端值的情况下，用中位数作为代表值反而可能比用算术平均数更好，因为中位数可以避免极端值对反映中间水平的影响。所以在统计数据的处理和分析中，应该根据需要适当结合使用中位数。

5. 算术平均数、众数及中位数的关系

算术平均数、众数及中位数三者之间的关系,与数据的分布状态直接相关。当数据的分布状态基本对称时,算术平均数、众数和中位数三者的数值非常接近甚至几乎相同,如图 6-5 所示。

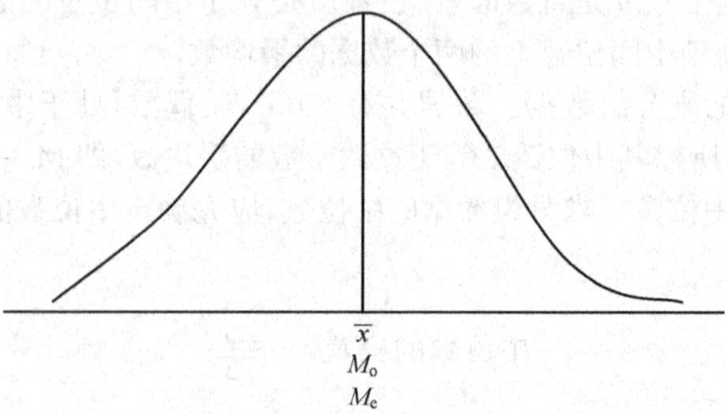

图 6-5　数据分布基本对称时,算术平均数、众数及中位数的关系

当数据的分布状态不对称时,算术平均数、众数和中位数则取值不同。此时,根据数据分布峰值的偏移方向可以大致分为正偏态和负偏态。

正偏态也称右偏态,标志是分布曲线的"尾巴"拖在右边。在这种分布状态下,算术平均数、众数及中位数三者的关系是:众数取值最小,中位数适中,算术平均数最大,如图 6-6 所示。

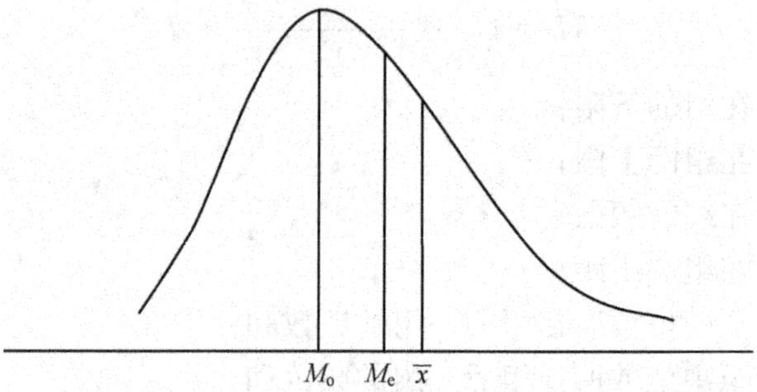

图 6-6　数据分布呈正偏态时,算术平均数、众数及中位数的关系

分布曲线的"尾巴"拖在左边的则是负偏态,也称左偏态。此时,算术平均数取值最小,中位数适中,众数最大,如图 6-7 所示。

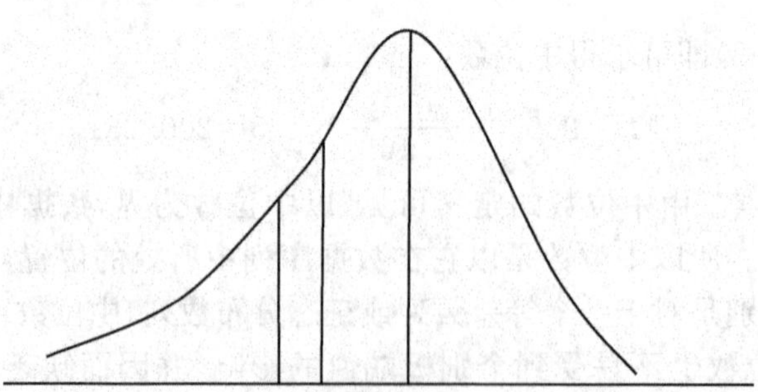

图 6-7　数据分布呈负偏态时,算术平均数、众数及中位数的关系

可见，在实际应用中，可以利用算术平均数、众数以及中位数的数量关系，来判断数据频数分布的特征。

在数据分布的偏斜程度不大的情况下，算术平均数、众数以及中位数之间还存在着近似的比例关系。此时不论是右偏还是左偏，根据经验，众数与中位数间的距离约为算术平均数与中位数之间距离的 2 倍，即 $M_e - M_o \approx 2\times(\bar{x} - M_e)$。该公式通过变换也可以更直观地表示为：

$$\begin{cases} \bar{x} \approx \dfrac{3M_e - M_o}{2} \\ M_e \approx \dfrac{M_o + 2\,\bar{x}}{3} \\ M_o \approx 3M_e - 2\,\bar{x} \end{cases} \tag{6-10}$$

（二）离散趋势

很多时候，既需要了解数据的集中程度，也需要了解数据的离散程度。离散趋势也称离中趋势，用以表征数据离散的程度。如在介绍数据分组时已经提出的全距 R，就是度量离散趋势最简单的方法之一。此外，对应于数据的集中趋势，用以度量数据离散趋势的常用方法还包括：对应于算术平均数的平均差、方差与标准差、离散系数，对应于众数的异众比率，以及对应于中位数的四分位差。

1. 平均差

平均差是各个数据与它们算术平均数的离差绝对值的算术平均数，用 $A.D.$ 表示。其取值越大，也就表示数据的离散程度越大。

对于未分组的数据，平均差的计算公式为：

$$A.D. = \frac{\sum |x - \bar{x}|}{n} \tag{6-11}$$

对于已分组的数据，可以采用加权平均差的计算公式：

$$A.D. = \frac{\sum |x - \bar{x}|\,f}{\sum f} \tag{6-12}$$

因为各个数据与它们算术平均数离差的代数和等于零，所以平均差采用了离差绝对值的形式，但这样不便于数学运算，因而平均差在实践中运用得较少。通过对平均差加以改进，就得到了方差与标准差。

2. 方差与标准差

（1）方差与标准差的定义。方差与标准差，是测度定量数据离散程度时最重要、最常用的统计指标。方差是各个数据与它们算术平均数的离差平方的平均数，通常用 σ^2 表示。方差的算术平方根就是标准差，也称均方差，通常用 σ 表示。方差开方后得到的标准差，具有与统计数据同样的计量单位和量纲，所以更便于对统计计算结果作出分析和解释。

在计算方差和标准差时，根据数据是否已经分组，可以分别采用简单平均法和加权平均法。此外，对于总体数据和样本数据，计算公式会略有不同。

（2）总体方差与标准差。首先对总体数据的方差与标准差进行计算。总体容量记为 N，则总体数据可以依次表示为 $X_1, X_2, \cdots, X_N$，总体平均数记为 $\overline{X}$。那么，对于已分组及未分组的总体数据，方差和标准差的计算公式分别为（K 为组数）：

未分组总体数据的方差：

$$\sigma^2 = \frac{\sum_{i=1}^{N}(X_i - \overline{X})^2}{N} \tag{6-13}$$

已分组总体数据的方差：

$$\sigma^2 = \frac{\sum_{i=1}^{K}(X_i - \overline{X})^2 f_i}{\sum_{i=1}^{K} f_i} \tag{6-14}$$

未分组总体数据的标准差：

$$\sigma = \sqrt{\frac{\sum_{i=1}^{N}(X_i - \overline{X})^2}{N}} \tag{6-15}$$

已分组总体数据的标准差：

$$\sigma = \sqrt{\frac{\sum_{i=1}^{K}(X_i - \overline{X})^2 f_i}{\sum_{i=1}^{K} f_i}} \tag{6-16}$$

（3）样本方差与标准差。样本方差与总体方差在计算上存在着细微的区别：总体方差是用总体数据的个数去除离差平方和；而样本方差则是将样本数据个数先减去 1，然后再去除离差平方和。

为区别于总体方差和标准差，样本方差用 s^2 表示，样本标准差用 s 表示。样本容量记为 n，样本数据依次为 $x_1, x_2, \cdots, x_n$，样本平均数用 $\overline{x}$ 表示。所以对于已分组及未分组的样本数据，其方差和标准差的计算公式分别为（k 为组数）：

未分组样本数据的方差：

$$s^2 = \frac{\sum_{i=1}^{n}(x_i - \overline{x})^2}{n-1} \tag{6-17}$$

已分组样本数据的方差：

$$s^2 = \frac{\sum_{i=1}^{k}(x_i - \overline{x})^2 f_i}{\sum_{i=1}^{k} f_i - 1} \tag{6-18}$$

未分组样本数据的标准差：

$$s = \sqrt{\frac{\sum_{i=1}^{n}(x_i - \overline{x})^2}{n-1}} \tag{6-19}$$

已分组样本数据的标准差：

$$s=\sqrt{\frac{\sum_{i=1}^{k}(x_i-\overline{x})^2 f_i}{\sum_{i=1}^{k}f_i-1}} \tag{6-20}$$

例 6-2 中的 60 个数据即为一个样本，现在来计算一下其分组后样本数据的方差和标准差。在前面介绍分组数据的算术平均值时，已经求得其分组后的算术平均数$\overline{x}=200.35$。再对照表 6-1 中的分组情况以及各组的频数和组中值，应用已分组样本数据的方差计算公式式(6-18)，就可以得到：

$$s^2=\frac{(196.25-200.35)^2\times 5+(197.75-200.35)^2\times 8+\cdots+(205.25-200.35)^2\times 3}{60-1}$$

进一步计算即得到，样本方差 $s^2=5.558$。

应用式(6-20)将样本方差开方，得到样本标准差 $s=2.358$。

直观理解，标准差反映的就是全部数据偏离均值的一个平均程度。例 6-2 中，袋装食品抽样偏离均值的平均重量就是 2.358 克。

3. 离散系数

(1) 离散系数的含义。前面介绍的离散趋势测度方法，最终得到的数值都是反映数据离散程度的一个绝对量。此时，其数值的大小一方面与数据值绝对量的整体水平有关，即当离散程度相当时，数据值绝对量的整体水平越高，其离散趋势的测度值自然也就越大，而数据值绝对量的整体水平越低，离散趋势的测度值自然也就越小；另一方面，其测度值的大小也与数据值的计量单位有关，当数据值采用不同的计量单位时，其离散趋势测度值的绝对量也就相应不同。因此，对于绝对量水平不同或计量单位不同的数据，其离散程度显然不能用上述测度值进行直接比较，而需要引入一个度量离散趋势的相对量。

离散系数，也称变异系数，就满足了这种要求，它消除了数据值绝对量水平高低以及计量单位不同对考察离散程度相对水平的影响。离散系数是采用离差值与平均数的比值，通常用百分数表示。

(2) 标准差系数及公式。离散系数有多种计算方法，但最常用的是标准差系数。标准差系数就是数据的标准差与其相应的均值之比，公式为：

$$V_\sigma=\frac{\sigma}{X}\times 100\% \text{或} V_s=\frac{s}{x}\times 100\% \tag{6-21}$$

式中，V_σ——总体标准差系数；

V_s——样本标准差系数。

可以应用式(6-21)来计算例 6-2 分组数据的样本标准差系数。前面已经求得其样本标准差 $s=2.358$，样本算术平均数$\overline{x}=200.35$，据此即可以求得其样本标准差系数：

$$V_s=\frac{2.358}{200.35}\times 100\%=1.18\%$$

应用标准差系数等离散系数，就可以针对不同类型或组别的数据，对它们的离散程度进行比较。离散系数较大说明该组数据的离散程度相对较大，而离散系数较小则说明该组数据的离散程度也相对较小。

4. 异众比率

对应于众数对数据集中趋势的测度，可以在此基础上用异众比率度量其数据的离散趋

势。异众比率是非众数(组)的频数占总频数的比重,通常用 V_r 表示。其具体的计算公式为:

$$V_r = \frac{\sum f - f_m}{\sum f} = 1 - \frac{f_m}{\sum f} \tag{6-22}$$

式中,f_m——众数(组)频数。

在例 6-1 中,众数 M_o=“一等品”,对应的频数为 49,则其异众比率为:

$V_r = 1 - \frac{49}{100} = 51\%$

在例 6-2 的分组数据中,众数组是第 4 组,对应的频数为 16。应用式(6-22)可以求得它的异众比率:

$V_r = 1 - \frac{16}{60} = 73.3\%$

显而易见,异众比率的取值范围是介于 0 和 1 之间。具体说来,其取值越大,也就是众数(组)的频数占总频数的比例越小,那么众数的代表性也就越差;反之,异众比率越小,也就说明众数的代表性越好,即数据的集中趋势程度越高。

5. 四分位差

四分位差是对应于中位数对集中趋势的刻画,用以描述数据离散程度的一种方法。类似于中位数选取在数列中间位置的数据值的思想,应用四分位差时,可以将数列进行四等分,选取位于四分之一和四分之三位置上的两个数据值,分别记为 Q_1 和 Q_3。那么四分位差就等于 Q_3 减去 Q_1 的差值,用 QD(quartile deviation)表示,即:

$$QD = Q_3 - Q_1 \tag{6-23}$$

将其应用于例 6-2 的未分组数据,容易得到:$Q_1 = 198.7$,$Q_3 = 201.7$,所以其四分位差为:

$QD = Q_3 - Q_1 = 3$

可以发现,四分位差其实就是最中间 50%数据的全距,而且四分位差同样不会受到极端值的影响。四分位差越小,则中位数对数据集中趋势的代表性越好;四分位差越大,则中位数的代表性也就越差。

第二节　随机变量及其概率分布

质量管理中的很多质量特性,在给定的条件下人们并不能确切地预知其数值等结果,如上一节中袋装食品重量的例子,虽然这些袋装食品出自同样的生产条件甚至同一条生产线,但人们却无法预知每一袋产品的确切重量,类似这样的现象就叫做随机现象。随机现象的某一种结果被称为随机事件。为针对广泛存在的随机现象进行统计分析,需要引入随机变量等相关概念,进而讨论其概率分布的情况。

一、随机变量

（一）随机变量的含义和表示

随机变量就是用来表示随机现象结果的变量，其取值带有随机性，即具体取何值事先无法确定。作为表征产品性能的指标，产品的质量特性数据普遍都具有随机性，所以每个质量特性本身也就是一个随机变量。

随机变量通常用大写字母 X、Y、Z 等表示，而它们的取值则通常用相应的小写字母 x、y、z 等表示。

以下几个例子用以加深对随机变量含义的理解，并逐渐熟悉其表示方式。

当检验一个产品质量是否合格的时候，结果会有两种可能：既可能是合格品，也可能是不合格品。所以如果用一个随机变量 X 来表示检验一个产品时的不合格品数，那么 X 就是一个可能取 0 或 1 这两个数值的随机变量。即“$X=0$”表示该产品是合格品，而“$X=1$”表示该产品是不合格品。

类似地，当同时检验两个产品的时候，随机变量不合格品数 X 的全部可能取值就是 0，1，2 这三个数；同时检验三个产品的时候，X 的全部可能取值就是 0，1，2，3；以此类推，在 n 个产品中，不合格品的个数是一个随机变量，且其可能的取值有 $n+1$ 个：$0,1,2,\cdots,n$。

用 Y 来表示一个铸件内的气孔数，显而易见，Y 也是一个随机变量。Y 可能的取值为：$0,1,2,\cdots$（即任意的非负整数值）。随机变量 Y 的不同取值，对应地表示了不同含义的事件，例如，“$Y=0$”表示的事件为铸件内没有气孔，“$Y=3$”表示铸件内有三个气孔，“$Y>5$”表示铸件内的气孔多于五个，等等。

不难理解，一台电冰箱的使用寿命（单位：小时）也是一个随机变量，可以用 Z 来表示。则随机变量 Z 的可能取值就是一个区间 $[0,\infty)$ 上的任意实数。Z 的各种可能取值也表示了各种不同的事件，例如，“$Z=0$”表示电冰箱买来时就存在故障，“$Z\leqslant 20\ 000$”表示电冰箱的使用寿命不超过两万小时，等等。

（二）随机变量的类型

根据随机变量取值类型的不同，随机变量可以分为两种：离散型随机变量和连续型随机变量。

离散型随机变量是只能取有限个或可数个数值的随机变量。前面例子中的不合格品数 X、铸件内的气孔数 Y 都是离散型随机变量。

连续型随机变量是指可以取一个或多个区间中任意实数值的随机变量。前面例子中电冰箱的使用寿命 Z 便是连续型随机变量，例 6-2 中的袋装食品质量事实上也属于连续型随机变量。

二、随机变量的概率分布

（一）随机变量概率分布的含义

前面介绍了随机变量的两个基本特点之一，即随机变量的取值具有随机性；下面要重点研究随机变量的另一个基本特点——取值的统计规律性。

随机变量的取值具有统计规律性，也就是说，对于一个随机变量，完全可以确定其取某个值或在某个区间内取值的概率。在研究随机变量时，既需要了解随机变量所有可能的取值，还需要知道它取这些值的可能性具体是多少。因此，引入了随机变量概率分布的概念。随机变量所有的可能取值的集合或区间与其对应的概率叫做随机变量的概率分布。随机变量的统计性质就是由它的概率分布来表征的。

不同类型的随机变量，其概率分布也不相同。下面分别介绍离散型随机变量的概率分布和连续型随机变量的概率分布。

（二）离散型随机变量的概率分布

设一个离散型随机变量 X 的所有可能取值为 $x_i(i=1,2,\cdots,n)$，并且与其相对应的概率 $P(X=x_i)=p_i$ 都是已知的，即该随机变量的概率分布是确定的。用表格的形式可以更直观地表示出来，称为离散型随机变量的分布列或分布函数，如表 6-3 所示。

表 6-3　随机变量的概率分布

X	x_1	x_2	…	…	x_i	…	…
P	p_1	p_2	…	…	p_i	…	…

离散型随机变量的概率分布具有下面两个性质：

$$\begin{cases} 0 \leqslant p_i \leqslant 1 \\ \sum_i p_i = 1 \end{cases} \quad (i=1,2,\cdots)$$

这两个性质也表明了离散型概率分布的非负性和完备性。

下面的例子有助于熟悉离散型随机变量的概率分布。

【例 6-3】 现在有 10 件某种电子产品，其中 3 件是次品，如果从中任取两件产品，用随机变量 X 表示“抽得的次品数”，考察 X 的概率分布。

显然，X 可能的取值为 0，1，2；应用古典概率的计算方法，也容易得到其对应的概率分别为：

$$P(X=0)=\frac{C_7^2}{C_{10}^2}=\frac{7}{15}$$

$$P(X=1)=\frac{C_3^1C_7^1}{C_{10}^2}=\frac{7}{15}$$

$$P(X=2)=\frac{C_3^2}{C_{10}^2}=\frac{1}{15}$$

所以其概率分布如表 6-4 所示。

表 6-4　抽取次品数的概率分布

X	0	1	2
P	$\frac{7}{15}$	$\frac{7}{15}$	$\frac{1}{15}$

于是，由上面的概率分布容易得到，当随机抽取两件产品时，它们不全是次品的概率为：

$$P(X\neq 2)=P(X=0)+P(X=1)=\frac{7}{15}+\frac{7}{15}=\frac{14}{15}$$

而抽取两件产品至少有一件是次品的概率为：

$$P(X\geqslant 1)=P(X=1)+P(X=2)=\frac{7}{15}+\frac{1}{15}=\frac{8}{15}$$

在例 6-1 中，抽取某种产品 100 个，检验得：特等品 20 个、一等品 49 个、二等品 28 个、残次品 3 个。将该统计抽样的结果作为该种产品质量等级的概率分布的参考值，随机抽取一件该种产品。该件产品的等级 X 作为一个随机变量，可以得到其概率分布如表 6-5 所示。

表 6-5　产品等级的概率分布

X	特等品	一等品	二等品	残次品
P	$\frac{20}{100}$	$\frac{49}{100}$	$\frac{28}{100}$	$\frac{3}{100}$

所以随机抽取一件该种产品，该件产品为合格品的概率为：

$$P(X\neq\text{残次品})=P(X=\text{特等品})+P(X=\text{一等品})+P(X=\text{二等品})=\frac{97}{100}$$

【例 6-4】　某种机械产品的故障维修时间 X（以整小时记数）是一个随机变量，且其概率分布如表 6-6 所示。

表 6-6　维修时间的概率分布

X/小时	1	2	…	n	…
P	$\frac{1}{2}$	$\frac{1}{4}$	…	$\frac{1}{2^n}$	…

由此可知，当一台该种产品出现故障时，可以在 n 个小时内将其维修好的概率即为：

$$P(X\leqslant n)=\sum_{i=1}^{n}\frac{1}{2^i}=1-\frac{1}{2^n}\tag{6-24}$$

（三）连续型随机变量的概率分布

1. 概率密度函数

对于连续型随机变量，其具体取值并不能一一列举出来，所以也就不能像离散型随机变量那样，用列表等方式来描述其取值以及概率，而是需要采用连续函数的形式来表述其概率分布的情况。这样的函数称为连续型随机变量 X 的概率密度函数，对应于 X，用 $f(x)$ 来表示。

类似于离散型随机变量概率分布的两个性质，连续型随机变量 X 的概率密度函数也需要满足下面两个条件：

$$\begin{cases}f(x)\geqslant 0\\ \int_{-\infty}^{+\infty}f(x)\mathrm{d}x=1\end{cases}$$

事实上，连续型随机变量概率密度函数 $f(x)\geqslant 0$ 的含义，也就对应于离散型随机变量概

率分布的 $0\leqslant p_i\leqslant 1$,即非负性;而连续概率密度函数需要满足的 $\int_{-\infty}^{+\infty} f(x)\mathrm{d}x=1$,其实也就是 $P(-\infty<X<\infty)=1$,即离散概率分布的性质 $\sum_i p_i=1$。可见,它们的内涵其实是一致的。

所以,连续型随机变量的概率密度函数一定是在 x 轴的上方,且它在整个 x 轴上的积分等于 1,不同的概率密度函数 $f(x)$ 则表示了连续型随机变量不同的概率分布规律。

2. 概率分布函数

对于连续型随机变量 X 取值的某个值域区间 (a,b) 或 $[a,b]$,在该区间上对其概率密度函数 $f(x)$ 的定积分,就是随机变量 X 在该区间上取值对应的概率。对概率密度函数 $f(x)$ 的定积分称为该连续型随机变量的概率分布函数,用 $F(x)$ 表示。$f(x)$ 和 $F(x)$ 统称为随机变量 X 的概率分布。

通常,对于一个具体的取值 a,概率分布函数 $F(a)$ 表示的概率为:

$$F(a)=\int_{-\infty}^{a} f(x)\mathrm{d}x \tag{6-25}$$

因此,可以用概率分布函数 $F(x)$ 表示随机变量 X 在区间 (a,b) 或 $[a,b]$ 上取值的概率:

$$P(a\leqslant x\leqslant b)=\int_{a}^{b} f(x)\mathrm{d}x=F(b)-F(a) \tag{6-26}$$

定积分的几何意义是其对应曲边形的面积,所以上述连续型随机变量的概率的几何意义,其实也就是其相应取值区间上概率密度函数曲线与 x 轴之间所形成的面积,如图 6-8 中斜线部分所示。

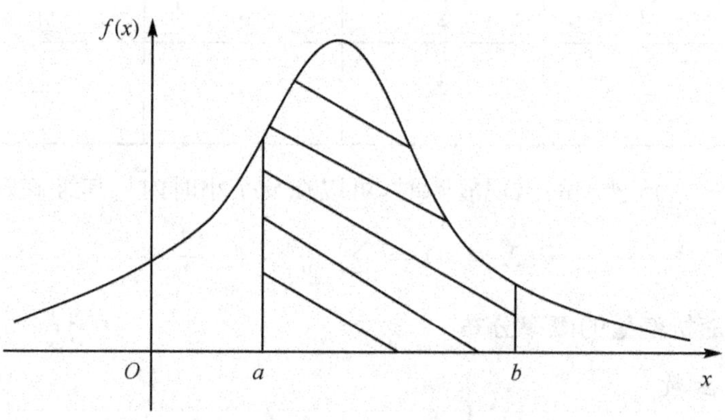

图 6-8　连续型随机变量概率的几何意义

显而易见,连续型随机变量在一个具体取值点上的概率为 0。所以,对于连续型随机变量 X 而言,在区间 (a,b) 上或在区间 $[a,b]$ 上取值的概率是相同的。

(四)随机变量的数学特征

随机变量有一些重要的数学特征,可以表征其分布的集中位置、离散程度等具体信息,主要包括随机变量的数学期望、方差与标准差。

1. 随机变量的数学期望

随机变量的数学期望用以表征随机变量分布的中心位置。它是随机变量的一切可能取值以其相应的概率作为权数的算术平均值，用 $E(X)$ 表示。离散型随机变量和连续型随机变量数学期望的计算公式依次为：

$$E(X)=\sum_{i=1}^{n}x_ip_i \tag{6-27}$$

$$E(X)=\int_{-\infty}^{+\infty}xf(x)\mathrm{d}x \tag{6-28}$$

在上面两式中，式(6-28)的积分需要满足绝对收敛的条件；在式(6-27)中，当 $n=\infty$ 时，其求和级数也应该绝对收敛。

下面应用式(6-27)来计算例 6-3 和例 6-4 中随机变量的数学期望。

由例 6-3 的概率分布，可得其数学期望：

$$E(X)=\sum_{i=1}^{3}x_ip_i=0\times\frac{7}{15}+1\times\frac{7}{15}+2\times\frac{1}{15}=\frac{3}{5}$$

也就是说，每次抽取两件产品，其中次品的个数平均为 $\frac{3}{5}$ 个。

例 6-4 中随机变量故障维修时间 X 的数学期望为：

$$E(X)=\sum_{i=1}^{\infty}x_ip_i=1\times\frac{1}{2}+2\times\frac{1}{4}+3\times\frac{1}{8}+\cdots+n\times\frac{1}{2^n}+\cdots$$

这是一个级数求和问题，稍加变换即可得到：

$$\begin{aligned}E(X)&=2E(X)-E(X)\\&=2\left(1\times\frac{1}{2}+2\times\frac{1}{4}+3\times\frac{1}{8}+\cdots+n\times\frac{1}{2^n}+\cdots\right)-\\&\quad\left(1\times\frac{1}{2}+2\times\frac{1}{4}+3\times\frac{1}{8}+\cdots+n\times\frac{1}{2^n}+\cdots\right)\\&=\left(1+\frac{2}{2}+\frac{3}{4}+\frac{4}{8}+\cdots+\frac{n+1}{2^n}+\cdots\right)-\left(\frac{1}{2}+\frac{2}{4}+\frac{3}{8}+\cdots+\frac{n}{2^n}+\cdots\right)\\&=1+\left(\frac{2}{2}-\frac{1}{2}\right)+\left(\frac{3}{4}-\frac{2}{4}\right)+\left(\frac{4}{8}-\frac{3}{8}\right)+\cdots+\left(\frac{n+1}{2^n}-\frac{n}{2^n}\right)+\cdots\\&=1+\frac{1}{2}+\frac{1}{4}+\frac{1}{8}+\cdots+\frac{1}{2^n}+\cdots\\&=2\end{aligned}$$

所以，机械故障所需的维修时间平均为 2 小时。

随机变量的数学期望具有如下一些基本的运算性质：

(1) 常量 c 的数学期望，等于该常量本身：

$$E(c)=c \tag{6-29}$$

(2) 随机变量与一个常量之和的数学期望，等于随机变量的数学期望与这个常量的和：

$$E(X+c)=E(X)+c \tag{6-30}$$

(3) 随机变量与一个常量乘积的数学期望，等于随机变量的数学期望与这个常量的积：

$$E(cX)=cE(X) \tag{6-31}$$

(4) 两个随机变量的和或差的数学期望，等于它们各自数学期望的和或差：

$$E(X\pm Y)=E(X)\pm E(Y) \tag{6-32}$$

该性质也可以推广到多个随机变量和或差的情形，即：

$$E\left(\sum_{i=1}^{n} \pm X_i\right) = \sum_{i=1}^{n} \pm E(X_i) \tag{6-33}$$

(5) 两个独立随机变量乘积的数学期望,等于这两个随机变量数学期望的乘积:

$$E(XY) = E(X)E(Y) \tag{6-34}$$

2. 随机变量的方差与标准差

数学期望描述了随机变量分布的集中趋势,而随机变量的方差与标准差描述了随机变量分布的离散特征。

在求得一个随机变量的数学期望后,可以进一步求得该随机变量的方差。其方差就是该随机变量与其数学期望离差平方的数学期望,记为 $D(X)$或 $\mathrm{Var}(X)$:

$$D(X) = E[X - E(X)]^2 \tag{6-35}$$

其平方根即为该随机变量的标准差。

根据式(6-35)可以得到离散型随机变量和连续型随机变量方差的具体计算公式,分别为:

$$D(X) = \sum_{i=1}^{n} [x_i - E(X)]^2 p_i \tag{6-36}$$

$$D(X) = \int_{-\infty}^{+\infty} [x - E(X)]^2 f(x)\mathrm{d}x \tag{6-37}$$

事实上,还可以利用随机变量的数学期望的运算性质,从式(6-35)进一步推导出方差计算的简化公式:

$$\begin{aligned} D(X) &= E[X - E(X)]^2 \\ &= E[X^2 - 2X \cdot E(X) + E^2(X)] \\ &= E(X^2) - E[2X \cdot E(X)] + E[E^2(X)] \end{aligned}$$

此时,因为 $E(X)$本身是一个已经求得的常数,所以可以继续推得:

$$\begin{aligned} D(X) &= E(X^2) - 2E(X) \cdot E(X) + E^2(X) \\ &= E(X^2) - E^2(X) \end{aligned} \tag{6-38}$$

在实际应用当中,式(6-38)通常会比式(6-35)更便于计算,因此得到了更普遍的应用。

应用式(6-36)和式(6-38),分别计算例 6-3 中随机变量的方差。

先应用式(6-36):

$$\begin{aligned} D(X) &= \sum_{i=1}^{n} [x_i - E(X)]^2 p_i = \left(0 - \frac{3}{5}\right)^2 \times \frac{7}{15} + \left(1 - \frac{3}{5}\right)^2 \times \frac{7}{15} + \left(2 - \frac{3}{5}\right)^2 \times \frac{1}{15} \\ &= \frac{28}{75} \end{aligned}$$

再应用式(6-38):

$$D(X) = E(X^2) - E^2(X) = \left(0^2 \times \frac{7}{15} + 1^2 \times \frac{7}{15} + 2^2 \times \frac{1}{15}\right) - \left(\frac{3}{5}\right)^2 = \frac{11}{15} - \frac{9}{25} = \frac{28}{75}$$

结果当然是相同的。

前面已经求得例 6-4 中维修时间 X 的数学期望值为 2,应用式(6-38)计算其方差:

$$D(X) = E(X^2) - E^2(X) = \sum_{i=1}^{\infty} \frac{i^2}{2^i} - 4$$

应用级数变换等方法,即可求得其方差等于 2。

随机变量的方差具有下列运算性质：

(1) 常量 c 的方差等于 0：

$$D(c)=0 \tag{6-39}$$

(2) 随机变量与一个常量之和的方差，等于该随机变量的方差：

$$D(X+c)=D(X) \tag{6-40}$$

(3) 随机变量与一个常量乘积的方差，等于该随机变量的方差与这个常量的平方的乘积：

$$D(cX)=c^2D(X) \tag{6-41}$$

(4) 两个独立随机变量的和或差的方差，等于它们各自方差的和：

$$D(X\pm Y)=D(X)+D(Y) \tag{6-42}$$

该性质也可以推广到多个相互独立随机变量的和或差的情形，即：

$$D(\sum_{i=1}^{n}\pm X_i)=\sum_{i=1}^{n}D(X_i) \tag{6-43}$$

(五) 常用的离散型概率分布

1. 两点分布

两点分布也称伯努利(Bernoulli)分布或 0-1 分布。

如果一个随机变量 X 只能取 0 和 1 两个值，把其取 1 的概率记为 p，取 0 的概率记为 q，$q=1-p$，则称 X 服从参数为 p 的两点分布。

两点分布是最简单的离散型随机变量概率分布。

容易求得，服从两点分布随机变量的数学期望与方差分别为：

$$E(X)=\sum_{i=1}^{2}x_ip_i=1\times p+0\times q=p \tag{6-44}$$

$$D(X)=E(X^2)-E^2(X)=p-p^2=p(1-p)=pq \tag{6-45}$$

服从两点分布的随机变量通常都是定性数据，其属性只有两种对立的可能结果，如产品的质量分为合格与不合格等。在统计学上，把这种只有两种可能结果的随机试验称为伯努利试验。

2. 二项分布

以两点分布为基础，如果在相同条件下将伯努利试验独立地重复 n 次，就称该试验为 n 重伯努利试验。

二项分布，就是 n 重伯努利试验中取 1 的次数的概率分布，是一种常用的离散型概率分布，其确切的定义为：

在 n 次重复独立试验中，用随机变量 X 来表示事件 A 出现的次数，且 $P(A)=p$，则：

$$P(X=k)=C_n^kp^kq^{n-k}(k=1,2,3,\cdots,n) \tag{6-46}$$

称 X 服从参数为 n,p 的二项分布，记作 $X\sim B(n,\ p)$。

定义中 C_n^k 表示的是在 n 次试验中事件 A 出现 k 次的组合数，其具体的计算公式为：

$$C_n^k=\frac{n(n-1)\cdots(n-k+1)}{k(k-1)\cdots1}=\frac{n!}{(n-k)!\,k!} \tag{6-47}$$

对于服从二项分布的随机变量 X，可以求得其数学期望和方差分别为：

$$E(X)=np$$
$$D(X)=npq$$

【例 6-5】 某工作班组大量生产一种精密铸件，经过长期统计得知其不合格品率为 0.03，平时在质量管理中每天抽取 5 件产品进行质量检验，如出现不合格品则需检修相关机械设备，现在需要分析每天抽取的 5 件产品中，出现不合格品数量的概率分布情况。

本题抽取的 5 件产品中出现不合格品的数量 X，就是服从二项分布的离散型随机变量，且此处 $n=5$，$p=0.03$，所以 $X\sim B(5,\ 0.03)$。

分别计算 X 各个可能取值的概率：

$P(X=0)=C_5^0 0.03^0(1-0.03)^{5-0}=0.97^5=0.858\ 7$

$P(X=1)=C_5^1 0.03^1(1-0.03)^{5-1}=5\times 0.03\times 0.97^4=0.132\ 8$

$P(X=2)=C_5^2 0.03^2(1-0.03)^{5-2}=10\times 0.03^2\times 0.97^3=0.008\ 2$

$P(X=3)=C_5^3 0.03^3(1-0.03)^{5-3}=10\times 0.03^3\times 0.97^2=0.000\ 3$

$P(X=4)\approx 0.000\ 0$

$P(X=5)\approx 0.000\ 0$

可见，出现不合格品需要检修机械设备的概率：

$P(X>0)=1-P(X=0)=14.13\%$

其中，抽取的 5 件产品中出现 2 件或 3 件不合格品的概率都不足 1%，分别只有 0.82% 和 0.03%，出现 4 件或 5 件的概率更是微乎其微。也就是说，抽取的 5 件产品中出现多于一件不合格品的概率 $P(X>1)$ 仅为 0.85%。

显而易见，当 $n=1$ 时，二项分布就简化成了它的特例——两点分布。而当 n 较大时，用二项分布的公式来计算概率会比较烦琐，所以人们编制了二项分布数值表，用以辅助相关计算。

通常可以用二项分布来解决有放回抽样或者总体较大时的无放回抽样等实际问题。

3. *超几何分布*

二项分布适用的抽样条件是有放回抽样或总体较大时的无放回抽样，当对一个有限总体进行无放回抽样时，其样本中具有某种特征的个体数目，就不再服从二项分布，而是服从超几何分布。

一个确定有限总体的容量记为 N，其中具有某种特征的个体数目记为 M，对这个总体进行 n 次无放回简单随机抽样，用 X 表示样本中具有某种特征的个体数目，则 X 服从参数为 N,M,n 的超几何分布。

超几何分布的概率为：

$$P(X=k)=\frac{C_M^k C_{N-M}^{n-k}}{C_N^n}(k=0,1,2,\cdots,\min\{n,M\}) \tag{6-48}$$

式中，k——样本中具有某种特征的个体的数目。

超几何分布的数学期望与方差分别为：

$$E(X)=\frac{nM}{N} \tag{6-49}$$

$$D(X)=\frac{n(N-n)}{N-1}\cdot\frac{M}{N}\left(1-\frac{M}{N}\right) \tag{6-50}$$

4. 泊松分布

如果一个随机变量 X 的可能取值为 $0,1,2,\cdots,k,\cdots$，且其概率为：

$$P(X=k)=\frac{\lambda^k}{k!}\mathrm{e}^{-\lambda} \tag{6-51}$$

其中，$\lambda>0$，自然对数底 $\mathrm{e}=2.718\ 28\cdots$，$k=0,1,2,\cdots$，则称 X 服从参数为 λ 的泊松(Poisson)分布，记为 $X\sim P(\lambda)$。

由幂级数相关性质可以证明：

$$\sum_{k=0}^{\infty}P(X=k)=\sum_{k=0}^{\infty}\frac{\lambda^k}{k!}\mathrm{e}^{-\lambda}=\mathrm{e}^{-\lambda}\sum_{k=0}^{\infty}\frac{\lambda^k}{k!}=\mathrm{e}^{-\lambda}\cdot\mathrm{e}^{\lambda}=1 \tag{6-52}$$

泊松分布的数学期望与方差为：

$$E(X)=D(X)=\lambda \tag{6-53}$$

泊松分布可以用来描述很多随机事件的概率分布，特别是用来刻画稀有事件出现的概率，如纱锭的断头数、铸件内的气孔数、布匹上的疵点数、一定时间内某机床发生的故障数等。

回顾前面介绍过的二项分布 $P(X=k)=C_n^k p^k q^{n-k}$，可以证明：当 n 较大而 p 很小($p<0.1$)时，$C_n^k p^k q^{n-k}\approx\frac{(np)^k}{k!}\mathrm{e}^{-np}$。所以在实际应用中，当满足上述条件时，就可以用泊松分布作为二项分布的近似，进行计算。此时通常用 np 来估计 λ，即在泊松分布的概率公式 $P(X=k)=\frac{\lambda^k}{k!}\mathrm{e}^{-\lambda}$ 中，令 $\lambda=np$。

在例 6-5 中，精密铸件不合格品率 $p=0.03<0.1$，在此不妨将其抽样个数提高至 20，即令 $n=20$，于是可以大致认为其"n 较大而 p 很小"。令：

$\lambda=np=20\times0.03=0.6$

以抽样中没有不合格品及只有一件不合格品的两种情形为例，分别采用二项分布和泊松分布来计算它们的概率，并对比两者的计算结果。

(1) 抽样中没有不合格品(即 $X=0$)的概率。

二项分布：

$$P(X=0)=C_{20}^0 0.03^0(1-0.03)^{20-0}=0.97^{20}=0.543\ 8$$

泊松分布：

$$P(X=0)=\frac{0.6^0}{0!}\mathrm{e}^{-0.6}=\mathrm{e}^{-0.6}=0.548\ 8$$

(2) 抽样中只有一件不合格品(即 $X=1$)的概率。

二项分布：

$$P(X=1)=C_{20}^{1}0.03^{1}(1-0.03)^{20-1}=20\times0.03\times0.97^{19}=0.3364$$

泊松分布：

$$P(X=1)=\frac{0.6^{1}}{1!}e^{-0.6}=0.6\times e^{-0.6}=0.3293$$

两组对比数据的差异分别只有 0.005 和 0.007 1，可见两者确实非常接近，所以用泊松分布可以很好地估算二项分布。

对泊松分布的计算，也可以直接查取泊松分布表。

（六）正态分布

正态分布是一种连续型随机变量概率分布，是统计学中最基本、最重要的一种分布。其重要性表现为：首先，正态分布是最常见的一种分布，凡取值受到诸多独立因素共同影响的随机变量一般都符合正态分布，因而大量的随机变量都服从正态分布；其次，许多其他概率分布可以由正态分布来导出或者近似计算，如二项分布，当 n 充分大时就近似于正态分布。

所以，无论在理论上还是在生产实践中，正态分布有着极其广泛的应用。同样，正态分布也是质量管理中应用最频繁的分布，如产品误差、质量指数等众多质量特性的统计规律都用正态分布来描述。

1. 正态分布的定义

正态分布的概率密度函数有时也简称正态函数，或称为高斯(Gauss)函数。

其具体形式为：

$$f(x)=\frac{1}{\sqrt{2\pi}\sigma}e^{-\frac{1}{2\sigma^{2}}(x-\mu)^{2}}\quad(-\infty<x<+\infty)\tag{6-54}$$

式中，μ、$\sigma(\sigma>0)$为常数。

以式(6-54)为其概率密度函数的连续型随机变量 X，被称为服从参数为 μ,σ 的正态分布，记为 $X\sim N(\mu,\sigma^{2})$。

虽然正态分布的概率密度公式看起来较为复杂，但在对其进行具体的数值计算时，事实上会简单得多，可以通过标准化及查表来完成，相关内容后文将会介绍。

小贴士

正态分布

正态分布的概念是由法国数学家亚伯拉罕·棣莫弗(Abraham De Moivre)于 1733 年首先提出来的。棣莫弗在一家名为屠夫咖啡屋的赌坊里谋生，他几乎可以计算出任何赌博游戏的赔率，正态分布正是他为估算二项分布而采用的。虽然当时工作的环境恶劣，但不可否认，棣莫弗是一位伟大的统计学家。作为皇家学会的成员，他也是科学巨人牛顿的密友。

但是直到 1809 年，德国数学家高斯将正态分布应用于预测天体位置的研究，正态分布的巨大意义才真正开始得到体现。正是这个原因，后人将正态分布也称为高斯分布。

2. 正态分布曲线

正态分布的曲线是一条对称的钟形曲线，中间高两边低，通常称为正态曲线，如图 6-9

所示。

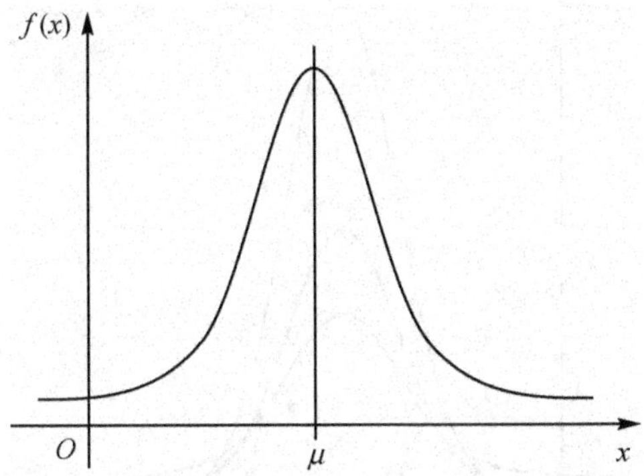

图 6-9　正态曲线

由图 6-9 可见，正态曲线位于横轴上方，是一个单峰值曲线。正态曲线以直线 $x=\mu$ 为对称轴，当 $x<\mu$ 时，曲线单调上升；当 $x>\mu$ 时，曲线单调下降。正态曲线向左右两边无限延伸，以 x 轴为渐近线，可以无限逼近 x 轴，但不会与其相交。而且，正态函数在 $x=\mu$ 处取得极大值：$f(\mu)=\frac{1}{\sqrt{2\pi}\sigma}$。

μ 是正态分布随机变量 X 的数学期望，即正态分布的均值。它确定了正态曲线的对称轴在横轴上的位置。当 σ^2 相同而 μ 的取值不同时，正态曲线形状相同但位置不同，如图 6-10所示。

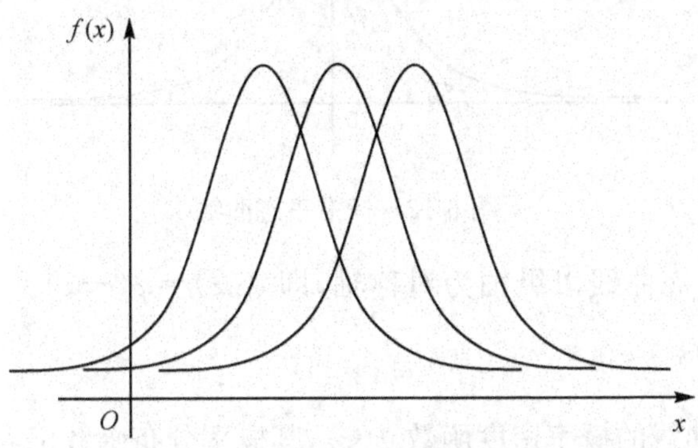

图 6-10　μ 的取值不同时的正态曲线

σ^2 是正态分布的方差。它决定了正态曲线的形状，即 σ^2 越大，曲线越“矮胖”；σ^2 越小，曲线越“瘦高”。当均值 μ 相同而方差 σ^2 的取值不同时，正态曲线对称轴相同但形状不同，如图 6-11 所示。

3. 标准正态分布

在不同参数的正态分布中，存在一种参数取值的情形，使得正态函数及其相关计算得到极大的简化，这就是标准正态分布。

用 Z 表示标准正态分布的随机变量，用 z 表示其具体的取值。当 $\mu=0,\sigma^2=1$ 时，称 Z 服从标准正态分布或单位正态分布，即 $Z\sim N(0,1)$，并将其密度函数记为 $\varphi(z)$：

$$\varphi(z)=\frac{1}{\sqrt{2\pi}}e^{-\frac{z^2}{2}}\quad(-\infty<z<+\infty)\tag{6-55}$$

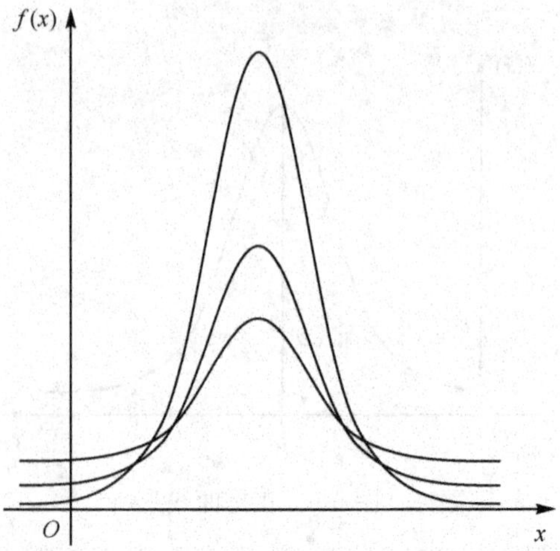

图 6-11　σ^2 的取值不同时的正态曲线

标准正态曲线如图 6-12 所示。

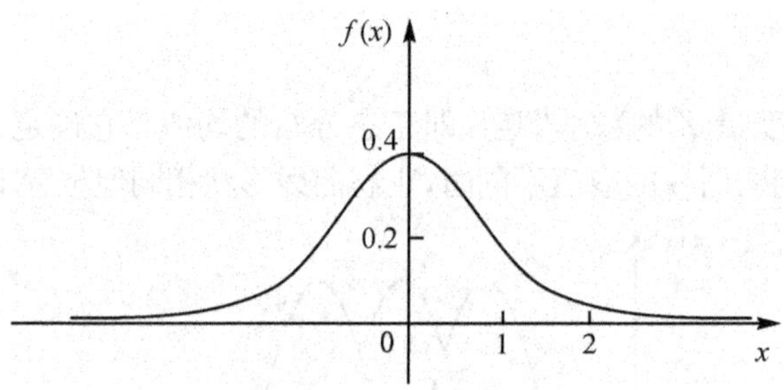

图 6-12　标准正态曲线

可以看出，标准正态曲线以纵轴为对称轴，即 $\varphi(z)=\varphi(-z)$。其极大值在 $z=0$ 时取得：$\varphi(0)=\dfrac{1}{\sqrt{2\pi}}\approx0.398\ 9\approx0.4$

对应于标准正态曲线的概率密度函数 $\varphi(z)$，其概率分布函数记为 $\Phi(z)$，具体公式为：

$$\Phi(z)=\int_{-\infty}^{z}\varphi(x)\,\mathrm{d}x=\int_{-\infty}^{z}\frac{1}{\sqrt{2\pi}}\mathrm{e}^{-\frac{x^2}{2}}\,\mathrm{d}x \tag{6-56}$$

在计算标准正态分布的相关概率时，结合其以纵轴为对称轴的性质，可以总结出如下一些关于其概率分布的计算公式：

$$P(Z\leqslant a)=P(Z<a)=\Phi(a) \tag{6-57}$$

$$P(Z\geqslant a)=P(Z>a)=1-\Phi(a) \tag{6-58}$$

$$P(a\leqslant Z\leqslant b)=\Phi(b)-\Phi(a) \tag{6-59}$$

$$\Phi(-a)=1-\Phi(a) \tag{6-60}$$

$$P(|Z|\leqslant a)=P(|Z|<a)=2\Phi(a)-1 \tag{6-61}$$

可以将上述公式中的各个概率在标准正态曲线中分别表示出来，稍加观察，就可以很直观地理解并记住这些公式。

可见，只要能求得标准正态分布的概率分布函数，就可以很容易地完成相关的概率计算。

实际应用中，在对标准正态分布概率进行具体的数值计算时，可以从标准正态分布表（见表 6-7）中直接查取给定 z 值对应的概率分布函数 $\Phi(z)$ 的数值，或从 $\Phi(z)$ 的数值查得 z 值。

表 6-7　标准正态分布表

z	0.00	0.01	0.02	0.03	0.04	0.05	0.06	0.07	0.08	0.09
0.0	0.500 0	0.504 0	0.508 0	0.512 0	0.516 0	0.519 9	0.523 9	0.527 9	0.531 9	0.535 9
0.1	0.539 8	0.543 8	0.547 8	0.551 7	0.555 7	0.559 6	0.563 6	0.567 5	0.571 4	0.575 3
0.2	0.579 3	0.583 2	0.587 1	0.591 0	0.594 8	0.598 7	0.602 6	0.606 4	0.610 3	0.614 1
0.3	0.617 9	0.621 7	0.625 5	0.629 3	0.633 1	0.636 8	0.640 6	0.644 3	0.648 0	0.651 7
0.4	0.655 4	0.659 1	0.662 8	0.666 4	0.670 0	0.673 6	0.677 2	0.680 8	0.684 4	0.687 9
0.5	0.691 5	0.695 0	0.698 5	0.701 9	0.705 4	0.708 8	0.712 3	0.715 7	0.719 0	0.722 4
0.6	0.725 7	0.729 1	0.732 4	0.735 7	0.738 9	0.742 2	0.745 4	0.748 6	0.751 7	0.754 9
0.7	0.758 0	0.761 1	0.764 2	0.767 3	0.770 3	0.773 4	0.776 4	0.779 4	0.782 3	0.785 2
0.8	0.788 1	0.791 0	0.793 9	0.796 7	0.799 5	0.802 3	0.805 1	0.807 8	0.810 6	0.813 3
0.9	0.815 9	0.818 6	0.821 2	0.823 8	0.826 4	0.828 9	0.831 5	0.834 0	0.836 5	0.838 9
1.0	0.841 3	0.843 8	0.846 1	0.848 5	0.850 8	0.853 1	0.855 4	0.857 7	0.859 9	0.862 1
1.1	0.864 3	0.866 5	0.868 6	0.870 8	0.872 9	0.874 9	0.877 0	0.879 0	0.881 0	0.883 0
1.2	0.884 9	0.886 9	0.888 8	0.890 7	0.892 5	0.894 4	0.896 2	0.898 0	0.899 7	0.901 5
1.3	0.903 2	0.904 9	0.906 6	0.908 2	0.909 9	0.911 5	0.913 1	0.914 7	0.916 2	0.917 7
1.4	0.919 2	0.920 7	0.922 2	0.923 6	0.925 1	0.926 5	0.927 8	0.929 2	0.930 6	0.931 9
1.5	0.933 2	0.934 5	0.935 7	0.937 0	0.938 2	0.939 4	0.940 6	0.941 8	0.943 0	0.944 1
1.6	0.945 2	0.946 3	0.947 4	0.948 4	0.949 5	0.950 5	0.951 5	0.952 5	0.953 5	0.954 5
1.7	0.955 4	0.956 4	0.957 3	0.958 2	0.959 1	0.959 9	0.960 8	0.961 6	0.962 5	0.963 3
1.8	0.964 1	0.964 8	0.965 6	0.966 4	0.967 1	0.967 8	0.968 6	0.969 3	0.970 0	0.970 6
1.9	0.971 3	0.971 9	0.972 6	0.973 2	0.973 8	0.974 4	0.975 0	0.975 6	0.976 2	0.976 7
2.0	0.977 2	0.977 8	0.978 3	0.978 8	0.979 3	0.979 8	0.980 3	0.980 8	0.981 2	0.981 7
2.1	0.982 1	0.982 6	0.983 0	0.983 4	0.983 8	0.984 2	0.984 6	0.985 0	0.985 4	0.985 7
2.2	0.986 1	0.986 4	0.986 8	0.987 1	0.987 4	0.987 8	0.988 1	0.988 4	0.988 7	0.989 0
2.3	0.989 3	0.989 6	0.989 8	0.990 1	0.990 4	0.990 6	0.990 9	0.991 1	0.991 3	0.991 6
2.4	0.991 8	0.992 0	0.992 2	0.992 5	0.992 7	0.992 9	0.993 1	0.993 2	0.993 4	0.993 6
2.5	0.993 8	0.994 0	0.994 1	0.994 3	0.994 5	0.994 6	0.994 8	0.994 9	0.995 1	0.995 2
2.6	0.995 3	0.995 5	0.995 6	0.995 7	0.995 9	0.996 0	0.996 1	0.996 2	0.996 3	0.996 4
2.7	0.996 5	0.996 6	0.996 7	0.996 8	0.996 9	0.997 0	0.997 1	0.997 2	0.997 3	0.997 4
2.8	0.997 4	0.997 5	0.997 6	0.997 7	0.997 7	0.997 8	0.997 9	0.997 9	0.998 0	0.998 1
2.9	0.998 1	0.998 2	0.998 2	0.998 3	0.998 4	0.998 4	0.998 5	0.998 5	0.998 6	0.998 6
3.0	0.998 7	0.999 0	0.999 3	0.999 5	0.999 7	0.999 8	0.999 8	0.999 9	0.999 9	1.000 0

注：本表最后一行自左至右依次是 $\Phi(3.0)$，$\Phi(3.1)$，…，$\Phi(3.9)$ 的值。

标准正态分布表中的第一列和第一行，分别代表了 z 值的前两位（整数位及小数点后第一位）和第三位（小数点后第二位）；其余行和列上的数值，则依次为对应于不同 z 值的 $\Phi(z)$

取值。

在表 6-7 中，$\Phi(z)$的近似值保留至小数点后第四位，且该表中只列出了在 $0\leqslant z\leqslant 3.9$ 取值范围内，对应的近似 $\Phi(z)$值。这是因为当 $z>3.9$ 时，$\Phi(z)\approx 1.000\,0$。另外，$\Phi(-z)$的数值可以由 $1-\Phi(z)$直接求得。

分别对 $z=1.96$ 和 $z=2.58$ 查取它们对应的 $\Phi(z)$的数值，以熟悉标准正态分布表的具体使用方法。

先看 $z=1.96$：首先，从小数点后第一和第二位之间将 1.96 拆分为两部分，即 $1.96=1.9+0.06$；之后，先在表中左边第一列里面找到 1.9，再从表中上面第一行里面找到 0.06；那么，第一列中 1.9 所在的行和第一行中 0.06 所在的列交点处的数值 0.975 0 就是要找的 $\Phi(z)$的数值，即 $\Phi(1.96)=0.975\,0$。

类似地，对于 $z=2.58$：$2.58=2.5+0.08$，第一列中 2.5 所在的行和第一行中 0.08 所在的列交点处的数值为 0.995 1，即 $\Phi(2.58)=0.995\,1$。

对于给定的 $\Phi(z)$的数值，同样也可以查取其对应的 z 值，只需将前面由 z 值查取 $\Phi(z)$的步骤倒过来即可。如查取 $\Phi(z)=0.991\,1$ 对应的 z 值，表中 $\Phi(z)$的数值是逐行递增的，先在表中找到数值 0.991 1 所在的位置，其所在行的第一列为 2.3，其所在列的第一行为 0.07，所以 z 就等于 2.37。

如果需要查取更加精确的 z 或 $\Phi(z)$的数值，可以参阅精确度更高的标准正态分布表，或者采用内插法取得近似值。

4. 正态分布的标准化

对于一个非标准的正态分布 $X\sim N(\mu,\sigma^2)$，可以将其标准化，变换为标准正态分布 $Z\sim N(0,1)$，进而通过查表进行计算。变换公式为：

$$Z=\frac{X-\mu}{\sigma} \tag{6-62}$$

进而可得出对于一般正态分布的概率分布函数 $F(x)$：

$$F(x)=P(X\leqslant x)=P\left(\frac{X-\mu}{\sigma}\leqslant\frac{x-\mu}{\sigma}\right)=P\left(Z\leqslant\frac{x-\mu}{\sigma}\right)=\Phi\left(\frac{x-\mu}{\sigma}\right)$$

于是，由标准正态分布中概率分布函数 $\Phi(z)$的计算公式，可以得到对于普通的正态分布 $X\sim N(\mu,\sigma^2)$进行概率计算的一些基本公式：

$$P(X\leqslant a)=P(X<a)=\Phi\left(\frac{a-\mu}{\sigma}\right) \tag{6-63}$$

$$P(X\geqslant a)=P(X>a)=1-\Phi\left(\frac{a-\mu}{\sigma}\right) \tag{6-64}$$

$$P(a\leqslant X\leqslant b)=\Phi\left(\frac{b-\mu}{\sigma}\right)-\Phi\left(\frac{a-\mu}{\sigma}\right) \tag{6-65}$$

$$P(|X-\mu|\leqslant t\sigma)=\Phi(t)-\Phi(-t)=2\Phi(t)-1 \tag{6-66}$$

前三个公式都比较容易理解，下面用它们计算例题，以助于理解。

【例 6-6】 某袋装食品的重量 X(克)服从正态分布 $N(200,4)$。为分析该产品的质量要求，试确定其产品中重量不低于 198 克且不高于 205 克的概率。

显然，在该题中产品重量 X 正态分布的均值 $\mu=200$，标准差 $\sigma=2$。依题意可得：

$$P(198\leqslant X\leqslant 205)=\Phi\left(\frac{205-200}{2}\right)-\Phi\left(\frac{198-200}{2}\right)=\Phi(2.5)-\Phi(-2)$$

且 $\Phi(-a)=1-\Phi(a)$，所以 $\Phi(2.5)-\Phi(-2)=\Phi(2.5)+\Phi(2)-1$。

应用前面介绍的标准正态分布表，不难得到 $\Phi(2.5)=0.993\,8$，$\Phi(2)=0.977\,2$。

所以，产品重量介于 198 克和 205 克之间的概率为：

$0.993\,8+0.977\,2-1=97.1\%$

在式(6-66)中，$P(|X-\mu|\leqslant t\sigma)$是指正态变量 X 落在均值 μ 两侧各 $t\sigma$ 范围内的概率；也就是 X 分布在以 μ 为中心的对称区间$[\mu-t\sigma,\mu+t\sigma]$内的概率。

t 称为概率度，$t\sigma$ 也就是 t 倍的标准差，这种表述方式可用来度量 X 集中在均值 μ 左右对称区间的具体范围，其对应的概率可由 $P(|X-\mu|\leqslant t\sigma)$确定。由式(6-66)可知，其概率等于 $2\Phi(t)-1$，是概率度 t 的函数，而与 σ 等其他参数无关。

式(6-66)是统计学中应用正态分布进行分析时很常用的表达式。例如，在分析抽样误差时，由概率度 t 确定的 $t\sigma$，表明了可以接受的抽样极限误差的大小；而 $P(|X-\mu|\leqslant t\sigma)$则是指其对应的概率保证程度。且抽样极限误差的大小决定了估计的准确性，而概率保证程度决定了估计的可靠性；如果提高对其中某一个指标的要求，伴随着的必然会降低另一个指标的品质，两者互为消长。

所以，在实际运用中，经常会需要计算 t 值对应的概率，或概率对应的 t 值，常用的几组数值如表 6-8 所示。

表 6-8　常用概率度及概率对照表

概率度 t	1	1.645	1.96	2	2.58	3
概率 P	0.682 7	0.900 0	0.950 0	0.954 5	0.99	0.997 3

上述数据由式(6-66)都不难求得。特别是在概率度 t 取 3 时，正态变量 X 有 99.73%的机会落入以 3σ 为半径的区间$[\mu-3\sigma,\mu+3\sigma]$内。因此也可以说，正态变量 X 几乎都在区间$[\mu-3\sigma,\mu+3\sigma]$内取值，称为“$3\sigma$”规则。

（七）其他常见的连续型概率分布

1. 均匀分布

如果连续型随机变量 X 的概率密度函数为：

$$f(x)=\begin{cases}\dfrac{1}{b-a} & (a<x<b)\\ 0 & \text{其他}\end{cases}$$

那么就称 X 服从区间(a,b)上的均匀分布，记为 $X\sim U(a,b)$。

其概率分布函数为：

$$F(x)=\begin{cases}0 & (x<a)\\ \dfrac{x-a}{b-a} & (a\leqslant x\leqslant b)\\ 1 & (x>b)\end{cases}$$

均匀分布 $U(a,b)$的均值和方差分别为：

$$E(X)=\frac{a+b}{2}$$

$$D(X)=\frac{(b-a)^2}{12}$$

2. 指数分布

若随机变量 X 的概率密度函数为：

$$f(x)=\begin{cases}\lambda e^{-\lambda x} & (x\geqslant 0)\\ 0 & (x<0)\end{cases}$$

则称 X 服从参数为 λ 的指数分布，记为 $X\sim E(\lambda)$，其中 $\lambda>0$。

其相应的概率分布函数为：

$$F(x)=\begin{cases}1-e^{-\lambda x} & (x\geqslant 0)\\ 0 & (x<0)\end{cases}$$

指数分布 $E(\lambda)$ 的均值和方差分别为：

$$E(X)=\frac{1}{\lambda}$$

$$D(X)=\frac{1}{\lambda^2}$$

第三节　统计分析方法

在前面两节相关内容的基础上，本节简要介绍一些常用统计分析方法的初步知识，它们针对质量管理的不同对象、不同目标、不同阶段，有着不同的应用。在后面章节涉及相关内容时，本书还将有重点地进行详细论述。

一、参数估计

在质量管理中，进行统计分析的目的在于了解总体特征的有关信息。在很多时候，一个总体基本的概率密度函数或概率分布函数是已知的，但是具体的某个参数或某些参数却是未知的。这就需要从总体中抽取样本，并在抽样后通过分析样本统计量来估计未知的总体参数，并由此进行统计推断。

对于其中的抽样环节，将在第八章中详细讨论，在此先着重介绍其后参数估计的相关内容。

总体特征的相关参数前面已经有所介绍，比较重要的诸如平均数、标准差等。对总体参数估计的主要形式包括点估计和区间估计等。

（一）点估计

点估计也称定值估计，是指通过计算样本的参数值，来估计对应整体参数的一个具体数值。例如，用袋装食品质量的样本平均数作为其总体平均质量的估计值。

在点估计的各种方法中，最常见的有矩估计法和最大似然估计法。

点估计法的优点是它可以提供对于总体参数的具体估计值作为数量依据，便于在管理决策中使用。但它也有明显的不足之处，如无法提供这个估计值的误差情况、误差程度之类的重要信息。

在点估计中被忽略的对估计值误差描述的这部分信息，是样本中蕴含的重要信息。特别是在质量管理中，往往正是这些信息直观地表征了产品质量或生产工序的稳定性。因此，更多时候需要采用相对较为精确的区间估计。

（二）区间估计

区间估计的基本思想就是，依照一定的概率保证程度，用样本统计量估计总体参数的取值范围。

在区间估计中，一个重要的概念是置信度，也称置信水平或置信概率。置信度用 $1-\alpha$ 表示，其中 $\alpha(0<\alpha<1)$ 代表一个较小的概率。

将需要估计的总体参数记为 θ，而 θ_L 和 θ_U 是由样本确定的两个统计量，如果对于给定的 α，满足：

$$P(\theta_L \leqslant \theta \leqslant \theta_U)=1-\alpha$$

就称 (θ_L, θ_U) 是参数 θ 的置信度为 $1-\alpha$ 的置信区间。该区间的两个端点 θ_L、θ_U 分别称为置信下限和置信上限。

显然，置信度越大，也就表明估计的可靠性越大；而置信区间越小，则表明估计的精确度越高。但是，在一定的样本容量下，置信度和精确度是彼此矛盾的。若提高置信度，则置信区间相应增大，也就降低了精确度；若要提高精确度，则必然需要缩小置信区间，也即降低了置信度。

特别是当参数服从正态分布时，如前所说，由概率度 t 得到了 $t\sigma$，并进而确定的 $[\mu-t\sigma, \mu+t\sigma]$ 就是置信区间；而其对应的概率 $P(|X-\mu| \leqslant t\sigma)$ 就是置信度。这是在区间估计的应用中最常见的一种具体情形。

二、假设检验

假设检验是统计推断的重要内容，在质量管理中的应用非常广泛。假设检验的基本思路类似反证法，即先根据已有的信息或经验对总体给出假设，然后通过样本分析来检验这个预先给定的假设，进而作出接受或者拒绝这个假设的判断，并最终推得总体的某个性质是否成立。

例如，在生产管理中，当改进某类型机器设备的生产工艺后，需要检验新工艺对产品的某个质量指标是否产生影响。这时就需要通过抽样来检验总体的某个相关参数（如平均数、标准差等）是否还等于改进工艺之前的参数值，以确定工艺改进是否可行。类似这样的问题就属于假设检验问题。

（一）假设检验的步骤

假设检验的一般步骤为：

1. 建立假设

根据统计分析的实际问题，提出检验假设。

通常在假设中包括两个部分：原假设和备择假设。通过假设检验，原假设和备择假设中有且同时只能有一个为真。一般将可能予以否定的假设作为原假设，也称零假设，记为 H_0；与其对应的假设称为备择假设，记为 H_1。

2. 选取适当的检验统计量

用于检验假设的数据来自抽取的样本，统计人员应计算相应的样本参数，并将其作为检验假设的检验统计量。

在选择检验统计量的时候,需要考虑的具体问题很多,例如,总体是否服从正态分布,样本是大样本还是小样本,总体方差是否已知,等等。因此,要根据不同的实际情况,选择不同的检验统计量。

3. 确定显著性水平

显著性水平用 α 表示。它的含义是当原假设为真时,拒绝原假设的概率,或者说是拒绝原假设所冒风险的大小。

一旦确定了显著性水平 α,也就确定下了原假设的接受区域和拒绝区域。这两个区域的交界点就是假设检验的临界值。但即便对于同样的显著性水平 α,当选择不同的检验统计量时,对应的临界值也是不同的;进一步,当选择相同的检验统计量时,对于双侧检验和单侧检验,其临界值也是不同的。

4. 对检验统计量进行计算

根据抽样数据对检验统计量的值进行计算,与前述临界值进行比较。

5. 判断假设是否成立

如果检验统计量的数值落入拒绝区域,就拒绝原假设,接受备择假设;相反,如果检验统计量落入接受区域,则接受原假设。

(二) 双侧检验与单侧检验

如前所述,根据显著性水平 α 可以得到临界值,也就是将检验统计量的取值范围划分为了接受区域和拒绝区域。拒绝区域表示检验统计量小概率在其中取值的区域。根据实际问题不同,拒绝区域可能是在检验统计量分布的两端,也可能是在其分布的某一侧,这两种情形分别称为双侧检验和单侧检验。单侧检验依据拒绝区域是在左侧还是在右侧,可以分为左单侧检验和右单侧检验。

当需要分析的问题是总体平均数等参数是否发生了变化,而不必关心或区分它是变大或者变小的时候,就应该采用双侧检验。此时,原假设表述为等式,而备择假设是用"≠"符号表示的不等式。

因为双侧检验不论差距的正负,所以此时对于给定的显著性水平 α,应该对称地平均分配到左右两侧,即每侧各为 $\frac{\alpha}{2}$,并进而确定其相应的临界值。

如果不仅需要关注总体参数是否发生了改变,而且需要关心其差异值的方向时,如需要检验某种产品的净含量是否低于某个数值时,就需要采用单侧检验。根据需要检验的差异是负差异或者正差异,而分别采用左单侧检验或右单侧检验,并且依据显著性水平 α 确定临界值。

三、相关与回归分析

相关与回归分析作为现代统计学中非常重要的内容,是分析和处理变量数据之间相关关系的一种统计方法。

通过相关分析,可以判断两个或多个变量之间是否存在相关关系,以及相关关系的方向、形态和相关关系的密切程度等;回归分析则是进一步对存在相关关系的变量之间变化的规律性进行探究,确立相应的回归方程式(经验公式),并进而分析、判断其回归方程式的有效性，并最终据此作出估计和预测。

（一）相关分析

1. 相关关系的分类

在研究变量间的依存关系时，基本可以将其分成两种类型：一种是函数关系，另一种就是相关关系。

函数关系是指变量之间存在一种严格的确定性的依存关系，即某一变量发生变化则另一变量也随之发生变化，而且有确定的值与之相对应。

相关关系也是变量之间确实存在的一种依存关系，但这种依存关系在数量上并不是严格对应的。所以，在相关关系中，对于某一变量的每一个数值，可以有另一个变量的若干数值与之相对应。因而在实际问题中，很多具有相关关系的变量或现象，都可以表现出一定程度上的因果关系。

依据不同的分类角度，相关关系可以分为不同的类型。例如：相关关系依据涉及变量的多少，分为单相关、复相关和偏相关；依据相关形式，分为线性相关和非线性相关；依据相关现象的变化方向，分为正相关和负相关；依据相关程度，还可以分为完全相关、不完全相关和不相关；等等。

2. 线性相关关系

线性相关关系是最简单的相关关系。

对于线性相关关系，可以通过计算协方差等，得到用以表征两个变量间线性相关程度的定量指标——相关系数 r：

$$r=\frac{n\sum xy-\sum x\sum y}{\sqrt{n\sum x^2-(\sum x)^2}\sqrt{n\sum y^2-(\sum y)^2}} \tag{6-67}$$

式中，相关系数 r 的取值介于 -1 与 1 之间，即 $-1\leqslant r\leqslant 1$。

当 $r>0$ 时，表示两个变量为正相关；当 $r<0$ 时，两个变量则为负相关；当 $r=0$ 时，表明两个变量间没有线性相关关系；而当 $|r|=1$ 时，则表示两个变量是完全线性相关关系，即为严格的直线函数关系。

对于 r 的其他取值，代表的线性相关程度依次为：

$0<|r|\leqslant 0.3$——微弱相关；

$0.3<|r|\leqslant 0.5$——低度相关；

$0.5<|r|\leqslant 0.8$——中度相关；

$0.8<|r|<1$——高度相关。

（二）回归分析

1. 相关分析与回归分析的关系

相关分析是回归分析的基础和前提，回归分析则是相关分析的深入和继续。具体来说，回归分析需要依靠相关分析来表现变量之间数量变化的相关程度，而相关分析也需要通过回归分析来表达变量之间数量相关的具体形式。

所以，只有在对变量之间是否相关以及相关的方向和程度作出正确的判断之后，也即证实变量之间存在高度相关关系后，采用回归分析探求其相关的具体形式才有意义。同样，相关分析只研究变量之间相关的方向和程度，而不能推断变量之间相关性的具体形式。因此，在具体应用中，只有把相关分析和回归分析结合起来，才能达到分析研究的实际目的。

回归分析的主要目的是通过一个变量或一些变量的变化来解释另一个变量的变化。其主要的内容和步骤为：首先，依据对问题的具体判断，将变量分为自变量和因变量；其次，确定适合的数学方程式作为回归模型，描述变量间的相关关系；再次，针对变量的不确定性，对回归模型进行统计检验；最后，应用回归模型，根据自变量来估计、预测因变量，得到最终的分析结论。

2. 一元线性回归分析

回归分析有不同的类型：按照自变量的个数，可分为一元回归分析和多元回归分析；按照回归曲线的形态，可分为线性回归分析和非线性回归分析。其中，一元线性回归分析是回归分析中最基本的类型。

X、Y 是具有线性相关关系的两个变量，对于某个确定的 x 值，其对应的 y 值虽有波动，但随机误差的期望值应该为零，由此得一元线性回归方程的表达式为：

$$\hat{y}=E(y)=a+bx \tag{6-68}$$

应用最小二乘法的思想，可以进一步采用样本数据，通过解方程组来求得方程中参数 a、b 的取值：

$$\begin{cases} b=\dfrac{n\sum xy-\sum x\sum y}{n\sum x^2-(\sum x)^2} \\ a=\dfrac{\sum y}{n}-b\dfrac{\sum x}{n} \end{cases}$$

这样，一元线性回归方程 $\hat{y}=a+bx$ 就完全确定了。对于一个确定的 x 值，就可以应用该方程去预测对应的 y 值。

对于其他一些非线性回归模型，可以先将它们转化为线性回归模型，进而求得它们的模型参数，如指数函数模型、对数函数模型、幂函数模型、双曲线函数模型、S形曲线模型等。

四、方差分析

方差分析也是质量管理中常用的统计技术之一，主要针对多个总体的均值是否有显著性差异的检验问题。

方差分析事实上就是对观测数据影响因素的数量分析。其主体思想为：将若干个需要分析的观测数据作为一个整体看待，把各种不同影响因素下观测数据总的平方和以及自由度，分解为对应于各个不同影响因素的平方和以及自由度，从而得到来源于不同影响因素总体方差的估计值；通过计算这些总体方差估计值的比值，即可检验各样本所属的总体平均数是否有显著差异。

应用方差分析的方法，可以判断影响因素对试验结果是否有显著的影响，而且可以对其中的误差进行估计。

在方差分析中，把会发生变化的影响因素称为因子，通常用大写字母 A、B、C 等来表示。并把因子所处的状态称为因子的水平，用 A_1、A_2、…来表示。

如果方差分析中只涉及一个影响因子，称之为单因素方差分析；如果涉及的因子不止一个，则称为多因素方差分析。其中，比较简单也比较常用的是单因素方差分析以及无交互作用的双因素方差分析。

在质量管理中,应用方差分析可以对不同来源的零配件、不同的生产加工工艺等进行比较,可以分析不同的影响因素或因子以及它们的组合对质量特性的影响情况,并在这些基础之上进行相关的优选或优化改进。

本章小结

本章所阐述的质量管理统计方法的内容,是在质量管理中应用统计知识的一些基本内容和方法。其中的许多基本概念和主要知识点,将是后面一些章节中论及统计分析相关内容的基础。

本章第一节中介绍了质量特性数据的收集与整理,并详细介绍了诸如总体、样本、定性数据、定量数据等一些统计学中的基本概念,进而阐述了数据分组的具体方法以及意义。对各类数据进行集中趋势和离散趋势的特征描述,是第一节中的重点内容,其中涉及的具体概念和计算方法,应该熟练掌握。

随机变量及其概率分布是统计分析中重要的基本内容。在本章第二节中,首先介绍了随机变量及其概率分布的基本含义和分类;其次,对离散型随机变量和连续型随机变量分别进行了讨论,并依次列举了其常见的概率分布形式。第二节中最主要的内容是正态分布,这是因为它具有极强的应用性和重要的数学特征。

本章最后一节简要叙述了参数估计、假设检验、相关与回归分析以及方差分析等统计分析方法的一些主要内容,学生有必要了解这些内容。

综上所述,通过本章内容的学习,应充分理解统计学中一些重要的内容和方法,并与后面的学习内容结合起来,融会贯通,最终能够做到学以致用。

思考练习

1. 对数据进行分组的主要步骤和内容是什么?

2. 衡量数据集中趋势和离散趋势程度的主要方法有哪些?它们之间有哪些区别和联系?

3. 举例说明随机变量及其概率分布的含义。

4. 离散型随机变量常见的概率分布形式有哪几种?

5. 结合图形证明正态随机变量概率分布函数的主要计算公式。

6. 某厂加工一种金属配件,订货方对其外径值的要求为(8±0.4)厘米。在试生产的检测过程中,依据测量数据可知,生产出该配件的外径值服从正态分布,现有生产线加工该配件的外径均值为8.02厘米,标准差为0.18厘米。

请根据以上数据分析:产品中出现低于其下规范限7.6厘米和高于其上规范限8.4厘米的概率分别有多大?如果通过改良生产线设备的可靠性,在产品外径均值不变的情况下,将标准差缩小到0.15厘米,则上述出现不合格品的概率又分别是多少?

第七章　质 量 控 制

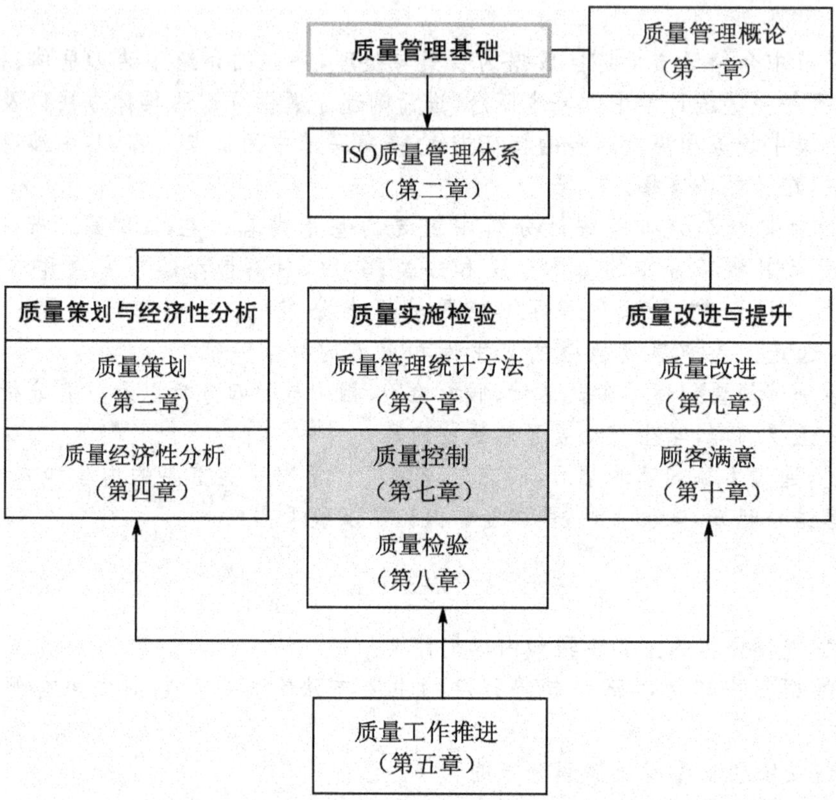

质量管理学结构模型

学习目标

（一）知识目标

• 了解质量控制的概念；

• 理解过程质量控制的原理和过程能力分析的方法；

• 掌握控制图的原理及应用。

（二）技能目标

• 能够理解过程能力指数的含义，并针对不同情形进行计算；

• 可以较为熟练地运用计量值控制图和计数值控制图进行分析。

质量控制是质量管理的主要内容，应该充分理解其概念和意义。对过程进行质量控制是质量控制的主旨，而过程能力指数分析和控制图的应用是其中的关键手段，掌握它们的思想及方法具有重要的实际意义。

第一节　质量控制的概念及类型

质量控制作为质量管理的重要组成部分，其目的是保证质量，满足要求。质量控制通过采取一系列的作业技术和管理活动对各个过程实施控制，其中包括对产品设计和开发过程的控制、对产品生产制造过程的控制以及对产品流通过程的控制，其他还有诸如对质量方针和目标的控制、对服务运作的控制、对不合格品的控制等。

一、质量控制的概念

质量控制是为了使产品以及相关的各个体系、过程达到相应的质量要求，是防止不合格品产生的主要方法和手段。组织需要对影响到产品、过程或体系的质量因素进行判断、识别和分析，确定最主要的影响因素并实施控制，才能达到最优的效果。简单说来，质量控制的概念就是为达到质量要求或实现质量目标所采取的作业技术和活动。

质量控制的具体目的在于监视过程，进行控制、诊断和调整，使过程处于受控的状态。更具体地说，它是一个根据质量要求设定标准、测量结果并进而判定是否达到了预期要求，对质量问题及时采取措施进行补救并防止再度发生的过程。在生产前对生产过程进行评审和评价的过程事实上也是质量控制的一个组成部分。总之，质量控制是一个为确保生产出来的产品满足要求而进行的控制过程。

质量控制适用于对管理活动中质量因素的多方面控制，不仅适用于生产领域，还适用于产品的设计开发、原材料的采购、产品的流通、服务的提供、市场营销、人力资源的配置等几乎所有的活动。

例如，为了控制采购过程的质量，可以采取的控制措施具体有：确定采购文件，即规定采购的产品及其详尽的质量要求；通过评定等方法选择合格供方；规定对进货质量的详细验证方法；保管好相关的质量记录并定期进行采购绩效的分析；等等。

为了选择合格的供方，可以采用的具体评定方法有：评价候选合格供方的质量管理体系，检验候选合格供方的产品样品，进行小批量产品的试用以及综合业绩的考察，等等。

为了控制生产过程，特别是一道具体生产工序的质量，可以通过作业指导书规定该生产工序的使用设备、加工工艺及检验方法等，对特殊过程或关键工序还需要采取控制图等方法监视其质量的波动情况。

二、产品设计和开发过程的质量控制

产品设计和开发过程是指产品从策划到投产期间所经历的过程，主要包括市场调查、初步的策划、方案的提出和选择优化、具体的产品设计、产品试制等一些基本环节。作为产品形成的起点，产品设计和开发过程对产品的质量起着决定性的影响，所以产品设计和开发过程的质量控制有着至关重要的意义。

产品设计和开发过程的质量控制工作应严格按照产品质量设计所规定的程序和要求展开，并按照质量特性的重要程度做好分级和传递，以保证对整体质量职能的各个环节依据设计的要求进行有重点的控制。

一些需要特别关注的关键环节包括：

（一）设计开发策划

为了使设计和开发的输出能够满足输入的要求，应重视产品设计和开发环节的质量控制。要明确所需的评审、验证以及确认活动等安排，还应明确每个设计阶段相关人员的职责和权限要求。建立设计工作技术经济责任制是一种简单有效的方法。依据组织机构的形式和特点，将设计部门中各层次、各环节的相关技术人员在产品设计以及相关质量管理活动中的责、权、利进行合理的划分，并以制度的形式将其长期固定下来。同时，对设计部门的各个组成部分之间、技术人员之间的关系以及在设计活动过程中的联系方式与程序作出规定。这样可以充分提高员工的工作责任感和积极性，同时，也有利于协调各部门、技术人员之间的关系，增进合作。

（二）设计开发评审

通过设计和开发评审环节的质量控制，可以有效避免设计过程中可能出现的或已经出现的问题，防止及纠正设计中产生的不合格。评审环节的质量控制主要针对输入对设计和开发任务的保证程度、产品实现过程的能力分析、设计过程进展情况、使用中可能出现的危害等。对评审过程中识别的问题应及时采取纠正及改进措施，并对评审人、评审结果以及相应措施予以记录。

（三）设计开发更改

通过对设计和开发的更改进行质量控制，可以确保产品能够满足规定的要求。组织需要识别更改的需求，记录更改的内容；确定是否需要对更改进行评审、验证和确认；关注由此引起的质量体系、产品实现过程或检验测量等过程的相应更改；在进行更改前必须经过授权人员批准，更改后按照原审批的规格进行审批，审批后按原发放范围将变更通知到所有相关人员。

三、产品生产制造过程的质量控制

产品生产制造过程中的质量控制无疑是质量控制中的核心环节，也得到了广泛而细致的关注。后文将详细介绍的过程质量控制以及控制图的原理和应用，主要就是针对产品生产制造过程中的质量控制。

该阶段的质量控制，简要说来，是通过收集数据和整理数据，找出质量波动的规律，把正常的波动控制在最低限度，并消除系统性原因造成的异常波动。通过比较实际测得的质量特性和相关标准，并对出现的差异或异常现象采取相应措施予以纠正，从而保证工序处于正常的控制状态。

（一）主要步骤

针对产品生产制造过程的质量控制，有如下一些步骤：选择质量控制的对象；确定需要监测的质量特性值；制订规格标准并详细说明质量特性；选定能准确测量该特性值的测试手段及监测仪表；进行实际测试并作好数据记录；如果测试数据与规格标准之间存在差异，分析其原因；采取有针对性的纠正措施。

上述步骤是一个循环往复的过程，即当采取相应的纠正措施之后，仍然要对过程进行监测与控制，以将过程保持在新的稳定水准上。当出现新的影响因素时，则需要再测量数据、分析原因并进行纠正。在具体实践中，质量控制系统的设计和质量控制技术的选用是其中的关键所在，需要特别关注。

（二）系统设计

产品生产制造过程中要对质量控制进行系统的设计，必须针对需要控制的过程、质量检测点、检测人员、测量类型和数量等诸多方面进行决策，这些决策的叠加也就构成了一个完整的质量控制系统。

1. 过程分析

过程分析是质量控制系统设计的开始。在进行质量控制前，必须要分析生产某种产品或服务的相关过程。一个大的过程可能包括许多小的过程，所以通常采用流程图分析方法对这些过程进行描述和分解，以确定影响产品或服务质量的关键环节所在。

2. 典型检测点

在确定需要控制的具体过程后，还需要找到每一个过程中需要测量或测试的关键点。当然，一个过程的检测点可能很多，但每增加一项检测的同时也会相应增加产品或服务的成本，所以要选择最容易出现质量问题的环节进行检验，这就是典型检测点。

产品生产制造过程的典型检测点包括：在生产前对外购原材料或服务的检验，这是为了保证后续生产过程的顺利进行，在有质量认证证书等情况下此检验也可以酌情免除；生产过程中的产品检验，通常是在不可逆的操作过程之前或高附加值操作之前进行，这是为了避免对质量造成较为严重的影响或造成比较大的损失，如果发现质量波动较大，必须及时采取纠正措施；生产后的成品检验，这是为了在交付顾客前及时修正产品的缺陷，主要在产品入库或发送前进行。

3. 检验方法

针对不同的质量控制点应采用与其相匹配的检验方法。检验方法主要包括计数检验和计量检验。计数检验是针对缺陷数、不合格率等离散型变量进行检验；计量检验则是对长度、高度、重量、强度等连续型变量进行检验。产品生产过程中的质量控制还需要考虑使用合适的控制图，离散变量采用计数值控制图，而连续变量采用计量值控制图。

4. 确定样本

确定检验样本数量的指导原则是将不合格品造成的损失和检验的成本进行比较，破坏性检验通常采用抽样检验。而有些情况则需进行全检，如产品涉及人身安全等，则不能单纯考虑成本的因素，而应该进行100%检验。

5. 检验人员

通常可以采用操作工人和专职检验人员相结合的原则来确定检验人员，并应有针对性地对其进行基本理论和方法的培训。

（三）控制技术

产品生产制造过程的质量控制技术主要包括过程质量控制和抽样检验。过程质量控制适用于各种形式的生产过程，它是对生产过程中的产品随机样本进行检验，并进而判断该过程是否在预定标准内进行生产。抽样检验常用于生产前对原材料的检验以及生产后对成品的检验，即应用于采购或验收。

除此之外，对生产条件进行控制、加大对特种工艺的控制力度、对检验人员予以有效的监督、对技术文件实行控制、把握产品质量的动态等问题，都是产品生产制造过程中质量控制的重要内容。

四、产品流通过程的质量控制

产品流通过程的质量控制也是质量控制的重要环节。该阶段的质量控制包括物流过程质量控制、服务过程质量控制等内容。

（一）物流过程质量控制

物流过程质量控制涉及搬运、储藏和运输安全等方面，包括下面一些较为关键的环节：

(1) 在物流仓库集中检验，对成本和产品交付周期进行有效控制，确保交付产品的质量和一致性。

(2) 在出货目的地发生变更或出现质量问题时，可以通过物流过程中的返工和筛选进行快速响应，以满足出货计划的要求。

(3) 如果价值较高的产品在物流运输、装卸、储存等过程中，因各种原因造成了破损，特别是外包装的破损，应及时进行现场破损检验，并提供客观的检验报告。

(4) 为保证货物在适当的环境中顺利完成装柜，应进行入柜监装，即先核对出货数量是否符合检验订单的数量，并检查货柜本身是否合乎要求，进而监督装柜过程是否恰当，从而预防产品在装柜过程中出现短缺或破损。

(5) 物流仓库库存盘点能够及时有效地提供库存量、商品摆放位置、整体环境以及物流仓库的管理水平等信息。

（二）服务过程质量控制

服务过程质量控制主要是针对服务设计过程、服务提供过程以及市场研究和开发等方面。

服务设计在服务质量体系中举足轻重，对其实行质量控制是预防质量问题的有效保证。

其涉及的内容应包括:识别对规定服务有重要影响的关键活动;明确关键活动的质量特性,通过对其进行测量和控制来保证服务的质量;对选定的质量特性确定评价的方法;在规定界限内确定影响和控制质量特性的手段。

在服务提供过程的质量控制中,因为服务质量的考核难以计量,所以通过质量控制制度来发掘质量缺陷,可以采用流程图的方法、提高生产率的方法等,并对具体业务实行标准化、专门化、流水线操作等控制措施,及时识别、处理不合格服务并作出补救。

第二节　过程质量控制

过程质量控制是在 20 世纪 20 年代由休哈特提出的,并于 20 世纪中叶以后在日本得到广泛应用。过程质量控制的目的在于通过控制过程的生产技术条件来尽可能地避免和消除各类不良因素的影响,将产品的质量波动控制在允许的范围内。其基本方法是统计过程控制。

一、质量波动与变异

质量的波动性也称质量变异,是一种普遍存在的情况。严格地说,不会存在两件完全相同的产品,因为就像其他所有的过程一样,生产过程也必然存在着或多或少的波动;类似地,同样的服务过程也不可能产生完全相同的服务。因此,在生产服务过程中,各种各样的生产因素始终都在影响着产品的质量。这种影响带来的差距可能很大,也可能很小,甚至有可能微乎其微以至于难以测量到,但其存在性却是毋庸置疑的。

虽然引起质量波动的因素多种多样,但其中最主要的可以概括为 4M1E,也就是操作人员(man)、机械设备(machine)、原材料(material)、操作方法(method)以及生产环境(environment),即“人、机、料、法、环”。

所有这些因素在生产过程中都不可能始终保持完全一致,所以产品质量也是随着这些因素在不停波动。

(一) 质量波动的性质

经过长时间的生产实践,人们已经对质量波动有了越来越深刻的认识。质量波动的性质可以归纳为:

(1) 客观存在性。生产过程受到各类因素影响,必然会产生质量波动。

(2) 随机性。产生质量波动的影响因素是随机发生的,是不可预测的。

(3) 普遍性。产生质量波动是正常的现象,没有质量波动反而是不真实的。

(4) 可控性。质量波动是不可能完全消灭的,但却是可以减少的,在一定程度上是可以控制在特定范围内的。

鉴于质量波动的上述性质,管理或操作生产过程的目的就是要把质量波动控制在允许的范围内。

(二) 质量波动的分类

根据影响质量波动的因素的性质不同,质量波动可以分为两类,即偶然波动和异常波动。

1. 偶然波动

由偶然因素引起的质量波动称为正常波动或偶然波动。偶然因素属于不可避免的因素，是在控制状态下存在的因素。偶然因素对质量波动的影响程度通常很小，但对其进行改善往往需要大量成本。

偶然波动具有以下几个主要特点：始终存在，无法从根本上消除；对产品质量的影响程度较低；偶然因素是随机变化的，表现为产品质量波动的无规律性；偶然因素通常是不容易简单消除的。

2. 异常波动

异常因素也称系统因素，其引起的质量波动称为异常波动。与偶然波动相对应，异常波动表现出另外的一些特点：异常波动不是在生产过程中始终存在的，而是由特定原因引起的；异常因素是可以消除的，如人为的因素或者机械设备的故障；异常因素对产品质量的影响较大，甚至会造成较大的损失；因异常因素的系统性，其对产品质量波动的影响也具有较为明显的规律性和方向性。

可见，偶然因素和异常因素有着完全不同的特点，但是在更多的时候，它们对质量波动的影响是交织在一起的，甚至形成更为微妙的关系。

偶然因素所引起的正常波动在特定的情况下可能会转变为异常波动，所以一些时候对看似微不足道的偶然因素如果缺乏有效的控制，这些偶然因素就可能会诱发或质变为异常因素。同时，由于技术、管理的不断进步，一些之前难以识别或消除的偶然因素引起的质量波动得到了很好的改善，一些由异常因素引起的质量波动得到了及时有效的控制和解决，从而提升了质量管理的水平。

（三）质量波动的规律

质量波动在具有随机性的同时，也表现出一定的统计规律性。通过对产品的质量波动进行大量的调查统计，采用相关的方法对其波动幅度和概率分布等进行统计分析，可以更好地研究质量波动内在的统计规律性。

通常情况下，计量质量特性的统计规律性常呈现出正态分布，计件质量特性的统计规律性常呈现为二项分布，而计点质量特性则常表现为泊松分布。而当质量波动的表现规律偏离其分布特征时，通常是由于出现了异常因素而引起了异常波动，这时就应该及时对生产过程进行检验和分析，及时发现并尽快消除异常因素，从而快速有效地实现对产品质量的控制。

二、过程质量控制的原理

过程质量控制是有组织、有系统的过程管理活动，其目的是为保证产品生产质量创造出有利的生产条件和生产环境，以避免或减少不合格品的产生。

（一）过程质量控制的主要内容

过程质量控制包括以下三个主要内容：

1. 过程分析与控制标准

进行过程质量控制首先需要分析影响过程质量的因素，明确其中的主要因素并分析主要因素的影响方式、影响途径以及程度。还需要确定主要因素的最佳水平,进而实现过程标准化。另外,还要关注产品的关键质量特性和影响产品质量的关键过程,有针对性地建立管理点,并编制全面的控制计划和文件。

2. 过程监控与评价

针对过程中工艺的不同特点和影响质量的不同因素,需要选取合适的方法对过程进行监控,如首件检验、巡回检验、检查并记录工艺参数等。还应进一步利用质量信息对过程进行预警和评价,例如,利用控制图对质量波动进行分析,利用过程能力指数对过程符合技术要求的程度进行评价,等等。

3. 过程维护与改进

过程控制通过对过程的分析、监控和评价等手段,消除其存在的异常因素,维护其稳定性,并使其标准化。在对过程进行维护的基础上,逐渐减小其固有的质量波动,不断改进过程质量。

(二) 过程质量控制的基本要求

为有效地实现过程质量控制,需要对以下环节作出要求:

(1) 完善过程分析。过程分析是过程质量管理的首要环节,通过分析查找影响产品质量的各类因素中的主导因素,获得影响因素与质量波动之间的关系,特别是一些数量关系,建立过程因素的管理标准,并据此实现过程质量控制。

(2) 明确控制标准。控制标准以质量计划作为依据,包括产品标准、作业标准等。控制标准是用以判断过程是否处于稳定状态的关键依据,必须合理而且明确。

(3) 选择统计工具。在不同的过程中,起支配作用的因素不尽相同,而且往往都不是单一的,这就需要结合控制标准选择恰当有效的统计工具予以分析。

(4) 采取纠偏措施。在过程质量控制中,针对质量问题必须采取及时有效的纠偏措施,否则质量控制就失去了意义。

(5) 建立信息反馈机制。在过程质量控制的系统内要建立信息反馈机制,形成质量信息系统,确保过程质量控制具有良好的信息来源。

(三) 过程质量控制的对象

1. 对生产条件的控制

具体来说,对生产条件的控制也就是对前面所说的 4M1E 的控制,即对“人、机、料、法、环”这五个最主要的影响因素的控制。通过为生产活动创造符合生产部门要求的条件,以工作质量来保证过程质量。

2. 对关键工程的控制

对关键工程的控制是过程质量控制中的重要环节。组织应对关键工程进行过程能力的验证和分析,结合实际需要选取控制图和记录表,形成工艺文件作为对操作者的要求,并设有检验人员进行监督检查。

3. 对检测的控制

为保证质量数据的准确性,要强化对检测的控制力度。对检测制度要进行严格的规定,编制计量标准器具和周期送检进度表,对合格者和不合格者要加以区分并予以标示,同时要保证合格的环境条件。

4. 对不合格品的控制

对不合格品的控制应由质量管理和质量保证部门来负责，而不应由检验部门来负责。对不合格品的控制要有明确的制度和程序，质量管理和质量保证部门不仅要对不合格品的适用性进行判断，还需要进一步根据这些信息进行预防性的质量控制，组织质量改进以及改善外构件的供应，等等。

（四）统计过程控制

统计过程控制(statistical process control，SPC)是过程质量控制的基本方法。统计过程控制的主旨是应用统计技术对过程实施监控，目的是对质量予以保证和改进。统计过程控制是对全系统、全过程的监控，并要求全员参加。

1. 统计过程控制的发展阶段

统计过程控制的发展经历了三个阶段：

(1) SPC 阶段。SPC 始创于 20 世纪二三十年代，它科学地区分出了在生产过程中产品质量的偶然波动和异常波动，进而及时作出反应消除异常，恢复过程的稳定。这也就是通常意义上的统计过程控制。

(2) SPCD 阶段。SPC 虽然可以对过程的异常提出警示，但却无法明确是什么异常以及发生于何处，也就是不能对异常进行诊断。进入 20 世纪末，我国学者率先作出了突破，开辟了统计过程控制与诊断，即 SPCD。SPCD 的意义在于它解决了多工序、多指标系统的质量控制与诊断问题。SPCD 是 SPC 发展的第二个阶段，我国已率先取得了实用性进展。

(3) SPCDA 阶段。SPCDA 意为统计过程控制、诊断及调整，国外学者称之为算法统计过程控制(ASPC)，与 SPCD 相比又前进了一步，是 SPC 发展的第三个阶段，还有待取得实用性成果。

2. 统计过程控制的步骤

统计过程控制实施的基本步骤为：

(1) 进行培训。通过培训使相关人员理解统计过程控制的基本理论，并掌握制订控制图以及控制标准的具体方法。

(2) 确定关键因素。通过过程分析了解过程质量的现状，进而运用排列图等统计方法确定影响质量的关键因素。

(3) 确定过程控制标准。对过程能力进行分析，以确定关键因素的控制标准，并制作控制图。

(4) 编制质量控制文件。控制规程及各方责任需要通过质量控制文件得以明确，质量控制文件是统计过程控制的依据。对质量控制文件的编制应做到通俗易懂，以便于顺利地贯彻实施。

(5) 统计监控。应用控制图等统计工具对过程实施监控，对出现的异常作出及时的反应和分析，并尽快采取措施消除和避免质量问题。

(6) 质量改进。当过程中出现新的质量问题或需要对过程质量进行改进时，则对过程控制标准和质量控制文件予以修正。

3. 统计过程控制的指标

统计过程控制有四种度量指标，分别为：μ、σ、C_p 和 C_{pk}、P_p 和 P_{pk}。

前面两个指标 μ、σ 是针对质量水平的，它们是正态分布的两个参数，μ 为平均值，σ 为标准差，它们是互相独立的。平均值的变化不会改变正态曲线的形状，因为形状是由标准差决定的；而标准差的变化不会影响正态曲线对称轴的位置，因为对称轴的位置由平均值决定。需要注意的是，当作为二项分布或泊松分布的参数时，平均值和标准差不是独立的，所以没有上述特点。

后面两个指标 C_p 和 C_{pk}、P_p 和 P_{pk} 是用来评价过程能力的指数，后文将详细介绍。通常情况下，指数越大则过程能力越好，如果过程能力指数不低于 1.33，即可认为过程能力较好。

4. 统计过程控制的特点

统计过程控制具有以下特点：

(1) 如同全面质量管理的思想一样，统计过程控制强调全员参加，而不是仅仅依靠少数的质量人员。

(2) 统计过程控制注重应用统计的方法来确保预防工作的实现。

(3) 统计过程控制用来解决具体的工序问题，由此达到对过程的控制，最终实现对整个体系的控制。

三、过程能力分析

过程能力也称工序能力，是针对加工过程而言的，是指过程加工质量方面的能力。过程能力与诸多因素有关，通过提高过程能力可以提高产品的合格率，以降低损失。

过程能力可以衡量过程加工的内在一致性，是稳态下的最小波动，而生产能力指的是加工数量方面的能力，两者不应混淆。

（一）过程能力的相关概念

过程能力的相关概念包括过程、过程质量以及过程能力。

1. 过程

过程也称工序，是指产品、零部件加工制造过程中的基本环节，是使其发生物理或化学变化的过程。从过程的组成和影响因素看，工序过程是指在特定条件下，各主要影响因素相互结合与相互作用的过程。

2. 过程质量

过程质量即工序过程的质量。过程质量的高低反映了过程的成果对设计和工艺等要求的符合程度，也体现为合格品率的高低。过程质量最终决定了产品的质量，因为一个过程是由一道或若干道工序组成的，而组成产品的零部件也正是经过若干道工序加工而成的。

3. 过程能力

过程能力是指处于稳定状态下的过程的实际加工能力。过程若处于稳定状态，则应该具备三个方面的条件：

(1) 原材料或者上一过程的半成品按照标准要求供应。

(2) 本过程按照作业标准实施，并且是在影响过程质量的各个主要因素没有异常的条件下进行。

(3) 过程完成后,产品的检测按照标准要求进行。

简言之,该过程的实施以及其前后的过程都应是标准化的,非稳定生产状态下所测得的过程能力则是没有意义的。

(二) 过程能力的意义与测定

1. 过程能力测定和分析的意义

(1) 过程能力的测定、分析是保证产品质量的基础性工作。这是因为如果过程能力无法满足产品设计的要求,那么质量控制也就无从谈起。所以过程能力的测定和分析是现场质量管理中的基础性工作,也是产品质量保证的基础。

(2) 过程能力的测定、分析是提高过程能力的有效手段。这是因为通过对过程能力的测定和分析,可以明确影响过程质量的主导性因素,从而可以通过改善生产影响因素(包括规章制度等)来提高过程能力。

(3) 过程能力的测定、分析为质量改进指出了方向。过程能力反映了制造过程的实际质量状态,也是产品质量保证的客观依据。因此,对过程能力的测定和分析可以为设计人员、工艺人员和管理人员等提供重要的工序能力数据以供参考。通过分析影响过程能力的主要原因,为提高过程能力和改进产品质量指出了方向。

2. 过程能力的测定

过程能力通常在成批生产的状态下进行测定。过程满足产品质量要求的能力体现在两个方面:

(1) 产品质量是否稳定。

(2) 产品质量精度是否足够。

因此,在过程能力满足精度要求的前提下,可以采用该过程产品质量特性值的变异或波动来表示过程能力。产品质量的变异或波动情况可以用直方图、频率分布表以及分布曲线等统计方法来描述。

在正态分布中,平均值 μ 代表了质量特性值的集中程度,而标准差 σ 反映了质量特性值的离散程度。依据正态分布的性质,可以采用 $\pm 3\sigma$ 的原理来确定分布范围,这是因为在 $\mu \pm 3\sigma$ 范围内的质量特性值是全部产品的 99.73%。因此,通常以 $\pm 3\sigma$,即 6σ 为标准来衡量过程能力。

将过程能力记为 B,则 $B=6\sigma$。如果取 B 为 8σ、10σ 或更大范围,虽然质量特性值占全部产品的比例会更高,但事实上增加的比例非常微小,却需要相对更大的控制成本,因此,从经济性的角度来看并不划算,而 $B=6\sigma$ 则是一个较为经济的幅度。

3. 过程能力测定的方法

对过程能力的测定有以下一些主要的方法:

(1) 直接测量产品。直接测量某过程生产出来的产品的质量特性值,进而计算其过程能力。该方法简单直观,得到了较为广泛的应用。

(2) 间接测量。测量影响过程的因素的主要特征值,如检查设备是否达到规定的精度要求等。

(3) 差错分析。差错分析主要用于分析在过程中人的因素对过程能力的保证程度。通过分析出现差错的频率和情况达到调查过程能力的目的。

(4) 相关分析。相关分析也就是分析过程因素与产品质量特性值的相关性。通过分析收集的具体数据，探求过程因素的变化与质量特性值变化之间的相关关系，进而判断过程能力对产品质量的保证程度。

（三）过程能力指数

1. 过程能力指数的概念

引入过程能力指数的概念，是为了采用数值量来更有效地衡量过程能力满足过程技术要求的程度。过程能力指数通常用 C_p 或 C_{pk} 表示。过程质量要求是指技术标准、产品规格、允许范围以及公差等，用 T 表示。

过程能力指数定义为过程质量要求 T 和过程能力 B 的比值，即：

$$C_p=\frac{T}{B}=\frac{T}{6\sigma} \tag{7-1}$$

一般情况下，如果质量标准规格的中心值与实测数据的分布中心值一致，也就是没有偏离的情况下，过程能力指数用 C_p 表示。当质量标准规格的中心值与实测数据的分布中心值不一致，即有偏离的情况下，过程能力指数用 C_{pk} 表示。

过程能力指数作为度量技术要求满足程度的指标，其数值越大，说明过程能力越能够满足技术要求，也就是说产品质量越有保障；反之，过程能力指数越小，产品质量保障能力也就越低。特别地，如果过程能力指数小于 1，则说明过程能力已经基本上无法满足技术要求的需要。

过程能力指数是对过程能力以及质量要求的一种综合反映，所以不能简单认为其数值越大，则加工精度就越高或技术要求就越低。

2. 过程能力指数的计算

下面依次介绍针对下列三种情形的过程能力指数计算方法：无偏移双侧公差要求、无偏移单侧公差要求、有偏移双侧公差要求。

(1) 无偏移双侧公差要求。当质量特性值实测数据的分布中心 μ 与公差中心 M 重合，且技术要求为双侧公差要求时，过程能力指数为：

$$C_p=\frac{T}{B}=\frac{T}{6\sigma}=\frac{T_U-T_L}{6\sigma}\approx\frac{T_U-T_L}{6s} \tag{7-2}$$

式中，T_U——公差上限；

T_L——公差下限；

s——样本标准差。

此时的过程不合格品率为：

$$p=P(X>T_U)+P(X<T_L)=2\left[1-\Phi\left(\frac{T_U-\mu}{\sigma}\right)\right]=2[1-\Phi(3C_p)] \tag{7-3}$$

【例 7-1】 某零件内径值要求为 29.9～30.1 厘米，现抽取该加工过程的 100 个零件作为样品，测得内径均值为 30.0 厘米，标准差 0.025 厘米。计算其过程能力指数和过程不合格品率。

该题符合无偏移双侧公差要求的情形，所以其过程能力指数为：

$C_p=\frac{T_U-T_L}{6s}=\frac{30.1-29.9}{6\times 0.025}=1.33$

其过程不合格品率为：

$p=2[1-\Phi(3C_p)]=2[1-\Phi(4)]=2[1-0.999\,968\,33]=0.006\,334\%$

(2) 无偏移单侧公差要求。在一些情况下，技术要求只是针对单侧公差，如产品的使用寿命、材料强度、杂质含量等。在这种情况下，以 3σ 作为计算过程能力指数的基础。

如果质量特性值实测数据的分布中心 μ 与公差中心 M 重合，且技术要求为单侧公差要求，当只有上限要求时，过程能力指数为：

$$C_p=\frac{T_U-\mu}{3\sigma}\approx\frac{T_U-\mu}{3s} \tag{7-4}$$

式中，T_U——公差上限；

s——样本标准差。

此时的过程不合格品率为：

$$p=P(X>T_U)=1-\Phi\left(\frac{T_U-\mu}{\sigma}\right)=1-\Phi(3C_p) \tag{7-5}$$

类似地，当只有下限要求时，过程能力指数为：

$$C_p=\frac{\mu-T_L}{3\sigma}\approx\frac{\mu-T_L}{3s} \tag{7-6}$$

式中，T_L——公差下限；

s——样本标准差。

此时的过程不合格品率为：

$$p=P(X<T_L)=\Phi\left(\frac{T_L-\mu}{\sigma}\right)=\Phi(-3C_p)=1-\Phi(3C_p) \tag{7-7}$$

【例 7-2】 某电器元件的使用寿命要求为不低于 1 000 小时，现从该加工过程抽取 100 个电器元件作为样品，测得平均使用寿命为 1 280 小时，标准差为 80 小时。计算其过程能力指数和过程不合格品率。

该题符合无偏移单侧公差下限要求的情形，所以其过程能力指数为：

$C_p=\frac{\mu-T_L}{3s}=\frac{1\,280-1\,000}{3\times 80}=1.17$

其过程不合格品率为：

$p=1-\Phi(3C_p)=1-\Phi(3\times 1.17)=1-\Phi(3.5)=1-0.999\,767\,4=0.023\,26\%$

(3) 有偏移双侧公差要求。针对双侧公差要求，当质量特性值实测数据的分布中心 μ 与公差中心 M 不重合，也就是有偏移时，过程能力指数会降低，不合格品率会增大。所以要在前面计算方法的基础上根据偏移的实际情况对计算结果进行修正。

定义偏移系数也称修正系数，记为 k，其计算公式为：

$$k=\frac{2|\mu-M|}{T_U-T_L} \tag{7-8}$$

将修正后的过程能力指数记为 C_{pk}，则：

$$C_{pk}=(1-k)C_p=\frac{(1-k)T}{6\sigma}\approx\frac{(1-k)(T_U-T_L)}{6s} \tag{7-9}$$

此时的过程不合格品率为：

$$p=P(X>T_U)+P(X<T_L)=\left[1-\Phi\left(\frac{T_U-\mu}{\sigma}\right)\right]+\left[1-\Phi\left(\frac{\mu-T_L}{\sigma}\right)\right]$$
$$=2-\Phi[3C_p(1-k)]-\Phi[3C_p(1+k)] \tag{7-10}$$

易见，当 $\mu=M$ 时，即质量特性值实测数据的分布中心与公差中心重合时，有 $k=0$，则 $C_{pk}=C_p$。

【例 7-3】 对某零件直径值的要求为(16.000±0.050)厘米，现在随机抽取某过程生产的该零件若干，测得直径均值为 16.005 厘米，标准差 0.010 厘米。计算其过程能力指数和过程不合格品率。

该题符合有偏移双侧公差要求的情形，可以求得其偏移系数为：

$$k=\frac{2|\mu-M|}{T_U-T_L}=\frac{2\times|16.005-16.000|}{16.050-15.950}=\frac{0.01}{0.1}=0.1$$

且未偏移过程能力指数 C_p 值为：

$$C_p=\frac{T_U-T_L}{6s}=\frac{16.050-15.950}{6\times0.010}\approx1.67$$

进而可求得其过程能力指数为：

$$C_{pk}=(1-k)C_p=0.9\times1.67=1.5$$

则其过程不合格品率为：

$$p=2-\Phi[3C_p(1-k)]-\Phi[3C_p(1+k)]=2-\Phi(4.5)-\Phi(5.5)$$
$$=2-0.999\,996\,602-0.999\,999\,981=0.000\,341\,7\%$$

为简化有偏移状态下对过程不合格品率的计算，当精度要求不是非常高时，也可以通过查表的方法取得近似值，如表 7-1 所示。

表 7-1　基于未偏移过程能力指数 C_p 和偏移系数 k 的过程不合格品率 p 数值表　单位：%

C_p \ k	0.00	0.04	0.08	0.12	0.16	0.20	0.24	0.28	0.32	0.36	0.40	0.44	0.48	0.52
0.50	13.36	13.43	13.46	13.99	14.48	15.10	15.86	16.75	17.77	18.92	20.19	21.58	23.09	24.71
0.60	7.19	7.26	7.48	7.85	8.37	9.03	9.85	10.81	11.92	13.18	14.59	16.81	17.85	19.69
0.70	3.57	3.64	3.83	4.16	4.63	5.24	5.99	6.89	7.94	9.16	10.55	12.10	13.84	15.74
0.80	1.64	1.69	1.89	2.09	2.46	2.94	3.55	4.13	5.21	6.28	7.53	8.98	10.62	12.48
0.90	0.69	0.73	0.83	1.00	1.25	1.60	2.00	2.62	3.34	4.21	5.27	6.53	8.02	9.75
1.00	0.27	0.29	0.35	0.45	0.61	0.84	1.14	1.55	2.07	2.75	3.59	4.65	5.94	7.49
1.10	0.10	0.11	0.14	0.20	0.29	0.42	0.61	0.88	1.24	1.74	2.39	3.23	4.31	5.66
1.20	0.03	0.04	0.05	0.08	0.13	0.20	0.31	0.48	0.72	1.06	1.54	2.19	3.06	4.20
1.30	0.01	0.01	0.02	0.03	0.05	0.09	0.15	0.25	0.40	0.63	0.96	1.45	2.13	3.06
1.40	0.00	0.00	0.01	0.01	0.02	0.04	0.07	0.13	0.22	0.36	0.59	0.93	1.45	2.10
1.50			0.00	0.00	0.01	0.02	0.03	0.06	0.11	0.20	0.35	0.59	0.96	1.54

（续表）

k / C_p	0.00	0.04	0.08	0.12	0.16	0.20	0.24	0.28	0.32	0.36	0.40	0.44	0.48	0.52
1.60					0.00	0.01	0.01	0.03	0.06	0.11	0.20	0.36	0.63	1.07
1.70						0.00	0.01	0.01	0.03	0.06	0.11	0.22	0.40	0.72
1.80							0.00	0.01	0.01	0.03	0.06	0.13	0.25	0.48
1.90								0.00	0.01	0.01	0.03	0.07	0.15	0.31
2.00									0.00	0.01	0.02	0.04	0.09	0.20
2.10										0.00	0.01	0.02	0.05	0.18
2.20											0.00	0.01	0.03	0.08
2.30												0.01	0.02	0.05
2.40												0.00	0.01	0.03
2.50													0.01	0.02
2.60													0.00	0.01
2.70														0.01
2.80														0.00

（四）过程能力评价

正如例 7-1、例 7-2、例 7-3 所示，虽然不合格品率 p 是人们普遍熟悉的过程质量评价指标，但是其计算较为复杂。过程能力指数 C_p 的计算则要简单得多，而且它与不合格品率 p 具有很好的对应关系，因而过程能力指数可以更方便地衡量过程质量。

1. 过程能力指数的评价标准

对过程能力指数有一些常用的评价标准，如表 7-2 所示。

表 7-2　过程能力指数 C_p 值的评价标准

C_p 值	过程能力判断	对应的处置措施
$C_p \geqslant 1.67$	过程能力过剩	可以酌情考虑缩小公差范围等规格，以取得更好的产品质量；或适当简化质量检验，降低设备精度等级，以便简化管理、提高效率，同时降低成本
$1.67 > C_p \geqslant 1.33$	过程能力充分	该过程能力状态较为理想，在对该过程实施监控的同时，可酌情降低对原材料的要求，简化质量检验
$1.33 > C_p \geqslant 1.00$	过程能力一般	需要采用控制图等方法保证过程处于被控制和监督的状态，以便及时发现异常波动，产品须按正常规定进行检验
$1.00 > C_p \geqslant 0.67$	过程能力不足	分析其质量数据离散程度较大的原因，并予以改进；采用全数检验或增加频次等方法加强质量检验
$0.67 > C_p$	过程能力严重不足	应停止加工，分析原因，改进工艺，提高过程能力指数

过程能力的过剩或者不足都不是过程能力的最佳状态，需要分别采用适当的措施改善或提高过程能力指数。

2. 过程能力指数过剩的改善措施

当过程能力指数过剩时，事实上过程能力处于一种不经济的状态，这时应该采取措施适当降低过程能力指数。简单地说，降低过程能力指数有降低过程能力和提高质量标准两个思路：

(1) 降低过程能力。降低过程能力包括降低对工艺技术或原材料的要求，采用精度较低的过程设备等，降低成本，提高经济效益。

(2) 提高质量标准。例如，适当缩小产品要求的公差范围或放宽过程控制的随机波动程度等，可以提高效率，降低成本。

另外，还可以通过简化质量检验、质量监控等降低费用成本，从而提高过程能力的经济性。

3. 过程能力指数不足的提高措施

过程能力指数不足会导致产品中有较多不合格品产生，所以需要采取以下措施提高过程能力指数：

(1) 通过调整质量特性值的分布中心减少偏移量。当过程质量特性值存在较大的偏移时，会对过程能力指数造成严重影响，所以应找出导致偏移的原因，采取措施使质量特性值的分布中心与公差中心尽量重合。

(2) 通过提高过程能力降低质量特性值的离散程度。显然，在公差一定的条件下，质量特性值的离散程度越高，过程能力指数越低。所以应通过改善 4M1E 等引起质量波动的相关因素，尽可能降低质量特性值的离散程度。

(3) 在保证质量的前提下适当放宽技术规格要求。在质量特性值分布情况确定的前提下，适当放宽对质量技术规格的要求，有利于提高过程能力指数。但降低技术规格必须以不影响产品质量及顾客需要的基本功能为前提。

第三节　控制图的原理及应用

一、控制图基本原理

为了实现以预防为主的质量控制思想，需要进行有效的现场质量控制，更好地了解质量状况的发展变化。控制图就是这样一种可以在现场直接研究质量数据随时间变化统计规律的动态方法。

(一) 控制图的概念

20 世纪 20 年代，休哈特首先提出了控制图的概念，并将其应用到工序质量控制中。因此，控制图实际上就是判别生产工序过程是否处于控制状态的一种动态的控制手段。通过引入控制图，可以分析引起质量波动的原因是偶然因素还是系统因素，从而针对具体情况及时有效地解决问题，实现对生产过程的质量控制。

控制图的横坐标是以时间顺序排列的样本组号，纵坐标是质量特性值或样本统计量。质量特性值的中心线用实线表示，记为 CL(control line)；两条控制界限用虚线表示，上面一条称为上控制界限，记为 UCL(upper control line)；下面一条为下控制界限，记为 LCL(lower control line)，如图 7-1 所示。

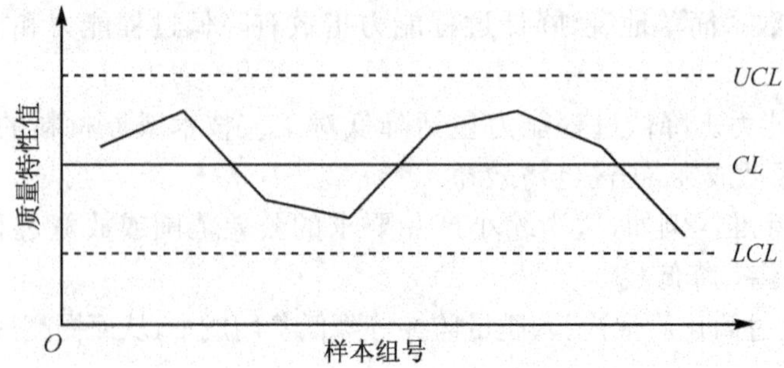

图 7-1　控制图

在绘制控制图时，应定时抽取生产过程中的样本，把测得的质量特性值数据按照时间顺序在图上描点，再依次用直线段连接。

观察控制图，如果数据点都是落在上下控制界限之内，而且是随机排列的，就说明生产过程中只存在由偶然因素引起的随机误差，生产处于统计控制状态，基本上是正常的，不必进行干预。如果数据点落在了上下控制界限之外，或者虽然落在上下控制界限之内但不是随机的，则说明在生产过程中存在由系统因素引起的误差，此时生产过程已经处于非统计控制状态，必须对工序过程采取措施使其恢复正常。可见，应用控制图对生产过程进行监控，能够及时对质量的异常波动提出警示，实现过程质量控制。

(二) 控制图的统计原理

控制图作为监视、控制质量特性值随时间推移波动情况的图形方法，是显著性统计原理的一种具体应用。

1. 3σ 原理

当质量特性值服从正态分布时，即 $X \sim N(\mu,\sigma^2)$，$\mu=E(X)$，如果生产过程中仅存在偶然因素，那么其产品质量特性值将会有 99.73%落在$\mu\pm3\sigma$的范围内。也就是说，如果只抽取少量产品，其测得的质量特性值都应该落在$\mu\pm3\sigma$的范围内，而如果存在质量特性值落在了$\mu\pm3\sigma$的范围之外，则可以认为过程出现了系统因素引起的变异，使质量特性值的分布出现了偏移。这就是 3σ 原理。如果应用分组方式采集数据，可以先计算样本均值，它的分布同样应该服从正态分布，所以也可以利用 3σ 原理绘制控制图，实现过程质量控制。

2. 确定控制界限

在稳定过程生产状态下，产品的质量特性值服从正态分布，并且将会有 99.73%落在$\mu\pm3\sigma$的范围内。因此，可以取 $\mu\pm3\sigma$ 作为控制图的上下控制界限，那么质量特性值出现在$\mu\pm3\sigma$界限以外的概率为 0.27%，即在一千次中平均不会超过三次。这个比例很小，如果忽略不计，则可以认为产品质量特性值全部都会分布在 $\mu\pm3\sigma$ 的界限范围内。如果在生产过程中出现质量特性值超出 $\mu\pm3\sigma$ 界限的情况，就可以判断有系统因素导致产品质量发生异常波动。因此，以 3σ 原理为基础，可以很容易得到控制图中控制界限的一般公式：

$$\begin{cases}UCL=E(x)+3\sigma(x)\\CL=E(x)\\LCL=E(x)-3\sigma(x)\end{cases}\tag{7-11}$$

3. 两类错误

(1) 第一类错误。基于 3σ 原理确定控制图的控制界限，虽然质量特性值落在上下控制界限以外的概率只有 0.27%，是一个小概率事件。但是，一旦在控制状态下发生小概率事件，控制图就会因为质量特性值落在控制界限之外而作出生产过程失控的判断。而事实上，在此种情形下作出的这个判断显然是错误的，这称为控制图的第一类错误，其概率记为 α。易见，$\alpha=0.0027$，且由正态分布对称性可得 $\frac{\alpha}{2}=0.00135$。控制图的第一类错误及概率 α 如图 7-2 所示。

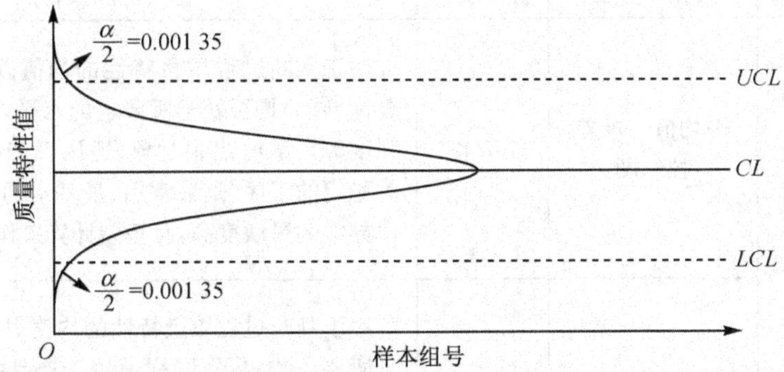

图 7-2　控制图的第一类错误

(2) 第二类错误。当生产过程由于系统因素的作用确实发生失控时，质量特性值的分布中心从 μ_0 变化到 μ_1。但是，这时仍然有一定比例的质量特性数据值会落在上下控制界限之内，如图 7-3 中斜线所示。因此，就会发生控制图由此作出生产过程正常的错误判断，这就是控制图的第二类错误。其概率记为 β，并把 $1-\beta$ 称为控制图的检出力，也就是其能够作出正确判断的概率。

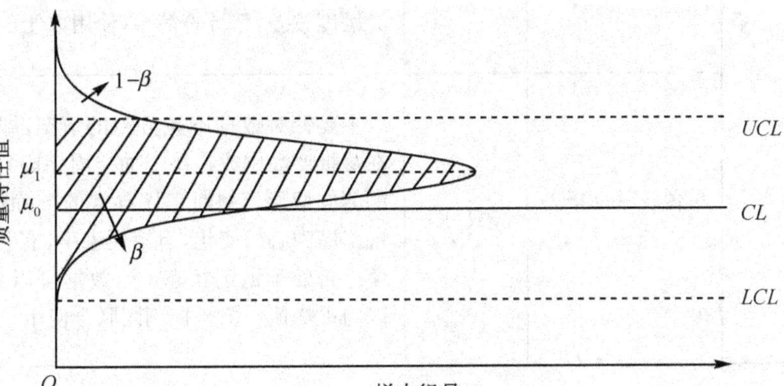

图 7-3　控制图的第二类错误

（三）控制图的分类

按照控制的质量特性数据特点的不同，可以将控制图分为两大类：计量值控制图和计数值控制图。

计量值控制图以计量值类型的质量特性数据为控制对象。具体来说，计量值控制图主要包括平均值—极差控制图、平均值—标准差控制图、中位数—极差控制图、单值—移动极差控制图等。

计数值控制图适用于以计数值类型质量特性数据作为控制对象的情形。计数值控制图还可以分为计件值控制图和计点值控制图两类。进一步细化，计件值控制图包括不合格品率控制图和不合格品数控制图；计点值控制图也可以分为缺陷数控制图以及单位缺陷数控制图。

为直观起见，将常用控制图的基本类型列出，如表 7-3 所示。

表 7-3　控制图的基本类型

数　　据	分布	控制图类型	符号表示	适用范围及特点
计量值	正态分布	平均值—极差控制图	$\overline{x}$-R 图	用于判断过程质量特性的均值以及极差（间接估算标准差）是否处于所要求的水平，针对重量、长度、强度等计量值控制对象，适用于产品批量较大且较为稳定的工序，是最常用、最基本的控制图。判断工序异常的灵敏度高，且极差计算工作量小
		平均值—标准差控制图	$\overline{x}$-s 图	用于判断过程质量特性的均值以及标准差是否处于所要求的水平，同样适用于产品批量较大且较为稳定的工序，是常用的控制图。判断工序异常的灵敏度最高，特别是当样本容量 n 很大时，检出力明显高于$\overline{x}$-R 图，但标准差计算工作量较大
		中位数—极差控制图	M_e-R 图	采用中位数代替平均值，也适用于产品批量较大且较为稳定的工序，特别是针对需要在现场把测量数据直接记入控制图的管理过程。判断工序异常的灵敏度较差，但计算简单，使用方便
		单值—移动极差控制图	x-R_s 图	主要针对数据不能分组的情况，即由于各种原因在每批产品中或在每个抽样周期内只能取得一个观测值的情形。判断工序异常的准确性较差，不易发现工序中心的变化，但简便省事，有利于快速判断工序是否处于稳定状态。当数据可以合理分组时，可以与平均值—极差控制图联合使用

（续表）

数据		分布	控制图类型	符号表示	适用范围及特点
计数值	计件值	二项分布	不合格品率控制图	p 图	用于控制对象为不合格品率等计数值质量特性数据的情形，样本容量可以不等。检出力与样本容量 n 有关，计算量比较大，而且控制线凹凸不平
			不合格品数控制图	np 图	用于对不合格品数的控制，适用于样本容量相等的场合。检出力同样与样本容量 n 有关，计算方法简单，省去了 p 图需要进行除法运算的不便，较为常用
	计点值	泊松分布	缺陷数控制图	c 图	用于控制一定检查单位中出现的缺陷数目，适用于样本容量 n 相等的场合。计算简单，较为常用
			单位缺陷数控制图	u 图	用于控制平均每个单位产品中出现的缺陷数目，样本的大小可以不相等，但需换算成每单位的缺陷数。检出力与样本容量 n 有关，计算量较大

二、计量值控制图

计量值控制图针对过程中的计量值质量特性数据进行控制，如重量、长度、强度、寿命和化学成分等。

计量值控制图是以正态分布为基础的，正态分布有两个独立参数，即平均值 μ 与标准差 σ，它们决定了正态分布的集中趋势和离散程度。因此，计量值控制图需要用两张控制图来进行分析。

计量值控制图可以用于过程控制，而且对系统因素反应敏感，效果好于计数值控制图，便于调查波动原因或进行预防，特别是有助于严格控制关键工序和环节的质量特性值。但计量值控制图需要经常抽取样本进行检测、计算、绘图及分析。

在前面提及的四种常规计量值控制图中，平均值—标准差控制图理论依据最为充分，对生产过程不稳定性的检出力也最强；而平均值—极差控制图则因其极差值计算较为方便，得到了最为广泛的应用。以下依次详细介绍这四种计量值控制图。

（一）平均值—极差控制图

平均值—极差控制图（$\overline{x}$-R 图）是由平均值控制图（$\overline{x}$图）和极差控制图（R 图）联合构成的一种控制图。平均值控制图用来控制平均值的变化，极差控制图用来控制极差的变化。$\overline{x}$-R控制图通过检查平均值和极差是否有异常变化来实现对过程的控制。

1. $\overline{x}$-R 图的控制界限

（1）$\overline{x}$图的控制界限。当质量特性值服从正态分布时，对于容量为 n 的样本 $x_1, x_2, \cdots, x_n$，其平均值 $\overline{x}$有如下性质：

$$E(\overline{x})=\mu$$

$$\sigma(\overline{x})=\frac{\sigma}{\sqrt{n}}$$

μ 和 σ 则可通过 k 组大小为 n 的样本得到：

$$\hat{\mu}=\overline{\overline{x}}$$

$$\hat{\sigma}=\frac{\overline{R}}{d_2}$$

其中，d_2 是由 n 来确定的控制系数，可以通过查取计量值控制图系数表(见表 7-4)得到。

所以，由控制界限的一般公式即可得到 $\overline{x}$ 图的控制界限为：

$$\begin{cases} UCL=\mu+\dfrac{3\sigma}{\sqrt{n}}=\overline{\overline{x}}+\dfrac{3\overline{R}}{d_2\sqrt{n}}=\overline{\overline{x}}+A_2\overline{R} \\ CL=\mu=\overline{\overline{x}} \\ LCL=\mu-\dfrac{3\sigma}{\sqrt{n}}=\overline{\overline{x}}-\dfrac{3\overline{R}}{d_2\sqrt{n}}=\overline{\overline{x}}-A_2\overline{R} \end{cases} \tag{7-12}$$

式中，$A_2=\dfrac{3}{d_2\sqrt{n}}$，也是由 n 确定的系数，可以通过计量值控制图系数表查得。

表 7-4　计量值控制图系数表

n	A_2	A_3	B_3	B_4	c_4	d_2	d_3	D_3	D_4	m_3	m_3A_2
2	1.880	2.659	0	3.267	0.797 9	1.128	0.853	0	3.267	1.000	1.880
3	1.023	1.945	0	2.568	0.886 2	1.693	0.888	0	2.575	1.160	1.187
4	0.729	1.628	0	2.266	0.921 3	2.059	0.880	0	2.282	1.092	0.796
5	0.557	1.427	0	2.089	0.940 0	2.326	0.864	0	2.115	1.198	0.691
6	0.483	1.287	0.030	1.970	0.951 5	2.534	0.848	0	2.004	1.135	0.549
7	0.419	1.182	0.118	1.882	0.959 4	2.704	0.833	0.076	1.924	1.214	0.509
8	0.373	1.099	0.185	1.815	0.965 0	2.847	0.820	0.136	1.864	1.160	0.432
9	0.337	1.032	0.239	1.761	0.969 3	2.970	0.808	0.184	1.816	1.223	0.412
10	0.308	0.975	0.284	1.716	0.972 7	3.078	0.797	0.223	1.777	1.176	0.363
11	0.285	0.927	0.321	1.679	0.975 4	3.173	0.787	0.256	1.744	—	—
12	0.266	0.886	0.354	1.646	0.977 6	3.258	0.778	0.283	1.717	—	—
13	0.249	0.850	0.382	1.618	0.979 4	3.336	0.770	0.307	1.693	—	—
14	0.235	0.817	0.406	1.594	0.981 0	3.407	0.763	0.328	1.673	—	—
15	0.223	0.789	0.428	1.572	0.982 3	3.472	0.756	0.347	1.653	—	—
16	0.212	0.763	0.448	1.552	0.983 5	3.532	0.750	0.363	1.637	—	—
17	0.203	0.739	0.466	1.534	0.984 5	3.588	0.744	0.378	1.622	—	—
18	0.194	0.718	0.482	1.518	0.985 4	3.640	0.739	0.391	1.608	—	—
19	0.187	0.698	0.497	1.503	0.986 2	3.689	0.734	0.403	1.597	—	—
20	0.180	0.680	0.510	1.490	0.986 9	3.735	0.729	0.415	1.585	—	—

(2) R 图的控制界限。对于服从正态分布的质量特性值，容量为 n 的样本 $x_1,x_2,\cdots,x_n$，其极差 R 有如下性质：

$$E(R)=d_2\sigma,\sigma(R)=d_3\sigma$$

其中，d_2、d_3 是由 n 确定的系数，可以在表 7-4 中查得。

由此可以根据控制界限的一般公式得到 R 图的控制界限为：

$$\begin{cases} UCL=d_2\sigma+3d_3\sigma=\left(1+3\dfrac{d_3}{d_2}\right)\overline{R}=D_4\overline{R} \\ CL=d_2\sigma=\overline{R} \\ LCL=d_2\sigma-3d_3\sigma=\left(1-3\dfrac{d_3}{d_2}\right)\overline{R}=D_3\overline{R} \end{cases} \tag{7-13}$$

其中，D_4、D_3 也是由 n 确定的系数，可以通过查取计量值控制图系数表得到。

当 $n\leqslant 6$ 时，$D_3=1-3\dfrac{d_3}{d_2}$ 是负值，但显然下控制界限为负值没有意义，所以在 $n\leqslant 6$ 时令 $D_3=0$ 或者对下控制界限不予考虑。

2. 使用 $\overline{x}$-R 图进行控制

在使用 $\overline{x}$-R 图进行质量控制时，需要同时应用 $\overline{x}$ 图和 R 图对过程是否处于稳定状态进行联合判断，根据两张图的判断结果分析过程发生异常变化的具体情况，如表 7-5 所示。

表 7-5　$\overline{x}$-R 图联合判断分析

情　况	$\overline{x}$ 图	R 图	判断分析
1	稳定	稳定	过程处于稳定状态，正常
2	异常	稳定	过程的质量特性均值出现了异常
3	稳定	异常	过程的质量特性标准差出现了异常
4	异常	异常	过程的质量特性标准差出现了异常，质量特性均值有可能处于稳态，也有可能出现异常

【例 7-4】 某生产过程封装袋装食品，从中依次抽取 12 个样本，测量其质量数据如表 7-6所示，据此完成其 $\overline{x}$-R 图。

表 7-6　袋装食品重量　　单位：克

样本号	x_1	x_2	x_3	x_4	x_5	$\overline{x}$	R
1	200.2	202.5	204.7	199.2	196.7	200.66	8.0
2	197.0	203.1	200.8	201.5	199.0	200.28	6.1
3	201.1	203.8	202.6	196.3	200.8	200.92	7.5
4	202.0	198.1	197.5	199.6	200.0	199.44	4.5
5	203.7	198.1	196.2	202.1	203.3	200.68	7.5
6	198.7	201.4	198.6	197.9	201.1	199.54	3.5
7	204.1	200.9	199.8	200.3	199.4	200.90	4.7
8	198.7	196.6	204.2	199.3	199.9	199.74	7.6
9	200.2	199.3	199.6	195.6	201.0	199.14	5.4
10	205.2	197.7	200.6	201.7	200.0	201.04	7.5
11	201.7	200.5	200.5	197.2	199.9	199.96	4.5
12	200.1	198.9	202.6	205.5	198.2	201.06	7.3
合计						2403.36	74.1
平均						200.280	6.175

根据基本数据分别计算各个样本的均值和极差，填入表 7-6 中右侧两列，再进一步计算得到：

$\overline{\overline{x}}=200.280, \overline{R}=6.175$

在计量值控制图系数表中查取相关系数，此时 $n=5$，可以得到：$A_2=0.557$、$D_4=2.115$、$D_3=0$。

所以 $\overline{x}$ 图的控制界限为：

$$\begin{cases} UCL=\overline{\overline{x}}+A_2\overline{R}=200.280+0.557\times 6.175=203.719 \\ CL=\overline{\overline{x}}=200.280 \\ LCL==\overline{\overline{x}}-A_2\overline{R}=200.280-0.557\times 6.175=196.841 \end{cases}$$

R 图的控制界限为：

$$\begin{cases} UCL=D_4\overline{R}=2.115\times 6.175=13.060 \\ CL=\overline{R}=6.175 \\ LCL=D_3\overline{R}=0\times 6.175=0 \end{cases}$$

据此绘制 $\overline{x}$ 图和 R 图，进行描点，如图 7-4 所示。

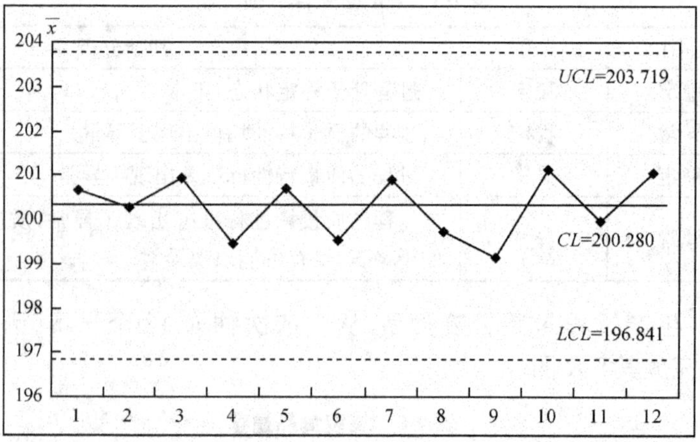

(a) $\overline{x}$ 图

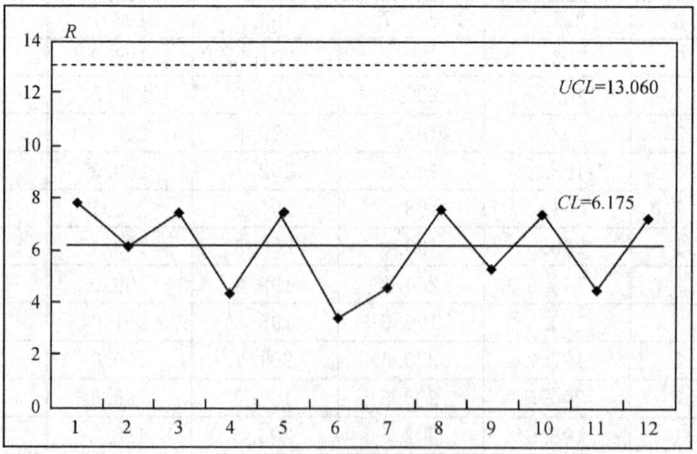

(b) R 图

图 7-4 $\overline{x}$-R 图

根据图 7-4，可以判断过程处于稳定状态。

运用平均值—极差控制图时，极差只考虑了样本中的最大和最小值，而没有关注其他数据的分布情况。因此，当样本容量比较大时，其检出偏差的效率将明显降低。因此，当样本容量较大（通常大于 10）时，应采用标准差替代极差。

（二）平均值—标准差控制图

平均值—标准差控制图（$\bar{x}$-s 图）是由平均值控制图（$\bar{x}$图）和标准差控制图（s 图）构成的。

可以证明，样本标准差 s 并不是总体标准差 σ 的无偏估计，而是满足下面两式：

$$E(s)=c_4\sigma \tag{7-14}$$

$$\sigma(s)=\sqrt{1-c_4^2}\sigma \tag{7-15}$$

式中，c_4 是一个与样本容量有关的常数。

因此，可以得到总体标准差的估计值：

$$\hat{\sigma}=\frac{\bar{s}}{c_4} \tag{7-16}$$

由此可以得到$\bar{x}$-s 图中$\bar{x}$图的控制界限为：

$$\begin{cases} UCL=\mu+\dfrac{3\sigma}{\sqrt{n}}=\bar{\bar{x}}+\dfrac{3\bar{s}}{c_4\sqrt{n}}=\bar{\bar{x}}+A_3\bar{s} \\ CL=\mu=\bar{\bar{x}} \\ LCL=\mu-\dfrac{3\sigma}{\sqrt{n}}=\bar{\bar{x}}-\dfrac{3\bar{s}}{c_4\sqrt{n}}=\bar{\bar{x}}-A_3\bar{s} \end{cases} \tag{7-17}$$

s 图的控制界限为：

$$\begin{cases} UCL=c_4\sigma+3\sqrt{1-c_4^2}\sigma=\bar{s}+\dfrac{3\sqrt{1-c_4^2}\bar{s}}{c_4}=B_4\bar{s} \\ CL=c_4\sigma=\bar{s} \\ LCL=c_4\sigma-3\sqrt{1-c_4^2}\sigma=\bar{s}-\dfrac{3\sqrt{1-c_4^2}\bar{s}}{c_4}=B_3\bar{s} \end{cases} \tag{7-18}$$

其中，控制界限公式中的系数 A_3、B_3、B_4 都可以在计量值控制图系数表中查到。

（三）中位数—极差控制图

中位数—极差控制图（M_e-R 图）是由中位数控制图（M_e 图）和极差控制图（R 图）共同构成的。

根据统计理论，对于来自正态总体的样本，样本中位数的平均值和标准差分别可以由下面两式得到：

$$E(M_e)=\mu$$

$$\sigma(M_e)=\frac{m_3\sigma}{\sqrt{n}}$$

其中，m_3 是一个与样本容量有关的常数，可以查取计量值控制图系数表得到。

因此，可以得到 M_e-R 图中 M_e 图的控制界限为：

$$\begin{cases} UCL=\mu+\dfrac{3m_3\sigma}{\sqrt{n}}=\overline{M}_e+\dfrac{3m_3\overline{R}}{d_2\sqrt{n}}=\overline{M}_e+m_3A_2\overline{R} \\ CL=\mu=\overline{M}_e \\ LCL=\mu-\dfrac{3m_3\sigma}{\sqrt{n}}=\overline{M}_e-\dfrac{3m_3\overline{R}}{d_2\sqrt{n}}=\overline{M}_e-m_3A_2\overline{R} \end{cases} \tag{7-19}$$

其中，m_3 和 m_3A_2 可以在计量值控制图系数表中直接查取。

R 图的控制界限仍然不变。

在 M_e-R 图中采用中位数代替平均值，只采用了样本数据的部分信息，因此 M_e 图的检出力要比 $\bar{x}$ 图低。直观上来看，M_e 图的控制界限是 $\bar{x}$ 图的 m_3 倍，且在样本容量大于 2 时，$m_3>1$。因此，通常当样本容量较大时，不宜采用 M_e-R 图。

（四）单值—移动极差控制图

当样本大小为 1 的时候，没有办法通过计算极差或者样本标准差来估计总体标准差，而是需要运用移动极差来估计总体标准差。

单值—移动极差控制图（x-R_s 图）是由单值控制图（x 图）和移动极差控制图（R_s 图）构成的。

移动极差就是两个相邻样本之间的绝对差值。即假设从过程中抽取的样本质量特性值依次为 $x_1,x_2,\cdots,x_n$，则移动极差为：

$$R_{si}=|x_i-x_{i+1}| \quad (i=1,2,\cdots,n-1)$$

对于来自正态总体 $N(\mu,\sigma^2)$ 的样本，根据统计理论可以得到移动极差 R_s 的均值和标准差分别为：

$$E(R_s)=d_2\sigma=1.128\sigma$$

$$\sigma(R_s)=d_3\sigma=0.853\sigma$$

对于移动极差，d_2、d_3 取 $n=2$ 的值。

因此，可以得到 x-R_s 图中 x 图的控制界限为：

$$\begin{cases} UCL=\mu+3\sigma=\bar{x}+\dfrac{3\overline{R}_s}{1.128}=\bar{x}+2.66\overline{R}_s \\ CL=\mu=\bar{x} \\ LCL=\mu-3\sigma=\bar{x}-\dfrac{3\overline{R}_s}{1.128}=\bar{x}-2.66\overline{R}_s \end{cases} \tag{7-20}$$

R_s 图的控制界限为：

$$\begin{cases} UCL=1.128\sigma+3\times0.853\sigma=3.687\sigma=3.27\overline{R}_s \\ CL=1.128\sigma=\overline{R}_s \\ LCL=0 \end{cases}$$

在 R_s 图中下控制界限为负值，所以令其为零或者对下控制界限不予考虑。

x-R_s 图因为每次只抽取一个样本，所以信息量较少，控制界限较宽，检出力也较低；但抽样成本也相对较低。

三、计数值控制图

计数值控制图的控制对象是计数值质量特性数据，如不合格品数、缺陷数等，即单位产品中或单位面积内某种事件发生的次数。与计量值控制图不同,计数值控制图通常只需要一张控制图。

下面介绍四种常规的计数值控制图,即针对计件值的不合格品率控制图和不合格品数控制图,以及针对计点值的缺陷数控制图和单位缺陷数控制图。

(一) 不合格品率控制图

对于状态稳定的过程,产品不合格品率 P 是一个常数,也就是说,任意单位产品的不合格品率都为 P。如果随机抽取一个样本,包含 n 个样品,其中不合格品数为 D,则 D 服从参数为 n 和 P 的二项分布 $D\sim B(n,P)$。依据二项分布的性质,其均值和方差分别为 nP 和 $nP(1-P)$。

样本的不合格品率 $p=\dfrac{D}{n}$,所以随机变量 p 的均值为 P,方差为 $\dfrac{P(1-P)}{n}$。可见其均值和方差是相互关联的,所以只需要不合格品率控制图,即 p 图。

当产品不合格品率 P 已知时,易见:

$$E(p)=P$$

$$\sigma(p)=\sqrt{\frac{P(1-P)}{n}}$$

所以 p 图的控制界限为:

$$\begin{cases} UCL=P+3\sqrt{\dfrac{P(1-P)}{n}} \\ CL=P \\ LCL=P-3\sqrt{\dfrac{P(1-P)}{n}} \end{cases} \tag{7-21}$$

当产品不合格品率 P 未知时,可以采用样本的不合格品率对其进行估计。假设抽取 m 个样本,第 i 个样本的样品数为 $n_i(i=1,2,\cdots,m)$,其中不合格品数为 D_i。据此可以得到样本的不合格品率为:

$$\overline{p}=\frac{\sum_{i=1}^{m}D_i}{\sum_{i=1}^{m}n_i} \tag{7-22}$$

那么,此时 p 图的控制界限为:

$$\begin{cases} UCL=\overline{p}+3\sqrt{\dfrac{\overline{p}(1-\overline{p})}{n}} \\ CL=\overline{p} \\ LCL=\overline{p}-3\sqrt{\dfrac{\overline{p}(1-\overline{p})}{n}} \end{cases} \tag{7-23}$$

在 p 图中,如果数据点超出了上控制界限,说明过程中存在异常因素,导致过程不合格品率变大了,应分析解决。如果数据点超出了下控制界限,则说明产品不合格品率降低了,此时应首先审查数据和测量的真实性与完备性,在进一步确定后可以通过提高产品质量等级重新设计控制图。

另外,当不合格品率较小时,必须选择容量较大的样本,以避免样本中出现一个不合格品即导致超出上控制界限并判断过程失控，样本容量 n 应满足 $1<nP<5$；另外，还应满足 $n\geqslant\frac{9(1-P)}{P}$，使下控制界限非负。

（二）不合格品数控制图

在样本容量大小相等的情况下，可以选用不合格品数控制图——np 图。

当产品不合格品率 P 已知时，np 图的控制界限为：

$$\begin{cases}UCL=nP+3\sqrt{nP(1-P)}\\CL=nP\\LCL=nP-3\sqrt{nP(1-P)}\end{cases}\tag{7-24}$$

如果产品不合格品率 P 未知，则根据样本的不合格品率作出估计：

$$\overline{p}=\frac{\sum_{i=1}^{m}D_i}{mn}\tag{7-25}$$

此时 np 图的控制界限为：

$$\begin{cases}UCL=n\overline{p}+3\sqrt{n\overline{p}(1-\overline{p})}\\CL=n\overline{p}\\LCL=n\overline{p}-3\sqrt{n\overline{p}(1-\overline{p})}\end{cases}\tag{7-26}$$

同样，np 图的样本容量也应该保持足够大，以避免样本中出现一个不合格品即判断过程失控。

（三）缺陷数控制图

当过程处于稳定状态时，一定检查单位中出现的缺陷数 c 服从参数为 λ 的泊松分布，即满足：

$$P(c=k)=\frac{\lambda^k}{k!}e^{-\lambda}(k=0,1,2,\cdots)$$

由泊松分布的统计性质可知，随机变量 c 的均值为 λ，标准差为$\sqrt{\lambda}$。因此，泊松分布也只有一个参数 λ，所以也只需要一张控制图即可实现对过程的控制，就是缺陷数控制图，即 c 图。

当平均缺陷数 λ 已知时，c 图的控制界限为：

$$\begin{cases}UCL=\lambda+3\sqrt{\lambda}\\CL=\lambda\\LCL=\lambda-3\sqrt{\lambda}\end{cases}\tag{7-27}$$

当 λ 未知时，可以用样本平均缺陷数 $\bar{c}$ 估计 λ 的值。假设抽取 m 个样本，每个样本中包含的缺陷数为 $c_i(i=1,2,\cdots,m)$，则样本平均缺陷数为：

$$\bar{c}=\frac{\sum_{i=1}^{m}c_i}{m}\tag{7-28}$$

所以，λ 未知时，c 图的控制界限为：

$$\begin{cases}UCL=\bar{c}+3\sqrt{\bar{c}}\\CL=\bar{c}\\LCL=\bar{c}-3\sqrt{\bar{c}}\end{cases}\tag{7-29}$$

在缺陷数控制图中，当过程的平均缺陷数很小时，也必须选择容量较大的样本，通常应满足 $1<\lambda<5$。

缺陷数控制图一般用于样本容量大小不变的情况，当样本容量大小变化时，应采用单位缺陷数控制图。

（四）单位缺陷数控制图

对于样本容量大小变化的情况，需将每个样本的缺陷数折算为每个检查单位的平均缺陷数 u。将过程的单位缺陷数用 U 表示，则依据统计性质可知随机变量 u 的均值为 U，标准差为$\sqrt{\frac{U}{n}}$。

当 U 已知时，单位缺陷数控制图——u 图的控制界限为：

$$\begin{cases} UCL=U+3\sqrt{\dfrac{U}{n}} \\ CL=U \\ LCL=U-3\sqrt{\dfrac{U}{n}} \end{cases} \tag{7-30}$$

在 U 未知的情况下，可以用样本的平均单位缺陷数 $\bar{u}$ 来估计 U 的值。假设抽取 m 个样本，并且第 i 个样本的样本容量为 $n_i(i=1,2,\cdots,m)$，其缺陷数为 c_i。那么，样本的单位缺陷数的平均值为：

$$\bar{u}=\frac{\sum_{i=1}^{m}c_i}{\sum_{i=1}^{m}n_i} \tag{7-31}$$

由此在 U 未知时，u 图的控制界限为：

$$\begin{cases} UCL=\bar{u}+3\sqrt{\dfrac{\bar{u}}{n}} \\ CL=\bar{u} \\ LCL=\bar{u}-3\sqrt{\dfrac{\bar{u}}{n}} \end{cases} \tag{7-32}$$

四、控制图的应用步骤

运用控制图的方法进行过程质量控制，有以下一些主要步骤：

（一）确定控制对象

首先要选定所要控制的质量特性，应该将质量特性的重要性以及对过程质量的影响程度作为选择的依据。将对产品或服务的质量具有决定性影响、具有代表性的质量特性作为控制的对象。

（二）选定控制图

在确定需要控制的质量特性后，应根据该质量特性是属于计量值还是计数值，进一步选定应该采用的控制图种类。同时，还需要适当考虑抽样方法、样本容量以及抽样检验的经济性等因素，此外还可以参考表 7-3 中控制图的适用范围及特点。

（三）进行抽样和数据分组

抽样和数据分组是控制图应用方法中的重要步骤。应该参考质量特性值的时间间隔以及经济性等因素，选择合理的抽样方法以及样本组大小，并应保证组内数据只受到随机因素的影响。

（四）作分析用控制图

通过收集预备数据作分析用控制图，可以分析过程是否处于统计控制状态，并确定控制图的基本参数。必须采用生产过程的近期数据作为预备数据，通常需要 20～30 组数据，用它们作分析用控制图。

通过分析用控制图观察过程是否处于控制状态，并检查过程能力是否能够满足质量要求。如果存在异常情况，应及时查明原因，采取措施进行调整，直至过程受控且满足质量要求。当过程处于稳定的控制状态且满足质量要求时，计算并确定控制图的基本参数，包括中心线以及上下控制界限等。

（五）作管理用控制图

将分析用控制图转化为管理用控制图进行日常控制。收集质量数据在控制图上打点，并按照判断准则判断过程是否出现异常。

（六）修订控制图

在控制图使用一段时间后，应对控制图进行评价。特别是当 4M1E 等主要因素发生变化时，应及时对控制图的参数进行修正。

本章小结

本章主要讨论了质量控制的相关内容和方法。在本章第一节中介绍了质量控制的概念，并主要针对产品设计和开发过程的质量控制、产品生产制造过程的质量控制以及产品流通过程的质量控制展开了讨论。

过程质量控制是质量控制的主要内容。在本章第二节中，首先介绍了质量波动的性质和分类。之后，对过程质量控制的内容和要求等进行了讨论。过程能力指数是第二节的重点内容，对它的概念和计算方法应该熟练掌握。

本章最后一节详细介绍了控制图的原理和分类，特别是对常用控制图的基本类型进行了逐一说明，这也是本章内容的重中之重，对不同控制图的特点以及适用范围等需要进行透彻的理解，并有针对性地进行应用。

思考练习

1. 结合实例说明质量控制的概念和意义。
2. 两类质量波动之间有哪些区别和联系？
3. 过程能力指数的计算为什么要分为三种情形？其对应的不合格品率分别应该如何计算？
4. 结合实例简述过程能力指数的评价标准。
5. 控制图的统计原理是什么？

6. 试对比不同控制图的控制界限。

案例分析

UGNX 对新产品开发过程的质量控制

UGNX 是世界领先的三维 CAD 软件生产企业，它具有世界领先的设计理念和设计方法，同时将设计质量的控制理念贯穿于产品设计理念和设计方法中。

UGNX 对新产品开发过程的质量控制的内容主要是新产品开发过程中所产生的问题，这些问题贯穿于产品设计理念和设计方法中，其中主要的内容有计算机硬件对新产品开发过程的质量控制以及 UGNX 对产品概念设计及其准备阶段的质量控制。此外，UGNX 在系统管理质量控制，对组织结构、设计思路、方法进行质量控制，以及对产品的建模、制图、加工、分析等环节进行质量控制等方面，都取得了很好的成效。

三维建模是信息化时代的产物，是三维设计理念、高性能计算机技术和数字模型的完美集合。计算机整体性能如何，决定了三维模型的质量。不同版本 UGNX 软件本身对计算机硬件具有一定的要求，低于该要求的计算机配置几乎不能进行三维建模工作。在计算机配置中，CPU 性能的高低、内存质量的好坏、显卡刷新频率的多少、显存的大小、是否具有 AGP 8X或 PCI-E 插槽等决定三维模型渲染的质量。因此，计算机的整体性能对新产品开发过程中三维建模、装配模型、模型分析、三维加工编程等质量控制工作起决定作用。

产品概念设计与准备阶段是新产品开发的最初阶段，在这个阶段，要进行项目组织结构的组建，开发人员资格认定，新产品的市场分析，新产品功能、性能、工作原理、主要模型结构、成本等的技术分析；系统管理人员要对 UGNX 软件系统初始化，标准化管理人员要制订出最初的项目管理标准和技术标准等。只有在最初阶段做好全面的质量管理启动工作，才能在新产品开发过程中贯彻执行质量控制，才能在 UGNX 软件系统中根据最初的准备设置好最初的环境变量。

UGNX 系统管理是一项烦琐的工作，UGNX 系统管理工作直接影响开发人员的工作效率和新产品的质量。UGNX 系统管理人员全面负责系统的运行、管理、维护工作，具体工作职责是：操作系统的权限管理；产品数据的安全管理；网络的稳定运行；产品数据的适时备份；UGNX 软件系统初始化设置；UGNX 种子文件的设置及管理；标准件库、材料库、自动填图、特殊符号、自定义特征、螺纹数据文件的设置及管理等。

在传统的新产品开发设计过程中，其组织结构按工作性质和内容划分。传统的产品设计思路是串行工作，即要求先做什么、后做什么，从而延长了产品开发周期，产品设计思路和方法的质量控制复杂化了。随着 UGNX 的设计理念的发展，UGNX 要求其新产品要以项目管理的方式并行组织开发，项目组中具有不同的用户，不同的用户属于不同的角色，不同的角色具有不同的权限。不同的用户、不同的角色完成不同的工作，不同的工作在时间上并行协同进行，集成所有的人员、信息、功能和技术，统一协调设计思路和方法，并贯穿于产品生命周期的全过程。

UGNX 软件三维设计思路和方法强调整体协调一致，凡是参与新产品开发项目组的人员应该具有 UGNX 软件的先进设计思路和设计方法。新产品开发设计过程是一种有计划、有目的、有组织的创造性活动，新产品开发应该具有阶段性、连贯性，开发人员应该明确每个阶段的目标、具体任务和具体实现方法。UGNX 软件通常要求开发人员彻底了解新产品开发及其过程中的关键部件、关键技术,使产品涵盖从最初始的设计概念、产品设计、运动分析到产品加工的整个过程;要求开发人员明白 UGNX 软件提供的主模型原理和方法,使整个产品的数据表达方式一致,在产品开发的不同阶段共享相同的模型,减少模型数据的复杂程度,提高产品主模型的质量。

零部件建模采用特征建模、参数化建模、相关部件建模、直接建模等多种建模方式相结合的设计思路和方法,装配建模过程中采用自顶向下设计和自顶向上设计,或两者相结合的设计思路和方法。UGNX 软件在模型与二维图纸之间无缝集成,相互关联。产品相关机构的运动分析、材料分析完全在电子样机中进行。产品加工利用主模型根据企业相关设备的后置处理程序的设置,产生相应的代码,完全实现计算机与加工设备直接通信,加强产品零部件加工的质量控制。

产品零部件建模方式由新产品任务书决定,不同的产品任务书,产品零部件建模设计思路和方法不一样。产品任务书有新产品开发、产品仿制、产品改制、产品改进等。例如,新产品开发通常采用先整体设计、后零部件建模设计的设计思路和方法,即自顶向下设计;产品仿制通常采用先零部件建模设计、后装配建模的设计思路和方法,即自底向上设计。

工程制图工作是一项很繁杂的工作,又是一项核心工作。工程制图工作分为零件制图和装配件制图。工程制图工作必须按照产品主模型原理和方法,实现图纸和模型分别存放,从而有利于产品信息的交流、管理与控制。

产品分析质量控制主要是对产品模型、工程制图和产品加工的质量分析。模型质量分析的依据是国家相关标准和企业标准,产品模型质量分析主要有:分析产品模型设计意图是否符合产品概念设计的要求;是否具有先进的设计理念;是否具有较大的潜在市场。

分析产品模型相关参数是否符合产品任务书的要求,是否可以编辑;分析模型的基准坐标、方向;分析模型材料、体积、面积及其属性;分析模型的状态;分析模型特征的约束条件;分析模型是否已经被创建引用集;分析模型的公差;分析模型的结构;分析标准件、借用件模型的完整性;分析模型的单位、日期等是否符合环境变量的设置等。

分析装配模型是否干涉;分析装配约束是否有多余和相互交叉的约束;分析参与装配模型的正确性、唯一性;分析装配是否可以被炸开,产生爆炸视图;分析装配模型顺序是否可以被回放;分析装配模型的结构、机构、运动;分析装配模型中是否运用 WAVE 技术,相关组件是否被自动更新等。

上述主要是 UGNX 对新产品开发过程中所出现的问题而提出的质量控制办法。只有将用 UGNX 工具开发新产品的过程规范化、标准化,规范建模步骤,根据国家、行业和企业的相关标准严格设置 UGNX 的环境变量,严格执行机械制图标准等,才能提高产品开发过程质量控制的效果。

问题

1. UGNX 在新产品开发过程中的质量控制有哪些?
2. 请根据所学知识,对 UGNX 公司的质量控制予以完善。

第八章　质 量 检 验

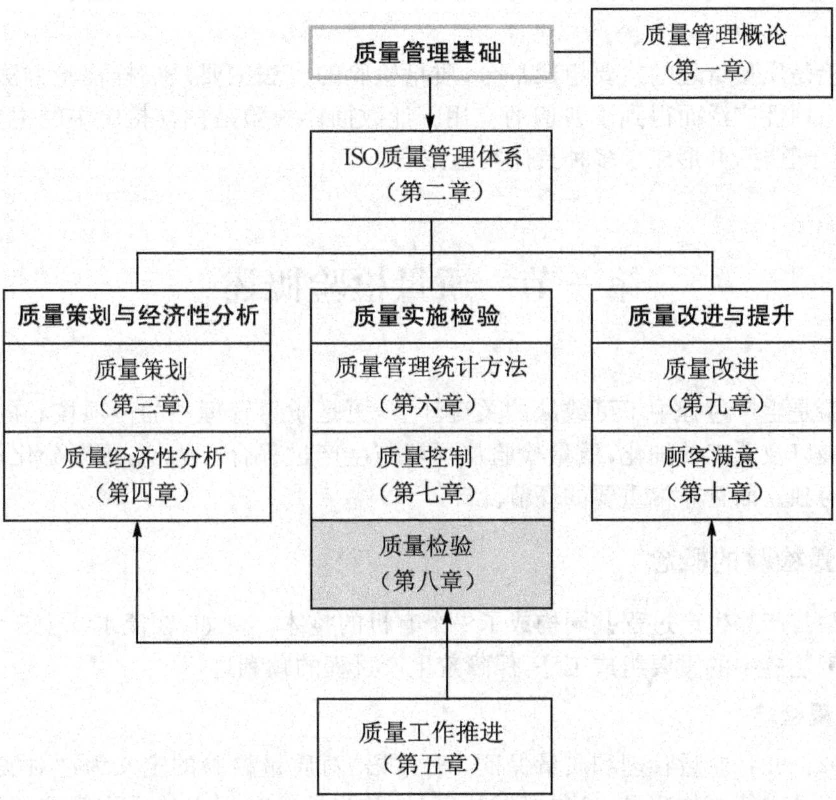

质量管理学结构模型

学习目标

（一）知识目标

- 了解质量检验的概念；
- 理解抽样检验的原理和特性；
- 掌握抽样特性曲线的含义和分析方法。

（二）技能目标

- 能够结合应用理解抽样检验的主要原理和方法；
- 可以较为熟练地运用不同类型的计数抽样检验方法进行检验和分析。

质量检验是质量管理的重要组成部分，质量检验的方法主要是抽样检验方法。抽样检验方法因其适用性广泛而得到了普遍的应用。计数抽样检验是抽样检验中的主要内容，它易于计算，便于管理，并形成了多种具体实施方案。

第一节　质量检验概述

质量检验是生产过程中不可或缺的关键环节，更是质量管理中的一项核心内容。伴随着生产的发展以及分工的细化，质量检验从早期与生产过程合二为一，逐渐分化了出来，成为了一个相对独立而且非常重要的环节。

一、质量检验的概念

质量检验与产品生产过程共同构成了一个有机的整体。例如，在流水线生产中，检验环节本身就是工艺链中的重要组成工序，保障着生产过程的顺利进行。

（一）质量检验

ISO 8402：1994《质量管理和质量保证——术语》对质量检验的定义为："对实体的一种或多种质量特性进行诸如测量、检查、试验、度量，并将结果与规定的质量要求进行比较，以确定各个质量特性是否合格所进行的活动。"

ISO 9000：2005《质量管理体系 基础和术语》对质量检验的定义则更为简明："通过观察和判断，适当时结合测量、试验或估量所进行的符合性评价。"

质量检验还有一些其他定义，虽然这些定义本身是在不断发展变化的，但是其核心内容其实是明确并且一致的。简单地说，质量检验是一个由度量、比较、判断以及处理这四个要素组成的过程。质量检验通过借助某些测量方法和手段，对产品的质量特性进行度量，并将度量的结果与规定的质量标准进行比较，判断其是否合格，进而针对不合格的情况进行处理，如返修或报废等。

（二）质量标准

质量标准是质量检验作出判断的主要依据，是质量检验活动的必要基础。采用不同的质量标准，对同一件产品的质量检验可能会得到不同的结果。因此，脱离了质量标准,质量检验活动是没有实际意义的,或者说质量检验的过程实际上也就是质量标准的执行过程。

质量标准主要包括以下内容:

(1) 技术标准。技术标准中最主要的是产品标准。产品标准是为了保证产品的适用性,针对产品必须达到的要求所制定的标准。它是对产品结构和规格等方面的技术规定,是在一定时期和范围内具有约束力的技术准则,是对产品性能、包装以及储运等方面的技术要求,也是产品生产、验收、维护以及质量仲裁的技术依据。

(2) 检验标准。检验标准包括检验指导书、检验卡以及验收抽样标准等,它们通常可依据产品类型以及生产过程的复杂程度来制订。

(3) 管理标准。管理标准是企业员工必须遵守的准则。管理标准的制订是为了保证和提高产品质量以及工作质量,完成质量计划并达到质量目标。

二、质量检验活动

质量检验通过将测量结果与质量标准进行比较作出是否合格的判断,并将这种质量检验活动不断渗透到生产的整个过程当中。质量检验活动的主要内容包括:

(1) 质量检验的准备工作。质量检验的准备工作通常包括制订检验计划和检验指导书、确定检验设备和工具、培训并配备检验人员等。

(2) 技术规定的补充说明。对于涉及质量特性但不够详尽的有关图纸、工艺规程以及合同等文件有必要进行明确的补充说明。

(3) 检验活动的具体执行。针对不同类型的质量特性,在产品生产的不同阶段,应用具体的质量标准通过检验进行比较、判断及处理。

(4) 检验结果的记录、报告。质量检验的结果在作出比较和判断的基础上,还应进行详细的记录,并应用统计方法对数据记录进行整理、分析,进而形成统计分析报告,反馈到相关质量责任部门,以便进行质量改进。

三、质量检验的功能

质量检验活动植根于长期的生产实践,根据具体的检验活动,可以归纳出质量检验具有以下主要功能:

(1) 质量鉴别。质量鉴别是质量检验的基础功能,是针对明确的质量标准或要求,将测得的质量特性值与其进行对比,对产品是否合格进行鉴别。质量鉴别既是确定产品或过程是否合格的依据,同时也是监督和验证的基础。

(2) 质量把关。由于产品生产过程受到了4M1E,即"人、机、料、法、环"等诸多因素的影响,质量特性的波动是客观存在的必然情况,产品不可能100%都是合格品。因此,通过检验对其实行质量把关显然是非常必要的,一旦发现不合格产品,应立即进行标记并作出处理,以避免更多不必要的损失。

(3) 信息反馈。在质量检验工作的过程当中,应及时进行信息反馈,以便进行相应处理。同时,应该系统地收集和整理各种质量信息,根据需要形成报告或报表,提交相关负责人员,以便据此作出分析和决策。

(4) 问题预防。通过质量检验及早发现可能存在的质量问题,可以预防相关质量问题的进一步扩大或恶化。一般情况下,可以通过采用工序能力测定以及控制图等方法,实现对质量问题的预防作用。

为了实现质量检验的上述功能,必须应用明确而有效的检验标准,采用先进且可靠的检验手段,还需要具备满足相关要求的检验人员。除此之外,科学有效的质量检验管理制度也是重要保障。

四、质量检验的类别和方法

通过从不同的角度对质量检验的类别和方法进行细化研究,可以更好地实现对质量检验的管理。

(一) 质量检验的类别

依据产品质量的形成过程不同,质量检验可以分为三类:进货检验、过程检验和完工检验。

1. 进货检验

进货检验是对采购的原材料、外购件、外协件以及配套件等在入库前进行的检验,也就是对外购物料的质量验证活动。原材料质量合格是产品质量合格的前提和保证,所以进货检验是保证产品质量以及生产顺利进行的重要基础措施。

进货检验包括首批样品检验和成批进货检验两种形式:

(1) 首批样品检验。为了确定外购物料满足生产需要的质量水平,对已选定或拟选定的合同供货单位提供的第一批样品进行的鉴定性检验,称为首批样品检验,其检验内容必须严格按要求进行。

(2) 成批进货检验。当外购物料通过首批样品检验,在供货方有合格的质量保证体系可以确保其产品质量的一致性和稳定性的情况下,进入正常生产状态后可以采用成批进货检验。成批进货检验即对供货方按照供销合同规定的持续性的批量供货采取的进货检验,通常采用抽样检验。

2. 过程检验

过程检验也称工序检验或阶段检验,是对从原材料投产到产品最终形成之前的各道工序上的在制品进行的符合性检验。其目的在于判断在制半成品的规格是否满足要求以及过程质量是否稳定,以避免批量性的不合格半成品进入到下一道工序继续加工。过程检验对过程质量控制有重要意义。

过程检验的主要方式包括:

(1) 首件检验。当改变加工对象或生产条件后,生产出来的第一件或前几件产品,称为首件产品。对首件产品进行的检验即为首件检验。首件检验应先由操作者认真地进行自检,之后由专门检验人员进行责任检验。必须当首件检验确认合格后,才可以进行批量加工,以避免出现成批报废的情况。

(2) 巡回检验。巡回检验通常是由检验人员在生产现场按照一定的时间间隔对加工过程进行的抽样检验。抽样检验经常与质量控制图结合使用,以便当过程质量出现异常时及时作出预警。

对巡回检验人员的要求是:依据“三按”,做好“三员”,实现“三帮”。“三按”即按图纸、按工艺规程、按标准规范；“三员”即检验员、质量宣传员、技术辅导员；“三帮”即帮助操作者掌握操作方法和要领，帮助操作者分析出现质量不符合要求的原因，帮助操作者及时调整工序异常，保证工序过程的质量。

（3）末件检验。在批量加工完成后，对最后加工的一件或几件产品，特别是依靠模具或专用工艺装备加工的产品进行的质量检验就是末件检验。通过末件检验可以及时调整设备，以保证下批产品生产具备良好的生产技术状态。

3. 完工检验

完工检验是指在某一加工工序或全部工序结束后对半成品或者成品的检验，也称最后检验。

（1）半成品检验。半成品检验通常是在半成品入库前，由专职检验人员按照产品图纸等有关规范进行综合性核对。

（2）成品检验。成品检验是指对完工后的产品进行全面的检查与试验，包括产品的性能、精度、外观及安全性等。对于即将出厂的产品，成品检验也就是出厂检验；对于不立即出厂而是入库储存的产品，出库发货前还需再进行出厂检查。显然，成品检验的目的是防止不合格品进入流通领域。

（二）质量检验的方法

根据检验数量的不同，质量检验的方法可以分为全数检验和抽样检验。其中，抽样检验的方法得到了广泛应用。

1. 全数检验

全数检验也称100%检验，即对待检产品100%进行检验。显而易见，全数检验的优点是可靠性高，而且可以提供完整的检验数据，从而提供较为全面的质量信息。

但全数检验也存在一些显著的缺点：① 全数检验的成本高，需要大量的专门人员和设备，检验的工作量较大，周期也较长；② 因其检验量大，需要检验人员进行长期重复性的检验工作，很可能会导致较高的漏检率和错检率；③ 全数检验显然不适用于破坏性的检验项目，如产品寿命、零件强度等。

全数检验主要适用于下述情形：检验方便而且单件产品的检验费用很低，检验是非破坏性的，特别是针对影响产品质量的关键零部件以及质量不够稳定的零部件或产品。除此之外，在抽样检验时出现的不合格的批量产品，适宜采用全数检验对其进行重检以及筛选。

2. 抽样检验

抽样检验是应用抽取的样本对产品或过程进行质量检验。抽样检验依据事先确定的抽样方案从产品中抽取部分样品进行检验，根据检验结果和判断准则来判断该批产品是否合格，并据此决定接收或拒收该批产品。

抽样检验的优点是大幅度缩减了检验成本，减少了人员和设备的使用量，缩减了检验工作量，缩短了检验周期；特别是进行破坏性检验时，显然只能采用抽样检验。因其显著的优点，抽样检验被广泛采用。

抽样检验的主要不足是存在一定的错判风险，即把一批合格产品错判为不合格或把一批不合格产品错判为合格。

抽样检验通常适用的情形为：批量较大且质量比较稳定的产品或过程；检验成本较高或检验时间较长的产品或过程；漏检少数不合格品不会导致严重损失的产品或过程；具有破坏性的检验项目。

第二节　抽样检验及其特性

作为质量检验中普遍采用的方法，抽样检验具有诸多优点。这一节将更深入地介绍抽样检验的概念、原理、类型以及抽样特性曲线等内容。

一、抽样检验的概念及标准

（一）抽样与抽样检验

第六章中已经介绍了总体和个体的概念，并简要介绍了抽样的含义。抽样就是为了研究总体的某些性质，从总体中抽取一部分个体进行观测和分析，再根据所得信息来推断总体的性质。从总体中抽取的这一部分个体即组成了一个样本，其中所包含的个体数目称为样本容量，用 n 表示；总体中包含的个体数量为总体容量，用 N 表示。最重要的抽样方式是无放回的随机抽样。

抽样检验就是利用抽取样本对产品或过程进行质量检验，抽样检验简称抽检。抽样检验的总体通常以批来表示，而样本是从总体中随机抽取的。检验批则是为实施抽样检验所汇集在一起的相同生产条件下取得的产品。

检验批中所包含的单位产品的数量称为批量。批又可以分为连续批和孤立批。连续批是指批与批之间具有密切的质量关系，连续提交检验的系列批。当产品的设计、工艺、原材料等都基本相同，由同一生产过程在一段时间内连续生产的一系列批，通常都可视为连续批。不能作为连续批的则称为孤立批。

（二）抽样检验标准

为了确保抽样检验的科学性和规范性，抽样检验标准化工作受到了国际标准化组织和世界各国的重视，我国从 1981 年开始先后颁布了多项针对抽样检验的国家标准，如表 8-1 所示。

表 8-1　我国颁布的抽样检验标准

序　号	标准号	标准名称
1	GB/T 2828.1—2003	计数抽样检验程序第 1 部分：按接收质量限（AQL）检索的逐批检验抽样计划
2	GB/T 2829—2002	周期检验计数抽样程序及表（适用于对过程稳定性的检验）
3	GB/T 4891—2008	为估计批（或过程）平均质量选择样本量的方法
4	GB/T 6378—2002	不合格品率的计量抽样检验程序及图表（适用于连续批的检验）

（续表）

序　　号	标 准 号	标准名称
5	GB/T 8051—2008	计数序贯抽样检验方案
6	GB/T 8052—2002	单水平和多水平计数连续抽样检验程序及表
7	GB/T 8054—2008	计量标准型一次抽样检验程序及抽样表
8	GB/T 10111—2008	随机数的产生及其在产品质量抽样检验中的应用程序
9	GB/T 13262—2008	不合格品百分数的计数标准型一次抽样检验程序及抽样表
10	GB/T 13263—1991	跳批计数抽样检查程序
11	GB/T 13264—2008	不合格品百分数的小批计数抽样检验程序及抽样表
12	GB/T 13393—2008	验收抽样检验导则
13	GB/T 13546—1992	挑选型计数抽样检查程序及抽样表
14	GB/T 13732—1992	粒度均匀散料抽样检验通则
15	GB/T 14162—1993	产品质量监督计数抽样程序及抽样表(适用于以每百单位产品不合格数为质量指标)
16	GB/T 14437—1997	产品质量监督计数一次抽样检验程序及抽样方案
17	GB/T 14900—1994	产品质量平均值的计量一次监督抽样检验程序及抽样表
18	GB/T 15239—1994	孤立批计数抽样检验程序及抽样表
19	GB/T 15482—1995	产品质量监督小总体计数一次抽样检验程序及抽样表
20	GB/T 15500—1995	利用电子随机数抽样器进行随机抽样的方法
21	GB/T 16306—2008	声称质量水平复检与复验的评定程序
22	GB/T 16307—1996	计量截尾序贯抽样检验程序及抽样表(适用于标准差已知的情形)

这些抽样检验标准的适用性不尽相同，有一些标准较为常用，如 GB/T 2828.1—2003、GB/T 6378—2002、GB/T 4891—2008、GB/T 8054—2008、GB/T 13262—2008、GB/T 13546—1992 等。表 8-2 给出了针对不同检验需要，选择合适抽样检验标准的参考指导意见。

表 8-2　抽样检验标准的适用性

检验类别	具体情况		抽样检验标准	
			计数抽样检验	计量抽样检验
进货检验	连续购入	多个供方	GB/T 2828.1—2003	
		一个供方	GB/T 2828.1—2003	GB/T 6378—2002
	间断购入	数量多且品种少	GB/T 13262—2008 GB/T 13264—2008	GB/T 8054—2008
		只采购一次	GB/T 13262—2008	GB/T 8054—2008

（续表）

检验类别	具体情况		抽样检验标准	
			计数抽样检验	计量抽样检验
生产过程检验	连续生产	质量稳定	GB/T 2828.1—2003 GB/T 13546—1992	GB/T 6378—2002
		质量不太稳定	GB/T 13546—1992	GB/T 8054—2008
	间断生产	数量多且品种少	GB/T 13546—1992	GB/T 8054—2008
		只生产一批	GB/T 13262—2008	GB/T 8054—2008
	流水线生产		GB/T 8052—2002	
出厂检验	出厂连续批		GB/T 2828.1—2003 GB/T 13262—2008	GB/T 6378—2002
	间断出厂	数量多且品种少	GB/T 13546—1992	GB/T 8054—2008
		只出厂一批	GB/T 13262—2008	GB/T 8054—2008

二、抽样检验的原理及类型

抽样检验的原理，是基于抽样检验方案及其合格判定数和不合格判定数等的确定，特别是对于批接收概率的计算。同时，从不同的判别角度出发，还可以对抽样检验进行不同的分类。

（一）抽样检验方案

为了达到通过样本较为准确地反映总体状况的目的，抽样检验必须遵从一定的规则。抽样检验的规则包括了如何确定样本容量以及如何对检验结果进行判断等，其中，为决定样本容量以及判断批能否接收而规定的一组规则称为抽样方案。进而，与使用抽样方案有关的抽检要求以及抽检规程，称为抽样程序。抽样检验必须按照抽样方案和抽样程序来进行。

用 N 表示批量，对该产品批规定一个不合格品率 P_1，当批不合格品率超过这个规定值 P_1 时，则该批产品将被拒收，P_1 称为批允许不合格品率。从批产品中抽取容量为 n 的样本，样本中的不合格品数用 d 表示，则样本的不合格品率为 d/n。对于抽样检验，虽然不能完全保证样本的不合格品率恰好等于批不合格品率，但还是可以通过将 d/n 与 P_1 进行比较，决定接收或是拒收。

具体说来，在常见的计数抽样检验中，通常是直接规定接收数 Ac 和拒收数 Re。合格批产品的样本中所允许出现的不合格品数的最大数量，称为接收数，记为 Ac。类似地，不合格批产品的样本中的最小不合格品数，称为拒收数，记为 Re。在抽样检验时，如果检验的样本中不合格品数 d 小于或等于接收数，就判定该批产品合格；如果检验的样本中不合格品数 d 大于或等于拒收数，则判定该批产品不合格。这样的抽样检验过程就称为计数型抽样检验方案。

接收数 Ac 也称为合格判定数，拒收数 Re 也称为不合格判定数。

可见，一个最简单的抽样检验方案只需要确定两个参数，即样本容量 n 以及接收数 Ac 或拒收数 Re。之后，就可以很简单地进行抽样检验了。该抽样检验方案可以表示为

(n,Ac)，或简写为(n,c)。

较为简单的抽样方案是一次抽样方案。对于一次抽样，通常$Re=Ac+1$。所以，当d小于或等于Ac时，就接收该批产品；而当d大于Ac时，则拒收该批产品。一次抽样方案的不足是抽样量相对较大，且只根据一次抽样作出判断稍欠稳妥。

更为复杂的抽样方案还有二次抽样以及多次抽样方案。二次抽样方案是从批产品中最多抽取两次样本，进而作出合格与否的判断。在二次抽样方案中，两次抽取的样本的容量分别记为n_1和n_2，对应有两个接收数，分别记为Ac_1和Ac_2，$Ac_1<Ac_2$。所以二次抽样方案是由四个参数来决定的，可以表示为(n_1,n_2,Ac_1,Ac_2)，或简写为(n_1,n_2,c_1,c_2)。二次抽样方案较一次抽样方案更为稳妥，但管理较为复杂。

二次抽样方案的实施过程为：第一次先从批产品中抽取第一个样本n_1，检验其不合格品数记为d_1，如果$d_1\leqslant Ac_1$，则判定该批产品合格，予以接收；如果$d_1\geqslant Ac_2$，则拒收该批产品。当d_1大于Ac_1但小于Ac_2时，则继续抽取第二个样本n_2，第二个样本的不合格品数记为d_2，如果$d_1+d_2\leqslant Ac_2$，则判定该批产品合格，予以接收；而如果$d_1+d_2>Ac_2$，则判定该批产品不合格，不予接收。

多次抽样方案与二次抽样方案的过程类似，只是增加了抽取样本个数和相应的接收数以及拒收数。表8-3给出了一个五次抽样方案的例子，表中“*”表示不允许在一次抽样后就作出接收的决定。

表8-3　五次抽样检验方案

样本号	样本容量	样本累计容量	接收数Ac	拒收数Re
1	50	50	*	2
2	50	100	0	3
3	50	150	1	3
4	50	200	2	4
5	50	250	3	4

（二）接收概率

通过样本反映总体的情况时可能会出现一定的偏差，也就是说，具有一定质量水平的批次在进行抽样检验时，通常不会100%被接收或者100%被拒收，而是会表现为一定的接收概率。

接收概率就是依据给定的抽样方案，把具有确定质量水平的检验批或过程判为合格并接收的概率。

接收概率用$L(p)$表示，它是不合格品率p的函数，并随着p的增大而减小，$L(p)$也称为抽样方案(n,Ac)的抽样特性函数。

接收概率有三种常用的计算方法：超几何分布计算法、二项分布计算法以及泊松分布计算法。

1. 超几何分布计算法

在批量为N、不合格品率为p的一批产品中，抽取一个容量为n的样本，用d表示样本中出现的不合格品数。则依据超几何分布公式，可以得到针对抽样方案(n,Ac)的批接收概率为：

$$L(p)=\sum_{d=0}^{Ac}\frac{C_{Np}^{d}C_{N-Np}^{n-d}}{C_N^n} \tag{8-1}$$

【例 8-1】 现有一批产品，批量 $N=100$，不合格品率为 $p=10\%$，采用抽样方案(10,1)进行检验，求其接收概率。

$$\begin{aligned}L(p)&=\sum_{d=0}^{1}\frac{C_{Np}^{d}C_{N-Np}^{n-d}}{C_N^n}\\&=\frac{C_{10}^{0}C_{90}^{10}}{C_{100}^{10}}+\frac{C_{10}^{1}C_{90}^{9}}{C_{100}^{10}}\\&=\frac{\frac{10!}{0!10!}\cdot\frac{90!}{10!80!}}{\frac{100!}{10!90!}}+\frac{\frac{10!}{1!9!}\cdot\frac{90!}{9!81!}}{\frac{100!}{10!90!}}\\&=0.330+0.408\\&=73.8\%\end{aligned}$$

在对有限总体进行计件抽样检验时，这是计算其接收概率的精确公式。但当 N 与 n 较大时，计算会较为烦琐。

2. 二项分布计算法

当批量 N 较大，且 $\frac{n}{N}$ 以及不合格品率 p 较小时，可以用二项分布和泊松分布对接收概率进行近似计算。

用二项分布计算接收概率的公式为：

$$L(p)=\sum_{d=0}^{Ac}C_n^d p^d(1-p)^{n-d} \tag{8-2}$$

下面应用式(8-2)对例 8-1 的接收概率进行近似计算：

$$\begin{aligned}L(p)&=\sum_{d=0}^{1}C_n^d p^d(1-p)^{n-d}\\&=C_{10}^{0}0.1^{0}0.9^{10}+C_{10}^{1}0.1^{1}0.9^{9}\\&=0.9^{10}+0.9^{9}\\&=0.349+0.387\\&=73.6\%\end{aligned}$$

3. 泊松分布计算法

应用泊松分布计算接收概率的公式为：

$$L(p)=\sum_{d=0}^{Ac}\frac{(np)^d}{d!}e^{-np} \tag{8-3}$$

下面应用式(8-3)对例 8-1 的接收概率进行近似计算：

$$
\begin{aligned}
L(p) &= \sum_{d=0}^{1}\frac{(np)^d}{d!}e^{-np} \\
&= \frac{1^0}{0!}e^{-1}+\frac{1^1}{1!}e^{-1} \\
&= 2e^{-1} \\
&= 73.6\%
\end{aligned}
$$

在进行计点抽样检验时，泊松分布公式是计算接收概率的精确公式。

（三）抽样检验的类型

抽样检验有很多不同的分类方法，检验人员应根据需要选取合适的类型。除了前面已经介绍的按照不同抽样次数进行分类的方法之外，抽样检验还可以按照数据性质以及按照实施方式进行分类。

1. 按数据性质分类

依据不同的数据性质进行分类，抽样检验可以分为计数抽样检验和计量抽样检验两种类型。

(1) 计数抽样检验。计数抽样检验是针对检验批中的每个个体，检验其有无某种属性并进行累计的检验方法。计数抽样检验通常以不合格品数作为其判断的依据，根据样本中的不合格品数判断检验批合格与否。

(2) 计量抽样检验。计量抽样检验则是针对检验批中的每个个体，对其某个质量特性进行测量的检验方法。计量抽样检验是将计量值数据作为判断的依据，进而通过对样本质量特性数据进行统计分析来判断检验批是否合格。

2. 按实施方式分类

依据实施方式不同，抽样检验可以分为标准型抽样检验、调整型抽样检验和挑选型抽样检验。

(1) 标准型抽样检验。如果在抽样方案中供需双方都规定质量保证值，能够满足供需双方质量要求的抽样检验，称为标准型抽样检验。这是最基本的质量检验类型，尤其适用于对产品质量不够了解的情形。

(2) 调整型抽样检验。调整型抽样检验是根据以往多批同类产品质量的好坏程度来适当调整检验的宽严程度，包括放宽检验、正常检验、加严检验三种基本的检验方式。调整型抽样检验通常是从正常检验开始，根据多批产品质量的检验结果调整为放宽或加严。当以往多批检验结果显示产品质量较好时，可转而采用放宽检验；而当多批检验结果显示产品质量较差时，则应采用加严检验。

(3) 挑选型抽样检验。这种检验方式是按照事先规定的抽样方案对产品进行抽检，如果产品质量能达到判定基准，则接收；而如果达不到判定基准则需要对整批产品进行全数检验。挑选型抽样检验适用于工序间的半成品检验和产品出厂检验，以及无法选择供货方时的收货检验。

三、抽样特性曲线

抽样特性曲线也称 *OC* 曲线。简单地说，抽样特性曲线就是接收概率 $L(p)$ 随着质量变化所形成的曲线。

（一）抽样特性曲线的概念

在实际生产中，产品的不合格品率 p 通常并不是已知的，而且也不会是一个固定不变的值。因此，对应于每一个确定的 p 值，都可以计算出其对应的接收概率 $L(p)$ 的取值。所以如果以不合格品率 p 为横坐标，以接收概率 $L(p)$ 为纵坐标，就可以得到一条表示抽样检验特性的曲线，即 OC 曲线，如图 8-1 所示。

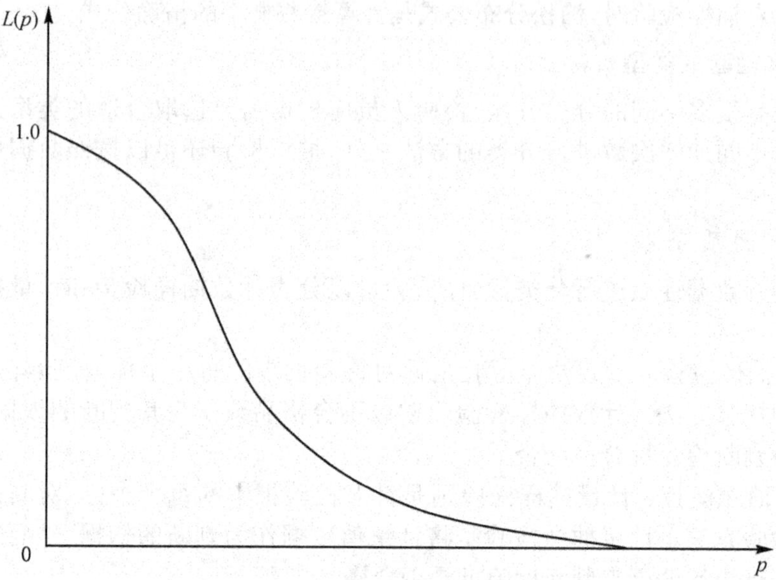

图 8-1　抽样特性曲线

显然，不同的抽样方案通过计算接收概率将得到不同的抽样特性曲线，同样，不同的抽样特性曲线也分别反映出了其各自对应的抽样方案的特性。抽样方案与抽样特性曲线是一一对应的。

通过抽样特性曲线，可以定量地分析产品质量状况与被接收的可能性之间的关系。针对一个具体的抽样方案，通过抽样特性曲线可以知道具有某一不合格品率的产品批被接收的可能性有多大，以及如果某个产品批可以以某种接收概率被接收，那么它的不合格品率应该是多少。而且，通过将不同抽样方案的抽样特性曲线进行对比，可以比较它们对产品质量的辨别能力，并选择合适的抽样方案。

（二）理想的抽样特性曲线

理想的抽样特性曲线事实上是表示了一种最理想的随机抽样方案：假设当产品批的不合格品率不超过某一确定的数值 P 时，那么该批产品是合格的，予以接收。即当检验批的产品不合格品率 $p \leqslant P$ 时，接收概率 $L(p)=1$；而当产品不合格品率 $p>P$ 时，则接收概率 $L(p)=0$。理想的抽样特性曲线如图 8-2 所示。

事实上，理想的抽样特性曲线只有在进行全数检验的情况下才有可能得到，而且还不允许发生错检或漏检。

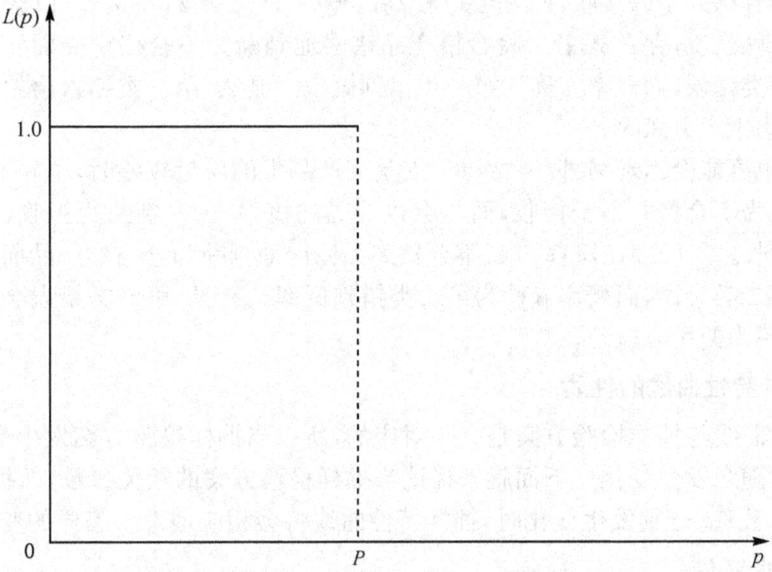

图 8-2　理想的抽样特性曲线

（三）实际的抽样特性曲线与两类风险

受到现实条件的制约，不可能得到上述理想的抽样特性曲线。但是，可以尽可能获得较为理想的抽样特性曲线：当产品批的质量较好时，如不合格品率 p 低于某个确定的数值 P_0 时，能够以较高的概率判断出其质量合格并接收；而当产品批的质量较差，即不合格品率 p 高于某个规定的界线 P_1 时，能够以较高的概率判断其为不合格。当不合格品率介于 P_0 和 P_1 之间时，接收概率则应迅速降低。实际的抽样特性曲线的形态如图 8-3 所示。

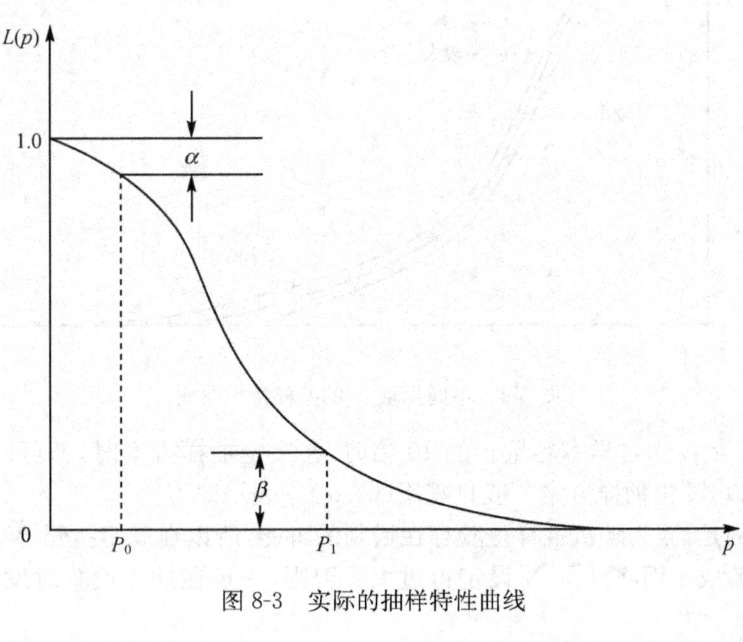

图 8-3　实际的抽样特性曲线

通过观察实际的抽样特性曲线可以发现，当产品批的质量较好时，并不是会以 100％的概率判断其为合格并予以接收，而是会以较高的概率 $1-\alpha$ 判断为接收，以较小的概率 α 判断为拒收。也就是说，存在概率 α，将合格产品错误地判断为不合格产品而不予接收。这类错误称为第一类错误，而概率 α 称为第一类错判概率。显然，第一类错误会给生产方带来损失，所以又称为生产方风险。

类似地，也可能会出现另外一种情形，就是当产品批的质量较差时，也并不是会以100%的概率判断其为不合格并不予接收，而是会以较高的概率 $1-\beta$ 判断为拒收，但以较小的概率 β 判断为接收。因而存在概率 β，将不合格产品错误地判断为合格的产品而予以接收。这类错误称为第二类错误，而概率 β 称为第二类错判概率。易见，第二类错误会给使用方带来损失，所以也称为使用方风险。

（四）抽样特性曲线的性质

抽样特性曲线与抽样检验方案是一一对应的，所以当抽样检验方案发生变化时，抽样特性曲线也必然随之发生变化。下面就来讨论当抽样检验方案的相关参数，即批量 N、样本容量 n 以及接收数 Ac 分别发生变化时，抽样特性曲线将会相应地发生怎样的变化。

1. N 发生变化

当样本容量 n 和接收数 Ac 都给定，而只有批量 N 发生变化时，抽样特性曲线的变化幅度很小，如图 8-4 所示。

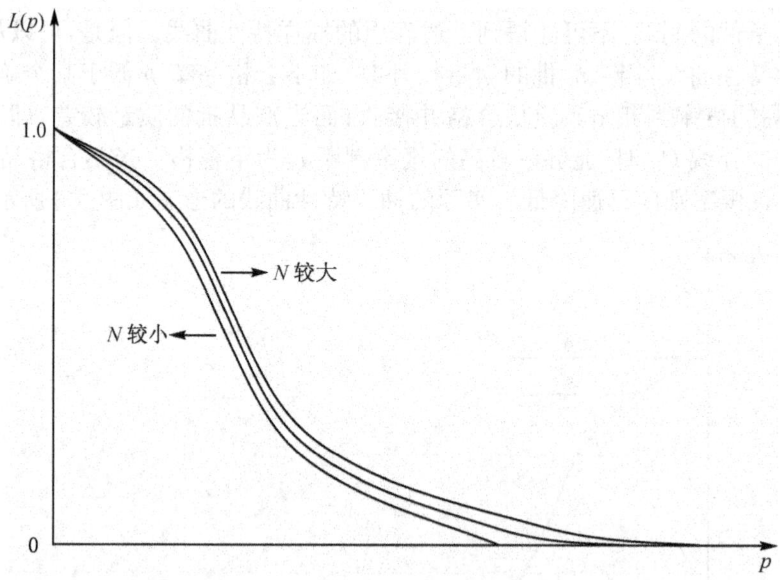

图 8-4　不同批量 N 的抽样特性曲线

通常，当批量 N 超过样本容量 n 的 10 倍时，在决定抽样方案时，即可以不必考虑批量 N 的影响。所以，随机抽样方案一般只需用(n, Ac)来表示即可。

需要注意的是，因为随机抽样检验存在错判的可能，所以在确定批量 N 大小的时候，不能为了缩减检验成本而将批量 N 设定得过大。否则，一旦在抽样检验时发生错判，将会导致较大的损失。

2. n 发生变化

在批量 N 和接收数 Ac 固定而样本容量 n 发生变化时，抽样特性曲线的倾斜程度会发生显著的变化。样本容量 n 越大则抽样特性曲线越陡峭，n 越小则抽样特性曲线越平缓，如图 8-5 所示。

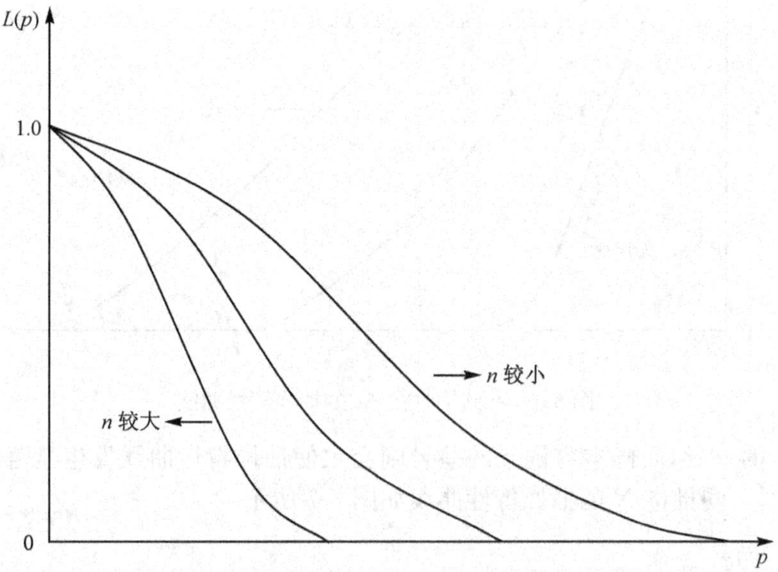

图 8-5 不同样本容量 n 的抽样特性曲线

抽样特性曲线随样本容量 n 所发生的变化并不难理解。因为在批量 N 和接收数 Ac 一定的前提下，样本容量 n 的大幅度增加必然会导致容易发现更多的不合格产品，即相对地降低了接收概率。

观察图 8-5 可以发现，通过增加样本容量 n 可以大幅度降低使用方风险的错判概率 β。因此，大样本的抽样方案比小样本方案更为严格。

3. Ac 发生变化

当批量 N 和样本容量 n 固定而接收数 Ac 发生变化时，抽样特性曲线的倾斜程度也将会发生显著的变化。接收数 Ac 越小则抽样特性曲线越陡峭，接收数 Ac 越大则抽样特性曲线越平缓，如图 8-6 所示。

对于抽样特性曲线随接收数 Ac 所发生的变化就更不难理解了，接收数 Ac 即直接表示随机抽样方案的严格程度。

（五）百分比抽样的不合理性

百分比抽样就是不论需要检验产品批的批量大小，都从中抽取固定百分比的产品作为样本进行检验，并按照同一接收数对产品合格与否进行判断。这种抽样检验方法是不合理的。

事实上，通过前面对抽样特性曲线性质的分析已经知道，检验产品批量 N 的差异通常不会对抽样特性曲线的形态带来太大的影响。但在采用百分比抽样时，批量 N 的差异导致

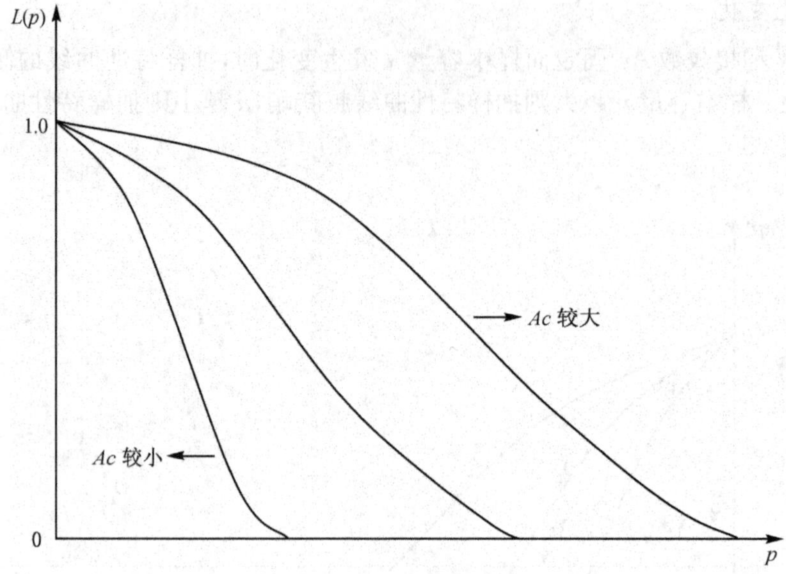

图 8-6　不同接收数 Ac 的抽样特性曲线

了样本容量 n 的差异,而样本容量 n 的差异则会致使抽样特性曲线发生显著的变化。进行百分比抽样时,不同批量 N 的抽样特性曲线如图 8-7 所示。

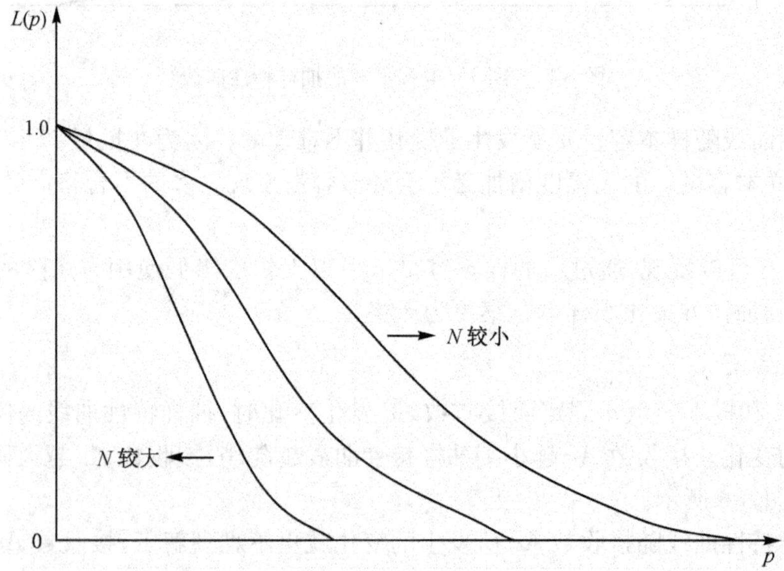

图 8-7　进行百分比抽样时不同批量 N 的抽样特性曲线

由此可见,在应用百分比抽样时,无形之中就已经产生了质量抽样检验中大批严、小批宽的结果,这显然是非常不合理的。

第三节　计数抽样检验

计数抽样检验是根据样本中的不合格品数或缺陷数判断检验批产品合格与否的质量检验方法。计数抽样检验方法可以把产品的多种质量特性作为一个整体，共同纳入一个质量标准来进行检验。计数抽样检验方法的计算工作量较小，而且便于管理，因此得到了非常广泛的应用。计数抽样检验主要包括计数标准型抽样检验、计数调整型抽样检验以及计数挑选型抽样检验。

一、计数标准型抽样检验

计数标准型抽样检验是最基本的抽样检验方案。计数标准型抽样检验方案不需要平均不合格品率等抽样历史数据，所以适用于任何供检验的产品批，包括孤立批产品的抽样检验。

（一）计数标准型抽样检验的特点

计数标准型抽样检验是按照生产方和使用方共同协商确定的抽样特性曲线进行的抽样检验。也就是说，它对生产方与使用方的风险同时进行了控制，实现了对双方质量保护的要求。

为保护生产方的利益，确立了一个质量指标 p_0。当检验批的质量较好，产品不合格品率 p 不超过 p_0 时，就应该以尽可能高的概率判定该批产品为合格并予以接收。也就是说，质量指标 p_0 明确了对于生产方而言，什么样质量水平的检验批是应该被接收的。因此，p_0 被称为生产方风险质量。

类似地，为了保护使用方的利益，也确立了一个质量指标 p_1（$p_1>p_0$）。当检验批的质量较差，产品不合格品率 p 超过 p_1 时，应该以尽可能高的概率判定其为不合格并拒收。即 p_1 明确了对于使用方而言，什么样质量水平的检验批是应该被拒收的。p_1 被称为使用方风险质量。

针对这两个质量指标，生产方风险的错判概率 α 即表示对不合格品率为 p_0 的合格产品批的拒收概率；使用方风险的错判概率 β 则表示对不合格品率为 p_1 的不合格产品批的接收概率，即 $\alpha=1-L(p_0)$，$\beta=L(p_1)$。

因此，一旦确定了参数 p_0 和 α 以及 p_1 和 β，就要求计数标准型抽样检验的方案要能够同时满足这四个参数。也就是说，其抽样特性曲线必须能够通过两个点（p_0，$1-\alpha$）及（p_1，β），如图 8-8 所示。

显然，α 的大小直接关系到生产方的损失，α 越大则生产方的损失也就越大。同样，β 的大小也直接关系到使用方的损失，β 越大则使用方的损失越大。对于 α 和 β 的取值通常确定为：$\alpha=0.05$，$\beta=0.10$。

对于参数 p_0 和 α 以及 p_1 和 β 数值的选取，应该充分兼顾到生产方和使用方的利益。在 α 和 β 的通常取值下，p_0 和 p_1 越接近，即 p_1/p_0 越小，则对应计数标准型抽样检验方案的判别能力越强，但对样本容量的要求也越大。如当 p_1/p_0 低于 3 时，样本容量会大幅度增加，进而导致质量检验费用过高。但是 p_1/p_0 也不可以太大，否则会增加使用方的损失。

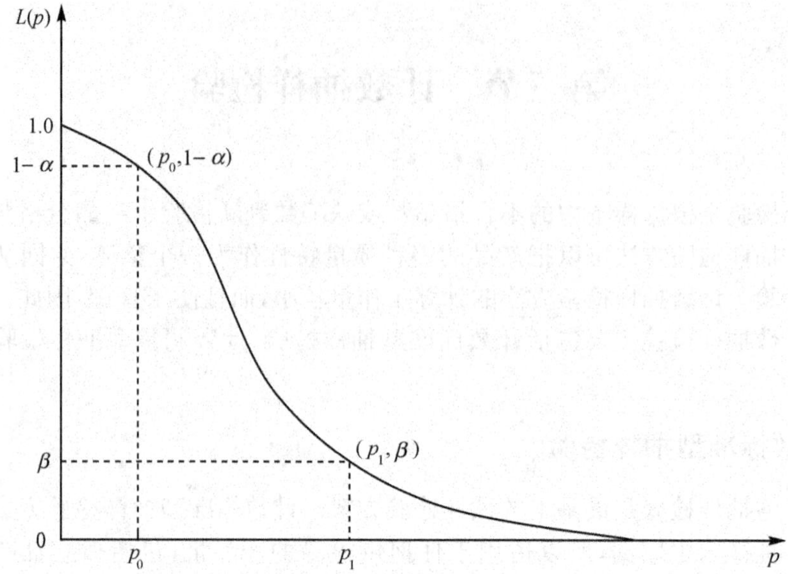

图 8-8　计数标准型抽样检验的抽样特性曲线

（二）计数标准型抽样检验的设计

对计数标准型抽样检验具体方案的设计，最主要的是根据参数 p_0 和 α 以及 p_1 和 β 的值来确定抽样方案的样本容量 n 以及接收数 Ac。

可以利用前面介绍过的接收概率计算公式，结合 p_0、α、p_1、β 的数值列方程组，对 n 和 Ac 进行求解，但计算过程会非常烦琐。在实际工作中，针对 $\alpha=0.05$，$\beta=0.10$ 的通常情形，可以通过直接查取不合格品率的计数标准型一次抽样方案表（见表 8-4、表 8-5、表 8-6）获得 n 和 Ac 的取值。

表 8-4　不合格品率的计数标准型一次抽样方案表（一）

p_0/% \ p_1/%	0.75	0.85	0.95	1.05	1.20	1.30	1.50	1.70	1.90	2.10	2.40	2.60
0.095	750,2	425,1	395,1	370,1	345,1	315,1	280,1	250,1	225,1	210,1	185,1	160,1
0.105	730,2	665,2	380,1	355,1	330,1	310,1	275,1	250,1	225,1	200,1	185,1	160,1
0.120	700,2	650,2	595,2	340,1	320,1	295,1	275,1	245,1	220,1	200,1	180,1	160,1
0.130	930,3	625,2	580,2	535,2	305,1	285,1	260,1	240,1	220,1	200,1	180,1	160,1
0.150	900,3	820,3	545,2	520,2	475,2	270,1	250,1	230,1	215,1	195,1	175,1	160,1
0.170	1 105,4	795,3	740,3	495,2	470,2	430,2	240,1	220,1	205,1	190,1	175,1	160,1
0.190	1 295,5	980,4	710,3	665,3	440,2	415,2	370,2	210,1	200,1	185,1	170,1	155,1
0.210	1 445,6	1 135,5	875,4	635,3	595,3	395,2	365,2	330,2	190,1	175,1	165,1	155,1
0.240	1 620,7	1 305,6	1 015,5	785,4	570,3	525,3	350,2	325,2	300,2	170,1	160,1	145,1
0.260	1 750,8	1 435,7	1 165,6	910,5	705,4	510,3	465,3	310,2	290,2	265,2	150,1	140,1
0.300	2 055,10	1 545,8	1 275,7	1 025,6	810,5	625,4	450,3	410,3	275,2	260,2	240,2	135,1
0.340		1 820,10	1 385,8	1 145,7	920,6	725,5	555,4	400,3	365,3	250,2	230,2	210,2

（续表）

p_1/% p_0/%	0.75	0.85	0.95	1.05	1.20	1.30	1.50	1.70	1.90	2.10	2.40	2.60
0.380			1 630,10	1 235,8	1 025,7	820,6	640,5	490,4	355,3	330,3	220,2	205,2
0.420				1 450,10	1 100,8	910,7	725,6	565,5	440,4	315,3	295,3	195,2
0.480					1 300,10	985,8	810,7	545,5	505,5	390,4	285,3	260,3
0.530						1 165,10	875,8	715,7	495,5	454,5	350,4	255,3
0.600							1 035,10	770,8	640,7	435,5	405,5	310,4
0.670								910,10	690,8	570,7	390,5	360,5
0.750									815,10	620,8	510,7	350,5
0.850										725,10	550,8	455,7
0.950											650,10	490,8
1.05												580,10
1.20												715,13
1.30												
1.50												
1.70												
1.90												
2.10												
2.40												
2.60												
3.00												
3.40												
3.80												
4.20												
4.80												
5.30												
6.00												
6.70												
7.50												
8.50												
9.50												
10.50												
p_0/% p_1/%	0.71～0.80	0.81～0.90	0.91～1.00	1.01～1.12	1.13～1.25	1.26～1.40	1.41～1.60	1.61～1.80	1.81～2.00	2.01～2.24	2.25～2.50	2.51～2.80

表 8-5　不合格品率的计数标准型一次抽样方案表(二)

p_0/% \ p_1/%	3.00	3.40	3.80	4.20	4.80	5.30	6.00	6.70	7.50	8.50	9.50	10.5
0.095	68,0	64,0	58,0	54,0	49,0	45,0	41,0	37,0	33,0	30,0	27,0	24,0
0.105	150,1	60,0	56,0	52,0	48,0	44,0	40,0	37,0	33,0	29,0	27,0	24,0
0.120	150,1	130,1	54,0	50,0	46,0	43,0	39,0	36,0	33,0	29,0	26,0	24,0
0.130	150,1	130,1	115,1	48,0	45,0	41,0	38,0	35,0	32,0	29,0	26,0	23,0
0.150	140,1	130,1	115,1	100,1	43,0	40,0	37,0	33,0	31,0	28,0	26,0	23,0
0.170	140,1	125,1	115,1	100,1	92,1	38,0	35,0	33,0	30,0	27,0	25,0	23,0
0.190	140,1	125,1	115,1	100,1	92,1	82,1	34,0	31,0	29,0	26,0	24,0	22,0
0.210	140,1	125,1	115,1	100,1	92,1	82,1	72,1	30,0	28,0	25,0	23,0	22,0
0.240	135,1	125,1	115,1	100,1	90,1	82,1	72,1	64,1	27,0	25,0	23,0	21,0
0.260	130,1	120,1	110,1	100,1	90,1	80,1	72,1	64,1	56,1	24,0	22,0	20,0
0.300	125,1	115,1	110,1	98,1	88,1	80,1	70,1	64,1	56,1	50,1	21,0	19,0
0.340	120,1	110,1	105,1	96,1	86,1	80,1	70,1	62,1	56,1	50,1	45,1	19,0
0.380	190,2	110,1	100,1	92,1	86,1	78,1	70,1	62,1	56,1	50,1	45,1	40,1
0.420	180,2	165,2	95,1	88,1	82,1	76,1	68,1	62,1	56,1	49,1	45,1	40,1
0.480	175,2	165,2	150,2	84,1	80,1	74,1	68,1	62,1	56,1	49,1	44,1	40,1
0.530	230,3	155,2	145,2	135,2	76,1	70,1	64,1	60,1	54,1	49,1	44,1	39,1
0.600	225,3	205,3	140,2	125,2	115,2	68,1	62,1	58,1	54,1	48,1	44,1	39,1
0.670	275,4	200,3	185,3	125,2	115,2	105,2	59,1	56,1	52,1	47,1	43,1	39,1
0.750	320,5	250,4	180,3	165,3	110,2	105,2	94,2	54,1	49,1	46,1	42,1	38,1
0.850	310,5	285,5	220,4	160,3	145,3	110,2	90,2	84,2	47,1	44,1	40,1	38,1
0.950	405,7	275,5	255,5	195,4	140,3	130,3	86,2	82,2	74,2	42,1	39,1	36,1
1.05	435,8	360,7	245,5	225,5	175,4	125,3	115,3	78,2	72,2	64,2	37,1	35,1
1.20	515,10	390,8	280,6	220,5	165,4	155,4	115,3	105,3	70,2	64,2	58,2	33,1
1.30	635,13	465,10	350,8	250,6	195,5	150,4	135,4	100,3	66,2	62,2	58,2	52,2
1.50	825,18	565,13	410,10	310,8	220,6	175,5	130,4	120,4	90,3	58,2	54,2	50,2
1.70		745,18	505,13	360,10	275,8	195,6	155,5	115,4	110,4	78,3	52,2	49,2
1.90			660,18	445,13	325,10	245,8	175,6	140,5	105,4	95,4	70,3	47,2
2.10				585,18	400,13	290,10	220,8	155,6	125,5	95,4	86,4	62,3
2.40					520,18	360,13	260,10	195,8	140,6	110,5	84,4	76,4
2.60						470,18	320,13	230,10	175,8	125,6	100,5	74,4
3.00							415,18	280,13	205,10	155,8	110,6	86,5
3.40								350,17	250,13	180,10	140,8	100,6
3.80									310,17	225,13	165,10	125,8

（续表）

$p_1/\%$ \ $p_0/\%$	3.00	3.40	3.80	4.20	4.80	5.30	6.00	6.70	7.50	8.50	9.50	10.5
4.20										275,17	200,13	145,10
4.80											245,17	180,13
5.30												220,17
6.00												
6.70												
7.50												
8.50												
9.50												
10.50												
$p_0/\%$ \ $p_1/\%$	2.81～3.15	3.16～3.55	3.56～4.00	4.01～4.50	4.51～5.00	5.01～5.60	5.61～6.30	6.31～7.10	7.11～8.00	8.01～9.00	9.01～10.0	10.1～11.2

表 8-6　不合格品率的计数标准型一次抽样方案表(三)

$p_1/\%$ \ $p_0/\%$	12.0	13.0	15.0	17.0	19.0	21.0	24.0	26.0	30.0	34.0	$p_1/\%$ \ $p_0/\%$
0.095	22,0	19,0	17,0	15,0	13,0	11,0	10,0	9,0	8,0	7,0	0.091～0.100
0.105	21,0	19,0	17,0	15,0	13,0	11,0	10,0	9,0	7,0	7,0	0.101～0.112
0.120	21,0	19,0	17,0	15,0	13,0	11,0	10,0	9,0	7,0	7,0	0.113～0.125
0.130	21,0	19,0	17,0	15,0	13,0	11,0	10,0	9,0	7,0	6,0	0.126～0.140
0.150	21,0	19,0	16,0	15,0	13,0	11,0	10,0	9,0	7,0	6,0	0.141～0.160
0.170	21,0	18,0	16,0	15,0	13,0	11,0	10,0	9,0	7,0	6,0	0.161～0.180
0.190	21,0	18,0	16,0	14,0	13,0	11,0	10,0	9,0	7,0	6,0	0.181～0.200
0.210	20,0	18,0	16,0	14,0	13,0	11,0	10,0	9,0	7,0	6,0	0.201～0.224
0.240	19,0	18,0	16,0	14,0	12,0	11,0	10,0	9,0	7,0	6,0	0.225～0.250
0.260	19,0	17,0	16,0	14,0	12,0	11,0	10,0	9,0	7,0	6,0	0.251～0.280
0.300	18,0	17,0	15,0	14,0	12,0	11,0	10,0	9,0	7,0	6,0	0.281～0.315
0.340	17,0	16,0	15,0	13,0	12,0	11,0	10,0	9,0	7,0	6,0	0.316～0.355
0.380	17,0	15,0	14,0	13,0	12,0	11,0	10,0	9,0	7,0	6,0	0.356～0.400
0.420	35,1	15,0	14,0	12,0	11,0	10,0	9,0	8,0	7,0	6,0	0.401～0.450
0.480	35,1	31,1	13,0	12,0	11,0	10,0	9,0	8,0	7,0	6,0	0.451～0.500
0.530	35,1	31,1	28,1	11,0	11,0	10,0	9,0	8,0	7,0	6,0	0.501～0.560
0.600	35,1	31,1	27,1	24,1	10,0	9,0	9,0	8,0	7,0	6,0	0.561～0.630

（续表）

p_1/% \ p_0/%	12.0	13.0	15.0	17.0	19.0	21.0	24.0	26.0	30.0	34.0	p_1/% \ p_0/%
0.670	35,1	31,1	27,1	24,1	21,1	9,0	8,0	8,0	7,0	6,0	0.631～0.710
0.750	35,1	31,1	27,1	24,1	21,1	19,1	8,0	7,0	7,0	6,0	0.711～0.800
0.850	34,1	31,1	27,1	24,1	21,1	19,1	17,1	7,0	7,0	6,0	0.801～0.900
0.950	34,1	30,1	27,1	24,1	21,1	19,1	17,1	15,1	6,0	6,0	0.901～1.00
1.05	32,1	30,1	27,1	23,1	21,1	19,1	17,1	15,1	6,0	6,0	1.01～1.12
1.20	31,1	29,1	26,1	23,1	21,1	18,1	17,1	15,1	6,0	6,0	1.13～1.25
1.30	30,1	28,1	25,1	23,1	21,1	18,1	16,1	15,1	13,1	5,0	1.26～1.40
1.50	47,2	26,1	24,1	22,1	20,1	18,1	16,1	14,1	13,1	5,0	1.41～1.60
1.70	45,2	41,2	23,1	21,1	20,1	18,1	16,1	14,1	13,1	11,1	1.61～1.80
1.90	44,2	41,2	36,2	21,1	19,1	18,1	16,1	14,1	13,1	11,1	1.81～2.00
2.10	42,2	39,2	36,2	32,2	18,1	17,1	16,1	14,1	13,1	11,1	2.01～2.24
2.40	56,3	37,2	34,2	31,2	28,2	16,1	15,1	14,1	12,1	11,1	2.25～2.50
2.60	54,3	50,3	33,2	30,2	28,2	25,2	15,1	13,1	12,1	11,1	2.51～2.80
3.00	66,4	48,3	44,3	29,2	27,2	25,2	22,2	13,1	12,1	11,1	2.81～3.15
3.40	78,5	60,4	42,3	39,3	26,2	24,2	22,2	20,2	11,1	10,1	3.16～3.55
3.80	90,6	70,5	52,4	37,3	35,3	23,2	21,2	20,2	17,2	10,1	3.56～4.00
4.20	110,8	78,6	62,5	46,4	33,3	31,3	20,2	19,2	17,2	10,1	4.01～4.50
4.80	130,10	100,8	70,6	54,5	41,4	30,3	28,3	18,2	17,2	15,2	4.51～5.00
5.30	160,13	115,10	86,8	62,6	48,5	37,4	27,3	25,3	16,2	15,2	5.01～5.60
6.00	195,17	140,13	100,10	68,7	54,6	43,5	33,4	23,3	22,3	14,2	5.61～6.30
6.70		175,17	120,12	82,9	60,7	48,6	38,5	29,4	21,3	14,2	6.31～7.10
7.50			150,16	105,12	74,9	54,7	44,6	34,5	26,4	18,3	7.11～8.00
8.50				130,16	90,12	66,9	48,7	39,6	30,5	23,4	8.01～9.00
9.50					115,16	82,12	58,9	43,7	34,6	27,5	9.01～10.0
10.50						105,16	74,12	52,9	38,7	26,5	10.1～11.2
p_0/% \ p_1/%	11.3～12.5	12.6～14.0	14.1～16.0	16.1～18.0	18.1～20.0	20.1～22.4	22.5～25.0	25.1～28.0	28.1～31.5	31.6～35.5	p_0/% \ p_1/%

在表 8-4、表 8-5、表 8-6 中，p_0 和 p_1 的数值都是指百分数，如在第一列 p_0 的数值中查取 2.60，即 $p_0=2.60\%$。依据 p_0 和 p_1 的数值，找到 p_0 所在行和 p_1 所在列的交叉栏，读取栏中的抽样方案。其中左侧数值即为样本容量 n，右侧数值即为接收数 Ac。

需要注意的是，当查取的样本容量 n 超过批量 N 时，应进行全数检验，且接收数 Ac 不变。

（三）计数标准型抽样检验的实施程序

计数标准型抽样检验的实施程序为：

（1）规定单位产品的质量特性。为明确被检验单位产品的质量，在技术标准或合同中，必须规定对单位产品需要抽检的质量特性以及合格与否的准则。

（2）规定质量特性不合格的分类与不合格品的分类。通常将产品质量特性的不合格分为 A、B、C 三种类别，也可以按照产品的实际情况，分为一种、两种或多于三种类别的不合格。同时，按照产品质量不合格的分类，分别划分不合格品的类别。

（3）规定生产方风险质量与使用方风险质量。原则上要按照不合格的分类，规定不同的生产方风险质量 p_0 和使用方风险质量 p_1。通常，A 类规定的生产方风险质量应小于 B 类规定的生产方风险质量；B 类规定的生产方风险质量要小于 C 类规定的生产方风险质量。

（4）检验批的组成。单位产品经简单汇集就组成检验批。检验批可以与投产批、销售批、运输批相同或者不同。但是，检验批要由同一种类、同一规格型号、同一质量等级，且工艺条件和生产时间基本相同的单位产品组成。

批的组成、批量的大小以及识别批的方式等，应由生产方与使用方协商确定。对于生产过程稳定的产品，可以组成较大的检验批；否则应组成较小的检验批，或先以较小的批量进行检验。

（5）抽样方案的检索。如前所述，在表 8-4、表 8-5、表 8-6 中对抽样方案进行检索。

（6）样本的抽取。应在检验批构成之后或构成的过程中抽取样本，需要注意的是，应在整批中对样本进行随机抽取。

（7）样本的检验。依照技术标准或合同等相关文件规定的试验、测量或其他方法，对抽取样本中的每一个产品逐个进行检验，判断其是否合格，并累计不合格品总数。

（8）检验批是否接收的判断。根据样本检验的结果，如果样本中的不合格品数不大于接收数，则接收该批产品；否则应拒收该批产品。

（9）检验批的处置。在对检验批进行判断后，应对检验批进行处置。对于判为接收的批，订货方应该整批接收，同时也允许其在协商的基础上向生产方提出某些附加条件；判为拒收的批则应全部退回生产方，未经有效处理不得再次提交检验。

二、计数调整型抽样检验

在对连续批的质量检验中，可以根据之前检验的结果，适当采取宽严程度不同的抽样方案，这就是计数调整型抽样检验。

（一）计数调整型抽样检验的特点

计数调整型抽样检验的目标为：在控制生产方风险的同时，通过抽样方案严格程度的调整，保证产品使用质量，也实现对使用方风险的控制，使抽样特性曲线尽量接近理想的抽样特性曲线。

计数调整型抽样检验方案的调整形式主要有三种：调整宽严程度的检验、调整检验水平的检验、改变检验方式的检验。其中，第一种调整形式适用于可以选择供应者的购入检验；第二种形式适用于不能选择供应者的购入检验；第三种形式则主要适用于企业内的中间检验以及出厂检验等。第一种形式是计数调整型抽样检验方案的主要形式。

计数调整型抽样检验主要针对连续批的计数抽样逐批检查。通常，在计数调整型抽样检验方案中，会随着检验批质量的变化，依照规定的转移规则对抽样方案进行调整。当连续几批产品的抽样检验结果都较好时，可以考虑通过缩小抽取的样本容量来减少检验的费用；如果连续几批产品抽样检验的结果显示产品的质量不是太好时，则应考虑加严后面批次的抽样以保证接收质量。因此，形成了三种基本的检验方式：正常检验、放宽检验和加严检验。

计数调整型抽样检验由于能够较好地利用批质量的历史数据所提供的信息，所以在实现同等保护能力的情况下，可以比计数标准型抽样方案减小平均的样本容量。同时，因为其可以对抽样方案进行动态的调整，具有更合理、更灵活的特点，所以在抽样检验中得到了非常广泛的应用。

（二）计数调整型抽样检验的合格质量水平

计数调整型抽样检验的合格质量水平称为 AQL，它既是计数调整型抽样方案的基本参数，也是选择方案时依据的质量标准。

为理解合格质量水平的含义，首先需要了解过程平均不合格品率。即假设有 k 批产品，其批量分别为 $N_1, N_2, \cdots, N_k$，各批中相应的不合格品数依次为 $d_1, d_2, \cdots, d_k$，则可求得其过程平均不合格品率：

$$\overline{p} = \frac{\sum_{i=1}^{k} p_i}{k} = \frac{\sum_{i=1}^{k} d_i}{\sum_{i=1}^{k} N_i} \tag{8-4}$$

合格质量水平是指在抽样检验中，供需双方共同认为满意的判定批合格或不合格的过程平均不合格品率 $\overline{p}$ 的上限值。

作为质量指标的抽样标准，合格质量水平具体取值的确定通常可以采用以下几种基本方法：

1. *按使用方要求的产品质量确定*

使用方根据使用要求和经济条件，针对不合格品率或每百单位缺陷数等，提出了必须保证的质量水平时，则应将其质量要求作为合格质量水平的取值。如果提供的产品质量低劣，为了达到使用方要求的质量水平，在交货时对不合格批要进行全数检验，因而需注意检验时间和成本。

2. *根据生产方的过程平均确定*

这是从生产的可行性以及经济性的角度来考虑的，其目的是使多数生产方有能力参加供货，并促使其努力提高产品质量。这种方法多用于单一品种的大批量生产，并且已掌握大量质量信息的情况。

3. 依据缺陷级别确定

按照致命缺陷、重缺陷、轻缺陷或致命不合格品、重不合格品以及轻不合格品，分别规定合格质量水平。越是重要的检验项目，其验收后的不合格品所造成的损失也就越大，所以其合格质量水平的取值就应该越小。

4. 参考检验项目数确定

确定合格质量水平时，需要考虑同类检验项目的多少。通常，当同类检验的项目有多个时，合格质量水平的取值要比只有一个检验项目时大一些。也就是说，单项目检验的合格质量水平值要小于多项目检验的合格质量水平值。

5. 由生产方与使用方协商确定

为使使用方要求的质量与生产方的生产能力更好地相互协调，可由供需双方直接协商确定合格质量水平的取值。这种方法既有利于提高合格质量水平取值的合理性，又可以减少双方的纠纷。

（三）计数调整型抽样检验的检验水平

计数调整型抽样检验的检验水平，是反映批量与样本容量之间关系的等级，而与检验宽严程度无关。

检验水平有七个等级：一般检验水平Ⅰ、Ⅱ、Ⅲ三级以及特殊检验水平 S-1、S-2、S-3、S-4 四级。其中，一般检验水平Ⅱ是标准检验水平，在没有特殊要求时采用一般检验水平Ⅱ。四种特殊检验水平主要适用于破坏性检验或检验费用高的情形，因其抽取样本容量比较小，也称为小样本检验。

对于一般检验水平Ⅰ、Ⅱ、Ⅲ三级，在批量给定后，样本容量将随检验水平而变化。一般检验水平Ⅱ比一般检验水平Ⅰ严格；而一般检验水平Ⅲ又比一般检验水平Ⅱ严格。通常，一般检验水平Ⅰ、Ⅱ、Ⅲ样本容量的比例为 0.4∶1∶1.6。

在选择检验水平时，主要需要考虑下列因素：产品的复杂程度及其维修性、产品的价值、检验的费用、检验是否具有破坏性、生产过程的稳定性、批产品之间质量差异程度以及批内产品质量波动的大小等。

（四）计数调整型抽样检验的转换规则

计数调整型抽样检验的关键内容是如何选择正常检验、放宽检验以及加严检验这三种检验方式。通常，首先是从正常检验开始；进而根据检验的结果，确定如何在这三种检验方式间进行转换。宽严程度的转换规则，是判断批质量变化以及确定方案宽严程度的重要尺度，主要有以下规则：

1. 从正常检验转换为加严检验

当进行正常检验时，如果初次检验中连续 5 批或者少于 5 批中有 2 批不合格，则从下一批开始转为加严检验。初次检验是指第一次提交检验，而不是不合格批经过返修或挑选后再次提交检验。

2. 从加严检验转换为正常检验

在采用加严检验时，如果连续 5 批的检验结果都是可以接收的，那么从第 6 批开始恢复正常检验。

3. 从正常检验转换为放宽检验

在采用正常检验时，如果下列条件同时满足，可以从正常检验转换为放宽检验：

(1) 不包括再次提交检验批的连续 10 批产品，正常检验均为合格。

(2) 连续 10 批中抽取的样本，其中不合格品总数或缺陷总数是在放宽检验要求的界限 LR 以下。

(3) 生产稳定。

(4) 质量检验负责部门认为转入放宽检验是可取的。

4. 从放宽检验转换为正常检验

在采用放宽检验时，出现下列任何一种情况，都应从下一批开始从放宽检验转换为正常检验：

(1) 有一批产品不合格。

(2) 一批产品附条件合格。由于在放宽检验方案中，有一部分方案具有如下特点：接收数 Ac 和拒收数 Re 不是连续的正整数。因此，当样本中的不合格品数 d 在 Ac 和 Re 之间时，即 $Ac<d<Re$ 时，该批被判为合格批，予以接收。但是，从下一批开始应该恢复为正常检验。

(3) 生产不稳定或生产中断。

(4) 质量检验负责部门认为有必要恢复正常检验。

5. 暂停检验

在进行加严检验时，如果一系列连续批中不合格批的累计数达到 5 批，应该暂时停止检验，直到生产方采取了改进产品质量的措施后，才能恢复检验，且恢复检验时应从加严检验开始。

对上述三种检验方式需要特别说明的是，放宽检验是非强制性的。也就是说，即使生产方提供的产品质量非常好，仍然可以不采用放宽检验。但是，由正常检验转为加严检验，却是带有强制性的，这是计数调整型抽样检验的一条重要原则。

（五）计数调整型抽样检验的实施程序

计数调整型抽样检验的实施程序为：

(1) 规定单位产品的质量特性。在技术标准或合同中，为明确被检验单位产品的质量，必须规定对单位产品需要抽检的质量特性以及合格与否的准则。

(2) 确定合格质量水平。如前所述，应采用适当方法在合同中或由有关部门确定合格质量水平。在以不合格品数表示质量水平时，合格质量水平不应超过 10%。

(3) 确定批量。综合考虑经济性、错判风险、生产过程质量和生产的实际情况等因素，确定适宜的批量。

(4) 确定检验水平。依据前文所述，确定计数调整型抽样检验的检验水平。在确定的检验水平下，应用转换规则在正常检验、加严检验以及放宽检验间进行转换，且已规定的检验水平保持不变。

(5) 确定抽样类型。常用的三种抽样类型为一次抽样、二次抽样以及五次抽样。可以通过比较平均样本量以及管理的难易程度确定抽样类型。其中，一次抽样方案的平均样本量最大，五次抽样方案的平均样本量最小。但同时，一次抽样的管理难度及单位产品的抽样费用都低于二次抽样和五次抽样。

(6) 检索抽样方案。根据批量大小和确定的检验水平，通过查取样本量字码表（见表 8-7），确定对应的样本量字码。

表 8-7　样本量字码表

批量范围	特殊检验水平				一般检验水平		
	S-1	S-2	S-3	S-4	Ⅰ	Ⅱ	Ⅲ
1～8	A	A	A	A	A	A	B
9～15	A	A	A	A	A	B	C
16～25	A	A	B	B	B	C	D
26～50	A	B	B	C	C	D	E
51～90	B	B	C	C	C	E	F
91～150	B	B	C	D	D	F	G
151～280	B	C	D	E	E	G	H
281～500	B	C	D	E	F	H	J
501～1 200	C	C	E	F	G	J	K
1 201～3 200	C	D	E	G	H	K	L
3 201～10 000	C	D	F	G	J	L	M
10 001～35 000	C	D	F	H	K	M	N
35 001～150 000	D	E	G	J	L	N	P
150 001～500 000	D	E	G	J	M	P	Q
≥500 001	D	E	H	K	N	Q	R

根据合格质量水平和样本量字码，在表 8-8、表 8-9、表 8-10 中选择查取对应的抽样方案。

在样本量所在行与合格质量水平所在列的相交栏中读取抽样方案。相交栏中左侧的数值为接收数 Ac，右侧的数值则为拒收数 Re。如果栏中是箭头，则按照箭头指向查取抽样方案。

(7) 抽取样本。按规定抽样方案随机抽取样本。

(8) 检验样本。依照技术标准以及合同等相关文件规定的试验、测量或其他方法，对抽取样本中的每一个产品进行逐个检验，判断其是否合格，同时累计不合格品总数。

(9) 判断检验批是否接收。根据样本检验的结果，当样本中的不合格品数不大于接收数时，则接收该批产品；否则拒收该批产品。

(10) 处置检验批。依据对检验批的判断结果，对检验批进行处置。对判为接收的批，订货方应该整批接收，同时也允许其在协商的基础上向生产方提出某些附加条件；对判为拒收的批，则全部退回生产方，且未经有效处理不得再次提交检验。

表 8-8　正常检验一次抽样方案

样本量字码	样本量	合格质量水平（*AQL*）0.01	0.015	0.025	0.04	0.065	0.1	0.15	0.25	0.4	0.65	1	1.5	2.5	4	6.5	10	15	25	40	65	100	150	250	400	650	1 000
		Ac Re	*Ac Re*	*Ac Re*	*Ac Re*	*Ac Re*	*Ac Re*	*Ac Re*	*Ac Re*	*Ac Re*	*Ac Re*	*Ac Re*	*Ac Re*	*Ac Re*	*Ac Re*	*Ac Re*	*Ac Re*	*Ac Re*	*Ac Re*	*Ac Re*	*Ac Re*	*Ac Re*	*Ac Re*	*Ac Re*	*Ac Re*	*Ac Re*	*Ac Re*
A	2	↓	↓	↓	↓	↓	↓	↓	↓	↓	↓	↓	↓	↓	↓	0 1	↓	↓	1 2	2 3	3 4	5 6	7 8	10 11	14 15	21 22	30 31
B	3	↓	↓	↓	↓	↓	↓	↓	↓	↓	↓	↓	↓	↓	0 1	↑	↓	1 2	2 3	3 4	5 6	7 8	10 11	14 15	21 22	30 31	44 45
C	5	↓	↓	↓	↓	↓	↓	↓	↓	↓	↓	↓	↓	0 1	↑	↓	1 2	2 3	3 4	5 6	7 8	10 11	14 15	21 22	30 31	44 45	↑
D	8	↓	↓	↓	↓	↓	↓	↓	↓	↓	↓	↓	0 1	↑	↓	1 2	2 3	3 4	5 6	7 8	10 11	14 15	21 22	30 31	44 45	↑	↑
E	13	↓	↓	↓	↓	↓	↓	↓	↓	↓	↓	0 1	↑	↓	1 2	2 3	3 4	5 6	7 8	10 11	14 15	21 22	30 31	44 45	↑	↑	↑
F	20	↓	↓	↓	↓	↓	↓	↓	↓	↓	0 1	↑	↓	1 2	2 3	3 4	5 6	7 8	10 11	14 15	21 22	↑	↑	↑	↑	↑	↑
G	32	↓	↓	↓	↓	↓	↓	↓	↓	0 1	↑	↓	1 2	2 3	3 4	5 6	7 8	10 11	14 15	21 22	↑	↑	↑	↑	↑	↑	↑
H	50	↓	↓	↓	↓	↓	↓	↓	0 1	↑	↓	1 2	2 3	3 4	5 6	7 8	10 11	14 15	21 22	↑	↑	↑	↑	↑	↑	↑	↑
J	80	↓	↓	↓	↓	↓	↓	0 1	↑	↓	1 2	2 3	3 4	5 6	7 8	10 11	14 15	21 22	↑	↑	↑	↑	↑	↑	↑	↑	↑
K	125	↓	↓	↓	↓	↓	0 1	↑	↓	1 2	2 3	3 4	5 6	7 8	10 11	14 15	21 22	↑	↑	↑	↑	↑	↑	↑	↑	↑	↑
L	200	↓	↓	↓	↓	0 1	↑	↓	1 2	2 3	3 4	5 6	7 8	10 11	14 15	21 22	↑	↑	↑	↑	↑	↑	↑	↑	↑	↑	↑
M	315	↓	↓	↓	0 1	↑	↓	1 2	2 3	3 4	5 6	7 8	10 11	14 15	21 22	↑	↑	↑	↑	↑	↑	↑	↑	↑	↑	↑	↑
N	500	↓	↓	0 1	↑	↓	1 2	2 3	3 4	5 6	7 8	10 11	14 15	21 22	↑	↑	↑	↑	↑	↑	↑	↑	↑	↑	↑	↑	↑
P	800	↓	0 1	↑	↓	1 2	2 3	3 4	5 6	7 8	10 11	14 15	21 22	↑	↑	↑	↑	↑	↑	↑	↑	↑	↑	↑	↑	↑	↑
Q	1250	0 1	↑	↓	1 2	2 3	3 4	5 6	7 8	10 11	14 15	21 22	↑	↑	↑	↑	↑	↑	↑	↑	↑	↑	↑	↑	↑	↑	↑
R	2000	↑	↑	1 2	2 3	3 4	5 6	7 8	10 11	14 15	21 22	↑	↑	↑	↑	↑	↑	↑	↑	↑	↑	↑	↑	↑	↑	↑	

表 8-9　加严检验一次抽样方案

样本量字码	样本量	0.01	0.015	0.025	0.04	0.065	0.1	0.15	0.25	0.4	0.65	1	1.5	2.5	4	6.5	10	15	25	40	65	100	150	250	400	650	1 000
		合格质量水平（*AQL*）																									
		Ac Ae	*Ac Ae*	*Ac Ae*	*Ac Ae*	*Ac Ae*	*Ac Ae*	*Ac Ae*	*Ac Ae*	*Ac Ae*	*Ac Ae*	*Ac Ae*	*Ac Ae*	*Ac Ae*	*Ac Ae*	*Ac Ae*	*Ac Ae*	*Ac Ae*	*Ac Ae*	*Ac Ae*	*Ac Ae*	*Ac Ae*	*Ac Ae*	*Ac Ae*	*Ac Ae*	*Ac Ae*	*Ac Ae*
A	2	↓	↓	↓	↓	↓	↓	↓	↓	↓	↓	↓	↓	↓	↓	↓	↓	↓	↓	1 2	2 3	3 4	5 6	8 9	12 13	18 19	27 28
B	3	↓	↓	↓	↓	↓	↓	↓	↓	↓	↓	↓	↓	↓	↓	0 1	↓	↓	1 2	2 3	3 4	5 6	8 9	12 13	18 19	27 28	41 42
C	5	↓	↓	↓	↓	↓	↓	↓	↓	↓	↓	↓	↓	↓	0 1	↓	↓	1 2	2 3	3 4	5 6	8 9	12 13	18 19	27 28	41 42	↑
D	8	↓	↓	↓	↓	↓	↓	↓	↓	↓	↓	↓	↓	0 1	↓	↓	1 2	2 3	3 4	5 6	8 9	12 13	18 19	27 28	41 42	↑	↑
E	13	↓	↓	↓	↓	↓	↓	↓	↓	↓	↓	↓	0 1	↓	↓	1 2	2 3	3 4	5 6	8 9	12 13	18 19	27 28	41 42	↑	↑	↑
F	20	↓	↓	↓	↓	↓	↓	↓	↓	↓	↓	0 1	↓	↓	1 2	2 3	3 4	5 6	8 9	12 13	18 19	↑	↑	↑	↑	↑	↑
G	32	↓	↓	↓	↓	↓	↓	↓	↓	↓	0 1	↓	↓	1 2	2 3	3 4	5 6	8 9	12 13	18 19	↑	↑	↑	↑	↑	↑	↑
H	50	↓	↓	↓	↓	↓	↓	↓	↓	0 1	↓	↓	1 2	2 3	3 4	5 6	8 9	12 13	18 19	↑	↑	↑	↑	↑	↑	↑	↑
J	80	↓	↓	↓	↓	↓	↓	↓	0 1	↓	↓	1 2	2 3	3 4	5 6	8 9	12 13	18 19	↑	↑	↑	↑	↑	↑	↑	↑	↑
K	125	↓	↓	↓	↓	↓	↓	0 1	↓	↓	1 2	2 3	3 4	5 6	8 9	12 13	18 19	↑	↑	↑	↑	↑	↑	↑	↑	↑	↑
L	200	↓	↓	↓	↓	↓	0 1	↓	↓	1 2	2 3	3 4	5 6	8 9	12 13	18 19	↑	↑	↑	↑	↑	↑	↑	↑	↑	↑	↑
M	315	↓	↓	↓	↓	0 1	↓	↓	1 2	2 3	3 4	5 6	8 9	12 13	18 19	↑	↑	↑	↑	↑	↑	↑	↑	↑	↑	↑	↑
N	500	↓	↓	↓	0 1	↓	↓	1 2	2 3	3 4	5 6	8 9	12 13	18 19	↑	↑	↑	↑	↑	↑	↑	↑	↑	↑	↑	↑	↑
P	800	↓	↓	0 1	↓	↓	1 2	2 3	3 4	5 6	8 9	12 13	18 19	↑	↑	↑	↑	↑	↑	↑	↑	↑	↑	↑	↑	↑	↑
Q	1250	↓	0 1	↓	↓	1 2	2 3	3 4	5 6	8 9	12 13	18 19	↑	↑	↑	↑	↑	↑	↑	↑	↑	↑	↑	↑	↑	↑	↑
R	2000	0 1	↑	↓	1 2	2 3	3 4	5 6	8 9	12 13	18 19	↑	↑	↑	↑	↑	↑	↑	↑	↑	↑	↑	↑	↑	↑	↑	↑
S	3150			1 2																							

表 8-10　放宽检验一次抽样方案

样本量字码	样本量	0.01	0.015	0.025	0.04	0.065	0.1	0.15	0.25	0.4	0.65	1	1.5	2.5	4	6.5	10	15	25	40	65	100	150	250	400	650	1 000
		Ac Re	Ac Re	Ac Re	Ac Re	Ac Re	Ac Re	Ac Re	Ac Re	Ac Re	Ac Re	Ac Re	Ac Re	Ac Re	Ac Re	Ac Re	Ac Re	Ac Re	Ac Re	Ac Re	Ac Re	Ac Re	Ac Re	Ac Re	Ac Re	Ac Re	Ac Re
A	2	↓	↓	↓	↓	↓	↓	↓	↓	↓	↓	↓	↓	↓	↓	0 1	↓	↓	1 2	2 3	3 4	5 6	7 8	10 11	14 15	21 22	30 31
B	2	↓	↓	↓	↓	↓	↓	↓	↓	↓	↓	↓	↓	↓	0 1	↑	↓	1 2	1 2	2 3	3 4	5 6	7 8	10 11	14 15	21 22	30 31
C	2	↓	↓	↓	↓	↓	↓	↓	↓	↓	↓	↓	↓	0 1	↑	↓	0 1	1 2	1 2	2 3	3 4	5 6	7 8	10 11	14 15	21 22	↑
D	3	↓	↓	↓	↓	↓	↓	↓	↓	↓	↓	↓	0 1	↑	↓	0 1	1 2	1 2	2 3	3 4	5 6	7 8	10 11	14 15	21 22	↑	↑
E	5	↓	↓	↓	↓	↓	↓	↓	↓	↓	↓	0 1	↑	↓	0 1	1 2	1 2	2 3	3 4	5 6	7 8	10 11	14 15	21 22	↑	↑	↑
F	8	↓	↓	↓	↓	↓	↓	↓	↓	↓	0 1	↑	↓	0 1	1 2	1 2	2 3	3 4	5 6	7 8	10 11	↑	↑	↑	↑	↑	↑
G	13	↓	↓	↓	↓	↓	↓	↓	↓	0 1	↑	↓	0 1	1 2	1 2	2 3	3 4	5 6	7 8	10 11	↑	↑	↑	↑	↑	↑	↑
H	20	↓	↓	↓	↓	↓	↓	↓	0 1	↑	↓	0 1	1 2	1 2	2 3	3 4	5 6	7 8	10 11	↑	↑	↑	↑	↑	↑	↑	↑
J	32	↓	↓	↓	↓	↓	↓	0 1	↑	↓	0 1	1 2	1 2	2 3	3 4	5 6	7 8	10 11	↑	↑	↑	↑	↑	↑	↑	↑	↑
K	50	↓	↓	↓	↓	↓	0 1	↑	↓	0 1	1 2	1 2	2 3	3 4	5 6	7 8	10 11	↑	↑	↑	↑	↑	↑	↑	↑	↑	↑
L	80	↓	↓	↓	↓	0 1	↑	↓	0 1	1 2	1 2	2 3	3 4	5 6	7 8	10 11	↑	↑	↑	↑	↑	↑	↑	↑	↑	↑	↑
M	125	↓	↓	↓	0 1	↑	↓	0 1	1 2	1 2	2 3	3 4	5 6	7 8	10 11	↑	↑	↑	↑	↑	↑	↑	↑	↑	↑	↑	↑
N	200	↓	↓	0 1	↑	↓	0 1	1 2	1 2	2 3	3 4	5 6	7 8	10 11	↑	↑	↑	↑	↑	↑	↑	↑	↑	↑	↑	↑	↑
P	315	↓	0 1	↑	↓	0 1	1 2	1 2	2 3	3 4	5 6	7 8	10 11	↑	↑	↑	↑	↑	↑	↑	↑	↑	↑	↑	↑	↑	↑
Q	500	0 1	↑	↓	0 1	1 2	1 2	2 3	3 4	5 6	7 8	10 11	↑	↑	↑	↑	↑	↑	↑	↑	↑	↑	↑	↑	↑	↑	↑
R	800	↑	↑	0 1	1 2	1 2	2 3	3 4	5 6	7 8	10 11	↑	↑	↑	↑	↑	↑	↑	↑	↑	↑	↑	↑	↑	↑	↑	↑

三、计数挑选型抽样检验

计数挑选型抽样检验的过程是:在用预先规定的抽样方案进行检验时,对判为合格的产品批直接予以接收;而对判为不合格而拒收的批,并不是简单地全数退回,而是必须对其进行全数检验,然后将检验出的不合格品换为合格品或者修复为合格品后,再予以接收。

(一) 计数挑选型抽样检验的特点

与计数标准型抽样检验以及计数调整型抽样检验等检验方式相比,计数挑选型抽样检验有其不同的特点和适用性。

1. 接收产品的组成

鉴于计数挑选型抽样检验特有的验收方式,在应用时,使用方所接收的产品是由两部分组成的:一部分是在一次检验后即被判为接收批的产品,在接收的这一部分产品中,并不能保证没有不合格品;另一部分则是在一次检验后被判为拒收的产品批。由于拒收批必须要经过全数检验,并将其中的不合格品换为或者修复为合格品后才能被接收,所以如果忽略检验中错检和漏检的情况,这一部分产品应该是不存在不合格品的。

2. 接收产品的平均质量

对于一次检验后判为合格并接收的产品批,其样本中的不合格品将被换成或修复成合格品。对于检验中被判为拒收的产品批,经过全数检验,其中的不合格品将被全部换成或修复成合格品。

可以看到:在采用计数挑选型抽样检验时,使用方最终接收的全部产品的平均质量,显然会优于交验前产品的平均质量。因此,这将对使用方的利益提供一种非常有效的保护。这是计数挑选型抽样检验的一个重要的特点。

3. 适用的情况

计数挑选型抽样检验通常适用于连续生产的产品一批接一批入库时,各工序间的半成品交接时以及向指定使用方连续供货时,等等。

因为计数挑选型抽样检验需要对一次检验后的不合格批进行全数检验,显然,这种检验方式不适用于破坏性检验的情形。

(二) 计数挑选型抽样检验的平均检出质量

计数挑选型抽样检验的平均检出质量记为 AOQ,是一个非常重要的质量指标。

1. 平均检出质量的含义

计数挑选型抽样检验的平均检出质量,是以平均不合格品率表示经过抽样检验后产品的平均质量。

依据计数挑选型抽样检验的验收规则,一次检验后被判为合格并予以接收的产品批,需要把样本中的不合格品替换为或修复为合格品。因此,对于这样的产品批,它的不合格品率为 $p(N-n)/N$。而对于一次检验后拒收的批,经过全数检验并将不合格品换成或修复成合格品后,其接收后的不合格品率为零。

因此,当经过长时间的连续抽样检验后,可以得到产品的批平均不合格品率,即平均检出质量为:

$$AOQ = \frac{L(p) \times p \times (N-n)}{N} \tag{8-5}$$

当 N 远远大于 n 时，则 $N-n \approx N$。在实际应用中，通常如果满足 $N/n \geqslant 10$，即可认为 $N-n \approx N$。则有：

$$AOQ \approx pL(p) \tag{8-6}$$

2. 平均检出质量上限

平均检出质量的最大值称为平均检出质量上限，记为 $AOQL$。对于一个确定的计数挑选型抽样检验方案，一定有且仅有一个确定的平均检出质量上限值与其对应，并且该上限值是可以预先知道的。因此，虽然连续不同批交验产品的批不合格品率是未知的而且是变化的，但是，在应用某一计数挑选型抽样检验方案进行验收时，一定可以将其平均不合格品率控制在该抽样方案的平均检出质量上限之内。供需双方可以据此达成共同的认识。

由此可见，平均检出质量上限是计数挑选型抽样检验方案的一个非常重要的特征值。

还需要了解的是，对于不同的计数挑选型抽样检验方案，其平均检出质量上限值是不同的；而同样的平均检出质量上限值，也可以通过不同的检验方案来达到。在实际应用中，可以先行规定平均检出质量上限值，并据此来选择所需要的计数挑选型抽样检验方案。

本章小结

本章主要讨论了质量检验的相关内容和方法。本章第一节介绍了质量检验的概念，并阐述了质量标准、质量检验活动和质量检验的功能以及质量检验的类别和方法。抽样检验是质量检验的主要内容，本章第二节对抽样检验的基础知识进行了较为详细的阐述：首先介绍了抽样检验的概念、标准、原理及类型，然后对抽样特性曲线进行了详细阐述。本章最后一节针对计数标准型抽样检验、计数调整型抽样检验以及计数挑选型抽样检验进行了重点介绍。这是本章的重要内容，对不同计数抽样检验的特点以及适用范围等需要认真理解，并有针对性地进行应用。

思考练习

1. 什么是质量检验？什么是抽样检验？
2. 抽样检验的原理是什么？
3. 结合实例说明抽样检验有哪些分类方式。
4. 实际的抽样特性曲线有哪两类风险？
5. 计数标准型抽样检验的特点是什么？
6. 计数调整型抽样检验的转换规则主要包括哪些内容？

案例分析

AUDIT 质量检验方法

以往的质量检验方法主要是站在生产者的角度看产品质量是否达标，其产品是否满足顾客的需求只有等到产品投放市场后才能获知，这往往会给企业带来难以弥补的损失。AUDIT 法是一种新型质量检验方法，它站在消费者的立场上，促使企业主动地去满足顾客需求，从而能够使企业在激烈的质量竞争中稳操胜券。

AUDIT 是德国的称呼，在美国称 CSA，在日本称 QLA。汽车行业率先使用了这种思想并取得了很大的成效。AUDIT 是企业模拟用户对自己的产品质量进行内部监督的自觉行为，它适用于所有批量生产、质量稳定的产品。目前，国内外一些大的汽车生产企业均采用 AUDIT 方法对自己的产品进行内部监督。

一、AUDIT 方法的内涵

AUDIT 方法的内涵是：制造企业按照用户的眼光和要求对经过检验合格的产品进行质量检查和评价，将检查出的质量缺陷落实责任，分析缺陷产生的原因，并采取整改措施消除缺陷，逐步提高产品的质量。通常，AUDIT 方法对检查出来的缺陷用扣分的形式来表示，根据缺陷的等级程度确定扣分的多少，扣分越多则说明用户的满意度越低。

AUDIT 与质量检验同样都是对产品质量进行检查，但两者有着明显的不同。通过将检验方法与 AUDIT 方法进行对比分析，可以更深刻地认识 AUDIT 方法的内涵。

(1) 立场不同。质量检验主要是站在生产者的立场上给质量把关；AUDIT 是站在用户的立场上检查和评审产品质量。

(2) 时间不同。质量检验在前，AUDIT 在后，只有经过质量检验合格，并出具合格证的产品，才能进行 AUDIT 检查。

(3) 标准不同。质量检验依据的是各种技术标准；AUDIT 依据的是用户的各种要求，其目的是使用户更满意。

(4) 数量不同。质量检验可以有全检和抽检；AUDIT 只进行抽检，且抽检的准则与常规抽检不同。

(5) 结论不同。质量检验判定被检产品是否合格，对合格的产品出具合格证，对不合格的产品出具不合格证；AUDIT 检查则不出具合格证，它只给出用户的满意度。

(6) 作用不同。质量检验主要是把关；AUDIT 主要是找出产品的缺陷，使产品质量不断得到提高。

二、AUDIT 方法的实施程序

实施 AUDIT 方法可以遵循以下程序：

1. 设置专职的 AUDIT 工作组

AUDIT 工作组一般由企业负责人直接领导，人数一般以 3～5 人为宜，如果产品复杂，人数可更多些，但 AUDIT 人员都应该有较高的素质。工作组必须独立地工作，不受领导意志的干扰，工作组的日常工作也不应受到企业其他工作环节的影响。

2. 制订检查表

以用户满意为准则制订检查表，制表时，可以参考各种标准和资料，特别是要借鉴同行企业的 AUDIT 检查表。检查表的项目应能够反映用户的观点，应包括所有可能引起用户不满意的项目。

在确定扣分时，应经常到用户处收集意见，对用户不十分抱怨的缺陷少扣分，对用户抱怨大的缺陷应多扣分。

3. 编制作业指导书

AUDIT 作业指导书包括 AUDIT 检查表、实施 AUDIT 检查的工作程序和具体操作规程。它是 AUDIT 检查员赖以实施检查工作的依据。

4. 确定审查周期、抽样原则和检查场地

AUDIT 属于质量监督的范畴，要真正起到监督作用，AUDIT 就应连续进行，不能间断；AUDIT 抽样的数量多少应依据产品的复杂程度、检查员的数量、质量情况和生产情况而定，但在抽样时应保证样品的均匀性，要保证各种型号的产品都能抽到，合理确定抽样地点；检查场地要求宽敞、明亮、清洁，应该配备必要的检查工具，最好能够接近产品的装配车间，以便于搬运和向制造人员展示缺陷。

5. 实施检查

抽取样品并进行诸项检查，在检查中每发现一项缺陷，就根据其严重程度分别计算和记录其扣分值，并在情况说明栏中填写责任单位名称，描述缺陷情况。在检查过程中应注意以下事项：① 对缺陷的位置、形貌要进行详细记录；② 发现缺陷应立即向主管领导报告；③ 抽样和检查时不要对样品作任何处理；④ 在检查过程中发现新的缺陷后，应请示领导在检查表中增加这一项内容；⑤ 应向有关人员公布检查的原始记录，由责任单位来人认可审查结果。

6. 评定质量等级，发布 AUDIT 公报

在检查结束后，利用计算机对结果进行处理，确定待检产品的扣分值和产品的质量等级。采用发布会的形式发布 AUDIT 公报。在发布公报时，应由 AUDIT 检查员宣读公报内容，回答问题，评讲质量情况，有关领导表态、观看实物等，注意不要流于形式。

7. 后续工作

在 AUDIT 公报发布完后，应将资料归档保存，经常统计分析 AUDIT 的各种材料，跟踪质量趋势，定期撰写质量分析报告，并采取措施消除发现的缺陷。

问题

1. AUDIT 与普通的质量检验有哪些异同？
2. AUDIT 方法的先进性体现在哪些地方？

第九章　质 量 改 进

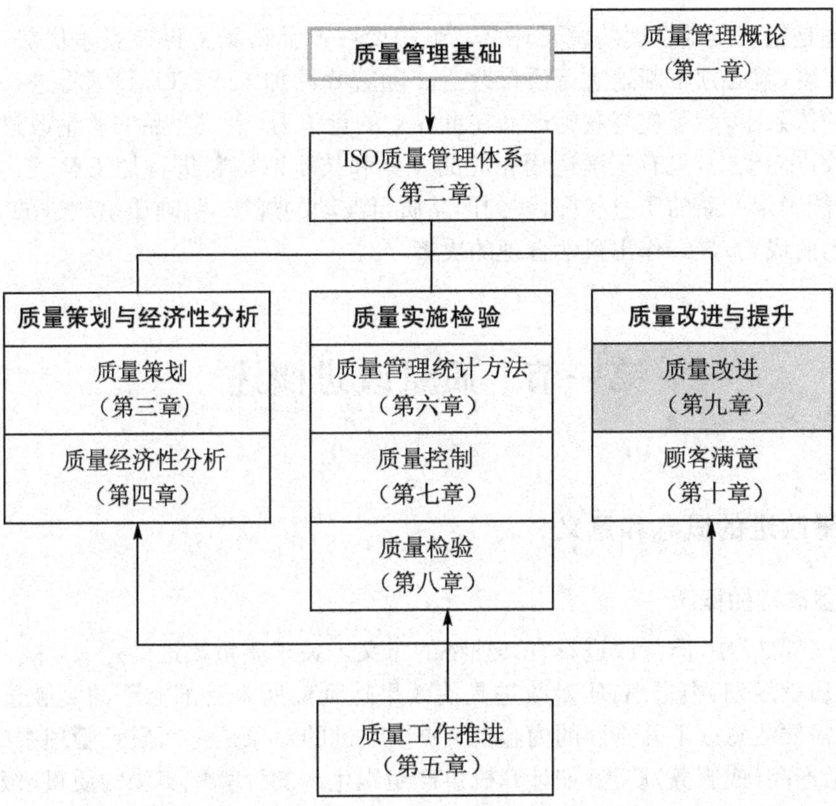

质量管理学结构模型

学习目标

（一）知识目标

- 了解质量改进的概念；
- 熟悉质量改进的意义和内容；
- 掌握质量改进的步骤和推进方法。

（二）技能目标

- 掌握常用的质量改进工具。

质量改进是组织质量管理的重要环节。组织要在产品市场上保持竞争优势，提高顾客对产品的满意度，就必须不断地进行质量改进。随着我国加入 WTO，我国将进一步融入到经济全球化的体系中，为了提高我国产品在世界上的竞争力，组织产品的质量改进将不可避免。在质量改进活动中，只有正确运用相应的工具和技术对资料进行加工整理，去粗取精，去伪存真，才能确定产品的质量状况，找到产品质量波动的规律，明确质量改进的方向，保证质量改进活动的成功，最终作出科学合理的决策。

第一节　质量改进概述

一、质量改进的概念和意义

（一）质量改进的概念

在"质量三部曲"中，质量改进具有其独特的意义。关于质量改进的定义，朱兰博士在他的论文《总体质量规划》中指出：质量改进是使效果达到前所未有的水平的突破过程。理解这个定义时，需要注意以下几方面的内容：① 质量改进的对象是全面质量管理中的"广义质量"，不仅包括产品（或服务）质量（如计算机生产组织生产的计算机实物的质量、饭店的输出服务质量等），还包括与产品有关的工作质量（如组织中供应部门的工作质量、车间计划调度部门的工作质量等）。② 质量改进的效果在于"突破"。质量改进的最终效果是按照比原计划目标高得多的质量水平进行工作。如此工作必然得到比原来目标高得多的产品质量。③ 质量改进是一个变革和突破的过程，该过程也必然遵循 PDCA 循环的规律。质量改进是"永无止境"的，是不可能一蹴而就的，需要长期坚持。

另外，ISO 9000：2005 标准中，质量改进的定义是"质量管理的一部分，致力于增强满足质量要求的能力"。

质量改进与质量控制的目的都是要解决存在的质量问题。质量控制是追求质量的稳定性，使产品的质量水平不要出现过大的波动，而质量改进是在现有的质量水平上进行提高，使质量达到更高的水平。质量改进是"质量三部曲"中最重要的，只有实施了质量改进，才能"使效果达到前所未有的水平"。在组织早期的质量控制阶段，质量水平的变异很大，通过质量改进过程，质量水平的变异缩小，质量改进取得了一定的效果，组织的质量水平进入了一个新的稳定状态，如图 9-1 所示。

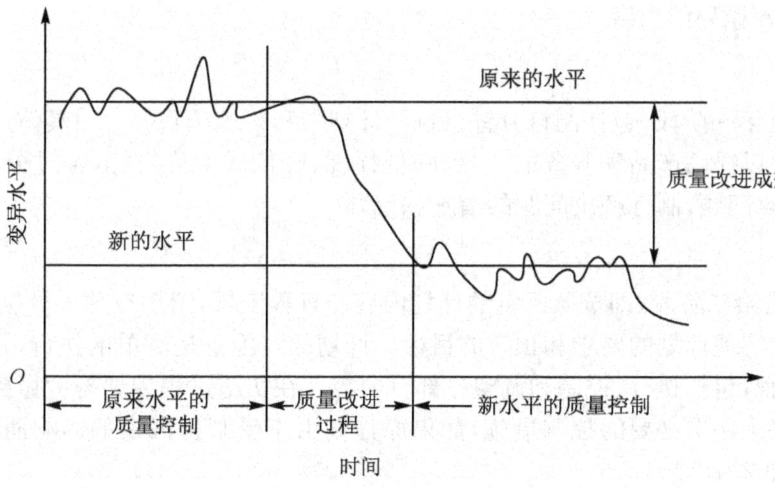

图 9-1　质量改进与质量控制的关系

（二）质量改进的意义

市场竞争的焦点是质量竞争，质量改进关系到组织参与市场竞争的成败。

1. 质量改进可以获得更高的投资收益

"质量损失是一座没有被挖掘的金矿"，而质量改进正是要通过各种方法把这个金矿挖掘出来。因此，有些质量管理专家认为，"最赚钱的行业莫过于质量改进"。通过质量改进，可以使组织获得更高的投资收益。

2. 质量改进是新产品开发的坚实基础

开发适销对路、顾客满意的新产品去占领和扩大市场是重要的市场竞争策略之一。一种新产品投放市场还得依靠新的内部管理方法、新的过程控制、新的促销策略和建立新的供求关系做后盾。所有的"新"都离不开质量改进。

3. 质量改进可以充分挖掘组织的潜力

对一个组织来说，资金、技术等方面的资源是稀缺的，如果能够有效率地使用这些资源，组织的竞争力一定会大大增强。质量改进活动的开展能够帮助组织发现长期的系统性问题，使组织更加合理、有效地使用资金和技术力量，充分挖掘组织的潜力。

4. 质量改进可以使组织不断满足顾客的需要

顾客的要求是不断变化的，而且变化越来越快，顾客不仅要求组织改进产品的质量，而且还要求组织改进其质量管理体系。因此，任何满足于当前成功的组织都会在顾客不断升级的需求面前被淘汰。组织的质量改进是使顾客满意的基础。

二、质量改进的基本过程——PDCA 循环

PDCA 循环也称戴明环，是由休哈特博士提出的 PDS(plan do see)循环演化而来的，后经戴明博士在日本推广应用，其科学性和有效性得到了证实。P、D、C、A 分别是英文 plan(计划)、do(实施)、check(检查)、action(处理)的缩写。戴明博士认为，质量改进的过程其实

就是运用 PDCA 循环这一规则来进行的。

（一）PDCA 循环的内容

1. 计划

计划(P)是第一阶段，包括制订方针、目标、计划书和管理项目等。对具体产品和工作部门来说，则是要以提高产品和服务的质量、降低损耗、降低成本为目标，经过分析诊断，选定改进质量的重点问题，制订解决问题的措施和计划。

2. 实施

实施(D)是第二阶段，即按照已定的计划内容和日程安排，组织有关人员执行计划，落实具体对策，力求实现计划的要求和预定的目标。计划的实施不是简单的执行，是工作量极大的一个工作过程，包括执行、控制和调整三部分内容。在实施过程中要努力做到严格按计划去执行，同时必须采取必要的控制措施，如果原计划由于受某种因素的影响而无法执行时，必须对原计划进行调整。

3. 检查

检查(C)是第三阶段，即在实施过程中，按照计划要求检查执行的情况，并进一步发现实施过程中出现的问题，判断按计划实施是否取得了预期的效果，或实施过程是否出现了偏离计划的情况，从而把握对策的效果，更好地为实施计划提供信息。

4. 处理

处理(A)是第四阶段，即总结并肯定成功的经验，明确遗留的问题，将有益的经验转化上升为工作标准，以后按此标准进行。对没有解决的问题，提出下一阶段的工作目标，作为以后活动计划的依据，为下一轮 PDCA 循环计划的制订提供资料。这一巩固成绩、克服缺点的处理阶段是最重要的过程。

（二）PDCA 循环的特点

1. PDCA 循环中的四个阶段都是必不可少的

计划阶段设定质量目标，并提出实现这些目标的具体措施和方案；实施阶段按照已制订的计划和措施去具体实施；检查阶段则是对照计划检查执行情况；处理阶段则是总结经验、提出不足，在部分改进的基础上进入下一个 PDCA 循环。这四个阶段环环相扣，缺一不可。

2. 大环套小环

PDCA 循环是进行质量管理的科学方法，适用于组织各个环节、各个方面的质量管理工作。整个组织的质量管理体系构成一个大的循环，各个部门可以有各自的 PDCA 循环，依次又有更小的 PDCA 循环，直至落实到每个岗位、每个人。大小循环不断进行运动，从而形成一个大环套小环的综合循环体系。大环与小环的关系主要是通过质量计划指标连接起来的。上一级循环为下一级循环提供依据和要求；下一级循环又是上一级循环的组成部分，它具体实施、具体落实了上一级循环的要求，为上一级循环提供了具体保证。这就把组织各项工作有机地结合起来，彼此协调，相互促进。这种关系可以形象地用图 9-2 表示。

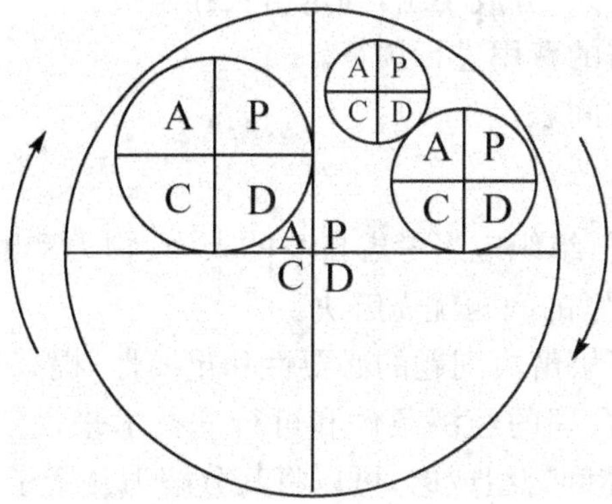

图 9-2 PDCA 循环中大环和小环的关系

3. PDCA 循环是螺旋式不断上升的循环

PDCA 循环的四个阶段周而复始连续不断地转动,而每一次转动都有新的内容和目标。每循环一次,就意味着前进了一步。在质量管理上,经过一次循环,就意味着解决了一些质量问题,质量水平就有了新的提高,如图 9-3 所示。

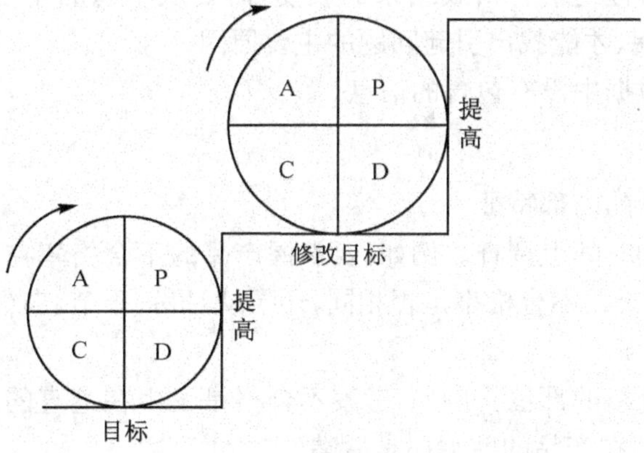

图 9-3 PDCA 循环是螺旋式不断上升的循环

三、质量改进的步骤

质量改进的基本过程就是 PDCA 循环,它包括若干步骤。过去习惯的说法是“四阶段、八步骤”,随着 ISO 9000 标准的颁布实施,“四阶段、七步骤”的说法逐渐得到普遍的认可。这七个步骤的主要内容和注意事项具体为:

(一) 明确问题

1. 主要内容

(1) 明确所要解决问题的重要性,知道这个问题为什么必须目前解决;明确问题的背景,了解问题的真实情况。

(2) 将确定的问题内容用具体的语言表达出来,并说明希望改进到什么程度。

(3) 选定题目和目标值,如果有子题目,最好也确定下来。

(4) 正式选定问题负责人，分成小组，确定组长和组员。

(5) 对改进过程中所需的费用进行预算。

(6) 拟订改进过程的时间表。

2. 注意事项

(1) 在确定改进目标时，组织应当考虑自身的人力、物力和财力。要最大限度地运用现有的数据和资料，选择最要紧的问题优先解决。

(2) 必须让有关人员了解解决问题的必要性和重要性，提高他们对问题的重视程度。

(3) 根据充分的依据、合理的经济条件和可行的技术来设定合理的目标值。如果需要解决的问题是由若干个具体问题组成的，可以将其分解为几个子课题进行解决。

(4) 要强调解决问题的期限，以避免因后来出现更重要的问题而妨碍该问题的解决。

(二) 掌握现状

1. 主要内容

(1) 为了抓住问题的关键，需要了解问题的现状，包括以下四个要点：时间、地点、种类和特征。

(2) 为找出质量特性的不合格或结果的波动，需要从不同的角度进行调查。只有完全了解和把握问题的全貌，才能找出引起问题的主要原因。

(3) 去现场收集数据中没有包含的信息。

2. 注意事项

(1) 尽量了解问题的内部特征。

(2) 从问题发生的时间上调查。例如，要掌握产品的不合格率在上午、下午和晚上有什么差异，观察一周中每天的不合格率是否相同，还要从月份、季节、节假日等不同时间角度观察其结果是否相同。

(3) 考察产品不合格的部位。例如，考察不合格是发生在笔直的部位还是拐角部位，不合格的部位是容易出现在产品的前端还是后端。

(4) 从问题种类的不同进行调查。例如，某组织生产两种产品，它们的不合格率有无差异；对于同一种产品，现在的不合格率与过去相比有无明显不同。

(5) 从问题的特征方面进行调查。例如，从产品不合格项的形状、部位和排列等方面进行调查。

(三) 分析问题原因

1. 主要内容

(1) 提出可能的原因(设立假说)。根据收集到的有关信息，包括所有认为可能有关的因素，画出因果图；剔除所有已明确认为无关的因素，然后用剩下的因素绘制新的因果图；在新绘制的因果图上，标出主要原因。

(2) 证实真正原因(验证假说)。收集新的资料或信息，对调查得到的资料进行综合考察，确定可能性较大的原因对问题有多大影响，并决定主要影响原因；如果条件允许，可以有意识地将问题再现一次，确认对问题影响较大的原因。

2. 注意事项

(1) 要重视验证假说的重要性,避免仅通过问题解决者的讨论或由某人决定得出结论。

(2) 验证假说时,要用新的材料来证明假说是否成立,不能用建立假说时的材料。

(3) 因果图是建立假说的有效工具。但需要注意,包含在因果图中的因素必须是主要的、能够得到确认的因素。

(四) 拟订对策并实施

1. 主要内容

(1) 针对影响质量的主要因素制订改进措施、计划并予以实施。措施分为两种:一种是消除不合格现象的应急措施;另一种是排除不合格现象产生的原因以防止问题再发生的纠正措施。

(2) 实施的措施和计划应具体、明确。应明确 5W1H,即:为什么要制订这一措施或计划(why);预计达到什么目标(what);在哪里执行这一措施或计划(where);由谁来执行(who);何时开始、何时结束(when);如何执行(how)。

(3) 先准备好若干对策方案,调查、分析每个对策方案的利弊,通过民主讨论,确定参加者都能接受的方案。

2. 注意事项

(1) 采取对策后往往会引起别的问题,因此,必须从多角度对措施、对策进行评价。

(2) 确定所要采取的对策后,有关人员必须通力合作。当对策实施时,往往要使许多工作程序作出调整和变化,应当多听有关人员的意见和想法。

(五) 确认效果

1. 主要内容

(1) 使用同一种图表,将对策实施前后的效果进行对比。

(2) 通过财务预算、决算将效果换算成金额,并与目标值比较。

(3) 如果有其他效果,不管大小都可以列举出来。

2. 注意事项

(1) 用来作比较的图表必须前后一致,这样就可以明确原有的问题已解决到何种程度。

(2) 将不合格品率的降低换算成金额,通过对前后不合格品损失金额的比较,组织管理者会认识到质量改进的重要性,提高他们参与质量改进的积极性。

(3) 当采取对策后没有出现预期结果时,应确认是否严格按照计划实施了对策,如果是,就意味着对策失败,重新回到"掌握现状"阶段。

(六) 防止再发生和标准化

1. 主要内容

(1) 为了防止原状态再次发生,应再次确认 5W1H 的内容,并将其标准化。

(2) 进行有关标准的准备及传达。

(3) 实施教育培训。

(4) 建立保证严格遵守当前有效标准的质量责任制。

2. 注意事项

(1) 为了不再出现类似的不合格或缺陷，纠正措施必须标准化，制订成标准。

(2) 导入新标准时，往往引起混乱。其主要原因是标准没有充分地准备和传达，实施新标准意味着作业方法将发生改变，这时会引起许多细小的差错。尤其对于将工作划分成许多具体操作、系统性很强的作业现场，一部分工作作了调整，另一部分未作相应调整，于是问题就出现了。

(3) 反复、充分的教育培训对标准的顺利实施是必要的。否则，标准再完备也无法保证严格遵守，无法防止产品缺陷的再次出现。

（七）总结

1. 主要内容

(1) 找出遗留问题。

(2) 考虑为解决这些问题下一步该怎么做。

(3) 总结在本次改进的过程中，哪些问题得到顺利解决，哪些问题尚未解决。

2. 注意事项

(1) 完全消除产品的质量问题是不可能的，但通过改进，不断减少质量问题却是可能的。

(2) 不要长期地就一个问题开展活动，应该在开始时就定一个期限，到时候进行总结，哪些完成了，哪些未完成，完成到什么程度，及时总结经验和教训，然后进入下一轮的质量改进活动中去。

(3) 应制订解决遗留问题的下一步行动方案和初步计划。

小案例

PDCA 方法在某酒店管理中的运用

为了提高服务水平，某酒店以“为什么客人不能及时收到电传”为课题，运用 PDCA 方法展开质量改进活动。

1. 课题选择

根据“先易后难，逐一解决”的原则，把“客人不能及时拿到电传”作为首要解决的问题。改进的目标是：① 通过这一活动，营业部将预订房间、问询、住宿登记、结账、电传收发等一系列环节的质量活动，用必要的制度、方法和手段组织起来，形成一个有机整体，提高服务质量。② 从“事后处理”的落后管理变为“事先预防”的科学管理。

2. 现状调查

酒店经常接待大量的国宾、参加国际会议的客人和商务客人。电传作为快速传递信息的媒介已发挥出越来越重要的作用。作为酒店服务项目之一，电传收发工作的好坏关系很大。当值台员打电话至客房，客人恰巧不在房时，一份电传的收发过程传统做法是：电传员—值台处—总机—留言—客人—领取。正是由于这种程序上的缺陷，致使客人迟收电传的情况时有发生。当客人提出投诉后，酒店人员不得不上门道歉，其结果一是耽误了客人的事情，二是影响了酒店的声誉，三是在经济上遭受了损失。

3. 分析原因

在查明现状的基础上，通过讨论，以“为什么客人不能及时收到电传”为题进行了因果分析。从分析中发现，通知客人不及时、房号查错、忘记通知或客人不明白电话机上红灯亮的原因、留言信号发生故障等都会造成客人迟收电传情况的发生。

借助因果图分析法，通过由此及彼、由表及里的分析，课题组人员一致认为电传不能及时送到客人那里的主要原因是在电传收发工作中存在着多个环节，特别是留言这一环节，出现问题的可能性最大。而且，某一环节出了问题，很难查明是哪个部门、哪一个人的责任，往往会出现互相推诿的现象。

4. 对策与措施

确认了主要原因后，酒店对症下药，制订了以下的办法：① 加强思想教育，提高大家对工作的责任心；② 改变了过去客人有电传时用电话通知的方法，采取发书面通知的方式；③ 明确岗位责任制，合理分工，各负其责；④ 一旦收到电传，即刻发送通知单，并注明日期、地点、签收人等。

5. 效果

通过以上办法的实施，取得了以下成果：① 从某一时期频繁发生这类情况，转变为这种现象大大减少了；② 提高了经济效益及办事效率；③ 这种快速的传递方法得到了客人的称赞；④ 提高了酒店的声誉，为竞争创造了有利条件；⑤ 变事后处理为事先预防，从管结果变为管因素。

6. 巩固措施，制订新制度

从以上效果来看，所采取的对策及措施是行之有效的。为了巩固这一成果，酒店又进一步采取了以下措施：① 班组长带头层层把关，负责督促检查电传的收发情况，保证新措施的实施；② 修订岗位责任制，把这一定下来的措施补充到岗位责任制中去。

7. 找出遗留问题

经过以上改进措施，虽然取得了显著的效果，但“客人不能及时拿到电传”的现象仍偶有发生。遗留的问题是个别客人虽然收到了书面通知，但由于某种原因忘记此事，耽误了自己的事情。

四、质量改进的组织与推进

（一）质量改进的组织

质量改进的组织是指为实现质量改进目标而进行协作的体系或系统，它涵盖了与质量改进全过程有关的所有部门和人员。一般来说，质量改进的组织分为两个层次：一是能为质量改进项目调动资源的管理层，即决策层；二是具体实施质量改进活动的实施层，即操作层。

1. 决策层

决策层是组织的质量管理委员会，通常由组织高级管理层的人员组成，其主要职责是推进、协调质量改进工作并使其制度化。他们对组织的成败负最终责任。当组织的规模比较大时，除了总公司设立质量管理委员会外，分公司也可设立质量管理委员会。各委员会之间互相关联，上一级委员会的成员担任下一级委员会的领导，使上下协调一致。

质量管理委员会是组织的常设机构，其主要职责包括：① 制订质量改进的方针；② 制订质量改进实施标准；③ 为质量改进团队提供适当的资源；④ 为质量改进团队提供培训；

⑤ 参与质量改进，将工资及奖励制度与改进成绩挂钩；⑥ 对质量改进效果进行评估并给予公开认可和奖励。

2. 操作层

操作层就是组织的质量改进团队。质量改进团队是一个临时性的组织，不在公司的组织结构图中，通常包括组长和组员。组长一般由质量管理委员会指定或由团队成员自己推荐并经批准确定。组长除了日常工作外，还要根据需要同其他组员一起完成质量改进任务。

组长的主要职责如下：① 保证质量改进工作有关会议的准时开始、结束；② 做好会议日程、备忘录、报告等准备工作；③ 与质量管理委员会保持联系；④ 与团队成员保持沟通；⑤ 控制团队质量改进进度；⑥ 检查团队质量改进效果；⑦ 编制质量改进报告。

组员的主要职责如下：① 在质量改进活动过程中承担具体的操作，分析质量问题产生的原因并提出纠正和预防措施；② 对其他组员提出的各方面意见，认真分析并提出建设性建议；③ 当质量改进取得成效时，认真分析和提出防止问题再发生的巩固措施；④ 将行之有效的巩固措施标准化；⑤ 在质量改进活动过程中认真参加各项活动，发挥主观能动作用。

（二）质量改进的障碍

为了使质量改进的效果更理想，在开展质量改进活动前，组织应当先了解开展质量改进活动主要会遇到哪些障碍。

1. 对自身质量水平缺乏正确的认识

有些组织没有质量危机感，认为自己生产的产品与国内市场上其他组织的同类产品相比，质量水平已经很高了，没有改进的必要；而且如果非要进行质量改进的话，投入产出比太大，不太经济。但实际情况是，其产品与世界上质量管理先进的组织相比，无论是实物水平还是质量管理水平都有很大的差距。这种错误的认识往往是质量改进的最大障碍。

2. 不能正确对待质量改进工作的成功与失败

组织通过开展质量改进活动，如果已经取得一定成效，此时组织不要盲目沾沾自喜，要充分认识到质量改进工作的长期性，继续坚持质量改进。如果遭遇失败，也不要灰心，“失败乃成功之母”，一次失败可能会为今后的质量改进活动提供宝贵的经验和教训。

3. “高质量意味着高成本”的错误认识

有些管理人员认为，提高质量只能靠增强检验，或使用价格更昂贵的原材料，或购进精度更高的设备。这种认识是比较片面的。质量的改进不仅靠增强检验和产品特性的改进，也可以靠减少长期的浪费、节省不必要的工艺步骤等。因此，提高质量的同时，成本通常也是可以降低的。事实上，降低成本也是质量改进的主要内容。

4. 管理者对权力下放的错误理解

在质量改进方面，有些组织的管理者做得不够好。例如，有的管理者将自己掌握的与质量管理相关的权力全部交给下属，这样自己就有更多的时间去处理其他的工作；有的管理者由于对下属不够信任，在质量改进的支持和资源保障方面缺乏力度，使质量改进活动难以正常进行。这些都是管理者对权力下放的错误理解。只有管理者首先纠正关于质量的旧观念和坏习惯之后，适当下放权力，组织的质量改进工作才能顺利实施。

5. 员工的顾虑

质量改进活动的开展往往会给组织带来新的变化，例如，新工种的增加，岗位责任中增加了新内容，团队精神的引进，质量重要性得到承认，部分工作的重要性相对降低，员工必须接受新标准、新规定的培训，等等。这些变化可能使员工的工作和地位受到威胁，员工对此是有顾虑的。例如，某道工序原来是一项技术很高的手工劳动，如今要把它改变成简单的机器操作，这样就伤害了某些高级钳工的感情，他们将丧失在这项传统手工艺中的地位和自豪感，他们很可能对这种改变存在顾虑。因此，管理者在质量改进过程中，要考虑到员工的感受，并和员工进行及时的沟通，以消除他们的顾虑。

（三）持续的质量改进

质量目标没有极限，要实现近乎完美的质量水平，保证长期、稳定地向顾客提供优质的产品和服务，必须实行持续的质量改进。持续的质量改进意味着质量改进活动不是临时措施，而是一种“永不停顿”的工作，是一种持续性的活动。要做到持续的质量改进，必须做好以下几方面的工作：

1. 使质量改进制度化

为了使组织的质量改进制度化，必须做到：① 在组织的年度计划中，增加质量改进目标，并将目标分层，落实到员工的工作岗位上，使其成为岗位质量职责的一部分；② 组织管理者在作管理评审时，除平时的评审输入、输出外，还要增加评审质量改进的进度和效果；③ 将技术职务、工人技术等级、工资、奖励制度与员工的质量改进绩效挂钩；④ 对质量改进的成果进行宣传、表彰。

2. 组织管理者要自觉参加质量改进

质量改进必须有高层管理者的参与。管理者的职责不能仅仅停留在意识教育、制定目标上，也要积极地参与质量改进活动，包括：① 参与质量管理委员会的工作，领导质量改进工作，这是高层管理者最基本的参与方式；② 审批质量改进目标和质量方针；③ 为质量改进提供必要的资源，包括人员、工作条件、环境等；④ 制订奖励制度，参与表彰活动，这类活动为高层管理者表示其对质量改进的支持提供了高度可视的机会。

3. 检查

组织管理者要定期对质量改进绩效进行检查，具体包括：① 检查结果。根据项目的重要性，对重要的项目检查得细些，对次要的项目可检查得粗些。② 检查的内容。检查的内容包括改进前产品的不合格率，质量总成本；改进成功后的目标值，实际取得的成效；资源的投入及获取的利润；思想上的提高（如意识、凝聚力、员工满意度等）。③ 成绩评定。对成绩进行评定是检查的目的之一，这种评定除了针对项目外，还包括个人，而在组织的较高层次，评定范围扩大到主管和经理。评定时，必须将多个项目的成果考虑进来。

4. 表彰、报酬和培训

年终表彰不仅要用物质奖励，还要用精神激励，使员工有成就感，并以此为荣。组织管理者关注的是组织经营目标，而员工在物质上关注的是自己的薪水。为了激励员工积极投身于质量改进活动中，要将质量改进的目标分解到各岗位职责，并与工资奖金挂钩，使员工体会到质量改进是分内事。质量改进"始于教育,终于教育"。通过培训使员工具备参与质量改进活动的能力,为持续质量改进打下必要的基础。

第二节 质量改进的常用工具

有效的质量改进离不开一些必要的技术和方法。人们在实践过程中,开发了许多质量改进的工具,从老七种工具到新七种工具,质量改进的方法在不断发展。本节对质量改进过程中常用的工具进行简单介绍。

一、因果图

(一)因果图的概念

因果图也叫石川图、鱼刺图,它是由日本质量管理专家石川馨博士于 1972 年在他的《质量控制指南》一书中提出来的。

一个质量问题的发生往往不是单纯一种或几种原因的结果,而是多种因素综合作用的结果。要从这些错综复杂的因素中理出头绪,抓住关键因素,就需要利用科学方法,从质量问题这个"结果"出发,依靠群众,集思广益,由表及里,逐步深入,直到找到根源为止。这就是因果图的原理。运用因果图处理问题是一种系统分析的方法,它的特点是从产生问题的结果出发,首先找出影响质量问题的大原因,然后再找影响大原因的中原因,并进一步找影响中原因的小原因,以此类推,逐步深入,一直找到能直接采取措施为止。因果图的形状如图 9-4 所示。

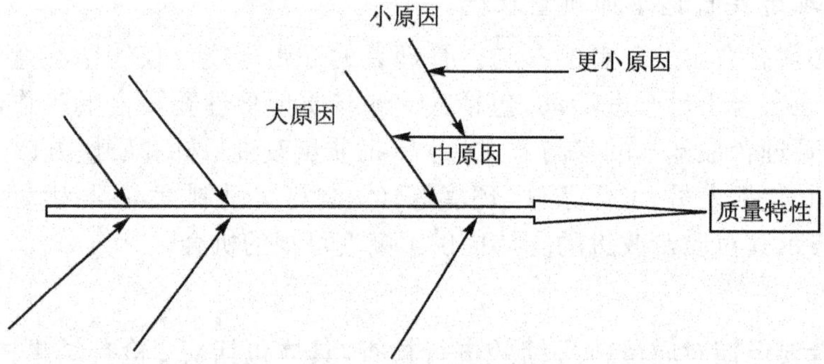

图 9-4 因果图

(二)因果图的作图步骤

(1) 确定要研究分析的质量问题和对象,即确定要解决的质量特性是什么。画出主干线和鱼头。主干线箭头向右,特性要符合组织的方针,并尽量做到定量表示。

(2) 明确影响质量的大原因,画出大原因的分支线。影响质量的大原因分为人员、设备、材料、工艺方法、环境(即人、机、料、法、环)五类。分支线与主干线夹角以 60°～75°为佳。

(3) 分析、寻找影响质量的中原因、小原因等,画出分支线。注意原因之间的关系必须是因果关系,分析、寻找原因直到可采取措施为止。

(4) 根据对质量特性影响的程度，将对质量特性有显著影响的重要原因用明显符号标出来，作为制订质量改进措施的重点考虑对象。

(三) 注意事项

(1) 因果图只能用于单一目的的分析研究，一张因果图只能针对一个主要的质量问题，多个质量问题需要多张因果图。

(2) 寻找影响质量结果的因素时，要充分发扬民主，集思广益，把各种意见都记录、整理入图。

(3) 因果关系的层次要分明，最末层次的原因应可以直接采取措施。

(4) "要因"一定要确定在末端因素上，不应该确定在中间过程上。

(5) 对末端因素应进行论证，"要因"一定要在对策表上反映出来。

【例 9-1】 某公司是一家以生产化肥为主的企业。2008 年，该公司为了进一步提高产品质量，利用因果图对现存质量问题的原因进行了分析，如图 9-5 所示。

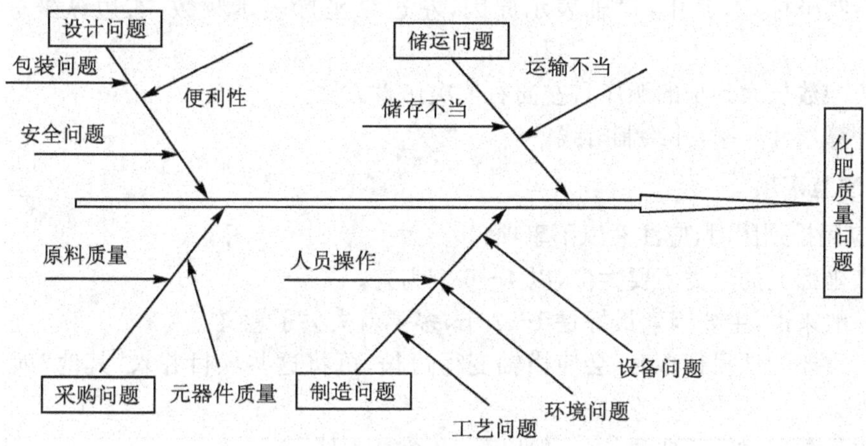

图 9-5 化肥质量问题因果图

二、排列图

(一) 排列图的概念

排列图由一个横坐标、左右两个纵坐标、几个按高低顺序排列的矩形和一条累计百分比折线组成。横坐标表示影响质量的各个因素，左边的纵坐标表示频数，右边的纵坐标表示累计频率，图中直方柱的高度表示某个因素影响程度的大小，折线表示各影响因素大小的累计百分比。通常将因素分为三类，将累计百分比为 0～80%、80%～90%、90%～100%的因素分别称为 A、B、C 类因素，A 类因素是主要因素，B 类因素是次要因素，C 类因素是一般因素。

小贴士

排列图的起源

排列图又叫帕累托图，是由意大利经济学家帕累托(Pareto)最先提出的。1906 年，帕累托在研究社会财富分布问题时，首先运用了排列图。借助于排列图这一工具，他发现占人口极少数的富人占有社会财富的大部分，而占人口总数绝大多数的穷人却处于贫苦的状态，即所谓“关键的少数和次要的多数”的规律。后来，朱兰博士将排列图应用到质量管理中，用以分析寻找影响质量问题的主要因素。由于质量问题的影响因素也服从“关键的少数和次要的多数”的规律，即影响质量问题的因素虽然很多，但是只有个别因素起决定性影响，而绝大多数因素的影响都是可以忽略的。所以，排列图的运用取得了很好的效果，从而成为质量问题分析的一种有效方法。

（二）排列图的作图步骤

排列图的作图步骤如下：

(1) 收集一定时期的数据，一般是不合格或不合格品的数据。

(2) 将这些数据根据原因（如时间、地点、工序、设备、人员等）进行分类，并统计各类项目重复出现的次数（频数）。

(3) 绘制坐标系，其中，横轴表示原因，左边纵坐标表示频数，右边纵坐标表示累计频率。

(4) 按频数从大到小的顺序自左向右依次作直方柱。

(5) 计算累计频率，并绘制折线。

（三）注意事项

实际应用排列图时，应注意以下事项：

(1) 横坐标上的分类不要太多，以 4～6 个为宜。

(2) 一般来说，主要因素最好是 1～2 个，多了就失去了意义。

(3) 不重要的项目很多时，会使横轴变得过长，可将这些项目并入“其他”项目内，排在横轴最右端。

(4) 收集数据时间不要过长，一般以 1～3 个月为佳。

(5) 分类方法不同，得到的排列图也不同。

（四）排列图应用举例

【例 9-2】 A 公司正为铸造质量不良而大伤脑筋，不明白问题出在哪一环节，于是决定调查 2007 年 4 月到 10 月的铸造质量情况。根据返工、返修以及顾客投诉的情况，决定将调查重点放在以下几个方面的问题上：欠铸、冷隔、小砂眼、粘砂，并依此制作了检查表，如表 9-1 所示。

表 9-1 A 公司铸造质量情况数据表

内　容	废品数/件	频率/%	累计频率/%
欠铸	1 746	36.23	36.23
冷隔	1 537	31.89	68.12
小砂眼	913	18.95	87.07
粘砂	493	10.23	97.30
其他	130	2.70	100
合计	4 819	100	

1. 制作检查表,计算频率及累计频率

从上述数据的分析来看,"内容"是按废品数的多少,从大到小排列,但"其他"这一栏不论其废品件数的多少都放在最后一行。

2. 绘制排列图

首先画一个横轴和两个纵轴,左边纵轴上标上废品件数的刻度,右边纵轴上标出累计频率刻度(最大刻度为 100%),在横轴上按废品件数的大小依次列出各项,并按废品数大小画出直方柱,在每个直方柱的中心线上,按累计频率描点,用实线连接形成折线,如图 9-6 所示。

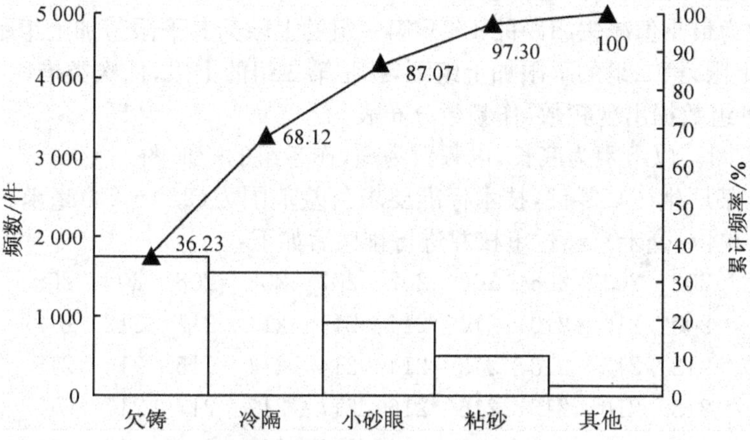

图 9-6　铸造质量问题排列图

从图 9-6 可以看出,铸造质量问题主要是欠铸和冷隔。因此,A 公司要想改进产品的质量,就必须在这两个方面下工夫。

三、直方图

(一) 直方图的概念

在实际生产过程中,由于偶然因素和系统因素的影响,产品的质量特性总会出现一定的波动性,如果收集数据的方法恰当,数据又足够多,质量特性的波动性就会反映出一定的统计规律性,研究这个规律性的常用方法就是直方图。

直方图又称柱状图、质量分布图。它是根据从生产过程中收集来的质量数据分布情况,画成以组距为底边、以频数为高度的一系列连接起来的直方型矩形图。作直方图的目的就是通过观察图的形状,判断生产过程是否稳定,预测生产过程的质量。具体来说,其目的有:

(1) 直观地看出产品质量特性的分布状态(平均值和分散情况),便于掌握产品质量分布情况。

(2) 观察质量波动状态,判断工序是否稳定。

(3) 确定改进方向。通过直方图研究分析质量数据波动状况后,就可确定怎样进行质量改进。

(4) 用以调查工序能力和设备能力。在直方图上标出公差线或标准值,可以定量调查工序能力和设备能力。

（二）直方图的作图步骤

直方图的作图步骤如下：

(1) 收集数据，求出其最大值和最小值。数据的数量应在 100 个以上，在数量不多的情况下，至少也应在 50 个以上。

(2) 将数据分成若干组，并作好记号。分组的数量（组数）在 6～20 之间较为适宜。组数也可以参考第六章提到的斯特奇斯经验公式计算。

(3) 计算组距的宽度。用组数去除最大值和最小值之差，求出组距的宽度。

(4) 计算各组的组限。各组的组限可以从第一组开始依次计算，第一组的下限必须小于最小值(通常为最小值减去组距的 1/2)，第一组的上限为其下限值加上组距。第二组的下限为第一组的上限，第二组的下限加上组距，就是第二组的上限，依次类推。

(5) 统计各组数据出现频数，作频数分布表。

(6) 作直方图。以组距为底长，以频数为高，作各组的矩形图。

【例 9-3】 某厂生产某零件，技术标准要求公差范围为(220±20)毫米。经随机抽样得到 100 个数据(单位:毫米)，经过审核并进行排序后如下：

202	204	206	206	207	207	208	208	208	209
209	210	210	210	211	211	211	211	212	212
212	213	213	213	214	214	214	215	215	215
215	216	216	216	216	217	217	217	217	217
217	218	218	218	218	218	218	218	218	219
219	219	219	220	220	220	220	220	220	220
220	220	220	220	220	221	221	221	221	221
221	222	222	222	222	223	223	223	224	224
224	225	225	225	226	226	227	227	228	228
229	229	230	231	231	232	233	234	235	237

进行统计整理作出直方图。

(1) 收集数据。数据个数 $N=100$。

(2) 确定极差。根据上面的数据，最大值 $X_{\max}=237$，最小值 $X_{\min}=202$。极差 $R=X_{\max}-X_{\min}=237-202=35$。

(3) 确定组数 k。根据斯特奇斯经验公式，$k=1+\frac{\lg 100}{\lg 2}\approx 8$。

(4) 确定组距 h。$h=\frac{R}{k}=\frac{35}{8}\approx 5$。

(5) 确定各组的组限。第 1 组的上、下限为 $X_{\min}\pm\frac{1}{2}h=202\pm 2.5$，即下限为 199.5，上限为204.5。因此，第 2 组的下限为204.5，上限为 209.5；第 3 组的下限为209.5，上限为 214.5；第 4 组的下限为 214.5，上限为 219.5；第 5 组的下限为 219.5，上限为 224.5；第 6 组的下限为 224.5，上限为 229.5；第 7 组的下限为 229.5，上限为 234.5；第 8 组的下限为 234.5，上限为 239.5。

(6) 将上述数据整理成频数分布表,如表 9-2 所示。

表 9-2　零件尺寸频数分布表

组　号	组　限	频　数	累计频数	累计频率/%
1	[199.5,204.5)	2	2	2
2	[204.5,209.5)	9	11	11
3	[209.5,214.5)	16	27	27
4	[214.5,219.5)	26	53	53
5	[219.5,224.5)	28	81	81
6	[224.5,229.5)	11	92	92
7	[229.5,234.5)	6	98	98
8	[234.5,239.5)	2	100	100

(7) 作直方图,得到图 9-7。

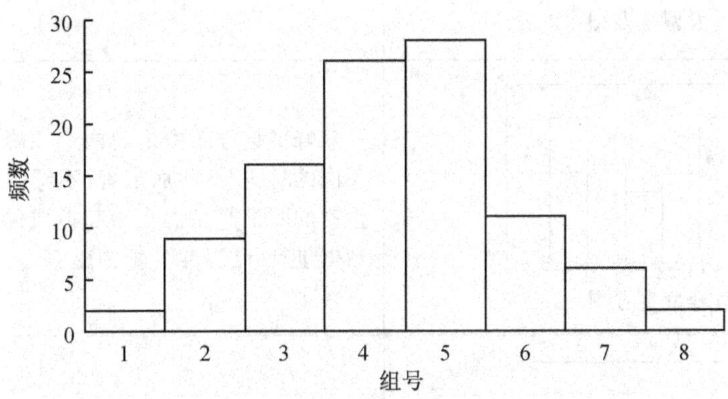

图 9-7　零件尺寸频数直方图

(三) 直方图的应用

通过直方图可以分析产品的质量状况:一方面,可以观察直方图的形状,以此来判断总体(生产过程)的正常或异常,进而寻找异常的原因;另一方面,可以与质量标准(公差)比较,判定生产过程中的质量情况。

1. 直方图的形状分析

对直方图形状的分析,是为了考察分布状态,看分布是否正常,如不正常,则判别不正常的类型,如表 9-3 所示。

表 9-3　直方图的形状分析和判断

直方图的形状类型	分析和判断
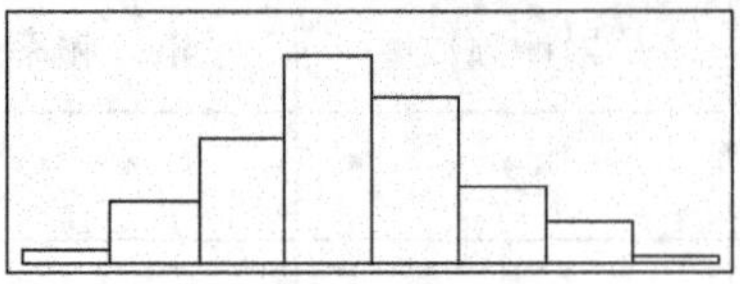 正常型直方图	正常型直方图中间高、两边低，左右基本对称，数据大体呈正态分布。可以判定此时工序处于稳定状态
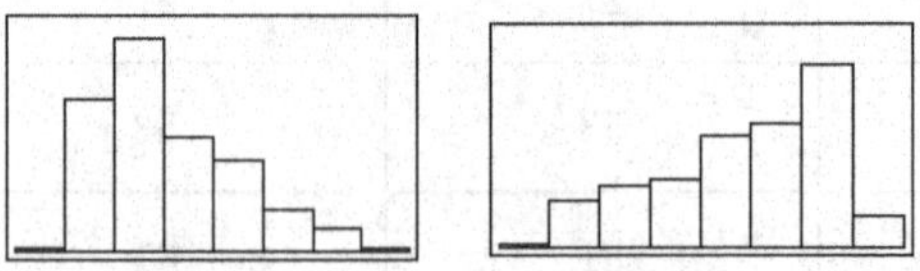 左偏型　　右偏型 偏向型直方图	偏向型直方图的高峰偏向一边分布。偏向型又分左偏型和右偏型，如孔加工习惯造成的特性值分布常呈左偏型，而轴加工习惯造成的特性值分布常呈右偏型
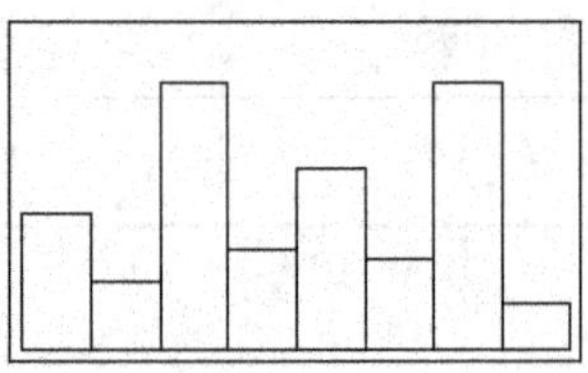 折齿型直方图	折齿型直方图可能是由于测量误差太大或分组组数不当或测量仪器精度不够所造成的
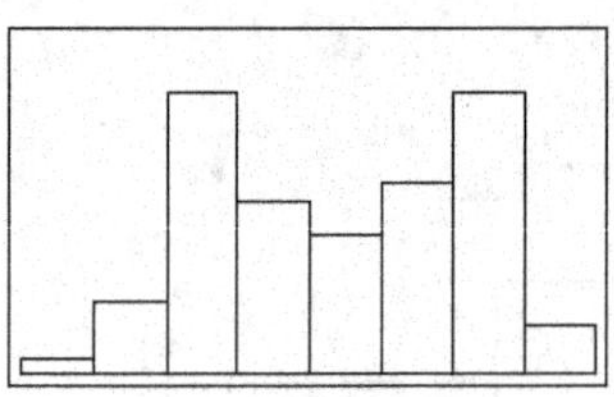 双峰型直方图	双峰型直方图中出现两个顶峰，这往往是由于把不同的材料、不同加工者、不同操作方法、不同设备生产的两批产品混在一起造成的。因此，必须先对数据进行分层，再作直方图
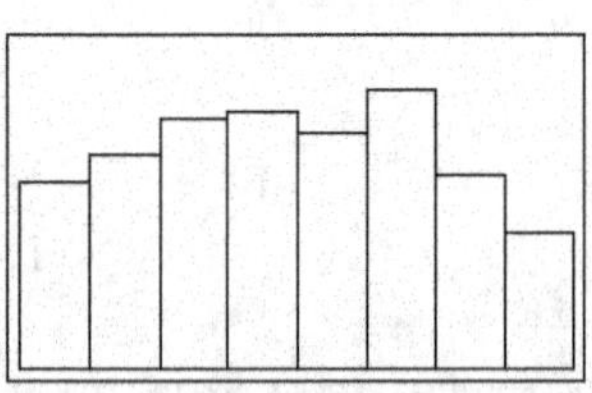 平顶型直方图	平顶型直方图的峰顶过宽过平，这主要是由于生产过程中某种因素在缓慢起作用造成的，如刃具的磨损、操作者逐渐疲劳使质量特性数据的中心值缓慢移动
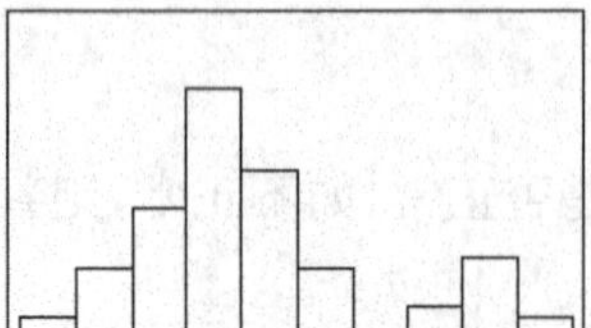 孤岛型直方图	在直方图旁边有孤立的小岛出现，其原因是在加工和测量过程中有异常情况出现，如原材料的突然变化、刃具的严重磨损、测量仪器的系统偏差、不熟练工人的临时替班等

2. 直方图与质量标准的比较分析

当直方图的形状呈正常型时，即工序在处于稳定状态时，还需要进一步将直方图同质量标准（即公差）进行比较，以分析与判断工序满足标准公差要求的程度，如表 9-4 所示。

表 9-4　直方图与公差的比较分析

类　　型	分析与判断
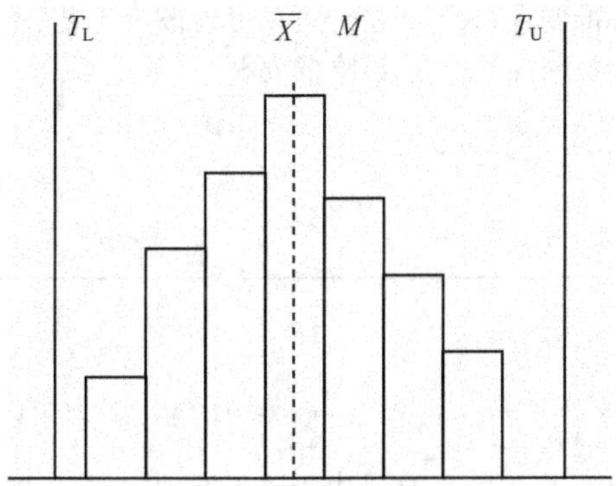 理想型	图形对称分布，且两边有一定余量，是理想状态。这时可考虑在以后的生产中抽取少量的样品进行检验
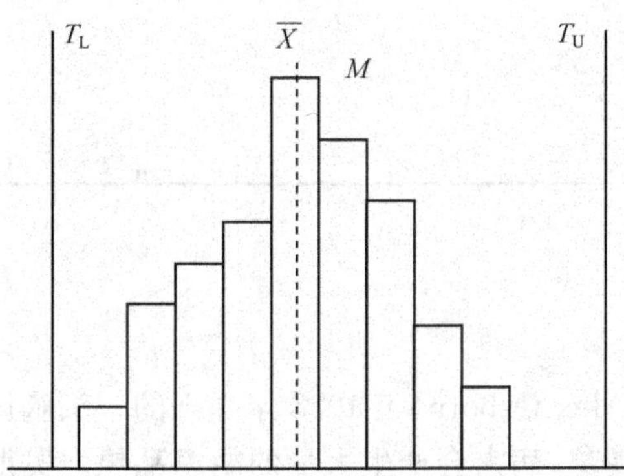 偏心型	平均值偏离公差中心使某一边余量很小。若工序状态稍有变坏，就会出现废品。应调整分布中心，使偏离量减少或使分布中心与公差中心 M 重合
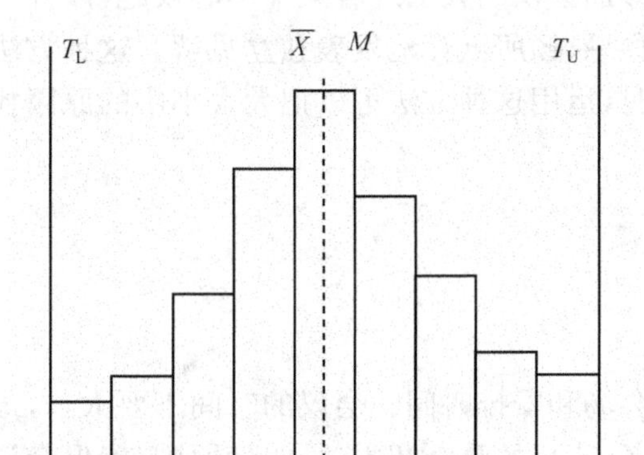 无富余型	完全没有余量，两边都有出现废品的潜在危险，一不小心就会超差。这时应设法缩小实际分布的范围，或在不影响质量的前提下适当增大公差范围

（续表）

类　型	分析与判断
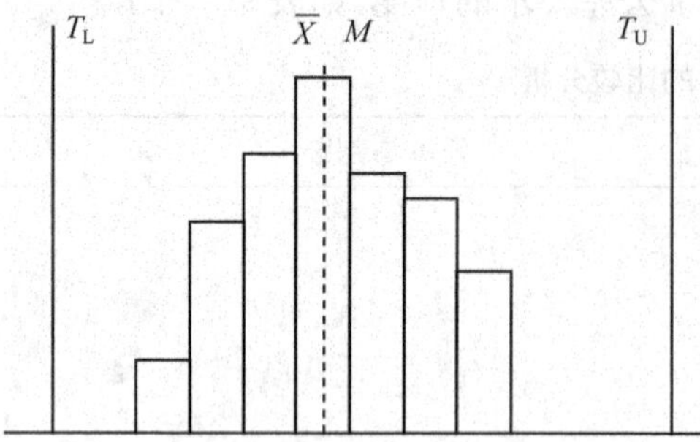 能力富余型	公差范围过分大于实际尺寸分布范围，质量过分满足标准要求，太不经济。可以考虑改变工艺、缩小公差或放松加工精度，以降低成本
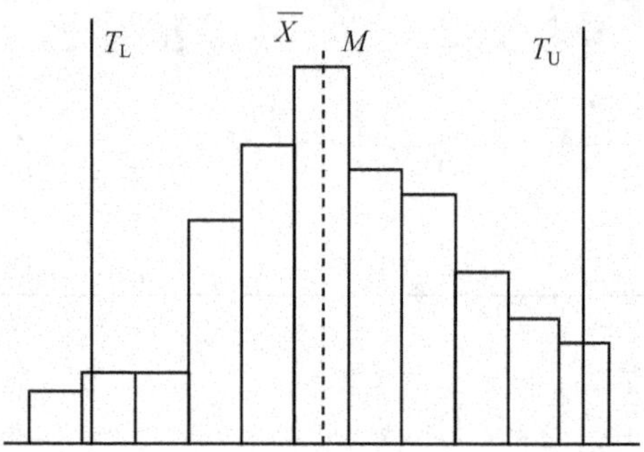 能力不足型	已出现不合格品，这是由于质量波动太大，工序能力不足造成的。这时应设法缩小实际分布的范围，或在不影响质量的前提下适当增大公差范围

四、头脑风暴法

（一）头脑风暴法的概念

头脑风暴法是由美国学者亚历克斯·奥斯本（Alex Osborn）于1938年提出的。头脑风暴原指精神病患者头脑中短时间出现的思维紊乱现象，病人会产生大量的胡思乱想。奥斯本借用这个概念来比喻思维高度活跃，打破常规的思维方式而产生大量创造性设想的状况。

头脑风暴法经常采用会议的方式，引导每个参加会议的人围绕着某个中心议题，广开言路，激发灵感，在自己头脑中掀起思想风暴，毫无顾忌、畅所欲言地发表独立见解。这种方法在质量改进活动中非常有用。例如，在画因果图时，运用这种方法可以把大大小小的原因找出来。

（二）运用头脑风暴法的步骤

头脑风暴法的运用有以下几个步骤：

1. 会前准备阶段

在会前准备阶段，首先需要做的工作是准备会场和安排时间。会议的时间不要太长，最好不要超过两个小时。同时，确定一名会议组织者，其目的是介绍方法、明确原则，确保会议不偏离主题、按程序执行，并指定一名记录员，记录参会者对有关问题的看法。另外，还要准备一些必要的用具，如大白纸若干张，红色、黑色签字笔各一支，记录用纸若干。

2. 引发和产生创造性思维的阶段

在这个阶段，首先质量管理的领导者、推进者应熟悉并重温头脑风暴法的意义、精神实质和做法，组织参会者讨论、产生创意思维。每个参会者都要大胆发表自己的意见，记录员要当场把每个人的观点毫无遗漏地记录下来。每个参会者都轮流发言，一直持续到无人发表意见为止。

3. 整理阶段

组织者将每个人的观点重述一遍，让每个人都知道全部观点的内容，将重复的、无关的观点去掉；对各种见解进行评价、论证，回答参会者可能提出的问题，最后集思广益，按问题进行归纳。

（三）运用头脑风暴法应注意的事项

1. 参会者都是平等的

在会议过程中，要营造一个平等的、互相启发的环境。所有参会者的地位都是平等的，没有领导和被领导之分。要让每一位参会者都平等地加入到讨论中，不要让有的参会者特别是职位级别低的下属有所顾忌。

2. 禁止批评和否定

有些人提出的观点和看法听起来似乎很荒唐，但也要让他大胆说出来，不要随便批评、否定别人的观点，也不要对别人的观点妄加评论。否则，许多人就会变得拘谨，他们未发表的意见或许非常好，或许可以激发别人的好意见。

3. 观点的数量不限

在会议过程中，鼓励参会者以会议主题为中心踊跃发表观点和看法，多多益善。每一个参会者都可以大声地说出自己的新观点和想法，也可以在他人提出的观点之上建立新的观点，所有的观点都不进行批评地记录下来。不提倡参会者在发言之前对问题作详细的分析和周密的思考。会议的成效按会议提出观点的多寡来判断。

五、树图法

（一）树图的概念

树图也称系统图，就是将复杂的事物加以分解，把要实现的目标与需要采取的手段系统地展开，绘制成图形。分解后的图形像树枝一样，因此叫做树图。利用树图可以明确问题的重点，找到解决问题的最佳手段或措施。为了解决某一质量问题，需要采取某一种手段或措施；而为了采取这一手段或措施，又需要它下一级的相应手段或措施，此时上一级水平的手段对下一级水平的手段而言，又成了目的。如此分解下去，直到可以采取措施为止。树图的原理如图 9-8 所示。

（二）树图的作图步骤

1. 确定具体的目标

把应用树图所要达到的目标（尽可能有数据和用简练的语言）醒目地记在卡片上，同时写明为什么要达到此目的和目标，对于实现目标的条件和注意事项也要予以指明，还要根据

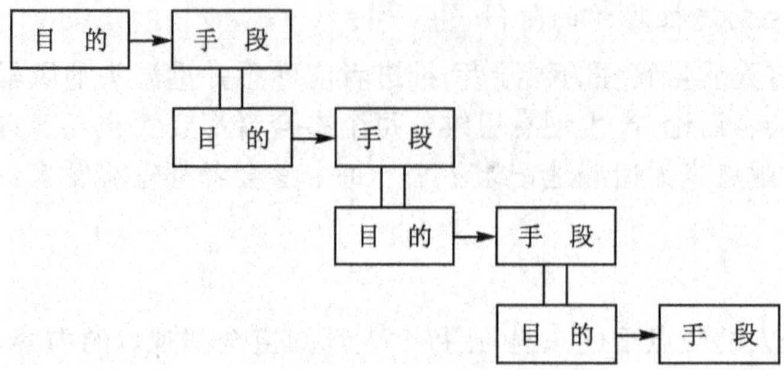

图 9-8　树图的原理

更高一级的目标来判定该目标是否恰当。

2. 提出手段和措施

为了达到预定的目标，组织必须召开会议，集思广益，从参会者那里得到手段和措施。提出手段和措施有几种方法可供参考：① 从水平高的手段、措施开始，按顺序边想边提；② 先提出被认为是最低水平的手段、措施，一边编组，一边按顺序提出较高水平的手段、措施；③ 不管水平的高低，按随意想到的方式提出手段、措施。

3. 评价手段和措施，决定取舍

对参会者提出的手段和措施是否得当进行评价，并进行取舍选择，决定下一步应保留和淘汰的东西。评价时，一般用“○”、“△”、“×”表示。其中，“○”表示可行，“△”表示调查后才能确认，“×”表示不可行。在评价手段和措施时，需要注意以下几点：评价时要深入地调查研究，不要轻易否定别人提出的手段和措施；要慎重对待那些看起来比较离奇的手段及措施；在进行评价的过程中，会出现新的设想，要不断地补充、完善。

4. 绘制树图

把经过评价后确定下来的手段和措施，形成“目标—手段”的系统展开图。把绘制的目标卡片放在纸的左侧中间，如果有限制事项时，把这一事项记在目标卡的下方。首先对目的、目标卡片提出问题一：为了实现这个目的、目标，需要采取什么手段、措施？从绘制的手段、措施卡片中，找出能回答这一问题的手段、措施卡片，把它安排在提出问题的目的、目标卡片的右侧。然后要对安排在这种目的、目标之后的各种手段、措施，提出问题二：把手段、措施作为目的、目标，为了实现这个目的、目标，又需要采取什么手段、措施？从绘制的手段、措施卡片中，找出能够回答这一问题的手段、措施卡片，把它安排在提出问题的手段、措施卡片右侧以下。不断重复提问，然后找出手段、措施卡片。

5. 确认目标能否实现

为了慎重起见，对绘制好的树图，还要从手段出发，对上一级手段（目标）是否适当进行确认，即首先对树图的最低水平（最右端）的手段提出问题：用这个手段能不能实现它前面的手段（目标）？如果能，则依次对上一级的手段（目标）提出同样的问题；如果不能，则修改补充，直到能为止。这样，直到最终目标得到确认。

6. 制订实施计划

制订实施计划就是对每个手段、措施的实施进行具体落实。把树图最低水平的手段和措施更加具体化，并决定具体的实施内容、日期和负责单位乃至负责人。在实施计划时，通常将树图与对策表结合，针对具体的目标和手段，形成解决问题的对策。

（三）树图的应用

【例 9-4】 某组织运用树图对不合格品进行原因分析，如图 9-9 所示。

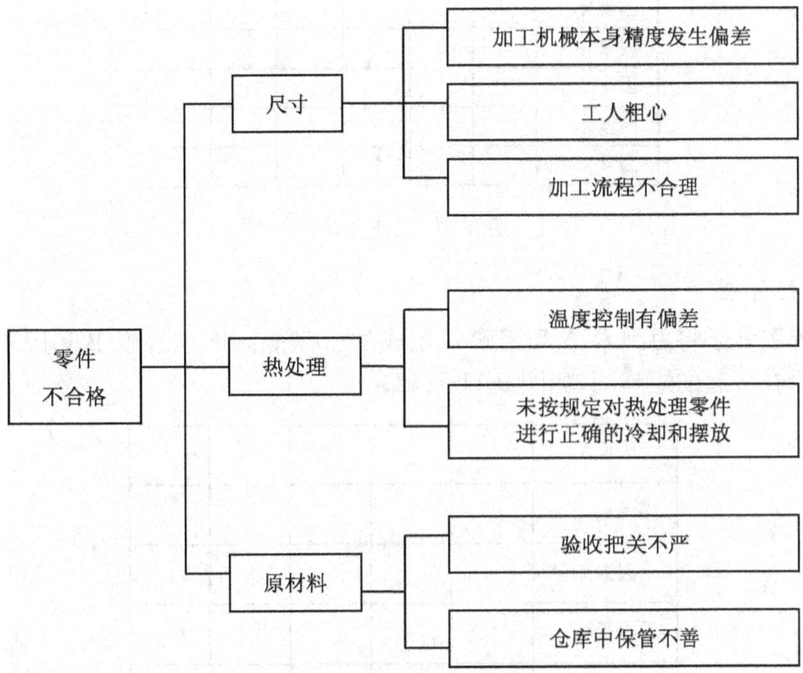

图 9-9　零件不合格的树图分析

六、矩阵图法

（一）矩阵图的概念

产品质量问题往往是由若干个因素所导致的，一般而言，这些因素之间是相互联系的。因此，探索各因素之间的内在联系是解决问题的必由之路。矩阵图就是一种用来分析各因素之间复杂关系的图表。运用矩阵图法时，从问题的各种关系中找出成对的质量因素，排成行和列，在其交点处表示其相互之间的关系，用“○”、“△”、“◎”表示它们之间关系的强弱，从中确定关键点。

（二）矩阵图的种类

在矩阵图法中，按矩阵的形式可以将矩阵图分为四种类型：L 型矩阵图、T 型矩阵图、X 型矩阵图和 Y 型矩阵图。

1. L 型矩阵图

L 型矩阵图就是将一组对应数据用行和列的形式排列成表格。这是一种最基本的矩阵图，运用这种矩阵图可以分析若干个目的及实现这些目的的手段，或若干个结果及其原因之间的关联。L 型矩阵图如图 9-10 所示。

因素Y / 因素X	因素 Y_1	因素 Y_2	因素 Y_3	因素 Y_4	因素 Y_5	因素 Y_6
因素 X_1						
因素 X_2						
因素 X_3						
因素 X_4						
因素 X_5						
因素 X_6						

图 9-10　L 型矩阵图

2. T 型矩阵图

T 型矩阵图就是将由因素 A 和因素 C 组成的 L 型矩阵图与因素 B 和因素 C 组成的 L 型矩阵图组合在一起的矩阵图，如图 9-11 所示。

因素 A_5					
因素 A_4					
因素 A_3					
因素 A_2					
因素 A_1					
因素A / 因素C / 因素B	因素 C_1	因素 C_2	因素 C_3	因素 C_4	因素 C_5
因素 B_1					
因素 B_2					
因素 B_3					
因素 B_4					
因素 B_5					

图 9-11　T 型矩阵图

3. X 型矩阵图

X 型矩阵图就是把因素 A 与因素 B、因素 B 与因素 C、因素 C 与因素 D、因素 D 与因素 A 四个 L 型矩阵图组合而形成的矩阵图，该矩阵图可以表示 A 和 B、D，B 和 A、C，C 和 B、D，D 和 A、C 之间的关系，如图 9-12 所示。

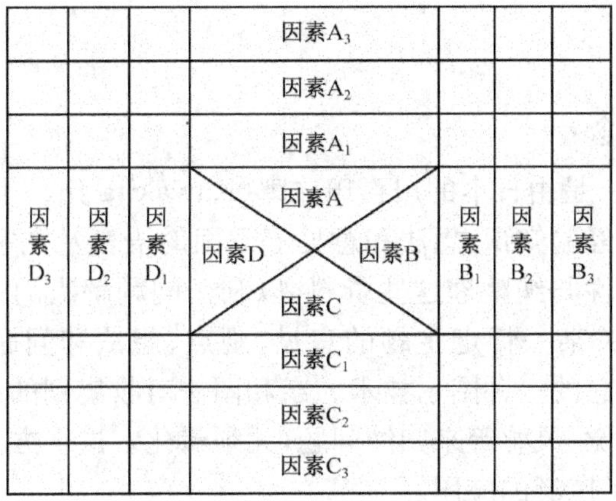

图 9-12　X 型矩阵图

4. Y 型矩阵图

Y 型矩阵图就是把因素 A 与因素 B、因素 B 与因素 C、因素 C 与因素 A 三个 L 型矩阵图组合在一起而形成的矩阵图，即表示 A 和 B、B 和 C、C 和 A 三对因素分别对应关系的矩阵图，如图 9-13 所示。

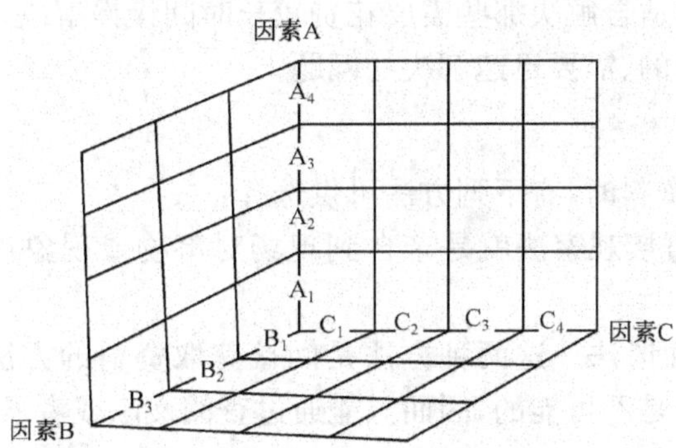

图 9-13　Y 型矩阵图

【例 9-5】 某电扇厂质量控制小组针对电扇输入功率高、效率低等问题，使用了 L 型矩阵图进行分析(见图 9-14)。通过分析，认为定子性能与功率、转速、启动性能有强关系，是决定电扇性能好坏的关键因素。因此，他们对影响定子性能的各因素采用正交试验，解决了问题。

原因 \ 现象	绝缘强度低	耐压击穿	功率大	转速低	启动性能差
绝缘漆浓度较低	◎	○			
预烘时间短	◎	○			
定子性能差			◎	◎	◎
转子有缺陷	◎	◎	○		
风叶不配套			○	◎	○
风叶角度与电机不匹配			◎	○	△
轴承不合格			△	○	△
加工精度低			◎	○	◎

注：◎表示强关系，○表示弱关系，△表示可能有关系。

图 9-14　电扇性能差原因分析矩阵图

七、亲和图法

(一) 亲和图法的概念

亲和图法也称 KJ 法,是由日本的川喜田二郎(Kawakita Jiro)发明的。亲和图法是针对某一问题,充分收集各种经验知识、想法和意见等方面的语言及文字资料,通过 A 型图解进行汇总,并按其相互亲和性归纳整理这些资料,以利于问题解决的一种方法。其中,A 型图解是把收集到的大量有关某一特定主题的意见、观点、想法和问题,按它们之间的相互亲(接)近关系加以归类、汇总的一种图示技术。亲和图法对收集到的语言、文字资料侧重于综合分析和分层,主要用感觉、灵感等来归纳问题,无须量化。这一方法自提出以来,作为一种有效的工具和方法得到了广泛的应用。

在解决重要问题时,为了对混淆不清的事物或现象进行整理,以使问题得以明确,使用亲和图是一种很有效的方法。通过亲和图的运用,可以使不同见解的人统一思想,培养团队精神。

(二) 亲和图的作图步骤

1. 确定课题

运用亲和图解决问题,必须注意课题的选择,并不是所有的课题都能够运用亲和图进行解决。一般来说,亲和图适合解决那些需要花费较长时间慢慢解决、不容易解决又非解决不可的问题,不适用于简单的、需要迅速解决的问题。

2. 收集语言及文字资料

在收集语言及文字资料时,有下列方法可供选择:

(1) 直接观察法。直接观察法就是亲自到现场对事物或现象进行调查,以便获取更真实可靠的资料。

(2) 文献调查法和面谈法。这两种方法是间接获取资料的方法。有时候,由于某些原因,直接去现场进行调查是不可能的,因而只能通过查阅文献或者通过和有关人员进行面谈获得相关资料。

(3) 头脑风暴法。

(4) 回忆法和内省法。这两种方法又称"个人头脑风暴法",就是个人回忆过去的经历并进行总结。运用这两种方法时,可以一边回忆一边记笔记,并反复阅读笔记,以此作为启发来扩展思路。

在实践过程中,根据研究目的的不同,可以参考表 9-5,选用上面的一种或几种方法。

表 9-5 语言及文字资料的收集方法

目	的	认清事物	归纳思想	打破常规	参与计划	贯彻方针
资料收集方法	直接观察法	●	●	●	×	×
	文献调查法	○	◎	◎	×	×
	面谈法	○	●	◎	×	×
	头脑风暴法	○	◎	●	●	●
	回忆法	◎	◎	●	◎	◎
	内省法	×	●	●	◎	◎

（续表）

目　的		认清事物	归纳思想	打破常规	参与计划	贯彻方针
资料形式	事实资料	●	◎	●	○	○
	意见资料	×	●	◎	●	●
	设想资料	×	●	●	○	◎

注：●、◎、○、×分别表示常用、使用、不常使用、不用。

3. 语言及文字资料卡片化

把收集的语言及文字资料按内容进行分类，并把它们分别用准确、简洁的语言写在一张张卡片上。注意不要用抽象化的语言表述，而应当采用形象生动的、所有人员都能理解的语言。否则，这些卡片在下一阶段就会失去应有的作用。

4. 综合整理卡片

将混在一起的卡片逐个展开，认真阅读卡片上的内容，根据语言、文字的亲和性，将内容相近的卡片（亲和卡）放在一起，归为一组。对于那些无法归入任何一组的卡片，可以独立地编为一组。在对这些卡片进行分组时，凭借的是感觉，而非根据道理分析、成见和已有的标准。

5. 制图

对卡片进行综合整理后，就可以进行制图了。将卡片进行配置排列，把一叠叠的亲和卡依次排在大张纸上，并将其粘贴、固定。将亲和卡之间的相互关系用框线连接起来，制成亲和图。有的时候，为了使亲和图看起来更加清楚，可以改变框线的粗细，或者用不同颜色描绘框线。

6. 使用

制作好亲和图后，还要对亲和图进行反复观看，所有的相关人员共同讨论，进一步理清其关系，统一大家的认识，并指定专人撰写报告。在这些活动过程中，就逐步达到了使用亲和图的目的。

八、流程图法

（一）流程图的概念

流程图是将一个过程（如工艺过程、检验过程、质量改进过程等）的步骤用图形的形式表示出来。在质量改进过程中运用流程图，可以更全面、清楚地了解工作步骤，充分识别和发现问题，科学地推断质量问题的原因，明确质量改进项目的范围。

在流程图中，经常使用一些符号，如图 9-15 所示。

图 9-15　流程图常用的符号

（二）流程图的作图步骤

流程图的作图步骤因其作用的不同而不同。流程图有两类，一类是对现有过程进行描述的流程图，另一类是设计一个新过程的流程图，这两类流程图的作图步骤是不同的。

1. 对现有过程进行描述的流程图

对现有过程进行描述的流程图的作图步骤如下：

(1) 确定过程的开始和结束，将过程的第一步和最后一步用流程图符号表示出来。

(2) 观察从开始到结束的整个过程。

(3) 规定该过程中的步骤，包括输入、输出过程中有哪些活动需要作出判断和决定。

(4) 画出该过程流程图的草案。

(5) 与该过程有关的人员评审画出的流程图草案，看是否有不妥和遗漏之处。

(6) 根据评审的结果，修改流程图草案。

(7) 与实际过程比较，验证修改后的流程图。

(8) 注明正式流程图的完成日期，以备将来参考。

2. 设计一个新过程的流程图

设计一个新过程的流程图的作图步骤如下：

(1) 确定该过程的开始和结束。

(2) 将该过程中的步骤具体化(活动、决策、输入、输出)。

(3) 确定该过程的步骤(活动、决策、输入、输出)。

(4) 画出表示该过程的流程图草案。

(5) 与未来可能参与该过程的人员一起评审该流程图草案。

(6) 根据评审结果改进流程图草案。

(7) 注明日期，以备将来使用或参考(它可用于该过程设计操作的记录，也可用于判别设计改进的机会)。

九、水平对比法

（一）水平对比法的概念

水平对比法也称“标杆法”，是将自己组织所生产的产品与处于领先地位的竞争对手的产品在性能、质量和售后服务等各方面进行比较，找出差距，并采取改进措施的连续过程。在运用水平对比法时，不仅要制订改进计划，不断寻找和树立国内、国际先进水平的标杆，通过对比和综合思考发现本组织产品的差距，还要不断地采取改进措施，不断提高产品的技术和质量水平。采用水平对比法不是盲目地模仿，而是创造性地借鉴。通过深入的思考、研究，取长补短，开展技术创新，实现产品质量的改进。

（二）水平对比法的步骤

1. 选择进行水平对比的课题

要明确自己的产品或服务的过程或性能在哪些方面与领先对手相比在满足顾客需求方面存在着差距，将其作为进行水平对比的课题。进行水平对比的课题应当与产品的质量特性有关并且是切实可行的。产品的性能、可靠性、安全性等都可以作为课题。

2. 选择比较对象

确定进行比较的课题后，还要选择比较对象。比较对象的选择非常重要，因为对比的目的是找出组织与其他组织现存的差距。典型的比较对象可能是直接的竞争对手，或不是竞争对手，但在对比课题上是公认的领先者。

3. 收集资料

根据确定的课题收集相关资料。可通过直接接触、考察、访问、人员调查或查阅公开刊物等途径获取有关过程性能的数据和顾客需求的数据，有时还可以通过召开会议、经验交流、咨询等方式收集资料。

4. 进行对比，确定质量改进的内容和措施

将获得的资料进行对比分析，找出与领先者的差距，针对有关课题制定最佳的实践目标，并根据顾客的需求和领先者的绩效确定质量改进的机会，制订追赶计划并予以实施。

本章小结

持续不断的质量改进是质量管理的基本特点，"质量改进永无止境"是质量管理的基本信念。只有通过质量改进，组织才能保持竞争的优势。本章系统地阐述了质量改进的基本理论，包括质量改进的概念和意义、PDCA 循环、质量改进的步骤和注意事项等内容。质量改进的实践活动离不开一些方法和工具，因此，本章还比较全面地介绍了质量改进的常用工具，包括因果图、树图、亲和图、水平对比法等。学习和掌握这些常用工具，能够帮助质量管理人员有效地进行质量改进。应当结合实际来理解质量改进的工具，做到举一反三、触类旁通。

思考练习

1. 质量改进的基本过程是什么？
2. 简述质量改进的步骤。
3. 要持续地开展质量改进必须做好哪几个方面的工作？
4. 什么是因果图？绘制因果图有哪几个步骤？
5. 直方图的作用是什么？

案例分析

东方公司质量改进的过程

东方公司成立于1990年，是一家面粉加工企业。近年来，东方公司几乎每天都会有面粉因不同程度的质量问题而被客户退回。对被退回的面粉，公司通常的做法是回机处理。业务员免不了会对此产生抱怨：质量是决定一切的关键，没有质量就没有市场。品质控制部门则是一肚子委屈：现在的客户是没事找事，面粉在公司检验各项指标正常，返回再检验也正常，但还是有人退面，所以就见怪不怪了，只好回机。这样一来，就形成了业务员怕丢市场而无法拒绝客户要求，品质控制部门作为质量主管部门与后勤服务部门只好忍气吞声为公司长远利益考虑，进行回机处理，从而造成装运费、人力、物力等的浪费，使生产成本在无形

中增加。

为了全面了解问题，东方公司主动与同行业内的龙头企业A公司进行联系，希望能从A公司学习一些经验，找出自己与A公司的差距。经过对A公司的考察，东方公司发现，A公司面粉的退回率很低。为此，东方公司品质控制部门作了市场调查与退面原因的分析，如表9-6所示。

表9-6　不合格面粉情况统计表

序　号	不合格原因	不合格数/袋	频率/%	累计不合格数/袋	累计频率/%
1	筋力偏大	105	32.8	105	32.3
2	筋力偏小	65	20.3	170	53.1
3	粉色不匀	45	14.1	215	67.2
4	灰分偏大	43	13.4	258	80.6
5	醒发时间短	32	10	290	90.6
6	馒头收缩	21	6.6	311	97.2
7	价格偏高	9	2.8	320	100

根据表9-6画出了相应的排列图，如图9-16所示。

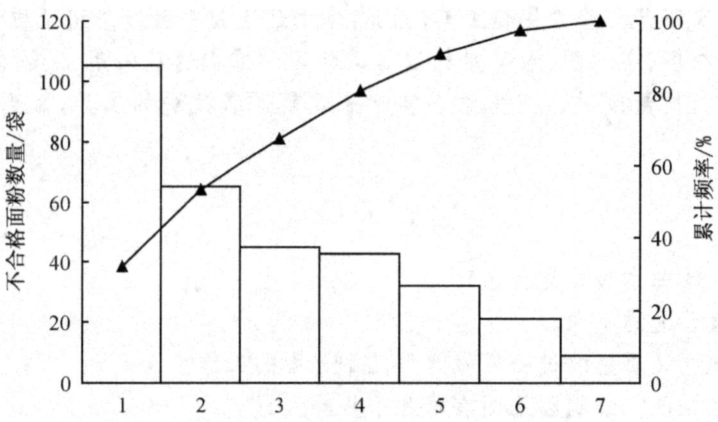

图9-16　不合格面粉情况排列图

从排列图可以清楚地看到，因筋力问题被退回的面粉占到了53.1%，超过了一半。另外，醒发时间短、馒头收缩也与筋力有着直接关系，这样因筋力退面的就占到了69.7%。于是，东方公司用因果图的方法分析是何原因造成了筋力偏大或偏小，分析结果如图9-17所示。

东方公司通过排列图和因果图找到不足与不足的原因，再加上市场调查，综合各方面信息得出结论与对策。通过调查发现面粉本身质量问题不大，经核实，问题出在：① 在往市场发送面粉时将品种搞乱了；② 以前没有注意到客户对筋力要求这么严格，以中筋力面粉发往各地，结果造成筋力问题突出，客户反映不是偏高就是偏低。

组织采取的对策是：依据各地客户的不同要求及饮食习惯、熟食特点等因素，品质控制部门通过细致研究将市场进行细分归类。把要求近似、口味相同的市场合并，用一种或专用

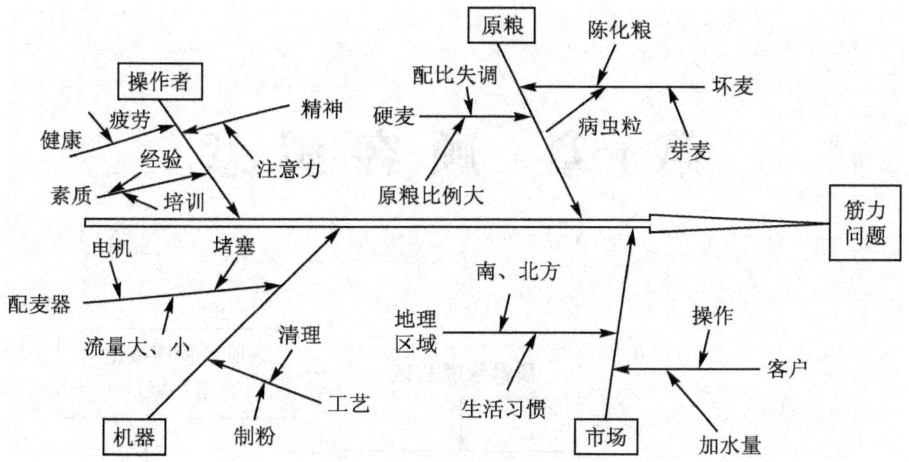

图 9-17 面粉筋力不合格因果图

的几种特定面粉供应。例如，广东市场以馒头粉为主，但又分南方、北方客户。广东本地消费以广式馒头为主，应供应弱筋力、高精度、灰分低的面粉；北方客户大部分是北方人，应供应中高筋力、有咬劲、有弹性、口感好的北方专用馒头粉，让他们吃了有在家的感觉。其他问题，如粉色不匀属面粉后处理增白效果参差不齐，公司利用配粉技术，不仅可以解决粉色不匀问题，还可以创造性地任意结合以满足客户的不同要求。此外，公司还加强原粮把关工作，对小麦清理工艺、制粉工艺经常检查。改进后，退面问题大为缓解，退面少了，回机面少了，一次合格率提高了，企业效益也好了。

问题

1. 结合本案例，简述排列图的作图步骤和方法。
2. 结合本案例，谈谈质量改进的内容和意义。

第十章　顾客满意

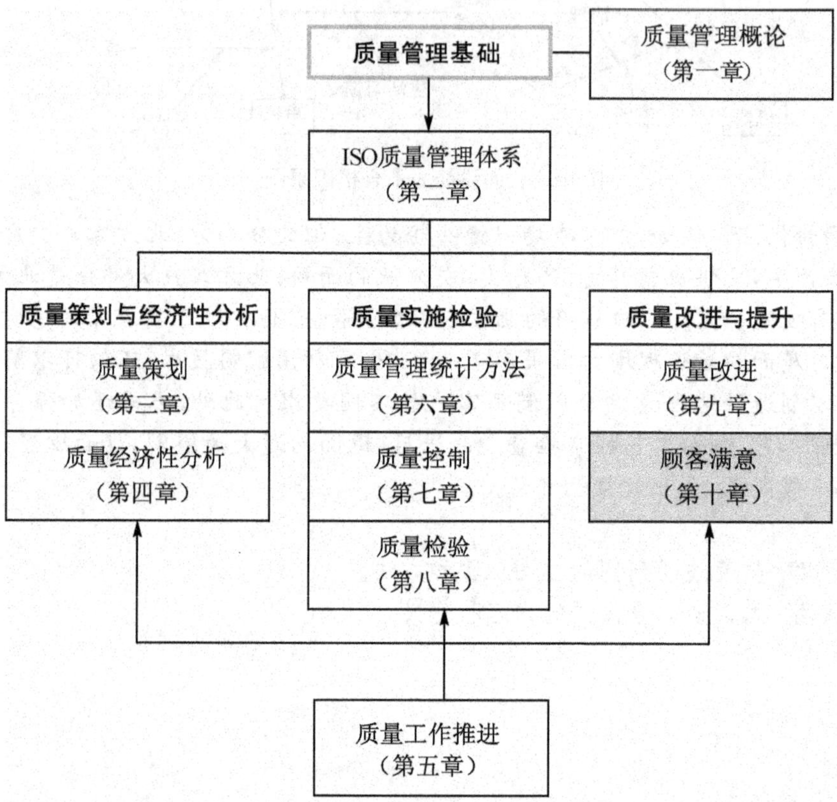

质量管理学结构模型

学习目标

（一）知识目标

- 掌握顾客满意的概念及内容；
- 熟悉顾客满意度的测评模式；
- 理解、掌握 ACSI 模型。

（二）技能目标

- 掌握顾客满意度指数 CSI 的测评过程。

质量管理发展到今天，经历了统计质量控制、全面质量管理等阶段。20 世纪 90 年代以来，世界各国企业界开始热衷于顾客满意的研究和尝试。经过不断探索，各国企业界形成了一个共识：顾客满意是汇集全面质量管理的焦点，也是组织制订标准的重要依据。顾客满意理论被誉为 20 世纪 90 年代管理科学的最新发展之一，它抓住了管理科学以人为本的本质，如今顾客满意已经形成一种全新的大质量观，也是顾客关系管理的核心理念。

第一节 顾客与顾客满意

组织的生存和发展依赖于顾客。组织质量管理的宗旨是以顾客满意为目的，确保顾客的要求得到满足。顾客的要求是质量的起点，而顾客满意则是质量的终点。质量改进的效果如何，也要以顾客满意作为检验的尺度。

一、顾客的概念及分类

（一）顾客的概念

要界定顾客满意度，首先必须界定清楚顾客的内涵。按照 ISO 9000：2005 的定义，顾客是“接受产品的组织或个人”。消费者、委托人、最终使用者、零售商、受益者和采购方等都是顾客。另外，有的学者认为对组织经营产生重要影响的特殊利益集团，如政府、行业协会、组织所在社区、新闻媒体等也是组织的顾客。一般而言，组织的终端顾客极其重要，但是如今组织的经营与管理免不了与各利益相关者的关系处理。任何一个相关方的关系发生问题，都会影响组织的经营绩效。

顾客与供方密切相关。供方是“提供产品的组织或个人”，它包括制造商、批发商、零售商、服务或信息的提供者。显然，没有供方就没有顾客；反之，没有顾客，供方也就难以存在。供方向顾客提供产品，顾客接受供方的产品，同时向供方进行信息反馈。顾客与供方之间的关系可以用图 10-1 来表示。

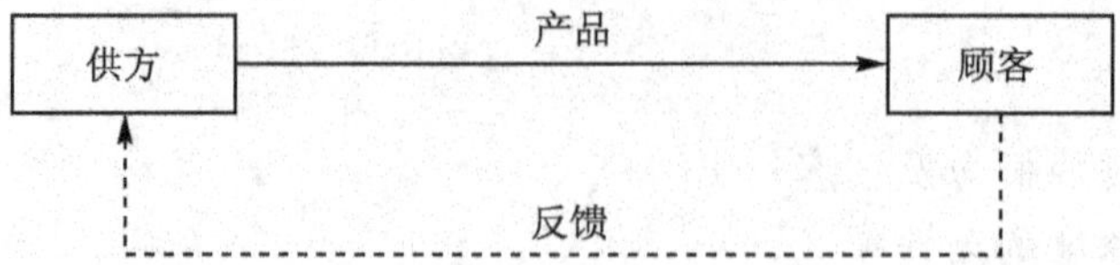

图 10-1　顾客与供方之间的关系

（二）顾客的分类

1. 内部顾客和外部顾客

内部顾客是指组织内部的部门或个人。一个组织通常是由若干人所组成的，当组织的人数较多时，组织内部又要设立不同的部门或机构，而一个部门或机构的内部，又会分成若干个过程或环节。于是，在一个组织中，人与人之间、部门与部门之间、过程与过程之间也就形成了供方与顾客的关系。提供产品者就是供方，接受产品者就是顾客。例如，某企业的研发部门经过努力提供了新的技术规范（可以看成是一种产品），生产部门就是其接受者——顾客（内部顾客）；甲车间生产的零件提供给乙车间，乙车间就是甲车间的顾客（内部顾客）。

外部顾客是指组织之外的组织或个人。消费者、委托人、零售商和最终使用者等都是外部顾客。一般意义上的顾客都是指外部顾客。

把顾客分为内部顾客和外部顾客，对于组织实现顾客满意的目标非常重要。组织内部的任何部门或机构，都应当具备顾客满意的理念，保证内部顾客满意。只有内部顾客满意了，才能使组织有效地运转，才能保证最终产品的质量，从而使外部顾客满意。外部顾客满意与内部顾客满意是高度相关的。内部顾客满意是外部顾客满意的基础，外部顾客满意反过来又会促进内部顾客的满意。

2. 现实顾客和潜在顾客

现实顾客是指已经成为顾客的组织或个人。现实顾客包括两类：一类是正在成为顾客的组织或个人，如正在购买本组织提供的某种产品的人；另一类是已经接受过本组织提供的某种产品的组织或个人。

潜在顾客是尚未成为但可能成为顾客的组织或个人。潜在顾客或有购买兴趣、购买需求，或有购买欲望、购买能力，但尚未与组织发生交易关系。

现实顾客和潜在顾客是相对而言的，同时也是可以相互转化的。潜在顾客购买了组织所提供的产品或服务后就成为了现实顾客，即潜在顾客转变为现实顾客，这是对本组织有利的转化。同样，现实顾客也有可能转变为潜在顾客，这是对本组织不利的转化。组织要对现实顾客和潜在顾客之间的转化给予高度重视，及时调查、分析、研究和把握潜在顾客的需求，不断把潜在顾客变为现实顾客。

3. 中间顾客与终端顾客

中间顾客是指处于产品流转过程中的顾客。在现代市场中，产品往往要经过相当多的流转环节才能到达最终使用者手中。例如，按一般商品的流转形式划分，就可以分为生产者、一级批发商、二级批发商、零售商和使用者等环节。在这个过程中，一级批发商是生产者的顾客，二级批发商是一级批发商的顾客，零售商是批发商的顾客。这些都是中间顾客。

终端顾客是指产品的最终使用者。作为产品使用者的终端顾客对产品质量最有发言权,他们的判定、取舍和选择最具有权威性。如果他们对产品质量不满意,不论内部顾客和中间顾客的满意程度如何高,也是没有意义的。一般来说,所谓顾客满意,本质上就是指终端顾客的满意。

4. 赢利性顾客和非赢利性顾客

赢利性顾客包括内部顾客、供应商顾客、中间商顾客、最终顾客等,而非赢利性顾客则包括公众顾客和政府顾客。组织是以追求利润为主要目标的,因此,组织应当为赢利性顾客提供优质的产品或服务,但这并不意味着可以忽视非赢利性顾客。非赢利性顾客虽然不能直接为组织带来利润或直接影响组织的赢利能力,但其对组织的赢利能力会产生间接影响。满足非赢利性顾客的要求,使他们满意,就可以建立良好的口碑和独特的形象,为组织创造宽松的经营环境。

二、顾客要求

在质量管理中,了解顾客的要求十分重要,它是实现顾客满意的前提。了解顾客对产品或服务的要求,其目的是把这些要求具体化为性能、实用性、可信性、安全性、经济性、环境及美学方面的质量特性,以便有针对性地进行设计和提供产品、服务。顾客要求由明示的或者不言而喻的惯例及一般做法所考虑的顾客需求或期望组成。需求是指对有能力接受并愿意接受的某个具体产品的欲望。期望是指对接受(获得)某个具体产品所有的希望(预期达到的)。顾客期望的形成不仅与先前的经验有关,而且与曾经发生的类似情况下的经验有关。影响期望的因素有标记(如公司的名称、产品的品牌等)、信息(如产品目录、对比软件等)、资料(如技术和服务的资料等)、推荐(如权威机构的认证和证明以及广告、承诺等)和知识(如训练、辅导宣传等)。这些因素会帮助增加或减少顾客的"感觉",从而影响他们的期望。顾客需求或期望反映了顾客要求,决定了认知质量。

在理论上,了解顾客的要求并不难,但在现实中,发掘顾客要求绝非易事。顾客的要求是用其自己的语言表达的,顾客通常并不会用简单的词语准确地表达出自己的要求。有时候,顾客所表达出来的要求并不是他们的真实要求。另外,顾客的要求有时是明确的,有时则是模糊的;有时是理性的,有时则是非理性的。以顾客为中心的组织,必须能够及时发掘顾客的要求。朱兰博士认为,了解顾客要求应包括以下关键活动:策划收集顾客要求的过程;收集用顾客的语言表述的顾客要求;分析顾客要求并排出优先次序;将顾客要求转化成组织的语言;建立测量指标与测量手段;等等。

三、顾客满意

对顾客满意的理论研究有着悠久的历史。早在1802年,英国的杰里米·边沁(Jeremy Bentham)就提出了用户满意研究的问题,但是没有得到当时学术界的认可。随着人类行为学方面的研究理论逐步成形,同时,市场经济的充分发展使顾客的地位提高,顾客满意研究的问题逐渐得到重视。到20世纪80年代末,顾客满意的理论已经比较成熟,并应用于许多国家和地区的实践,如美国的ACSI模型、欧洲的ECSI模型等。西方发达国家在国家和行业层次广泛应用顾客满意指数作为国家经济参数,企业也把顾客满意研究的成功经验应用于市场营销和企业计划中,并取得了良好效果。我国从20世纪90年代也开始了顾客满意理论的研究,国内许多企业(如海尔集团、上海宝钢、中国电信等)也开始把顾客满意理论运用于企业经营管理实践中，并取得了卓越的业绩。

小贴士

关于顾客满意的名人名言

菲利普·科特勒(Philip Kotler)："除了满足顾客以外，你必须取悦他们。"

李·亚科卡(Lee Iacocca)："这家公司中每一个人所拥有的唯一的保证来自质量、生产率和满意的顾客。"

简·卡尔森(Jane Carlson)："在资产方面，我们应该填的内容是：去年我们的班机共有多少愉悦的乘客，因为这才是我们的资产——对我们的服务感到高兴，并会再来买票的乘客。"

山姆·沃尔顿(Sam Walton)："所有同事都是在为购买我们商品的顾客工作。事实上，顾客能够解雇我们公司的每一个人。他们只需到其他地方去花钱，就可做到这一点。衡量我们成功与否的重要的标准就是看我们让顾客——'我们的老板'满意的程度。让我们都来支持盛情服务的方式，每天都让我们的顾客百分之百地满意而归。"

(一) 顾客满意的概念

对于顾客满意的概念，学者们有不同的表述。菲利普·科特勒认为，顾客满意是指"一个人通过对一个产品的可感知效果与他的期望值相比较后，所形成的愉悦或失望的感觉状态"。亨利·阿塞尔(Henry Assael)也认为，当商品的实际消费效果达到消费者的预期时，就导致了满意，否则就会导致顾客不满意。ISO 9000：2005 对顾客满意的定义是"顾客对其要求已被满足程度的感受"。

从上述关于顾客满意的各种定义可以看出，顾客满意是顾客对其要求、期望或预期得到满足的主观感受程度，是"体验"与"感知"的结果，是一种心理感觉状态。顾客满意程度是顾客可感知效果和期望值之间的差异的函数。根据顾客可感知效果和期望值之间的差异，可以将顾客满意程度分为以下三种情况：

(1)如果可感知效果低于期望值，顾客就会不满意，产生顾客抱怨。ISO 9000 标准指出，顾客抱怨是一种满意度低的最常见的表达方式，但是没有抱怨不一定表明顾客很满意。国外的研究表明，大多数顾客在遇到问题时都不会抱怨(50%的顾客遇到问题不抱怨，45%的顾客会就地抱怨，5%的顾客会向高层领导投诉)。对于顾客抱怨，组织必须予以关注并采取迅速行动。如果怠慢顾客抱怨，就会导致顾客的流失和市场占有率的下降，最终影响到组织的生存和发展。

(2)如果顾客的可感知效果与期望值相匹配，顾客就会满意，但不一定很满意，可能只是勉强满意。

(3)如果顾客可感知效果超过期望值，顾客就会高度满意、高兴或欣喜，产生顾客忠诚。顾客忠诚是指顾客对组织的产品或服务形成偏爱并长期频繁地重复购买的行为。顾客忠诚不同于顾客满意，满意体现在态度上，而忠诚则体现在行动上。顾客忠诚通常有以下表现：重复大量的购买；主动向亲友推荐组织的产品或服务；能够抵制其他品牌的诱惑；对组织产品或服务的缺陷能够谅解并且不影响再次购买。

顾客可感知效果与期望值之间的关系如图 10-2 所示。

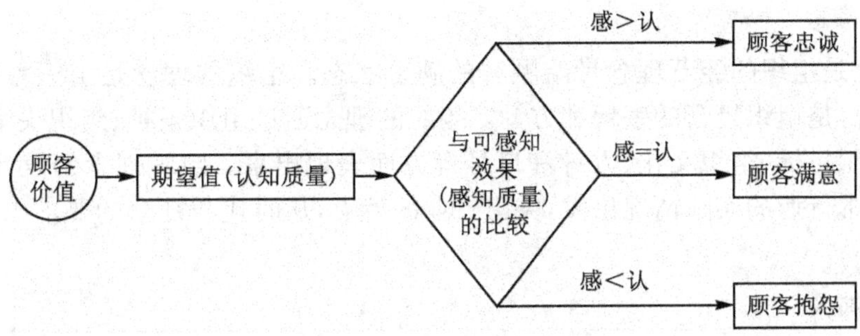

图 10-2 顾客可感知效果与期望值的关系

(二) Kano 的顾客满意模型

日本质量专家狩野纪昭(Noriaki Kano)把产品或服务的质量特性分为三类:① 当然质量。它指的是产品或服务应当具备的质量。对这类质量特性,顾客通常不作表述,因为它是理所当然的质量,是最基本的需求满足。例如,冰箱的制冷这一特性就是当然质量。当这类质量特性不满足顾客需求时,顾客很不满意;当它满足顾客需求时,顾客无所谓满意不满意。② 期望质量。它指的是顾客对产品或服务有具体要求的质量特性。以冰箱为例,"能耗"是冰箱的质量特性之一,如果能耗小,人们就很满意;相反,能耗大,人们就会不满意。期望质量一般是顾客明示的需求。③ 迷人质量。它指的是产品或服务所具有的这类质量特性是顾客没有想到的,超出了顾客的期望。这类质量特性能极大提高顾客满意。如冰箱,在其门上有电脑显示或声音提示其中冷藏的食品的保鲜期,就是迷人质量。

Kano 的理论可以用模型表示出来,称为 Kano 的顾客满意模型,如图 10-3 所示。

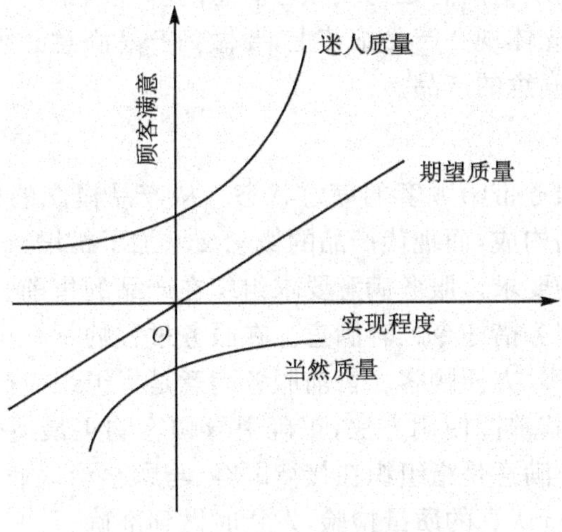

图 10-3 Kano 的顾客满意模型

由 Kano 的顾客满意模型可知,组织的产品或服务必须保证当然质量,不断改进期望质量,努力开发迷人质量。只有这样,才能满足顾客要求,使顾客满意。

(三) 顾客满意的内容

顾客满意一般包括以下五个方面的内容:

1. 理念满意

理念满意是组织的经营理念带给顾客的满足状态。组织的理念是组织思想、文化理念等方面的综合，是组织经营的宗旨和方针。组织的理念通过组织精神、组织决策、经营宗旨、组织使命、组织目标、组织文化、方针和口号等方面表现出来。组织理念的设计要从顾客的需求出发，从本行业的实际情况出发，突出行业的特点，从时代与社会的要求出发，体现与时俱进的精神。

2. 行为满意

行为满意是组织的全部运行状态带给顾客的满意程度。组织要建立一套完善的运行机制，才能获得顾客对组织行为系统的认同和满意。完善的运行机制包括感觉系统、传入系统、决策中枢系统、效应系统和反馈系统。组织建立了行为满意机制后，还要建立一套行为满意标准，可以从以下几方面来设定：个人工作行为标准，管理、监督者行为标准，对工作满意的标准，对外部顾客的满意标准。

3. 视听满意

视听满意是组织可视性和可听性外在形象带给组织内部顾客和外部顾客的满足状态，如顾客对组织名称、组织标志、组织歌曲、制服饰品等方面的满意等。组织视听满意的完善是通过充分调动内部员工的积极性，让他们共同参与，得到他们的认同和首肯，并根据外部顾客意见反馈信息再作进一步的修改和调整来完成的。

4. 产品满意

产品满意是组织产品带给顾客的满足状态，包括产品的内在质量、价格、设计、包装、时效等方面的满意。产品的质量满意是构成顾客满意的基础因素。产品满意是顾客满意的前提，顾客和组织的关系首先体现在产品细节上，要做到产品满意必须做到：了解顾客需求、适应顾客需求、提供令顾客满意的产品。

5. 服务满意

服务满意是组织的服务带给顾客的满意状态。从产品概念的构成来看，传统产品的概念由实质产品和形式产品构成，而现代产品的概念又增加了扩增产品。可以说，服务满意是产品概念扩展后对组织的要求。服务满意要求组织在产品的售前、售中、售后以及产品生命周期的不同阶段采取的服务措施令顾客满意。在服务过程的每一个环节上都能设身处地为顾客着想，做到有利于顾客、方便顾客。售前服务满意是指组织应当积极主动地为顾客提供有关产品的信息，并帮助其掌握使用方法，正确引导顾客购买最适合的产品，尽量避免顾客购物的盲目性。售中服务满意是指组织在接待顾客、与顾客洽谈业务的过程中要有热情、坦诚的态度，产品出库时进行认真的质量检验，发货时做到准确、及时、齐全等。售后服务满意是指组织对所卖出的产品的安装调试、维修、选送零件等方面的服务要及时有效，消除顾客的后顾之忧。

（四）顾客满意战略

顾客满意已经成为组织的一种经营战略，即顾客满意战略，简称 CS 战略。该战略的指导思想是：组织的一切经营活动都要紧紧围绕顾客的需求，不断提高顾客的满意度；在生产经营活动之前，组织对市场需求的分析和预测要始终站在顾客的角度；在经营活动的过程中，要充分尊重顾客，维护顾客的利益，使顾客忠诚于本组织，从而不断地推动组织的发展。

顾客满意战略的产生有其深刻的社会背景，主要包括市场竞争环境的变化、产品概念的变化和顾客消费观念的变化。

1. 市场竞争环境的变化

第二次世界大战之后，社会生产力迅速发展，市场上商品的数量逐渐增多，买方市场逐渐形成。随着经济全球化程度的加深，市场竞争空前激烈。与此同时，人们对产品或服务的要求越来越高，具体表现在人们不仅要求数量上的满足，而且要求商品日新月异，功能不断更新，花色品种越来越丰富；商品不仅要满足当前的需求，还要满足潜在需求；人们购买商品不仅要求得到物质上的满足，还要得到心理上的满足。在这种情况下，企业界越来越认识到，产品质量的好坏归根结底要由顾客来决定，而不是由标准、企业来决定。以顾客满意为导向的理念逐渐形成，尤其是20世纪80年代以来，受到了越来越多企业的重视。

2. 产品概念的变化

随着社会生产力的发展，产品概念也在不断发生变化。在社会发展的最初阶段，人们对产品的关注主要集中在一般的使用上。随着经济与社会的发展，人们对产品的要求提高，坚固、耐用、结实、可靠的产品受到人们的青睐。当生产力更加发达之后，社会物质财富越来越丰富，科技的发展使得产品的质量特性大幅提高，人们的要求进一步提高，不仅要求产品质量好，而且对产品的美观、气派、名气等方面提出了要求，即人们开始追求产品的品牌。20世纪90年代以后，人们的需求，即对高质量生活的需求，正在从单纯使用产品或主要是使用产品转移到主要是接受服务上，于是服务也逐渐成为产品的一部分。现代工业社会中系统的服务正占据越来越重要的地位。美国著名管理学家西奥多·莱维特(Theodore Levitt)曾指出："新的竞争不在于工厂里制造出来的产品，而在于工厂外能否给产品加上包装、服务、广告、咨询、融资、送货或顾客认为有价值的其他东西。"

3. 顾客消费观念的变化

当今市场已经变为买方市场，顾客的消费观念也由过去的理性消费转变为感性消费，即消费行为中顾客的感情或感受占了主导地位，顾客更加注重与产品有关的系统服务。

（五）顾客满意的特点

1. 主观性

顾客对产品或服务是否满意是主观的，同样的产品或服务，不同的顾客会有不同的感觉和体验。顾客是否满意以及满意程度的大小，取决于他们的经济地位、文化背景、需求和期望及评价动机，甚至受风俗习惯、性格、情绪等非理性因素的影响。由于这种主观性，针对某一个顾客的调查，很可能并不反映产品的实际质量。因此，那些借助某几个顾客的来信或所送的锦旗之类来证明自己产品质量的组织，并不一定值得信赖。

2. 社会性

顾客对某类产品或服务的满意度不是固有的或与生俱来的，它是顾客在一定的社会实践活动(包括与其他顾客、群体、组织的相互交流活动)中，特别是在对该类产品或服务的消费实践中逐步形成的。

3. 动态性

顾客满意并不是一成不变的。随着顾客需求层次、客观条件、经济文化水平、习惯等因素的变化,顾客对同一产品或服务的满意度也在变化。一般来说,社会经济水平和文化水平提高了,顾客的需求和期望也会相应提高,顾客的满意程度会发生变化,甚至从满意转变为不满意。在日新月异的现代社会,如果组织的产品质量没能满足顾客的新需求,很可能使顾客满意的程度下降。组织要把顾客满意程度维持在一个既定的水平上,只有持续改进,不断提高自己的产品质量水平。否则,顾客会由满意转为不满意,从而使组织失去顾客,在激烈的市场竞争中失败。

4. 全面性

顾客满意是顾客对组织所提供产品的全面的心理评价,这种评价不是只针对某一质量特性而言的。首先,顾客满意是针对产品质量特性的。以硬件产品为例,顾客满意不仅针对性能、寿命、可用性、可信性、安全性、环境、经济性和美学性等,而且针对与此有关的广告、服务、产品介绍(使用说明)、送货和售后服务等。任何一个质量特性或服务环节出现问题,都会引起顾客的不满意。其次,顾客满意又是针对组织本身的。组织的理念、行为和形象,甚至组织所在的国家或地区、内部员工的生存状况、所在社区的反应、与政府或其他组织的关系及主要管理者或最高管理者的政治态度等,都可能直接或间接影响顾客的满意状况。

第二节　顾客满意度的测评模式

在顾客满意度测评过程中,由于评价的出发点不同,采用的测评模式不同,其结果也不同。一般来说,顾客满意度主要有三种测评模式。

一、直接绩效测评模式

顾客的满意反映了顾客购买产品或服务所获得的收益,一般来说,收益越大越满意。因此,可以采取直接绩效测评模式来衡量顾客的满意度。该模式是这样进行测评的:把顾客对第 i 项属性的直接绩效评分记为 p_i,通过加权平均的方法来计算顾客总的满意度,其公式为:

$$Y = \sum_{i=1}^{n} w_i p_i \tag{10-1}$$

式中,Y——顾客满意度;

w_i——权数,表明第 i 项属性的重要程度;

n——属性的项数。

这种直接测评的方法简单易行,因而大多组织采用这种方式。

二、直接差异测评模式

直接绩效测评模式直观、简便,顾客容易理解并能很快给出评价,但由于顾客个体之间存在差异，而且这种测评模式没有统一的标准，不同个体的分数之间不可比，使得对测评结果无法进行深入分析。事实上，顾客的满意程度不仅取决于其获得的收益，更取决于其所获收益与预期的比较。例如，顾客购买住房，原来有住房者与原来无住房者购买时的期望(预期)会有所不同，即使购买了相同的住房，享受了相同的服务，满意程度也会有差异。因此，度量顾客的满意程度可以采用与期望直接比较的形式。若 E 表示顾客的期望，则顾客满意的评价为 $P-E$，顾客对某项属性的满意可表示为 p_i-E_i。于是，顾客的满意度可以通过进行加权平均得到，公式为：

$$Y=\sum_{i=1}^{n}w_i(p_i-E_i) \tag{10-2}$$

这种测评模式是将顾客购买产品或服务后的感觉与期望进行比较，因而个体之间的测评结果是可以比较的。直接差异测评模式在进行问卷问题设计时，不是问顾客的直接评价，而是问顾客感受与期望比较后的评价。运用这种测评模式进行数据采集后，除可以进行各种描述统计分析外，还可以运用一般的参数统计方法进行研究，相对直接绩效测评模式而言对数据有更深入的剖析。

三、绩效与期望差距测评模式

直接差异测评模式反映了顾客所期望的产品或服务的收益实现程度，但没有考虑到顾客为获得收益的付出，因而对顾客满意度的反映尚不完善。更为完善的测评模式是绩效与期望差距测评模式，它建立在这样一种认识的基础上：顾客满意是一种购买与使用产品或享受服务的结果，由顾客比较预期结果的收益与投入成本产生。这种模式包含四个基本变量：顾客期望、产品绩效、不一致和顾客满意。

(1) 顾客期望。顾客期望反映顾客预期的产品或服务绩效。顾客依据在购买前的所有经验，形成对产品或服务绩效的预期。

(2) 产品绩效。产品绩效被视为一种比较的标准。顾客在购买产品或享受服务后，会将实际的绩效与购买前的期望进行比较。

(3) 不一致。不一致被视为一种主要的中介变量。一个人的期望与实际感受相比较会出现三种情况：① 被确认，当产品或服务的绩效与他的预期相一致时会出现这种情况；② 产生正向的不一致，当产品或服务的绩效比他的预期好时会出现这种情况；③ 产生负向的不一致，当产品或服务的绩效比他的预期差时会出现这种情况。

(4) 顾客满意。顾客满意被视为一种购买产品或服务后的产出。如实际的绩效大于或等于事前的预期，顾客感到满意；如实际的绩效小于事前的预期，顾客感到不满意。

根据上述四个变量，可以建立如图 10-4 所示的关系模型。其中，感知绩效就是上述的产品绩效；绩效与期望的差距就是一致性，以顾客购买产品或服务后的实际感知绩效减去顾客期望测量。这四个变量中的期望与绩效包含哪些内容，与所要研究的问题有关。例如，研究医疗服务的满意度，应考虑影响顾客(患者)满意的因素，将这些因素分析后构成测量的方面，如服务内容、价格、便利性、医院形象、服务设备、服务人员和服务过程等方面。这些是无法直接测量的，因而被称为潜在变量或隐变量，它们通常和一些可以直接观测的变量相关。可以直接观测的变量称为可测变量或显变量，一个潜在变量常常对应几个可测变量。可测变量是衡量、计算满意度的基础，其选择的合适与否对最后的结果影响较大，因而要在充分考虑各种因素的基础上确定，并保证与潜在变量密切相关。一般来说，其确定与所研究的问题有关。如在研究医疗服务满意度的便利性变量时，对患者来说，便利性主要体现在地点的便利、办理各项手续的便利以及排队等候的时间不长三方面，则这三个因素可以作为可测变量。采集数据时，在问卷中设计适当的问题，包括期望和实际感受，由患者分别给出评价。根据图 10-4 模型细化得到的数据，可以进行验证性因素分析和线性结构关系模型分析，并可以在此基础上建立用户满意度综合指标，将其标准化即称为满意度指数。

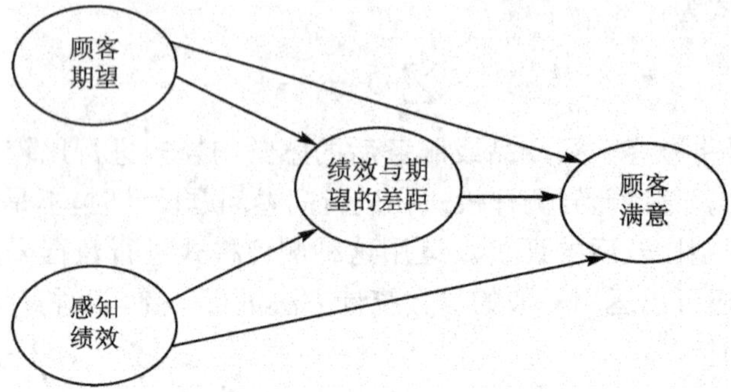

图 10-4　变量的关系模型

不同的测评模式，结果不尽相同，作用也不完全一样。根据所要研究的问题和所要达到的目的选择相应的模式，无论对于宏观企业管理还是微观企业管理都是非常重要的。顾客满意度测评的目的在于了解顾客、了解组织，特别是了解组织在顾客心目中的地位、作用，以通过不断满足顾客的需求，提升组织的竞争力，使组织获得最佳效益，同时使全社会的资源得到最佳配置和最有效的利用。然而，无论采用何种模式，顾客满意度的测评都不应是一次性的，而应是不断进行的。通过跟踪变化可以得到更多有价值的信息，特别是第三种模式，不仅能够测评现实满意度，还可以预测需求，为组织的发展提供决策依据。

第三节　顾客满意度指数的测评

一、顾客满意度指数的产生和发展

顾客满意度指数(customer satisfaction index，CSI)是一种全新的经济统计指标。准确评价经济增长情况需要测评“数量增长”和“质量改进”两个方面。对经济增长进行数量测评相对容易，而对质量改进状况的测评则比较困难。一般的做法是由质量监测部门对各经济领域、各行业的各种产品或服务按照技术指标进行监测或评比，由此得到经济增长的“质量改进”。这种做法的缺点是各行业的产品或服务由于其测评的单位和量化标准的不同，导致测评结果缺乏可比性，要使其综合成一个全国性的指数更加困难。因此，必须寻找新的测评方法。CSI 可以有效地解决这个问题，它以顾客购买和使用产品或服务过程中的实际体验来评价产品或服务，使得测评结果有了可比较的基础和综合的可能。

世界上最早全面推行顾客满意度指数的国家是瑞典。1989 年，瑞典实施了顾客满意度指数(Swedish customer satisfaction barometer,SCSB)。SCSB 是基于计量经济学模式的原理,用量化的百分比来表示有多少顾客再来购买产品或服务,这个信息对企业而言是至关重要的。为测得 SCSB,瑞典共测定了 31 个工业行业的 100 多家公司的顾客满意度指数。经过 5 年的运行,瑞典发现了一个引人注目的相关关系,即 5 年中企业如每年能把顾客满意度指数提高 1 个百分点,这期间平均资产收益率能增加 11.30%,这个结论引起了人们广泛的关注和兴趣。

1992 年,德国建立了顾客满意度指数(Deutche kunden-barometer,DK)。1994 年,美国构建了迄今为止行业覆盖面最广的顾客满意度指数体系(American customer satisfaction index,ACSI),并逐渐确立了其在顾客满意度理论和实践研究方面的权威地位。之后,意大利、新西兰、加拿大和中国台湾省也采用了 CSI 这一新兴的宏观经济指标。1999 年,欧洲质量组织和欧洲质量管理基金会与安达信公司合作,通过对欧洲顾客满意度指数(European customer satisfaction index,ECSI)的可行性研究,开发了欧洲顾客满意度指数。综观世界各国的顾客满意度指数,其理论模型和采用的方法大同小异,其中美国的 ACSI 模型最具有代表性。ACSI 是由设在密歇根大学商学院的国家质量研究中心和美国质量协会共同发起并研究提出的一个经济类指数。该模型是在克莱斯·福内尔(Claes Fornell)教授等人的指导下设计出来的,实际上,瑞典的 SCSB 和德国的 DK 也是在福内尔教授的指导下完成的。欧洲的 ECSI 同样参考了美国的 ACSI 模型和方法。

目前,顾客满意度指数已经被越来越多的国家作为经济统计指标,其原因是:随着人们生活水平的提高和经济竞争能力的增强,人们普遍认为,应根据顾客购买产品或接受服务的满意程度,得出对产品或服务质量的评价数值,以此来反映产品或服务质量状况。

二、ACSI 模型

(一) ACSI 指标体系

ACSI 模型是由四个层次的指标体系构成的,具体为:① 全国性的 CSI,即 ACSI。② 七个主要经济领域的 CSI。这七个领域分别为:非耐用消费品制造业;耐用消费品制造业;交通、通信和公用事业;零售业;金融和保险业;服务行业;公共行政机构和政府部门。③ ACSI 的行业指数,即七个主要经济领域内 34 个行业或政府机构的 CSI。④ ACSI 的企业和机构指数,即 34 个行业内约 200 家企业或机构的 CSI。

计算 ACSI 所用的数据是对全国约 5 万名顾客进行电话访谈的结果。对于选定的某个企业所提供的主要产品或服务,直接访问顾客。这些顾客的选取标准是他们最近购买或接受了某个计划测评企业的产品或服务。对每个计划测评企业都以电话访谈的形式访问了约 250 名顾客。

ACSI 的测量步骤大致如下:先由各产品或服务的 CSI 按其销售额进行加权平均计算企业的 CSI,然后由企业的 CSI 按销售额加权计算行业的 CSI,再由行业的 CSI 按销售额或拨款额加权计算经济领域的 CSI,最后由经济领域的 CSI 按各经济领域的 GDP 加权计算 ACSI。

(二) ACSI 的因果关系模型

ACSI 模型是一个因果关系模型。该模型假定顾客是理性的,即顾客具有从以前的消费经历中学习的能力,而且能够据此预测未来的质量和价值水平。在该模型中,"顾客满意度"

是整个关系链的中心。该模型还包括三个对顾客满意度有直接影响的因素,即顾客满意度的原因变量,它们分别是顾客期望、感知质量和感知价值。顾客满意度的结果变量是顾客抱怨、顾客忠诚。ACSI 的因果关系模型如图 10-5 所示。

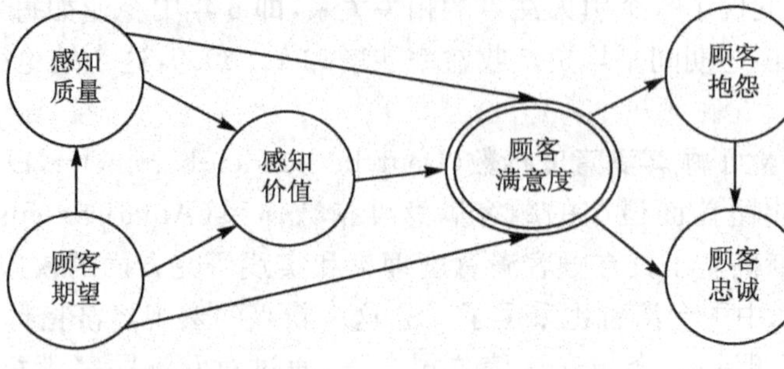

图 10-5　ACSI 的因果关系模型

ACSI 模型是一种由测量顾客满意度及相关因素所构成的计量经济学模型,其满意度的测量是通过采用多重指标的潜在变量的测量来实现的。ACSI 模型中的潜在变量包括六个,即顾客期望、感知质量、感知价值、顾客满意度、顾客抱怨和顾客忠诚。

1. *顾客期望*

顾客期望是指顾客在购买和使用某种产品或服务之前对其质量的估计。它通常反映了顾客以往对该产品或服务消费或使用的直接经验,也反映了对该产品未来质量的预期。如果顾客先前形成的经验传递给顾客的信息是比较积极的,则顾客就会预想他们将购买的产品或服务的质量是比较高的;反之,顾客的期望就会较低。因此,顾客期望是该产品以往市场业绩和形象的综合表现。决定顾客期望的变量有三个:① 满足顾客需求程度的期望,表示顾客在消费前对产品或服务是否满足自己特定的需求的期望;② 可靠性期望,是指顾客对产品或服务可靠性质量特征的期望;③ 总体期望,是指顾客在购买前对产品或服务总的看法。

2. *感知质量*

感知质量是指顾客在使用产品或服务后对其质量的实际感受,它对顾客满意度指数有直接的影响。顾客感知到的质量越好,顾客满意度指数越高;反之则越低。感知质量的测评变量同期望的测评变量相对应,也包括三个:① 满足顾客个人需求的程度;② 对可靠性的感知;③ 总体感知。

3. *感知价值*

感知价值体现了顾客在综合产品或服务的质量和价格以后对他们所得利益的主观感受。这一潜在变量的设置使得其对不同的企业、行业和部门之间的测评结果增加了可比性。感知价值的观测变量有两个:① 给定价格条件下对质量的感受,是指顾客以得到某种产品或服务所支付的价格为基准,通过评价该产品或服务质量的高低来判断其感知价值;② 给定质量条件下对价格的感受,是指顾客以得到某种产品或服务的感知质量为基准,通过评价该产品或服务的价格来判断其感知价值。这两个测评变量所反映的侧重点是不同的。给定价格来评价质量时,顾客的注意力集中在产品或服务的质量上,此时只要是高质量的产品或服务就会得到认同;而给定质量来评价价格时,顾客的注意力集中在价格上,价格越低越能得到认同。

4. 顾客满意度

顾客满意度这个潜在变量是通过计量经济学变换最终得到的顾客满意度指数。ACSI模型在构造顾客满意度时选择了三个观测变量:① 实际感受同期望质量的差距;② 实际感受同理想产品的差距;③ 总体满意程度。顾客满意度主要取决于顾客的实际感受同期望质量的比较。同时,顾客的实际感受同顾客心目中理想产品的比较也影响顾客满意度,差距越小,顾客满意度水平就越高。

5. 顾客抱怨

顾客抱怨是指当顾客对其要求不被满足的程度感受很强时,顾客满意度很低,导致其产生抱怨甚至投诉。组织应当高度重视对顾客抱怨的处理,这样一般会得到顾客的谅解,还可能会提高顾客的忠诚度。顾客抱怨包括两个观测变量:① 抱怨或投诉的程度;② 产品或服务投诉处理的结果。

6. 顾客忠诚

顾客忠诚是指顾客从特定的产品或服务供应商那里重复购买及向他人推荐该产品或服务的现象。顾客忠诚会给组织带来良好的发展前景。顾客忠诚度可以用三个观测变量来度量:① 重复购买的可能性,顾客对产品或服务的忠诚在行动上表现为重复购买;② 能承受的涨价幅度,如果顾客的忠诚度高,则他们对价格上涨的承受能力也强;③ 能抵制的竞争对手降价幅度,如果顾客忠诚度高,则他们能抵制的竞争对手降价幅度也大。

对于这六个变量,不能进行直接测评。要测评顾客满意度指数,需要将六个变量逐次展开,形成由一系列可以直接测评的指标组成的顾客满意度指数测评指标体系。

三、顾客满意度指数测评的意义

顾客满意度是衡量产品质量和服务质量的一个重要标准,是检验组织满足顾客需求,达到顾客满意的重要尺度。用它来评价质量,微观上可以指导组织改进质量,宏观上通过行业之间的对比,能够为宏观决策提供依据。因此,建立顾客满意度评价制度是十分必要的。顾客满意度指数测评的意义主要体现在三个方面,即对社会的意义、对顾客的意义和对组织的意义。

(一) 对社会的意义

1. CSI测评可以对国民经济运行质量作出更加客观的评价

评价一国经济运行的质量有多种指标,如GDP、失业率、商品零售价格指数和股票价格指数等,虽然这些指标都是利用统计方法取得的,但影响这些指标的各种因素错综复杂,采用的统计方法也有局限性。顾客满意度指数测评则要求从顾客的角度(即顾客的需求和期望、对质量和价值的认知等)来评价对质量的满意程度,因此,顾客满意度指数测评具有较强的社会性和客观性。

2. CSI测评为质量比较提供了依据

长期以来,人们一直在寻求一种对不同产业、行业以及不同地区之间的质量进行比较的方法,顾客满意度指数测评采用计量经济学模型,较好地解决了这个问题,增强了不同产业、行业和不同地域的质量比较的科学性,从而在产业竞争力的持续提升、经济结构的不断优化方面发挥重要的作用。

3. CSI 测评为培育公平竞争的市场环境提供了条件

开展顾客满意度指数测评，由顾客直接参与评价产品的质量，这样可以形成顾客对组织的监督，从而使市场秩序更加规范，逐步形成一个公平竞争的良好的市场环境。

4. CSI 测评有利于提高国民的生活质量水平

随着社会经济的发展，顾客需求发生了变化，从低层次的生理需求（如温饱、耐用等）向高层次的心理需求（如品位、时尚等）转变。开展顾客满意度指数测评，可以使社会产品紧紧围绕顾客的需求和期望不断改进质量和提高价值，最终使国民的生活质量水平得到持续提高。

（二）对顾客的意义

1. CSI 测评可以使顾客获取真实可靠的产品质量信息

顾客满意度指数往往是由独立的权威机构进行测评的，由于这种信息来源于第三方的科学、公正的测量和评价，因此，与组织自己提供的产品质量信息（如组织的产品广告）相比，顾客满意度指数更真实、更可靠。顾客在选择和购买商品时，可以把顾客满意度指数作为判断商品质量好坏的重要依据，从而大大降低顾客在选择产品时面临的风险。

2. CSI 测评有利于消除顾客的后顾之忧

顾客满意度指数测评中的"顾客"，是那些长期购买被测评产品的人或组织，因此，顾客可以对被测评的产品在使用期间的状态进行客观的评价。如果顾客在产品试用期遇到产品有故障或缺陷，就可以在顾客满意度指数测评中直接反映出来。产品的制造者或提供者将会十分重视这种信息，迅速采取措施加以弥补和纠正，加大对产品研究与开发的投入，加强管理，使产品日趋完善、可靠，力争使顾客从不满意转向满意，从而有利于顾客获得无后顾之忧的产品。

3. CSI 测评有利于顾客获得更加满意的产品

通过开展顾客满意度指数测评，组织能准确地把握顾客明示的和隐含的需求，并将这些需求及时转化成产品的质量要求。随着顾客满意度指数测评活动广泛、深入的开展，产品质量将越来越接近顾客的需求，甚至会超越顾客的期望，其结果是使顾客更加满意。

（三）对组织的意义

1. CSI 测评有利于组织经营战略的转变

在生产力不发达的年代，产品供不应求，组织在与顾客的关系中处于主导地位。随着社会生产力的发展，卖方市场逐渐转变为买方市场，市场由组织主导转变为顾客主导，在这种情况下，组织必须转变经营战略。但由于长期受传统思想的影响，许多组织短时间内很难转变观念。开展顾客满意度指数测评活动，可以促进组织确定顾客满意的经营战略，在追求顾客满意的过程中不断发展壮大。

2. CSI 测评可以塑造新型组织文化，提高组织员工素质

通过外部顾客满意度指数测评，组织的员工可以了解到顾客对产品的需求和期望，有助于增强市场观念和质量意识；可以感觉到竞争的压力，有助于增强危机感和紧迫感；可以感受到顾客对产品的不满和抱怨，有助于增强责任心和事业心。通过内部顾客满意度指数测

评，组织的领导者和管理者可以了解到员工对组织的需求和期望，进而在组织内部创造良好的工作环境和组织氛围，建立良性的激励机制和管理机制，从而形成强大的凝聚力和战斗力，最大限度激发员工的积极性和创造性。

3. CSI测评可以促进产品创新，有利于质量的持续改进

顾客的需求和期望不是一成不变的，顾客满意是一个动态的、相对的概念，如果竞争对手提高了顾客满意度，顾客就会对组织不满意。通过开展顾客满意度指数测评，组织可以及时了解顾客满意或不满意的原因，分析预测顾客隐含的、潜在的需求，从而有力地推动组织对产品质量的持续改进和对产品的创新。

4. 有利于组织竞争力的不断增强

组织开展顾客满意度指数测评的一个主要目的是寻找自己与竞争者之间的差距，从而采取有效措施和对策，不断提高顾客满意度，赶上并超过竞争者，增强组织竞争能力。同时，开展顾客满意度指数测评，可以引导帮助组织建立起以顾客满意度为目标的新的经营战略、组织文化、员工队伍和创新机制，大大增强组织在市场经济体制下的适应能力和应变能力，从而在各方面增强组织的竞争力。

四、顾客满意度指数的测评过程

（一）确定并量化测评指标

顾客满意度指数测评指标体系分为四个层次：第一层次是总的测评目标——顾客满意度指数，即一级指标；第二层次是ACSI模型中的六个潜在变量，即二级指标；第三层次是根据不同的产品、服务、组织的特点将二级指标展开得到的指标，即三级指标；第四层次是将三级指标展开成为问卷上的问题。

顾客满意度指数测评的本质是一个定量分析的过程，即用数字去反映顾客对测量对象的属性的态度，因此需要对测评指标进行量化。顾客满意度指数测评了解的是顾客对产品、服务或组织的看法和态度，通过直接询问或观察的方法来了解是很困难的。因此，需要利用某些特殊的态度测量技术进行量化处理，把那些难于表达和测量的"态度"既客观又方便地表示出来，这种态度测量技术所用的工具就是"量表"。顾客满意度指数测评对顾客态度进行量化，常用李克特(Likert)量表，它可以把顾客满意度分成七个等级、五个等级或三个等级：① 七个等级——很满意、满意、比较满意、基本满意、不太满意、不满意、很不满意；② 五个等级——很满意、满意、基本满意、不满意、很不满意；③ 三个等级——满意、基本满意、不满意。表10-1是用李克特量表测评顾客对某产品满意度的实例。

表10-1 顾客满意度李克特量表

测评指标	很满意	满 意	基本满意	不满意	很不满意
产品包装					
产品外观					
稳定性					
耐用性					
安全性					

为了便于量化统计，可以将不同的满意程度分别赋以不同的分值，如将很满意、满意、基本满意、不满意、很不满意分别定为 5、4、3、2、1 分，也可以采用百分制形式。

（二）确定被测评的对象

顾客可以分为内部顾客和外部顾客。在顾客满意度指数测评中，所涉及的顾客主要是外部顾客，而且主要是指产品或服务的购买者和消费者。对外部顾客可以按照社会人口特征（性别、年龄、文化程度和职业等）、地理特征（顾客所在的城市、国家和地理区域等）、消费行为特征（顾客购买产品或服务的频率、对产品或服务表现出的信心等）来分类。确定所要调查的顾客群体，其目的在于有针对性地设计问卷。

（三）抽样设计

抽样的组织形式有简单随机抽样、分层抽样、整群抽样、两阶段抽样等。简单随机抽样是事先不对总体进行任何处理，按照随机原则，直接从总体中抽取部分单位组成样本。分层抽样是先对总体各单位按有关标志进行分组，然后从各组中按随机原则抽取一部分单位组成样本。整群抽样是先将总体划分为若干群，然后按随机原则抽取若干群，并对抽取的群进行全面调查。两阶段抽样则是先将总体各单位分成若干组，按随机原则从中抽选一些组，然后再从选中的各组中分别抽选一定单位构成样本，它兼有分层抽样和整群抽样的特点。组织可以根据实际情况对抽样的形式进行选择。较常用的是简单随机抽样，它是各种抽样方法的基础。

（四）问卷设计

把顾客满意度指数测评指标体系中的三级指标展开，就形成了问卷上的问题。问卷设计在整个测评工作中起着非常关键的作用，它关系到测评结果是否准确、有效。

设计问卷时，需要注意以下几方面的问题：

（1）要明确顾客满意度指数测评的目的。顾客满意度指数测评的目的主要有：① 了解顾客的需求和期望，调查顾客对质量、价值的感知，制订质量标准；② 计算顾客满意度指数，识别顾客对产品的态度；③ 通过与竞争对手进行比较，明确组织的优势和劣势。

（2）要注意问卷的基本格式。问卷一般包括介绍词、填写问卷的说明、问题和被访问者的基本情况。① 介绍词用于介绍研究者身份、调查目的和意义，目的是取得被调查顾客的信任和理解并引发其参与调查的兴趣。介绍词常放在问卷的开头，它是问卷的重要组成部分，也是获得被调查对象良好合作和支持的基础。介绍词在语言上力求简明扼要和诚恳。② 设置填写问卷的说明，是为了使答卷规范，便于整理和统计。③ 问卷中问题设计的好坏关系到问卷调查的目的能否达到。所以，研究者要精心设计问卷中的每个问题，确定问题的形式（封闭式还是开放式），还要注意问题的措辞。④ 在问卷中记录被访问者的基本情况，有助于调查者对问卷进行分组。

（3）利用设计好的问卷进行预调查。一般抽取 30～50 个样本，预调查的目的在于及时发现问卷中存在的不足，并进行修改。

（五）实施调查

组织可以选择第一方、第二方或第三方进行顾客满意度调查，但这三种方式的客观性、可靠性、经济性存在差异。相对来说，委托第三方进行顾客满意度调查比较客观、科学、公正，可信度较高，但费用也高。大多企业采用第一方调查的方式。

顾客满意度的问卷调查，常用的方法有：入户调查、邮寄调查、电话调查、网上调查。除此之外，还有留置问卷调查(即上门访问，留下问卷，过一段时间再回收)、秘密顾客调查等方法。

(六) 对数据进行汇总整理

回收问卷后，应对每个问题的每项回答的人数(频数)进行统计，还要计算其所占被访者总数的百分比(频率)，并用图形方式表示出来。另外，还应了解问卷设置的测评指标对总体评价的影响程度。如果设定总体评价不小于80的为满意评价，小于80的为不满意评价，可以分析单项测评指标(如产品的安全性)的频数和频率对总体评价有何影响。如产品安全性测评频率高时，是否总体评价偏向"满意"；反之，偏向"不满意"。

(七) 计算顾客满意度指数并分析评价

顾客满意度指数的计算，一般采用加权平均的方法。要根据每项指标对顾客满意度影响的重要程度，确定各指标的权数。权数的确定可以根据测评人员的经验和专业知识，也可以采用直接比较法、对偶比较法、层次分析法等方法。顾客满意度指数的计算公式为：

$$\mathrm{CSI} = \sum \lambda_i x_i \tag{10-3}$$

式中，CSI——顾客满意度指数；

λ_i——第 i 项指标的加权系数；

x_i——顾客对第 i 项指标的评价。

(八) 撰写顾客满意度指数测评报告

撰写顾客满意度指数测评报告是整个顾客满意度调查过程的重要组成部分。测评报告通常是评价整个调研工作好坏的重要标志。因此，调查人员在完成前面的工作之后，必须写出准确无误、完整优质的测评报告。测评报告的内容通常包括测评的背景和目的、测评工作的实施情况、测评指标的设置说明、抽样方法的说明、测评的结果和提出的改进措施等。

(九) 落实改进建议和措施

组织按照测评结果，制订详细的措施计划，把报告中提出的改进建议落实到相关部门和责任人，以达到持续改进、提高顾客满意度的目的。

本章小结

组织要在激烈的市场竞争中生存和发展，就必须了解顾客的需求和期望，使顾客满意。本章从顾客满意的概念入手，详细介绍了顾客满意的概念、特点以及顾客满意战略产生的背景。在此基础上，以美国顾客满意度指数——ACSI模型为例，介绍了顾客满意度指数的组成结构。顾客满意度指数测评对社会、顾客和组织都具有极其重要的意义，已经受到很多国家的重视，本章较系统地阐述了顾客满意度指数测评的基本步骤以及其中运用到的各种方法。

思考练习

1. 解释内部顾客和外部顾客的含义。
2. 简述顾客满意的内容和特点。
3. 简述顾客满意战略的产生背景。
4. ACSI 模型中的潜在变量有哪些？对应的测评变量又有哪些？
5. CSI 测评中常使用哪些调查方法？

参考文献

[1] 秦现生. 质量管理学[M]. 2 版. 北京：科学出版社，2008.

[2] 高阳. 质量管理案例分析[M]. 北京：中国标准出版社，2007.

[3] 吉特洛·霍华德 S，奥本海姆·艾伦 J，奥本海姆·罗莎，等. 质量管理[M]. 张杰，等，译. 原书第 3 版. 北京：机械工业出版社，2008.

[4] 李晓春，曾瑶. 质量管理学[M]. 3 版. 北京：北京邮电大学出版社，2007.

[5] 尤建新，杜学美，张建同. 质量管理学[M]. 2 版. 北京：科学出版社，2008.

[6] 王兰会. 质量管理部规范化管理工具箱[M]. 北京：人民邮电出版社，2007.

[7] 方圆标志认证集团河南有限公司. 质量管理体系内部审核教程[M]. 郑州：郑州大学出版社，2006.

[8] 刘军. 质量管理小组理论与方法[M]. 哈尔滨：哈尔滨工程大学出版社，2006.

[9] 龚益鸣，蔡乐仪，陈森. 质量管理学[M]. 3 版. 上海：复旦大学出版社，2007.

[10] 郐华芝，信海红. 质量管理体系与认证[M]. 北京：中国计量出版社，2006.

[11] 伍爱. 质量管理学[M]. 3 版. 广州：暨南大学出版社，2006.

[12] 李钧. 质量管理学[M]. 上海：华东师范大学出版社，2006.

[13] 苏秦. 质量管理与可靠性[M]. 北京：机械工业出版社，2006.

[14] 李晓光. 质量管理学[M]. 北京：中国人民大学出版社，2006.

[15] 铁健司. 质量管理统计方法[M]. 韩福荣，顾力刚，等，译. 北京：机械工业出版社，2006.

[16] 张凤荣. 质量管理与控制[M]. 北京：机械工业出版社，2006.

[17] 陈建华. 质量管理的 100 种方法[M]. 北京：中国经济出版社，2006.

[18] 龚益鸣. 现代质量管理学[M]. 2 版. 北京：清华大学出版社，2007.